Como o eleitor escolhe seu prefeito

Antonio Lavareda e Helcimara Telles

ORGANIZADORES

COMO O ELEITOR ESCOLHE SEU PREFEITO

Campanha e voto nas eleições municipais

FGV

EDITORA

Direitos desta edição reservados à
EDITORA FGV
Rua Jornalista Orlando Dantas, 37
22231-010 | Rio de Janeiro, RJ | Brasil
Tels.: 0800-021-7777 | 21-3799-4427
Fax: 21-3799-4430
editora@fgv.br | pedidoseditora@fgv.br
www.fgv.br/editora

Impresso no Brasil | *Printed in Brazil*

1ª edição — 2011

Preparação de originais: Sandra Frank
Projeto gráfico de miolo e capa: Letra e Imagem
Revisão: Adriana Alves | Fatima Caroni
Foto da capa: Mauro Pimentel

Ficha catalográfica elaborada pela
Biblioteca Mario Henrique Simonsen

Como o eleitor escolhe seu prefeito: campanha e voto nas eleições municipais / Antonio Lavareda e Helcimara Telles, organizadores. — Rio de Janeiro: Editora FGV, 2011.
404 p.

Inclui bibliografia e anexos.
ISBN: 978-85-225-0884-6

1. Eleições locais - Brasil. 2. Campanha eleitoral - Brasil. 3. Voto - Brasil. I. Lavareda, Antonio, 1951- . II. Telles, Helcimara de Souza, 1964- . III. Fundação Getulio Vargas.

CDD — 324.6

Sumário

Apresentação

ANTONIO LAVAREDA

HELCIMARA DE SOUZA TELLES

A ideia de editarmos este livro baseou-se na constatação, feita frequentemente por diversos especialistas, de uma lacuna significativa nos estudos eleitorais brasileiros referentes à sua dimensão municipal.

Com efeito, uma vertente de monografias nessa seara era publicada regularmente, em meados do século passado, na *Revista Brasileira de Estudos Políticos*. Com base nelas, boa parte das quais examinando dados eleitorais agregados de municípios mineiros, Orlando de Carvalho identificou a tendência, no nível local, à multiplicação dos partidos, já na Quarta República (1945-1964), associando-a, sob o prisma sociológico, ao processo de acelerada urbanização que o país então experimentava.[1]

Essa linha de estudos seria interrompida com o golpe militar de 1964. As disputas locais só voltaram ao foco dos pesquisadores uma dúzia de anos depois, com os trabalhos publicados na obra organizada por Fábio Wanderley Reis, *Os partidos e o regime*. Nela, os autores foram buscar a lógica do processo eleitoral por intermédio dos dados extraídos de uma pesquisa por amostragem, realizada nas três semanas anteriores à eleição municipal de 1976, em quatro municípios de médio porte – Presidente Prudente (SP), Caxias do Sul (RS), Niterói (RJ) e Juiz de Fora (MG) –, já que as eleições de prefeitos nas capitais estavam suspensas. Deve ser observado que, embora os *surveys* mapeassem o voto nos prefeitos, as questões de fundo, naturais naquelas circunstâncias, eram conhecer o eventual nível de consciência do eleitorado brasileiro, sua percepção a respeito dos partidos do governo (Arena) e da oposição (MDB) e saber se teria ou não continuidade o voto "de protesto"

---

1 Ver Carvalho (1958). As análises dessa vertente trabalhavam quase sempre com dados eleitorais agregados. Um *survey* pioneiro de uma eleição no contexto local pode ser encontrado em Veiga, Reis, Rodrigues e Oliveira (1955).

contra o regime autoritário, que se manifestara fortemente nas eleições para o Senado, dois anos antes (Reis, 1978).

Após a redemocratização, não obstante a expansão da área voltada para a investigação do comportamento eleitoral, as eleições municipais continuariam a receber escassa atenção, sucedendo-se apenas os estudos de caso, ou mesmo algumas coletâneas, circunscritas a estados ou regiões.[2]

Este livro foi concebido para compor um amplo leque de abordagens incorporando análises do processo eleitoral de 2008 relativas às capitais de todas as cinco regiões do país. No primeiro capítulo, aborda as principais características das eleições municipais em seu conjunto, tomando como base os resultados eleitorais agregados, para, a seguir, analisar a decisão de voto tendo como referência *surveys* – cujos dados foram gentilmente cedidos pelo Ipespe, Ibope e Datafolha –, além de pesquisas qualitativas feitas nas cidades de São Paulo, Rio de Janeiro, Belo Horizonte, Salvador, Porto Alegre, Fortaleza, Recife, Curitiba, Belém, Manaus, Florianópolis e Goiânia.

Trinta e dois pesquisadores de diferentes instituições assinam os capítulos, durante a elaboração dos quais houve uma intensa troca de opiniões, que começou em um seminário especificamente voltado para o tema.[3] As diferentes *expertises* somadas formam um mosaico que constitui um ponto central de relevância da obra.

Focando as grandes cidades e capitais brasileiras, o livro se propõe avaliar algumas respostas dadas pela ciência política no esforço contínuo de explicação do comportamento eleitoral, examinando fatores que assumem maior capacidade preditiva para a decisão de voto nas disputas locais. Os capítulos investigam a "lógica" do eleitor, adotando-se as diferentes hipóteses, mantidas a autonomia teórica dos pesquisadores e a pluralidade das correntes explicativas. Assim, os paradigmas explanatórios clássicos – as escolas sociológicas, a psicológica e a da escolha racional, e até avançando-se, em alguns casos, com a abordagem emocional – foram os celeiros nos quais os autores basearam os respectivos enfoques.

Para permitir ao leitor uma comparação das diferentes análises, os organizadores estimularam uma estrutura mínima, que levou à reflexão pelo seguinte

---

[2] Uma das publicações mais expressivas e que se debruça sobre grandes e médios municípios da região Sul é a de Baquero e Cremonese (2009).

[3] *Workshop* nacional *Como o eleitor escolhe o seu prefeito*: *a lógica do voto*, promovido pelo grupo de pesquisa Opinião Pública, Marketing Político e Comportamento Eleitoral e pelo Instituto de Pesquisas Sociais, Políticas e Econômicas (Ipespe), na Universidade Federal de Minas Gerais (Belo Horizonte), em 25 e 26 de março de 2010. Disponível em: <www.opiniaopublica.ufmg.br/biblioteca/Programacao_workshop_oficial.pdf>. Acesso em: jun. 2010.

percurso: (a) um esboço da nova configuração do sistema político partidário do município a partir da redemocratização que enfraqueceu os blocos políticos tradicionais, abrindo espaço para a emergência de novas forças; (b) o impacto do desenvolvimento socioeconômico e da estrutura midiática sobre as atitudes e o comportamento do eleitor; (c) a qualidade dos vínculos psicológicos locais entre os eleitores e os partidos políticos; e, por fim, (d) os efeitos da exposição do eleitor às estratégias das campanhas, que mesclam as práticas políticas mais tradicionais ao uso das técnicas avançadas de comunicação, incluindo televisão e internet.

Embora a estruturação dos capítulos possibilite ao leitor formular suas próprias opiniões, optamos por inserir, ao final, de forma sintética, algumas conclusões dos organizadores, basicamente com dois objetivos. O primeiro, sublinhar o que nos parecem ser as constatações mais importantes do conjunto dos trabalhos com relevância para a ciência política e para todos os interessados, na teoria ou na prática, nas eleições municipais e no comportamento eleitoral. O segundo, identificar o que ainda nos parecem ser os maiores vazios, ou seja, apontar caminhos que precisam ser percorridos para fazer avançar o conhecimento nessa área, a despeito do progressivo amadurecimento dela, fruto do trabalho de muitos precursores e autores contemporâneos.

Por fim, os organizadores agradecem a todos os envolvidos na produção deste livro. Aos professores Marcus Figueiredo e Gustavo Venturi, que se prontificaram a obter os resultados das pesquisas eleitorais. Devemos as bases de dados ao Ipespe, Ibope e Datafolha, que generosamente nos repassaram os questionários aplicados nas capitais. A Fundação de Amparo à Pesquisa do Estado de Minas Gerais (Fapemig) foi fundamental ao conceder auxílio financeiro para a realização de inúmeras atividades científicas vinculadas ao livro. Somos gratos à equipe técnica e à diretoria do Ipespe, especialmente ao professor Enoque Gomes, que nos estimulou constantemente. Agradecemos a Noelle Giúdice e Bruno Dallari, que pacientemente revisaram os originais, e aos pesquisadores e colaboradores do grupo de pesquisa Opinião Pública, Marketing Político e Comportamento Eleitoral, por aceitarem aderir a este projeto e dele participar ativamente. Aos estudantes deste grupo, especialmente Aline Burni e Paulo Victor Melo, agradecemos pelo comprometimento e auxílio técnico. Pedro Santos Mundim se dedicou com afinco à leitura dos originais e nos fez preciosas sugestões; Gláucio Dillon Soares manifestou seu mais alto interesse pelo livro e, com seu entusiasmo, nos ajudou a persistir nele. Um agradecimento especial é devido à editora da Fundação Getulio Vargas, que prontamente acolheu a publicação deste trabalho. Na ausência destas pessoas e instituições, este livro não seria mais que uma promessa não cumprida. Os erros e problemas que poderão vir a ser encontrados se devem tão somente à nossa teimosia. Esperamos que o livro possa ser lido com proveito por quem se interessa pelo tema e que possa contribuir para avançar a discussão sobre o comportamento eleitoral.

1. Principais marcas das eleições municipais brasileiras de 2008

ANTONIO LAVAREDA

A leitura dos resultados da escolha de prefeitos no Brasil é recheada de significados políticos. Ocorrendo simultaneamente nos 5.565 municípios e na metade dos mandatos nacionais e estaduais, estas são nossas "eleições intermediárias", o que faz com que seus números sejam convocados para uma tentativa de diálogo com as duas outras dimensões da política.[1]

Tal fenômeno é diferente do que tem lugar no federalismo norte-americano ou no canadense, onde, mesmo quando as disputas são partidarizadas, o que ocorre apenas em uma minoria das cidades, elas são pouco relacionadas à competição nacional.

Um bom e eloquente exemplo desse descolamento entre os dois planos vem de Nova York. Percentualmente, está registrado ali um dos maiores eleitorados democratas do país, o que ajuda a entender as seguidas vitórias que tem dado a seus candidatos presidenciais. Tomado o período recente, pós-1990, foram vitoriosos na cidade: Bill Clinton por duas vezes, Al Gore, John Kerry e, depois, Barack Obama. Entretanto, os republicanos ganharam todas as disputas para prefeito no mesmo período, elegendo Rudolph Giulianni duas vezes, e dando a vitória a Michael Bloomberg em três disputas.[2]

Mas essa característica – o relevo político ampliado das eleições locais – por certo não é privilégio nosso. Em países latino-americanos, como México, Argentina, Colômbia e Peru, o peso populacional e político das capitais chega até a fazer das respectivas prefeituras importantes plataformas para candidaturas presidenciais.

---

[1] Até o golpe militar de 1964 as eleições municipais não ocorriam simultaneamente em todo o país. Ver Lavareda (1998).

[2] Embora na eleição de 2008 Bloomberg tenha competido, de fato, como "independente".

De outro lado, em contextos nos quais o partido que comanda o governo federal tem forte presença também nas esferas locais, o que ocorria com o PMDB durante a Nova República, essas eleições parecem uma oportunidade para os eleitores, independentemente dos fatores específicos e preponderantes, "telegrafarem" mensagens para os dirigentes nacionais. Foi assim em 1988, quando em meio à maciça desaprovação do governo da Nova República, comandado por José Sarney, o PMDB sofreu forte revés nas capitais dos estados.

Outro exemplo ilustrativo, quase caricatural, do significado político "ampliado" das disputas locais teve lugar em novembro de 2010, na Grécia. Diante de pesquisas que apontavam o iminente recuo de seu partido (o Pasok – Movimento Socialista Pan-helênico), o primeiro-ministro Georges Papandreau, às voltas com uma aprovação, em queda, de apenas 23% – embora houvesse conseguido tirar o país da bancarrota graças a um aporte de € 110 bilhões da União Europeia e do FMI –, definiu as eleições daquele mês – municipais e regionais – como um referendo sobre sua administração. Desse modo, caso os socialistas sofressem um resultado eleitoral negativo, Papandreau ameaçava antecipar as eleições legislativas nacionais. O posicionamento surtiu efeito. O Pasok venceu em oito das 13 regiões do país, sendo o resultado visto como um voto de confiança no governo.

Porém, voltando às eleições brasileiras de 2008, que marcas podem ser generalizadas nesse conjunto de 5.565 municípios?

Neste texto procuro mostrar que um pequeno conjunto de circunstâncias caracterizou, com razoável comunalidade, aquele amplo leque de disputas locais, o que enseja descrever o pleito brasileiro de 2008 como eleições "da economia", "da parceria", e "da continuidade". E concluirei o capítulo abordando a força com que os partidos emergiram das urnas na dimensão municipal, e levantando hipóteses acerca de como essa eleição pode ter-se relacionado com os resultados da disputa para a Câmara Federal e a presidência em 2010.

Eleições da economia

O Banco Lehman Brothers quebrou praticamente no intervalo entre o primeiro e o segundo turnos de 2008. Era o símbolo que faltava para definir a gravidade da crise financeira que levava incerteza e depressão à economia do planeta, e cujos sinais já se apresentavam desde 2007. O noticiário dos veículos de comunicação foi tomado pelo tema, aqui, como em todos os cantos do mundo. A repercussão invadiu todos os ambientes, menos um.

Eleições da parceria

Antes e depois da campanha, políticos e analistas, para além da sorte nas disputas locais, buscavam ansiosos sinais do que poderia vir a ocorrer quando da eleição presidencial de 2010.

Um fator-chave desafiava a curiosidade: qual a capacidade de transferência de votos de Lula, um fenômeno inédito de popularidade na política nacional, que já chegava ao segundo trimestre de 2008 com 73% de aprovação. Para ter elementos de comparação, no ano das eleições municipais anteriores (2004) Lula registrara 62% de aprovação; antes dele, Fernando Henrique obtivera sua melhor taxa de aprovação, 66%, no momento das disputas municipais de 1996, e apenas 39% em 2000.

As opiniões prevalecentes oscilavam entre dois extremos. Inicialmente, dizia-se que o apoio do presidente Lula seria a variável fundamental na determinação dos resultados locais. Depois, parte expressiva da imprensa e a oposição ressaltavam, aliviadas, que o apoio do presidente se mostrara de reduzida importância, conforme parecia demonstrar especialmente o desfecho em cidades como São Paulo e Natal, onde Lula se envolvera diretamente nas campanhas.

Essas duas leituras eram ambas infundadas, decorrentes de um exame insatisfatório dos dados das pesquisas e dos resultados das urnas, acrescido da incompreensão teórica de como se pode dar a influência dos líderes sobre as opções dos eleitores nos diferentes níveis de disputa.[6]

Diante da aprovação elevada do governo federal, a estratégia dos oposicionistas era a única pertinente aqui e alhures em situações desse tipo – "municipalizar" ao máximo as campanhas. Ater-se a fatores estritamente locais.

E para "vacinar-se" em relação à tentativa, também absolutamente normal naquelas circunstâncias, dos candidatos da base do governo de "nacionalizar" as disputas, os oposicionistas não paravam de mostrar sua capacidade de realizar "parcerias" com o governo federal. O que ia ao encontro da expectativa da população que, pragmaticamente, não cobrava "alinhamento" político automático dos futuros prefeitos com o presidente, mas sim a disposição desses de não transformar as prefeituras em palanques de oposição ao governo federal, correndo o risco de minguarem suas chances de obter maiores recursos para os municípios.

---

[6] Uma evidência da primeira abordagem foi o espaço conferido pela mídia, em setembro de 2008, à informação extraída de pesquisa CNT/Sensus na qual 44,1% dos entrevistados diziam que votariam ou poderiam votar em um candidato a prefeito apoiado por Lula (93ª pesquisa CNT/Sensus, 22 set. 2008).

Exercitar o oposicionismo à cena federal na campanha local equivaleria a uma proposta suicida de queimar as pontes com a União. Proposta que as pesquisas mostravam que seria rechaçada pelo eleitorado. O discurso da "parceria", adotado pelos candidatos da base do governo federal e, também, pelos da oposição, foi a tecla dominante na esmagadora maioria das campanhas em todas as regiões. Candidato à reeleição na maior cidade do país, enfrentando uma ex-prefeita petista, o prefeito de São Paulo, Gilberto Kassab, naquele momento um dos principais líderes oposicionistas no plano nacional, foi um dos que cumpriram esse roteiro de forma exemplar.

A pesquisa nacional CNI/Ibope já comentada, perguntando quais seriam as razões mais importantes para a decisão do voto naquelas eleições, mostrava o quanto o foco dos eleitores estava direcionado para as propostas e a experiência dos candidatos (tabela 2).

Tabela 2. As motivações dos eleitores

Das razões seguintes, qual é a mais importante para o(a) senhor(a) na hora de decidir seu voto?

Motivações	Total (%)	Primeira razão (%)
As propostas do candidato	54	31
A experiência anterior do candidato	42	26
As qualidades pessoais do candidato	31	11
A campanha eleitoral do candidato na TV e no rádio	14	9
O partido do candidato	12	6
A atuação do partido do candidato no Executivo	10	4
O apoio do presidente Lula	8	3
A opinião dos amigos/parentes/vizinhos	8	3
O apoio do governador	6	2
A religião do candidato	3	1
Não sabe	2	2
Não respondeu	2	2

Fonte: CNI/Ibope (set. 2008).

Diretamente, o apoio do presidente Lula era citado por apenas 8% dos eleitores. Nas primeiras colocações vinham "propostas", "experiência" e "qualidades" dos candidatos. Não sendo a figura central naquelas disputas, diferentemente do que ocorreria em 2010 – quando esteve em jogo a sucessão de seu próprio mandato –, a popularidade de Lula não era capaz de "eleger" os candidatos por ele apoiados, mas desestimulava fortemente os ataques ao governo federal.

Eleições da continuidade

Chegamos à terceira marca das eleições de 2008 – a continuidade, que, assim como a economia, antecipava em boa medida o que teria lugar posteriormente na eleição presidencial. Nessa clave, porém, o destaque nas disputas municipais ainda foi a reeleição. Como já tive oportunidade de frisar em outro trabalho, 2008 foi "o ano celestial dos prefeitos candidatos" (Lavareda, 2009).

No Brasil, desde que foi adotado o dispositivo constitucional que permitiu a reeleição para os postos do Executivo, foram reconduzidos os dois presidentes (Fernando Henrique em 1998 e Lula em 2006). Entre os governadores, o índice foi de 67% em 1998, de 71% em 2002 e de 74% em 2006 e 2010. No caso dos prefeitos, o número de reeleitos foi quase o mesmo (58%) nas duas primeiras eleições em que o mecanismo foi adotado (2000 e 2004), para, em 2008, atingir 67%. Consideradas apenas as capitais, o percentual inicial, em 2000, foi de 70%, indo para 73% na eleição seguinte, e atingindo 95% em 2008. Ou seja, dos 20 prefeitos candidatos, apenas um, Serafim Corrêa, de Manaus, não se reelegeu.[7]

Reeleição, nos países que adotam esse instituto, termina por ser a tendência prevalecente. Ele instaura um desequilíbrio absoluto entre os recursos, no sentido amplo, disponíveis para os incumbentes (os que disputam no cargo) e os acessíveis aos desafiantes. A seguir, apresento as três principais categorias desses recursos.

- *Timing*. Em primeiro lugar, os candidatos que estão no poder iniciam sua campanha com muito mais antecedência. Desfrutam de uma taxa de conhecimento elevada, fruto da eleição anterior, e trabalham com este propósito desde o primeiro dia de seu mandato. São vistos como candidatos naturais pela mídia e pela opinião pública, ao passo que a legislação eleitoral brasileira, repleta de hipocrisias, restringe ao máximo a visibilidade das candidaturas de oposição. Quando se fala na "duração" das campanhas, os analistas deveriam levar em conta o fato de que elas começam muito cedo

[7] Ver também Confederação Nacional de Municípios (2008).

para quem está no governo, porque se confundem com o exercício do poder, independentemente das restrições e controles legais.

- *Volume de recursos.* Os incumbentes podem contar com um volume bem maior de recursos para a campanha. Recursos estes que incluem: o controle da agenda; a capacidade única de interferir no debate eleitoral com ações administrativas; os meios de trasladar as alianças de sustentação parlamentar em coalizões eleitorais, com o respectivo tempo de televisão; uma equipe técnica que conhece em profundidade as entranhas da administração; um relacionamento estreito e continuado com os diversos segmentos da população por meio de eventos, lançamentos, fóruns e inaugurações; uso permitido da publicidade oficial para divulgar suas realizações, lembrando-se de que no primeiro semestre do ano eleitoral os governantes podem gastar a média do que gastaram em publicidade nos três anos anteriores; e, por último, mas não menos importante, a posição privilegiada que ocupam lhes facilita em muito angariar doações para as respectivas campanhas. É importante assinalar que os itens que integram esse tópico, diferentemente dos anotados no anterior, também são válidos para candidatos não incumbentes, mas patrocinados pelo partido ou governante no poder.
- *Propaganda.* A terceira categoria de recursos reporta-se ao tempo de propaganda na televisão e no rádio. Ao fato de que, nas eleições municipais, há cinco vezes mais tempo de comerciais ou *spots* para os candidatos a prefeito do que nas campanhas dos candidatos à presidência da República. É que os primeiros ocupam, sozinhos, os 30 minutos diários disponíveis, enquanto nas eleições de presidente os candidatos têm de dividir o mesmo tempo, em proporções assemelhadas, com os postulantes aos governos estaduais, ao Senado, à Câmara Federal e às assembleias legislativas. O incumbente, ou candidato patrocinado pelo prefeito, desfruta confortavelmente desse latifúndio de tempo na TV com realizações ou lançamentos virtuais contrapondo-se às meras "propostas" dos adversários.

Sobre o tempo da propaganda na televisão, deve ser sublinhado que, em 2008, mais uma vez ele foi uma variável de fundamental importância nas cidades em que houve campanha nesse meio. Quando se observam as disputas nas 26 capitais dos estados, constata-se que em 20 delas (77%) os candidatos vitoriosos nas urnas haviam contado com a maior fatia de tempo no primeiro turno. Em três os vencedores tinham o segundo maior tempo. Em uma, São Luís, o eleito vinha em terceiro lugar. Somente em dois casos, Manaus e

Belém, os vitoriosos – o ex-governador e ex-prefeito Amazonino Mendes e o prefeito-candidato à reeleição Duciomar Costa – contavam com o quarto maior tempo.

Nos próximos ciclos eleitorais, a televisão, e em especial os comerciais nela veiculados, os quais efetivamente substituíram, em grande medida, a função reservada antes ao bloco de programas, continuará a desempenhar papel fundamental nas campanhas, naturalmente complementada e integrada a outras mídias, com destaque para a internet e as redes sociais nela tecidas. É ingenuidade supor-se que em um futuro próximo, no que toca à política eleitoral, a TV terá seu lugar "ocupado" pela internet. A tendência visível na relação dessas plataformas é de integração e convergência, como se observou, mais uma vez, na eleição presidencial de 2010, quando as aparições dos candidatos inflavam a audiência deles na web, e os temas da campanha negativa online na reta final, apontados como partes importantes da explicação da ocorrência do segundo turno, foram incorporados à campanha na televisão.

A observação acima decorre, também, do que se observa nos Estados Unidos. Berço e centro difusor dos avanços da web, onde o tempo é comprado pelas campanhas, lá o investimento em TV só faz crescer. Na eleição presidencial de 2008 foram gastos, nesse veículo, US$ 2,4 bilhões, uma quantia 35% maior do que a utilizada na eleição anterior (2004). E nas eleições intermediárias seguintes (2010), para o Legislativo e governos estaduais, a soma gasta pelos candidatos na televisão bateu um recorde, crescendo cerca de 20% (Parker, 2010).

A força municipal dos partidos

Quando se procura identificar a força relativa com que os partidos emergiram das urnas em 2008, é forçoso voltar os olhos, inicialmente, para o fenômeno da fragmentação ou dispersão das preferências eleitorais. Se é verdade que tal fenômeno ganha visibilidade, despertando óbvias preocupações no que toca à governabilidade, na composição da Câmara Federal – que na eleição de 2010 viu atingido o recorde de 22 partidos representados –, é na base, nas eleições municipais, que esse fenômeno recebe seu maior impulso.

Contudo, isso não pode ser apreendido se adotada uma postura ingênua que leve em conta apenas o fracionamento registrado em cada município, ou a sua média. Essa é uma mensuração naturalmente necessária, mas francamente insuficiente.

A tabela 3 mostra que o fracionamento nas eleições para prefeito é razoavelmente baixo, apenas na região Norte ocorrendo um número um pouco superior a duas forças efetivas.

Tabela 3. Fragmentação por regiões

Média da fragmentação nas eleições de prefeitos (2008)

Região	Ne
Norte	2,2
Nordeste	1,9
Centro-Oeste	2,0
Sudeste	2,0
Sul	1,9
Brasil	2,0

Obs.: Ne = Número de competidores efetivos.[8]

Mas deter-se apenas nesse nível, como fazem alguns autores, é esquecer, no contexto de exagerado pluripartidarismo que temos, as diferentes combinações de atores partidários que têm lugar nas dezenas ou centenas de municípios no interior de cada estado, e que termina se expressando nas disputas parlamentares que têm como distrito eleitoral as unidades estaduais.

O desempenho dos 10 maiores partidos, em termos de número de prefeituras conquistadas em 2004 e 2008, apresentado na tabela 4, ajuda a compreender a dimensão real dessa fragmentação.

Juntos eles obtiveram 93,3% das cadeiras de prefeito em 2008. Mas apenas quatro (PMDB, PSDB, PT e PP, nessa ordem) conseguiram, isoladamente, um percentual muito próximo, igual ou superior a 10% delas. E isso no que toca ao conjunto do país. Levando-se em conta a força regional que obtiveram nas urnas, o PMDB despontou em primeiro lugar em quatro regiões, ficando em segundo apenas no Sudeste, onde perdeu para os tucanos. O PSDB, no Norte, ficou em quarto lugar; no Nordeste e no Centro-Oeste, em terceiro, e no Sul,

[8] Índice, criado por Laakso e Taagepera (1973), que pretende expor o número hipotético de forças de igual tamanho que teriam o mesmo efeito total sobre o fracionamento do sistema, como têm as legendas existentes de fato, com seu tamanho desigual. Ver Lavareda (2009). Os dados da tabela 3 foram calculados pelo professor José Maria Nóbrega Júnior, da Universidade Federal de Campina Grande.

em quinta colocação. O PT ficou em segundo lugar no Norte, terceiro no Sudeste e no Sul, quinto no Centro-Oeste e em sexta colocação no Nordeste. O PP ficou em segunda colocação no Centro-Oeste e no Sul, em sétimo lugar no Norte e no Sudeste e em nona posição no Nordeste.

Tabela 4. Avanços e recuos

Desempenho dos 10 maiores partidos nas eleições para prefeito (2004-2008)

Partidos	2004	2008	Variação (%)
PMDB	1.058	1.204	13,8
PSDB	871	786	-9,8
PT	411	558	35,8
PP	551	553	0,4
DEM	791	501	-36,7
PTB	403	415	3,0
PR	382	384	0,5
PDT	307	346	12,7
PSB	175	312	78,3
PPS	306	129	-57,8
Outros	308	375	21,8
Total*	5.563	5.563	-

* Fonte: TSE. Dados organizados pelo autor.

A variação da força dos partidos na dimensão local, entre 2004 e 2008, antecipou, na maior parte dos casos, um movimento equivalente, que se daria na Câmara Federal. Dos maiores declínios verificados nas bancadas federais em 2010 (PPS: –45,5%; DEM: –33,8%; PSDB: –19,7%; e PMDB: –11,2%), apenas o do PMDB não foi antecipado pelo resultado das disputas municipais anteriores, quando crescera 13,8%. O PPS perdera nas prefeituras, em relação a 2004, 57,8%; o DEM, 36,7%; e o PSDB, 9,8%. Ou seja, os partidos com participação no poder federal *ganharam* prefeituras, ao passo que o *declínio* mais acentuado foi entre os partidos da oposição.

Com relação aos partidos que aumentaram suas bancadas na Câmara, em 2010 – PT, PR, PSB, PDT, PSC, PCdoB, PV, PRB, PTdoB e PMN – todos haviam crescido, em número de prefeituras conquistadas, nas eleições municipais anteriores. O PSC, que desbancou o PPS passando ao posto de 10ª maior bancada federal, viu suas cadeiras aumentarem 89%, com 17 deputados eleitos. Nas eleições de prefeito em 2008 havia crescido 119%. Restou apenas o recuo do PMDB, em 2010, para ser devidamente explicado.[9]

Outro ângulo para focar o relacionamento entre nossas eleições "intermediárias" e as eleições nacionais é o desempenho dos dois partidos que polarizam a disputa presidencial desde 1994 nos 100 maiores municípios brasileiros, que concentram 40,3% do eleitorado e que, de certo modo, são "formadores" do comportamento eleitoral do restante do país.[10]

Tabela 5. PSDB e PT nos 100 maiores municípios brasileiros

Os grandes municípios antecipam o futuro?

Partido	Número de prefeitos			
	1996	2000	2004	2008
PSDB	20	17	20	14
PT	11	27	23	28

Fonte: TSE.

A tabela 5 aponta a confortável dianteira dos tucanos sobre o PT em número de prefeituras nessa categoria (20 a 11), em 1996, antecipando a confortável reeleição de FHC no primeiro turno em 1998. Já em 2000, ocorreria uma reversão dramática: o PT assumindo a dianteira, com um crescimento que atingiu 27 desses municípios, contra 17 do PSDB. Em 2004 o PT manteve dianteira, embora com um placar apertado: 23 a 20. Lula se reelegeria no segundo turno, dois anos depois. E em 2008 se deu o placar mais dilatado nesse conjunto específico: o PT obteve o dobro das prefeituras do PSDB (28 a 14). Dois anos depois, elegeria para a presidência a até então desconhecida ministra Dilma Rousseff, que, na altura da eleição de 2008 marcava modestos 8,4% nas pesquisas presidenciais.[11]

---

[9] A correlação (Pearson's) entre as variações percentuais dos 10 maiores partidos nas eleições de 2008 (prefeitos) e 2010 (bancadas na Câmara Federal) foi 0,550. Sobre a redução do PMDB, parte pode ser explicada pelas coligações eleitorais. O partido foi o que mais teria perdido cadeiras (30) por conta das coalizões. O PT perdeu 20 e o PSDB 12, segundo os cálculos de Fernando Rodrigues em matéria publicada na *Folha de S.Paulo*, seção "Poder" (A-9), de 22 nov. 2010.

[10] Pesquisa CNT/Sensus, já citada.

[11] Sobre as possíveis repercussões dos resultados de 2008 em relação a 2010, ver Souza (2011).

Afirmar que, no agregado, as eleições municipais de certa forma "projetam" o futuro no que concerne às eleições nacionais não significa ignorar que elas, também, refletem o passado, particularmente nos pequenos municípios e nas áreas menos desenvolvidas. A explicação, nesse caso, remete ao papel dos governos estaduais, uma vez que as disputas locais, principalmente nas áreas menos desenvolvidas, são fortemente influenciadas por eles e, em consequência, o partido do governador costuma nelas assinalar um crescimento expressivo. A trajetória do PSB nas eleições de prefeito nos municípios nordestinos é um exemplo eloquente. Em 2004 conquistou o Executivo em 108 cidades, o que o situava na sétima posição no *ranking* de desempenho partidário na região. Em 2008 o partido saltou para a segunda posição – 207 prefeituras –, um ganho de 91,7%. O que tinha ocorrido entre os dois momentos? Simplesmente o partido elegera os governadores de dois dos três maiores estados da região: Pernambuco e Ceará.[12]

[12] A influência dos governos estaduais sobre as disputas municipais confirma análises de Lavareda (1998:121) e Abrucio (1998:165-184). Por vezes, ela se verifica também nos grandes municípios, conforme Telles, Lourenço e Storni (2009:91-116).

2. Predisposições, avaliação de governo e campanha eleitoral: a vitória de Kassab em São Paulo

JAIRO PIMENTEL JR.
CLAUDIO LUIS DE CAMARGO PENTEADO

A vitória de Gilberto Kassab (DEM) para a prefeitura de São Paulo, em 2008, foi uma surpresa para a política paulistana, que viu ascender um novo quadro político nas relações de poder da capital. Kassab, apesar de ser o então prefeito, situação essa que lhe favorecia – segundo aponta a literatura da ciência política – para uma reeleição, não dispunha de muita visibilidade e capital político. Kassab era vice-prefeito de Serra (resultado da aliança PSDB/DEM), com pouco destaque dentro do cenário político paulistano, e "herdou" o cargo com a ida do prefeito José Serra para o posto de governador de São Paulo, em 2006. Além disso, o candidato democrata competia com outros três políticos com experiência eleitoral: a ex-prefeita Marta Suplicy, pelo Partido dos Trabalhadores (PT), o ex-governador Geraldo Alckmin, do Partido da Social Democracia Brasileira (PSDB), além do ex-governador e ex-prefeito Paulo Maluf (PP) – este último não contando com o prestígio eleitoral de outrora.

A situação política se complicava ainda pela ruptura da aliança entre PSDB e DEM. Havia disputa interna entre os grupos tucanos, divididos entre os apoiadores de Geraldo Alckmin (ex-governador) e José Serra (então governador). Alckmin, contrariando os interesses de Serra (favorável à reeleição de Kassab), se lançou como candidato à prefeitura, situação que levou a uma disputa interna no PSDB, que ficou dividido entre apoiar a candidatura oficial tucana ou se alinhar com o aliado político demista, como desejava o então governador. Esse embate levou a um racha que enfraqueceu a candidatura democrata, que teve de disputar a mesma fatia do eleitorado com o ex-governador, além de apoios políticos no primeiro turno da eleição.

Político com nenhuma expressão eleitoral em cargos majoritários,[1] Kassab foi eleito vice-prefeito de São Paulo na chapa de José Serra e assumiu a prefeitura após a renúncia deste último, para se candidatar ao governo do estado de São Paulo, em março de 2006. Desconhecido de grande parte da população, tudo indicava que seu papel nessa eleição seria secundário, frente à disputa que se esboçava entre Marta e Alckmin, sobretudo por serem dois nomes de peso no cenário regional (com passagens pela prefeitura e governo do estado, respectivamente), mas também pelo fato de PT e PSDB ensaiarem, nos últimos anos, replicar a disputa que ocorre entre essas legendas em nível nacional na cidade de São Paulo. Entretanto, esse embate não ocorreu. Kassab venceu Marta no segundo turno com mais facilidade do que José Serra havia feito quatro anos antes.[2]

Nesse contexto eleitoral, este capítulo busca realizar uma análise da eleição de 2008 em São Paulo, tratando de identificar os aspectos que explicam a vitória do prefeito Gilberto Kassab. Tendo em conta os fatores contextuais supracitados, as variáveis consideradas para analisar essa eleição são basicamente três: (a) avaliação da administração municipal, (b) o perfil socioeconômico e demográfico dos eleitores e (c) o impacto das campanhas dos candidatos.

Tal como buscamos demonstrar, a disputa eleitoral é complexa e dinâmica, envolvendo uma série de fatores conjunturais que interferem na disputa eleitoral. Com base nessa consideração, propõe-se a hipótese de que, além da boa avaliação de governo, a vitória de Kassab se deu também por conta da interação ocorrida entre a sua eficiente campanha no horário eleitoral gratuito de rádio, a composição de uma importante estratégia de alianças (em especial com o PMDB paulista e o apoio informal do governador José Serra) e o comportamento político estável do eleitorado paulista (Limongi e Mesquita, 2008).

Este capítulo está divido em cinco partes. Em primeiro lugar, tratamos de mostrar o contexto eleitoral da cidade de São Paulo, enfatizando as variáveis socioeconômicas, demográficas e político-estruturais que possuem relevância para entender o comportamento eleitoral nesse município. Na segunda parte, tratamos de analisar as condições de candidatura de Kassab, e a estratégia de alianças partidárias que lhe permitiu maior tempo no horário eleitoral gratuito.

---

[1] Gilberto Kassab iniciou sua vida política na participação da campanha de Guilherme Afif Domingos (então filiado ao Partido Liberal) à presidência da República em 1989. Em 1993, foi eleito vereador pelo extinto PL (hoje PR), partido de Afif na época. Dois anos depois, filiou-se ao PFL (atual DEM). Ocupou o cargo de secretário de Planejamento do governo Celso Pitta, no período de 1997 a 2000. Foi eleito duas vezes como deputado federal (1999-2003 e 2003-2007).

[2] Kassab venceu Marta com cerca de 61% dos votos válidos. Serra, em 2004, a venceu com 55% dos votos válidos.

Na terceira parte, discutimos sumariamente as estratégias de campanha dos três principais candidatos, enfatizando a relevância da linha de comunicação de Kassab em propor uma comparação polarizada entre sua administração e a da ex-prefeita Marta Suplicy. Na quarta parte, trataremos de mostrar dados de pesquisas durante a campanha, analisando a evolução da avaliação da administração de Kassab, das intenções de voto e da percepção dos eleitores sobre o horário eleitoral gratuito. Por fim, na quinta parte, fazemos algumas considerações sobre o significado da vitória de Kassab em São Paulo, em 2008.

Contexto eleitoral em São Paulo

A história da prefeitura de São Paulo é marcada por uma série de intervenções e nomeações. A tabela 1 indica que, no período de 1953 a 2006, houve somente 11 prefeitos eleitos. O perfil dos prefeitos eleitos, em sua maioria (com exceção de Luiza Erundina e Marta Suplicy), tende para um alinhamento conservador. Contudo, a falta de um posicionamento ideológico claro dos partidos brasileiros não permite a classificação ideológica do eleitorado, que, muitas vezes, define seu voto de acordo com as características pessoais dos candidatos ou outra variável de decisão. Entretanto, o perfil dos prefeitos eleitos é um indicativo do comportamento político do eleitorado paulistano para um voto mais conservador.

No período pós-ditadura militar, as eleições na capital paulista foram marcadas por contextos políticos dinâmicos. Em um primeiro momento, na eleição de 1985, a disputa envolveu três forças políticas que podiam ser classificadas no âmbito de um espectro ideológico: Jânio Quadros (direita), Fernando Henrique (centro) e Eduardo Suplicy (esquerda). A surpreendente vitória de Jânio, batendo o favorito e líder nas pesquisas de opinião, Fernando Henrique, foi creditada à migração de votos para Suplicy e ao carisma do ex-presidente Jânio Quadros.

Nas eleições de 1988, o eleitorado paulistano surpreende novamente, com a eleição da candidata petista Luíza Erundina. Mulher e nordestina, Erundina derrota o favorito Maluf. Segundo Pierucci e Lima (1991), a vitória da petista deveu-se à migração de votos de outros candidatos (principalmente Serra e Leiva) e à adesão de última hora de segmentos mais pobres, menos escolarizados e do sexo feminino.

A volta de Maluf à prefeitura de São Paulo em 1992, após diversas derrotas, foi resultado de uma eficiente campanha de marketing, que destacou para o cenário das campanhas eleitorais o publicitário Duda Mendonça, o qual viria a ter papel importante na vitória de Lula à presidência em 2002. Também marcou o fracasso petista em fazer seu sucessor.

Tabela 1. Prefeitos eleitos em São Paulo (1953-2006)

Nome	Coligação	Período
Jânio Quadros	PSB/PDC	1953-1954
Juvenal Lino de Matos	PSP/PTB/PST	1955-1956
Ademar de Barros	PSP	1957-1961
Prestes Maia	UDN/PDC/PTB	1961-1965
José Vicente Faria Lima	PR/MTR	1965-1969
Jânio Quadros	PFL/PTB	1986-1989
Luiza Erundina	PCdoB/PCB/PT	1989-1993
Paulo Maluf	PL/PDS/PTB	1993-1997
Celso Pitta	PFL/PPB	1997-2001
Marta Suplicy	PHS/PCdoB/PCB/PT	2001-2005
José Serra	PFL/PSDB/PPS	2005-2006

Fonte: TRE-SP.

Na eleição seguinte (1996), Maluf consegue eleger seu candidato para sua sucessão, Celso Pitta. Apoiado por uma boa avaliação e programas sociais de grande visibilidade (o Plano de Atendimento a Saúde – PAS – e o Projeto Cingapura, habitacional), Maluf lançou seu ex-secretário como candidato à sua sucessão, fazendo de sua credibilidade aval para o desconhecido candidato.

As diversas denúncias e escândalos que envolveram a administração Pitta frente à prefeitura levaram ao isolamento do prefeito – que foi, inclusive, afastado do cargo – por um breve período. Essa situação de conflito levou ao enfraquecimento do malufismo, beneficiando uma candidatura de oposição e a ascensão de Marta Suplicy ao cargo de prefeita.

Com uma personalidade polêmica, a figura política de Marta atraiu uma boa parte do eleitorado, ao mesmo tempo que agregava um elevado grau de rejeição. Nesse contexto, apesar da avaliação razoável de sua administração, condição que lhe favoreceria para a reeleição juntamente com o controle da máquina pública, ela não consegue obter êxito, perdendo a eleição para José Serra.

Nessa conjuntura de alternância de governos municipais, Limongi e Mesquita (2008) argumentam que existe uma previsibilidade no comportamento eleitoral do eleitor de São Paulo, onde os eleitores identificados como de "centro" são os responsáveis por decidir as eleições, ora tendendo para a direita, ora para a esquerda.

Nesse sentido, é importante conhecer o perfil do eleitorado paulistano. De maneira bastante sumária, podemos caracterizá-lo a partir de três prismas: a preferência partidária dos eleitores, a sua identidade ideológica e a distribuição geográfica dos votos.

Tratando da identificação partidária, tal como sugere a Escola de Michigan (Campbell et al., 1960), o gráfico 1 apresenta a evolução da mensuração dessa variável em São Paulo, pelas principais legendas, nos últimos 20 anos. Podemos observar que, na década de 1980, o PMDB contava com a maior identificação na capital paulista.[3] Contudo, nas décadas seguintes (1990 e 2000), o PT se consolida como o partido com maior identificação, chegando à casa dos 20%, enquanto o PMDB definha para 4% em 2008. O espaço deixado pelo partido é ocupado pelo PSDB, que em 20 anos passa dos 3% para 11% de preferência partidária.

Esses dados indicam, como atesta a literatura, que no Brasil a identificação partidária é fraca, encontrando maior incidência na militância petista, que consegue agregar uma maior identificação entre seus participantes e simpatizantes.

O personalismo também é um indicador importante do comportamento eleitoral e da identificação. Nos anos anteriores à ditadura militar, Ademar de Barros e Jânio Quadros eram importantes lideranças que se impunham sobre os partidos. Com a carreira política iniciada dentro do regime militar, Paulo Maluf também construiu uma identificação personalista com o eleitorado: o malufismo, que viria somente a perder força com a sequência de denúncias de corrupção e sua prisão temporária.

Uma segunda característica para compreender o comportamento eleitoral em São Paulo é a análise da predisposição ideológica dos eleitores, utilizando-se, para isso, a abordagem sugerida por Singer (2002). Apesar das críticas a essa abordagem (Carreirão, 2002; Borges, 2007; Telles e Storni, 2011), ela nos oferece alguns pontos interessantes a serem considerados sobre o comportamento eleitoral em São Paulo. Na tabela 2, é possível observar a distribuição da autoclassificação dos eleitores no espectro ideológico da esquerda à direita, em duas oportunidades nas quais ela foi mensurada.[4] É possível notar a estabilidade

[3] A pergunta utilizada para mensurar a identificação partidária foi: "Qual é o seu partido de preferência?". Resposta espontânea e única.

[4] A pergunta utilizada foi: "Na política as pessoas falam muito de esquerda e de direita. Gostaria que usasse um número de 1 a 7 para dizer se o(a) senhor(a) é de esquerda ou de direita, sendo que 1 significa que é de esquerda e 7 que é de direita". Foram definidas as seguintes categorias: 1 a 2 = esquerda; 3, 4 e 5 = centro; 6 e 7 = direita.

na identificação ideológica dos eleitores em São Paulo de um contexto para outro, denotando uma maior presença, no espectro, de eleitores nas posições de centro e direita, em face de um diminuto eleitorado de esquerda.

Gráfico 1. Identidade partidária em São Paulo (1988-2008)

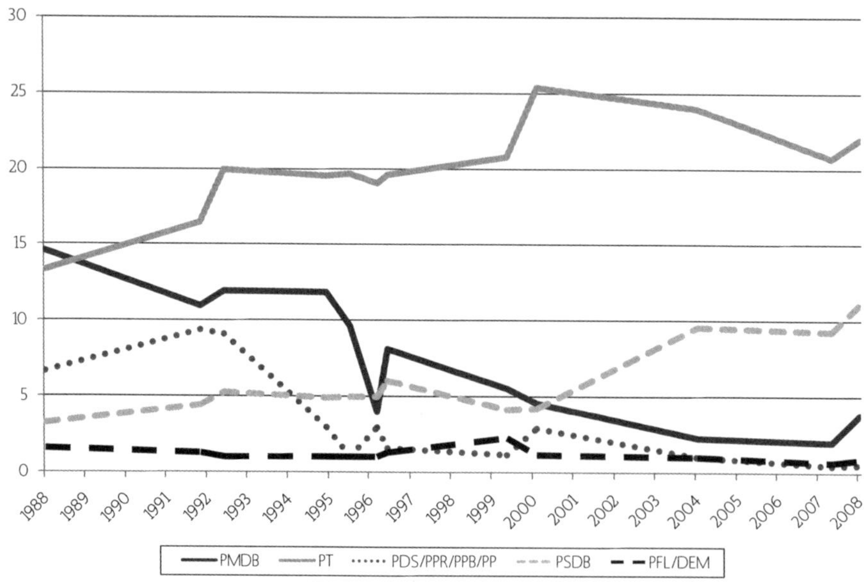

	9/10/1988	28/8/1992	30/3/1993	20/9/1995	23/4/1996	16/12/1996	18/3/1997	10/2/2000	8/11/2000	30/10/2004	14/2/2008	4/10/2008
PMDB	15	11	12	12	10	4	8	6	5	2	2	4
PT	13	16	20	20	20	19	20	21	25	24	21	22
PDS/PPR/PPB/PP	7	9	9	3	1	3	2	1	3	1	0	1
PSDB	3	4	5	5	5	5	6	4	4	10	9	11
PFL/DEM	2	1	1	1	1	1	1	2	1	1	1	1
Outros partidos	4	2	2	1	3	2	2	3	3	3	1	8
Outras respostas/nomes e referências	5	9	8	9	8	18	16	12	1	5	8	2
Nenhum/não sabe	52	47	42	50	52	48	45	52	58	54	55	51

Fonte: Datafolha.

Essa tabela indica também que a esquerda e a direita isoladamente não conseguem vencer a eleição em São Paulo, sendo o resultado final condicionado para onde pender o centro, conforme argumentam Limongi e Mesquita (2008). Os resultados eleitorais indicam que o centro tende a votar na direita, com exceção das vitórias de Erundina e de Marta. Contudo, essas vitórias de candidatos alinhados à esquerda do espectro político podem ser explicadas por conjunturas específicas. Por exemplo, em 2000 a vitória de Marta pode ser explicada pela reprovação da administração Pitta e o consequente aumento da rejeição a Maluf, que fez o centro direcionar seu voto à petista.

Tabela 2. Posicionamento ideológico em São Paulo

	2002	2008
Esquerda	12	13
Centro	34	30
Direita	31	31
NS/NR	23	26

Fontes: 2002: DCP-USP; 2008: APPM (Análise, Pesquisa e Planejamento de Mercado).

A partir dessas considerações, e seguindo a literatura (Limongi e Mesquita, 2008), podemos caracterizar o eleitorado de São Paulo como de centro-direita e com um perfil conservador, haja vista tanto o fato de os eleitores desses dois espaços possuírem hegemonia na distribuição da escala ideológica quanto a tendência do centro em pender para a direita na decisão eleitoral.

Contudo, cabe fazer algumas ressalvas na utilização do elemento ideológico para explicar o comportamento eleitoral. A primeira diz respeito à compreensão do eleitorado da classificação entre direita, centro e esquerda. A segunda está relacionada à fragilidade ideológica dos partidos brasileiros e à composição de alianças de partidos com posições ideológicas contrastantes. Por fim, o comportamento pragmático dos partidos faz com que os discursos e plataformas políticas eleitorais sejam construídos em torno do resultado de pesquisas de preferência eleitoral, de forma que todas as propostas se parecem, não havendo muitas diferenças entre partidos de direita e esquerda. Aliás, é muito comum vermos um partido classificado como de direita defendendo bandeiras eleitorais "de esquerda" durante a campanha eleitoral.

Figura 1. Comportamento eleitoral em São Paulo (1996-2004)

Mapa 1. Média de votos no PT (1996-2004)

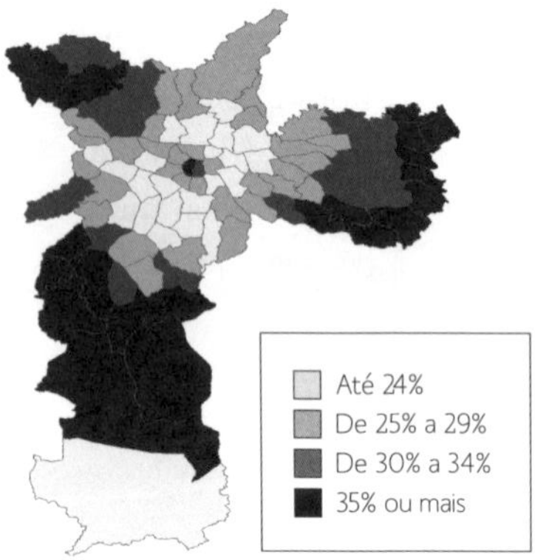

Mapa 2. Média de votos no PSDB (1996-2004)

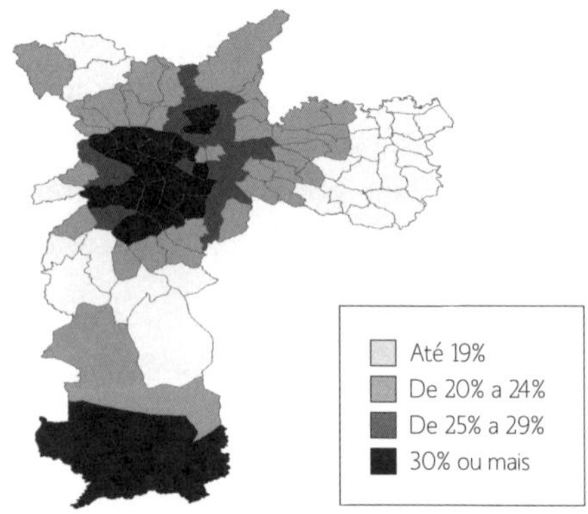

Mapa 3. Média de votos no PPB (1996-2004)

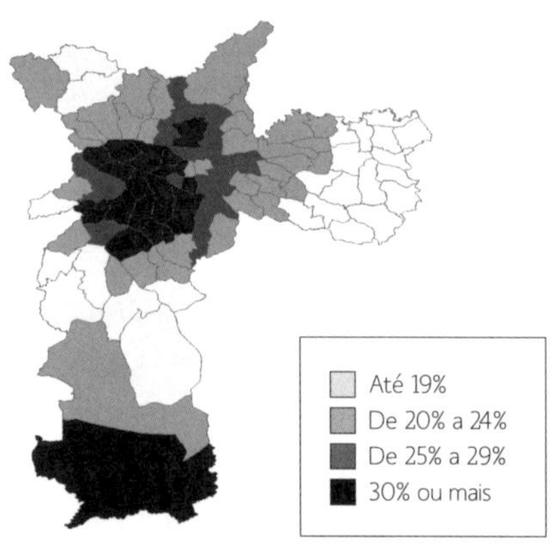

Fonte: TRE-SP.

Por fim, um terceiro elemento a ser observado sobre o comportamento eleitoral em São Paulo é a estabilidade geográfica na determinação do voto.

Tradicionalmente, a Zona Norte 1 (mapas apresentados) tende a um voto de direita de caráter conservador, marcado pela figura emblemática das "senhoras de Santana" apontadas no estudo de Pierucci (1988). Além dela, a região Leste 1, chamada de "antiga Zona Leste" em oposição à Zona Leste 2, mais periférica, também agrega uma tradição de voto na direita, antigo reduto janista. Foi nessas regiões que o malufismo mais conseguiu atrair o apoio dos eleitores de São Paulo. Mas, mesmo no período democrático de 1945-1964, várias figuras proeminentes da política alinhadas à direita, como Ademar de Barros e Jânio Quadros, fizeram suas bases eleitorais nessas regiões. Por outro lado, a Zona Leste 2 apresenta maior tendência de voto no PT, assim como as zonas Sul 2 e Norte 2, regiões que se encontram mais nos extremos da cidade, que apresentam as menores rendas *per capita* do município e as menores taxas de escolaridade. Já o PSDB tem-se saído melhor nas regiões de maior renda e de maior escolaridade, as zonas Sul 1 e Oeste, e obtém menores percentuais de voto nas zonas periféricas da cidade, fato que estabelece uma contraposição na cidade de São Paulo entre o PT, como partido dos mais pobres, e o PSDB, como partido da elite, algo que parece também se estar desenvolvendo em nível nacional (Holzhacker e Balbachevsky, 2007; Singer, 2009).

Em suma, o que podemos observar por meio desses três aspectos é que São Paulo, no atual contexto político, possui um eleitorado precariamente alinhado entre PT e PSDB, replicando a disputa política que ocorre no plano nacional. Contudo, esse precário alinhamento foi quebrado pela vitória de Kassab, que contou com importantes apoios políticos, como veremos na próxima seção.

De acordo com Telles e Storni (2011), o uso da escala direita-esquerda não seria o instrumento mais adequado para mensurar a ideologia dos eleitores e a percepção que estes possuem sobre o posicionamento ideológico dos partidos. O uso de outras técnicas pode ser mais adequado para inferir sobre a presença de ideologia no comportamento eleitoral. Mas o que se pode deduzir mediante este instrumento é que existem indícios de que o eleitor identifica os partidos a partir da posição que estes ocupam no governo como de oposição, identificados como esquerda *versus* partidos de situação, de direita.

Seguindo essa linha de raciocínio, podemos ver que a campanha e a avaliação do governo acabam sendo essenciais na configuração do voto, pois, enquanto a situação vai tentar construir um cenário favorável, mostrando suas realizações, a oposição busca estruturar um discurso desqualificando as ações e resultados da atual administração.

Ressaltando a dimensão simbólica na disputa eleitoral, muitas vezes ignorada nas análises políticas, o debate político entre situação e oposição põe em disputa interpretações sobre mundos futuros apresentados pelas narrativas presentes na comunicação da campanha e pela percepção do eleitor da realidade política (Figueiredo et al., 2000).

A candidatura de Kassab a prefeito e a estratégia de alianças

Kassab assumiu a prefeitura como um desconhecido da população. Esse desconhecimento seria quebrado por dois eventos. O primeiro foi a criação da Lei Cidade Limpa, que limitou e regulou a publicidade na cidade. Essa nova legislação teve uma ampla repercussão na mídia e uma boa aceitação por parte da população. O segundo foi um acontecimento negativo para o novo prefeito, que ficou conhecido como o "caso Kaiser". O prefeito, em visita a um posto de saúde para a inauguração de uma unidade da AMA (Assistência Médica Ambulatorial), expulsou a gritos um manifestante que alegava estar sendo prejudicado pela Lei Cidade Limpa. O destempero de Kassab teve uma repercussão negativa, mas ao menos serviu para que o prefeito se tornasse um pouco mais conhecido da população.

A avaliação de sua administração, em março de 2007, quase um ano após assumir a prefeitura, era de apenas 15% de ótimo/bom e 42% de ruim/péssimo; no começo do ano de 2008 sua aprovação era de apenas 35% (de ótimo/bom), índice que o descredenciaria à reeleição se levarmos em consideração a análise de Almeida (2008).

Além do baixo índice de aprovação, a candidatura de Kassab à reeleição ainda enfrentou três outros obstáculos: (a) a existência de um possível candidato do mesmo espaço político na disputa, Geraldo Alckmin,[5] que possuía maior intenção de votos que ele; (b) o racha da aliança com o PSDB e o consequente enfraquecimento de sua candidatura; (c) a possibilidade de esse racha levar ao poder a candidata da oposição, Marta Suplicy, também muito bem-colocada nas pesquisas.

Não obstante esse cenário adverso, Kassab manteve sua candidatura, visando aproveitar a vitrine eleitoral que a disputa oferecia, uma vez que São Paulo é a maior cidade do Brasil, o terceiro maior PIB, perdendo apenas para o estado de São Paulo e para o próprio Brasil, e dela saíram os principais candidatos a governador e à presidência nos últimos anos. Pesou também a favor dessa decisão o interesse do governador José Serra e de parte do PSDB municipal na continuidade de seu trabalho. Serra, contrariado com a candidatura de Alckmin, apoiou informalmente Kassab, tendo em vista a manutenção da aliança política com os democratas.

[5] Devido a disputas internas no PSDB, que lançou o candidato Geraldo Alckmin, Serra não pôde apoiar oficialmente Kassab. Contudo, durante a campanha houve clara sinalização – por parte tanto do governador quanto da campanha de Kassab – do alinhamento político entre eles.

Decidida sua candidatura, Kassab articulou uma aliança que lhe deu a vantagem necessária para vencer nesse quadro adverso. A coligação São Paulo no Rumo Certo contou com o apoio do PV, PRP e PSC, além do fundamental apoio do PMDB e do PR, ambos cortejados pelo PT, mas que acabaram fechando acordo com o DEM. Ao PMDB coube indicar a candidata a vice-prefeita, Alda Marco Antonio, e também a possibilidade de Orestes Quércia, ex-governador e líder do PMDB paulistano, sair candidato ao Senado dois anos depois sem que houvesse uma disputa com um candidato do DEM.[6] Essa ampla aliança permitiu a Kassab maior tempo de televisão que seus adversários, sobretudo em relação a Alckmin, o candidato com o qual Kassab disputava o mesmo espaço político.[7] Em se tratando de um candidato pouco conhecido, esse tempo maior de TV foi fundamental para a virada eleitoral que viria a acontecer, o que demonstra a importância da comunicação dentro dos processos eleitorais contemporâneos.

Estratégias de campanha

Contando com maior tempo de TV, a estratégia da campanha de Kassab se centrou em informar sobre suas realizações e formar uma imagem positiva junto aos eleitores, se não para vencer essa eleição, ao menos para que Kassab se tornasse um candidato mais competitivo em outros pleitos de igual dificuldade.

Entre os principais candidatos, Kassab era o que apresentava o menor nível de conhecimento pelo eleitorado antes da campanha começar. Apesar de pouquíssimos eleitores nunca terem ouvido falar no nome de Kassab, apenas 29% declararam conhecer bem o prefeito, contra 47% de Alckmin, 59% de Marta e 62% de Maluf.

Apesar de prefeito, a imagem de Kassab ainda era desconhecida do grosso do eleitorado, e mesmo quem declarava conhecê-lo bem ainda guardava ressalvas em relação a sua candidatura. Na tabela 4, isso pode ser observado: para aqueles que declaram conhecer bem os três principais candidatos, a certeza de

[6] Na eleição de 2006 o candidato do DEM, Guilherme Afif Domingos, surpreendeu com uma expressiva votação para o Senado. Tendo em vista esse potencial eleitoral dos democratas, o PMDB paulista articulou um acordo para tirar da disputa um candidato do DEM e lançar a candidatura de Quércia ao Senado, formando uma dobradinha com o PSDB. Por problemas de saúde, Quércia acabou desistindo da disputa.

[7] De acordo com dados do TRE-SP, o tempo de TV de Kassab foi de 8min44s73, enquanto o de Marta foi de 6min40s75 e o de Alckmin foi de 4min27s42.

voto em cada um deles. Podemos observar que, entre esses candidatos, além de pouco conhecido Kassab era o que possuía a maior rejeição, mesmo por parte daqueles que conheciam bem o prefeito.

Tabela 3. Nível de conhecimento sobre os candidatos (%)

	Kassab	Alckmin	Marta	Maluf
Conhece bem	29	47	59	62
Conhece mais ou menos	38	34	27	23
Conhece pouco	21	12	10	9
Conhece só de nome	11	6	4	5
Nunca ouviu falar	1	0	0	1
NS/NR	0	0	0	0

Fonte: Análise, Pesquisa e Planejamento de Mercado (APPM - jun. 2008).

Tabela 4. Grau de certeza de voto nos candidatos (somente para quem os conhece bem)

	Kassab	Alckmin	Marta
Com certeza votaria	29	41	51
Poderia votar	24	35	17
Não votaria nele de jeito nenhum	46	24	32
Não o conhece suficiente para opinar	0	0	0
NS/NR	1	0	1
Base	28	47	59

Fonte: Análise, Pesquisa e Planejamento de Mercado (APPM - jun. 2008).

Entretanto, o baixo conhecimento sobre Kassab e suas realizações acabou sendo uma vantagem. Sua imagem pôde ser construída praticamente do zero, enfatizando-se a capacidade administrativa do prefeito. Fundamental também nessa estratégia foi a criação do "Kassabinho" (um boneco criado por computação gráfica que mimetizava as feições de Kassab),[8] que serviu para humanizar

[8] No site oficial do candidato, o internauta podia "baixar" uma animação do Kassabinho dançando o *jingle* da campanha.

sua imagem, assim como para transferir carisma para o candidato e amenizar os resquícios negativos do caso Kaiser.

Figura 2. Material de campanha: *Kassabinho*

Fonte: site do candidato: <www.kassab25.com.br>.

A polarização das realizações de Kassab com as de Marta Suplicy foi o fio condutor de sua campanha e elemento fundamental para que fossem alcançados dois efeitos concomitantes: (i) estabelecer a candidatura de Kassab como a antítese do PT e conseguir, com isso, o voto dos antipetistas; e (ii) fixar, na agenda da campanha, o tema da continuidade ou de retrocesso da administração municipal, trazendo para um plano mais concreto o debate da campanha e deslocando Alckmin para fora das discussões públicas. A partir desse tom da campanha, Kassab conseguiu se tornar a opção mais plausível de continuidade das administrações PSDB/DEM.

O exemplo acima ilustra um elemento importante na estratégia de comunicação da campanha de Kassab: polarizar com Marta, associando a administração da candidata petista à criação de impostos, o que lhe valeu o apelido de "Martaxa" entre a população paulistana. Esse tipo de ação publicitária é um elemento comum dentro das campanhas que buscam reforçar estereótipos contra os adversários, além de ter servido como mote para mostrar o candidato Kassab como um administrador que pôs fim aos abusos cometidos pela antiga administração.

Figura 3. Peça de campanha de Kassab

Fonte: elaborado pelos autores a partir de comerciais dos candidatos gravados da TV.

Por outro lado, a estratégia da campanha de Marta tentou aproveitar-se do racha entre os "aliados" PSDB e DEM, e buscou, em um primeiro momento, alcançar os eleitores da classe média com o intuito de vencer a eleição logo no primeiro turno, antecipando a provável situação adversa que poderia encontrar no segundo turno, com a transferência de votos de Kassab para Alckmin ou vice-versa. Essa estratégia se mostrou inócua, o que a fez revê-la e passar a apelar para a base eleitoral mais tradicional do PT. Um dos motes para isso foi tentar utilizar a popularidade do presidente Lula, que registrava, nessa época, 50% de ótimo/bom entre o eleitorado da cidade de São Paulo. Porém, mesmo com o apoio de Lula, Marta não conseguiu subir nas pesquisas durante a campanha.

No segundo turno, saindo em desvantagem de 23% nas pesquisas (54% contra 37%), a campanha de Marta partiu para o ataque, tentando emplacar a ideia de que teria havido, antes de sua administração, uma gestão "Pitta-Kassab" que deixara a cidade em frangalhos. Porém, um polêmico *spot*[9] que expunha questões

[9] Nesse *spot* aparecem vários *letterings*, narrados por uma voz masculina, que questionam: "Você sabe mesmo quem é Kassab? Sabe de onde ele veio? Qual a história do seu partido? De quem foi secretário e braço direito? De quem esteve sempre ao lado, desde que começou na política? Se já teve problemas com a justiça? Se melhorou de vida depois da política? É casado? Tem filhos? Já que ele não informa nada, não é mais prudente se informar melhor sobre ele? Para decidir certo, é preciso conhecer bem".

sugestivas sobre a vida pessoal de Kassab acabou atrapalhando essa estratégia. O ataque não surtiu o efeito desejado e gerou uma controvérsia que se estendeu por todo o segundo turno, minando completamente as chances de virada sobre Kassab. O fracasso desse *spot* ficou claro quando petistas tradicionais se disseram decepcionados com o ataque, declarando que não votariam na candidata.

Figura 4. *Spot* de campanha sobre vida privada de Kassab

Fonte: elaborado pelos autores a partir de comerciais dos candidatos gravados da TV.

Por sua vez, a campanha de Alckmin tratou de enfatizar suas realizações como governador e sua experiência política. Entretanto, a mensagem ficou deslocada, longe da situação municipal e distante do debate corrente da campanha. Com a queda nas intenções de voto e a perda de votos para Kassab, houve mudanças que descambaram na troca de seu marqueteiro, e o tom passou a ser de ataque a Kassab, sobretudo pela sua participação na gestão Pitta como secretário de finanças e sua pouca experiência como administrador. Também se buscou vincular o candidato às figuras de Maluf e Quércia, associadas a escândalos de corrupção e desvio de dinheiro público. Os ataques funcionaram momentaneamente para segurar a subida de Kassab por uma semana, porém a falta de elementos prospectivos capazes de entusiasmar o eleitorado fez com que a candidatura de Alckmin sucumbisse e seus eleitores passassem a apostar em Kassab para derrotar a candidata petista.

Figura 5. Peça de campanha de Alckmin

Fonte: elaborado pelos autores a partir de comerciais dos candidatos gravados da TV.

A decisão do voto na eleição paulistana de 2008

A rápida ascensão dos índices de intenção de voto em Kassab na corrida eleitoral de 2008 ilustra a dinâmica do processo político contemporâneo, em que diversos elementos combinados são essenciais para a compreensão do processo eleitoral. No gráfico 2, podemos observar a evolução das intenções de voto nos três principais candidatos. Nele, o que chama a atenção é o fato de Kassab e Alckmin apresentarem movimentos inversos: enquanto Kassab sobe nas intenções de voto durante a campanha, Alckmin cai paulatinamente, havendo, na última semana de campanha (26 de setembro), uma inversão nas posições desses candidatos, passando Kassab a obter o segundo lugar e Alckmin a terceira posição. Ao que tudo indica, Kassab competiu com Alckmin pelo mesmo eleitorado, sobressaindo-se em demonstrar que era o candidato mais apto a lutar contra Marta em um eventual segundo turno.

Marta, por sua vez, que parte em segundo lugar em fevereiro, passa, já em março, para o primeiro lugar, mantendo essa posição nas intenções de voto até a pesquisa final de boca de urna. Entretanto, apesar das pesquisas indicarem que Marta chegaria em primeiro lugar no primeiro turno, ao se abrirem as urnas Kassab surpreendentemente apareceu em primeiro, com 34% dos votos válidos contra 33% de Marta. Alckmin acabou com cerca de 22% dos votos válidos.

Gráfico 2. Intenção de voto para prefeito no primeiro turno: São Paulo (2008)

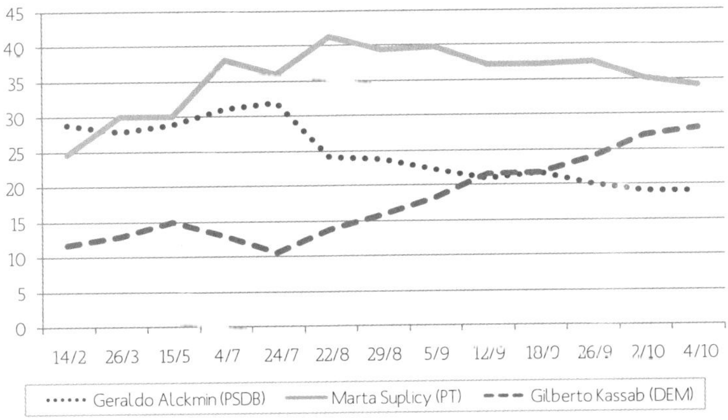

	14/2	26/3	15/5	4/7	24/7	22/8	29/8	5/9	12/9	18/9	26/9	2/10	4/10
Geraldo Alckmin (PSDB)	29	28	29	31	32	24	24	22	21	22	20	19	19
Marta Suplicy (PT)	25	30	30	38	36	41	39	40	37	37	37	35	34
Gilberto Kassab (DEM)	12	13	15	13	11	14	16	18	22	22	24	27	28

Fonte: Datafolha.

Como se explica a subida de Kassab nas intenções de voto? Para analisar essa questão foram construídos dois modelos multinomiais,[10] ambos tendo

[10] A seguir, o formato das variáveis na regressão. Variável dependente: o voto em Kassab e o parâmetro de referência nos modelos multinomiais. Variáveis independentes: sexo (binária): 1 = mulher e 0 = homem; idade (ordinal): 1 = 16 a 34, 2 = 35 a 44 e 3 = acima de 45; escolaridade (ordinal): 1 = fundamental, 2 = média, 3 = superior; renda familiar mensal (ordinal): 1 = até 2 SM, 2 = 2 a 5 SM, 3 = maior que 5 SM; avaliação de governo – prefeito Kassab, presidente Lula e governador Serra (binária para todos os casos): 1 = bom/ótimo e 0 = outras; preferência partidária (binária para todos os casos): PT: 1 = PT e 0 = outros/nenhum, PSDB: 1 = PT e 0 = outros/nenhum; HGPE (ordinal): índice com o mínimo de 0 e o máximo de 4, criado a partir das perguntas como a do exemplo a seguir. Exemplo: POA, questionário Datafolha PO 3.423ª, p. 40: "No dia 19 de agosto teve início o horário eleitoral gratuito na TV, que é exibido no período da tarde, entre uma e uma e meia (13h e 13h30min), e à noite, entre oito e meia e nove horas (20h30min e 21h). Você assistiu, algum dia, pela TV, a propaganda de algum dos candidatos a prefeito no horário eleitoral gratuito? 1 = sim, assistiu, 2 = não assistiu"; p. 41: "Também são exibidas propagandas dos candidatos durante toda a programação de TV, entre oito da manhã

como valor de referência o voto em Kassab, mas, no primeiro modelo, comparando-o com o voto em Alckmin; no segundo, com o voto em Marta.

A análise das regressões de algumas rodadas de pesquisa mostra que a principal variável que explica o voto em Kassab é a avaliação de sua administração. Tal como pode ser visto na tabela 5, em praticamente todas as rodadas analisadas essa é a variável que nos oferece o maior índice B (beta) de regressão, para explicar o voto em Kassab nos dois modelos.

A avaliação dos governos de Serra e de Lula foi também testada nesses modelos para explicar o voto nos candidatos. Tal como pode ser observado, a avaliação de Serra está associada ao voto em Alckmin e não em Kassab, mostrando que a imagem de Serra estava mais ligada ao tucano Alckmin e não ao seu vice-prefeito. Já a avaliação de Lula, como era de se esperar, encontrava-se associada ao voto em Marta.

Outra variável que se mostrou importante para explicar o voto nessa eleição foi a preferência partidária. Os peessedebistas preferiam votar em Alckmin – por motivos óbvios – e não em Kassab, enquanto os petistas tinham maior rejeição ao candidato do PSDB do que ao do DEM quando a variável de referência era o voto em Kassab ou em Alckmin. Já quando o modelo se referia à opção entre Kassab e Marta, os eleitores petistas tendiam naturalmente a declarar voto em Marta, enquanto os peessedebistas rejeitavam essa candidata. Esse resultado da variável partidária mostra justamente aquilo que havíamos comentado inicialmente: a existência de uma polarização entre PSDB e PT em São Paulo. Além disso, as variáveis renda e escolaridade não tiveram peso para explicar diferenças no voto entre Alckmin e Kassab; entretanto, os eleitores com menor escolaridade e menor renda tenderam mais a votar em Marta do que em Kassab, bem como os eleitores mais jovens tenderam a dar mais seu voto à candidata petista.

---

e meia-noite. Você assistiu a alguma dessas propagandas dos candidatos a prefeito exibidas na TV ao longo do dia? 1 = sim, assistiu, 2 = não assistiu"; p. 42: "No dia 19 de agosto, também teve início o horário eleitoral gratuito no rádio, que é transmitido no período da manhã, entre sete e sete e meia (7h e 7h30min), e à tarde, entre meio-dia e meio-dia e meia (12h e 12h30min). Você ouviu algum dia, pelo rádio, a propaganda de algum dos candidatos a prefeito no horário eleitoral gratuito? 1 = sim, ouviu, 2 = não ouviu"; p. 43: "Também são transmitidas propagandas dos candidatos durante toda a programação do rádio, entre oito da manha e meia-noite. Você ouviu alguma dessas propagandas dos candidatos a prefeito transmitidas pelo rádio ao longo do dia? 1 = sim, ouviu, 2 = não ouviu". Quatro novas variáveis são criadas, sendo que, em cada uma delas, as respostas "sim, ouviu" ganham o valor de 1 e as respostas "não ouviu" ganham o valor de zero. Depois elas são somadas para construir o índice. Um teste de razoabilidade (*reliability analysis*) é aplicado para avaliar a consistência do índice. Valores de Crombach Alpha menores que 0,7 apresentam baixa consistência.

Tabela 5. Modelo de regressão multinomial: determinantes do voto para prefeito de São Paulo (2008)

	4 jul.	29 ago.	5 set.	18 set.	26 set.
Alckmin	**B**	**B**	**B**	**B**	**B**
Intercept	0,195	1,292	1,737	1,357	0,675
Sexo (mulher)	0,480**	0,043	-0,04	0,156	0,01
Avaliação do presidente Lula		-0,375	-0,15		
Avaliação do governador Serra		0,454	1,102*		
Avaliação do prefeito Kassab	-1,742*	-2,074*	-2,509*	-1,699*	-1,819*
PSDB: partido preferido	0,649*	0,783*	0,321	0,75*	1,131*
PT: partido preferido	-0,640	-1,219*	-0,619	-0,718**	-0,243
HGPE		-0,091	-0,108	-0,077	0,012
Escolaridade					
Fundamental	0,535	0,582	-0,468	0,068	-0,248
Média	0,627*	0,108	-0,556	0,031	-0,312
Renda familiar mensal					
Até 2 SM	0,202	-0,408	0,544	-0,303	0,511
2 a 5 SM	0,739*	-0,076	0,506	-0,177	0,027
Idade					
16 a 34 anos	0,683**	0,521	0,182	0,212	0,21**
35 a 44 anos	0,720	0,571	0,163	0,240	0,246
Marta	**B**	**B**	**B**	**B**	**B**
Intercept	-0,387	0,454	0,604	-0,079	-0,085
Sexo (mulher)	0,537**	0,191	-0,097	0,236	0,076
Avaliação do presidente Lula		0,717*	0,877*		
Avaliação do governador Serra	-0,566*	0,045			
Avaliação do prefeito Kassab	-2,434*	-2,649	-2,793	-2,46*	-2,522*
PSDB: partido preferido	-1,687*	-1,287**	-1,191**	-1,628*	-2,632*
PT: partido preferido	1,145*	1,467*	1,955*	2,364*	2,476*
HGPE		-0,003	-0,223**	0,033	-0,045**
Escolaridade					
Fundamental	1,090*	0,932**	0,685	0,712**	0,872*
Média	1,014*	0,339	-0,07	0,619**	0,251
Renda familiar mensal					
Até 2 SM	0,241	0,892**	0,985**	0,652**	1,299*
2 a 5 SM	0,487	0,501	1,019*	0,246	0,416
Idade					
16 a 34 anos	1,002*	0,905*	0,867*	0,557**	1,165*
35 a 44 anos	0,668	0,854**	0,915*	0,357	0,754*

Fonte: Datafolha.

* Sig. < 0,01; ** Sig. < 0,05.

A declaração de exposição no horário eleitoral foi outra variável que entrou nesse modelo. Essa variável denota que a exposição no horário eleitoral fez com que os eleitores deixassem de votar em Marta para votar em Kassab. Entretanto essa variável precisa ser lida com ressalvas, dado o fato de ela ser uma medida subjetiva para um fato objetivo, passível de vieses de memória dos entrevistados (Torangeau, Rips e Rasinski, 2000). Nesse sentido, a resposta à exposição no HGPE (horário gratuito de propaganda eleitoral) não reflete necessariamente o efeito dessa exposição.

Além de a avaliação da administração ser uma variável com maior capacidade de explicar o voto em Kassab, ela é responsável pela sua vitória na medida em que, durante a campanha, foi subindo paulatinamente, passando de 35% de ótimo/bom[11] para 61% no começo do segundo turno, tornando-o, assim, o prefeito mais bem avaliado dentro do atual período democrático na cidade de São Paulo.

A teoria econômica da escolha racional argumenta que o nível de aprovação de um governo tem como causa a maximização de utilidade (ou satisfação subjetiva) oferecida pela atuação desse governo na vida dos eleitores (Downs, 1999; Fiorina, 1981). Nesse sentido, a assimilação das informações transmitidas pela campanha sobre as realizações de Kassab teria como efeito o aumento da maximização dos eleitores em relação ao seu governo que, consequentemente, se converteu no aumento de sua aprovação.

Seguindo Popkin (1996), é possível dizer que a campanha de Kassab ofereceu as "deixas" (*cues*) necessárias para os eleitores entenderem que boa parte do bem-estar que eles experimentavam advinha da administração municipal. Temas como as AMAs (ambulatórios médicos com grande aprovação), o investimento de R$ 1 bilhão no metrô, a Lei Cidade Limpa e a continuidade dos CEUs (centros educacionais unificados) foram fundamentais para o prefeito mostrar seu trabalho, revelando uma agenda de campanha propositiva. A partir dessas deixas os eleitores passaram a avaliar melhor a administração de Kassab e começaram a direcionar sua decisão eleitoral para a reeleição do atual prefeito. Soma-se a isso o momento positivo do Brasil no cenário econômico, que teria favorecido não só Kassab, mas todos os prefeitos candidatos à reeleição (Lavareda, 2009).

[11] Em 24 de julho, última pesquisa Datafolha antes da campanha em rádio e TV, que foi iniciada no dia 19 de agosto.

Gráfico 3. Avaliação da administração Kassab em 2008

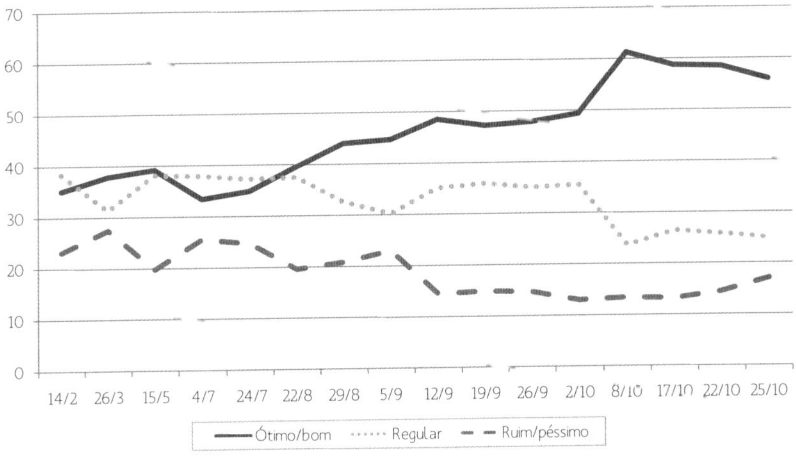

	14/2	26/3	15/5	4/7	24/7	22/8	29/8	5/9	12/9	19/9	26/9	2/10	8/10	17/10	22/10	25/10
Ótimo/ bom	35	38	39	33	35	40	44	45	48	47	48	49	61	59	59	56
Regular	38	31	38	38	37	38	33	30	35	36	35	36	24	26	26	25
Ruim/ péssimo	23	28	20	26	25	20	21	23	15	15	15	13	13	13	15	17

Fonte: Datafolha.

Apesar, entretanto, de a avaliação de governo explicar boa parte do aumento das intenções de voto em Kassab, essa variável não é suficiente para explicar a vitória do candidato. As premissas racionais dessa teoria parecem não explicar todo o crescimento da avaliação positiva do governo Kassab, dado que boa parte desse crescimento não se dá somente por conta da assimilação do conhecimento das realizações do prefeito, mas sim por outros motivos além desse. As pesquisas sinalizam que houve uma subida de 12 pontos percentuais na avaliação positiva da administração de Kassab (passou de 49% para 61%) entre a última mensuração do primeiro turno (dia 2 de outubro) e a primeira do segundo turno (dia 8 de outubro), período em que não houve propaganda política (houve recesso entre os dias 2 e 11 de outubro).[12]

[12] O calendário eleitoral pode ser encontrado no site do TRE-SP: <www.tre-sp.gov.br/eleicoes/2008/index.htm>.

Uma hipótese para explicar esse aumento é a formação de um clima positivo da opinião pública, engendrado pelo primeiro lugar inesperado que Kassab galgou no primeiro turno. Esse "clima Kassab" pode ser caracterizado por aquilo que Rahn (2000) chama de um "clima da opinião pública" (*public mood*), ou seja, um estado afetivo dos indivíduos em relação à comunidade política em que vivem. Nesse caso, a vitória no primeiro turno pode ter criado um forte clima de opinião pública nos eleitores, sobretudo nos de centro-direita, impulsionando sua avaliação positiva do governo. Isso seria possível porque a avaliação de governo não é constituída puramente por componentes racionais, mas também por componentes emocionais que orientam a percepção de mundo dos eleitores (Marcus, Mackuen e Neuman, 2000).

Uma segunda ressalva em relação à avaliação de governo como determinante do voto na eleição paulistana em 2008 se encontra na endogeneidade dessa variável com a intenção de voto. Da mesma forma que se pode dizer que o voto de Kassab aumentou devido a uma melhora da avaliação de sua administração, pode-se também dizer o contrário, ou seja, que a avaliação de sua administração aumentou devido a uma maior taxa de intenções de voto. Essa seria uma segunda hipótese para explicar por que a avaliação de Kassab passou de 49% de ótimo e bom no fim do primeiro turno para 61% no começo do segundo: consequência do aumento das intenções de voto de um turno para outro, de 28%, na pesquisa de boca de urna do primeiro turno, para 54%, no começo do segundo.

Por fim, uma terceira ressalva em relação à avaliação de governo pode ser encontrada na análise da intenção de voto no segmento que avaliava a administração Kassab como ótima e boa, em 2008. No gráfico 4 é possível observar as intenções de voto nos três principais candidatos à prefeitura de São Paulo. Nele é possível observar que, antes da campanha, a maioria dos eleitores que avaliavam Kassab como ótimo/bom não declarava voto nele, mas sim em Alckmin, sendo esse quadro revertido somente após o começo da campanha, quando Kassab começa a amealhar a maioria dos votos nesse segmento. Nesse sentido, a teoria que leva em consideração a avaliação de governo como determinante do voto também falha em explicar esse ponto – afinal, eleitores que maximizam a utilidade de um governo devem prioritariamente desejar que esse governo continue. Não obstante, não é esse o comportamento que se observa na maioria dos eleitores que aprovam Kassab antes do começo da campanha.

Gráfico 4. Intenção de voto para prefeito: São Paulo (2008)
(somente quem avaliava a administração Kassab como ótima/boa)

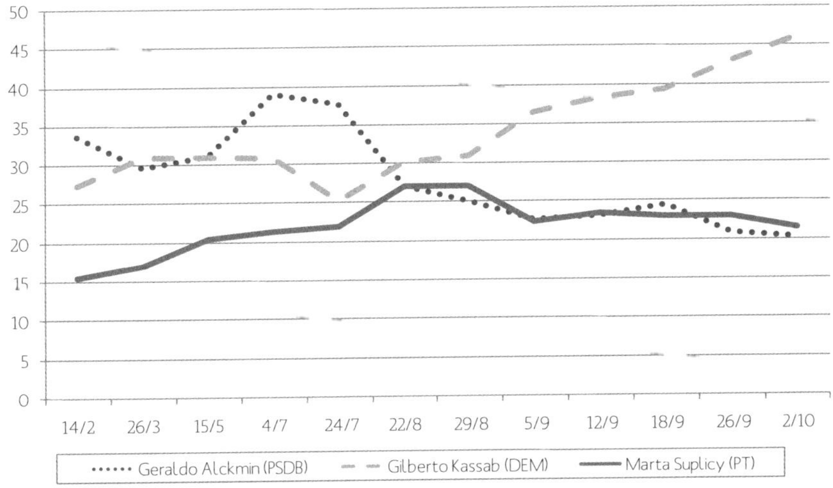

	14/2	26/3	15/5	4/7	24/7	22/8	29/8	5/9	12/9	18/9	26/9	2/10
Geraldo Alckmin (PSDB)	34	30	31	39	38	27	25	23	23	24	21	20
Gilberto Kassab (DEM)	27	31	31	31	25	30	31	37	38	39	43	46
Marta Suplicy (PT)	15	17	20	21	22	27	27	22	23	23	23	22

Fonte: Datafolha.

Essas três ressalvas se alinham em apontar o efeito da campanha de Kassab sobre a sua avaliação de governo e, concomitantemente, sobre a evolução das intenções de voto. Se Kassab tivesse adotado outra estratégia, teria conseguido essa surpreendente ascensão? Se ele não tivesse vencido Marta no primeiro turno, teria tido esse índice de aprovação de 61%? É impossível adivinhar o que teria ocorrido, mas fica evidente que a campanha foi fundamental para Kassab superar Alckmin no segmento que aprovava sua administração e aumentar sua aprovação de governo a níveis recordes, o que condiciona, em grande medida, a avaliação de seu governo e seus votos ao desempenho de sua campanha junto ao eleitorado.

Tendo em vista as restrições apontadas acima, relativas à variável avaliação de governo, para explicar a eleição de Kassab, outra chave possível para entender melhor o que ocorreu em 2008 se encontra nas conclusões de Lazarsfeld,

Berelson e Gaudet (1948) e da escola sociológica do voto sobre o mecanismo causal relacionado ao efeito dos meios de comunicação de massa. Esse mecanismo admite que o comportamento eleitoral seja formado por duas estruturas temporais: os fatores de curto prazo e os fatores de longo prazo.

Os fatores de longo prazo se referem às variáveis socioeconômicas dos eleitores, que criam predisposições e orientam suas percepções em relação ao universo político. Assim, fatores como renda, local de moradia, grau de escolaridade e outras variáveis estruturais teriam grande influência na assimilação de novas informações e na formação da opinião política. Já os fatores de curto prazo se referem aos fatos correntes, aos estímulos presentes durante a campanha, que tentam persuadir os eleitores em sua decisão de voto. Dessa forma, segundo apontam Lazarsfeld, Berelson e Gaudet (1948), os eleitores não são tábuas rasas nas quais as propagandas políticas dos meios de comunicação de massa imprimem suas vontades. As campanhas não persuadem os indivíduos, criando vontades ou necessidades eleitorais; na verdade os estímulos de campanha encontram, em seu caminho, eleitores que já possuem predisposições a respeito das informações e mensagens veiculadas pelas propagandas políticas. Nesse modelo, portanto, as campanhas possuem a função de ativar predisposições, reforçando a intenção de voto em determinado candidato, ou fazendo com que eleitores de determinada posição socioeconômica passem a votar de acordo com essa posição.

Seguindo esse modelo, a boa avaliação da campanha de Kassab foi o fator de curto prazo fundamental para explicar sua subida nas intenções de voto. Com mais tempo na TV, Kassab conseguiu mostrar-se como uma alternativa viável, desbancando a forte concorrência de Alckmin nos segmentos que tradicionalmente apoiam a centro-direita paulistana.

No gráfico 5 é possível ver a avaliação dos eleitores em relação aos programas de TV desses três principais concorrentes. Nele é possível perceber que, apesar de estar atrás de Alckmin nas pesquisas no dia 29 de agosto (nessa oportunidade Alckmin estava oito pontos à frente), Kassab já recebia uma percepção tão positiva de seu programa eleitoral de rádio e televisão quanto Alckmin, e, mesmo antes de passar Alckmin nas intenções de voto, em 5 de setembro, a campanha de Kassab já era percebida como melhor pelos eleitores.

Outro fato que mostra o melhor desempenho da campanha de Kassab frente à dos demais candidatos é que ela foi a única que cresceu na percepção dos eleitores, enquanto a de Marta manteve certa estabilidade e a de Alckmin apresentou leve declínio. Além disso, na última pesquisa Kassab aparece empatado com Marta como melhor campanha, mesmo a candidata petista apresentando maior intenção de votos nessa oportunidade (37% contra 24%), um dado que sinalizava o potencial eleitoral do candidato, que se concretizou em uma vitória apertada frente à candidata petista.

Gráfico 5. Avaliação do horário eleitoral dos candidatos a prefeito (qual a melhor campanha?)

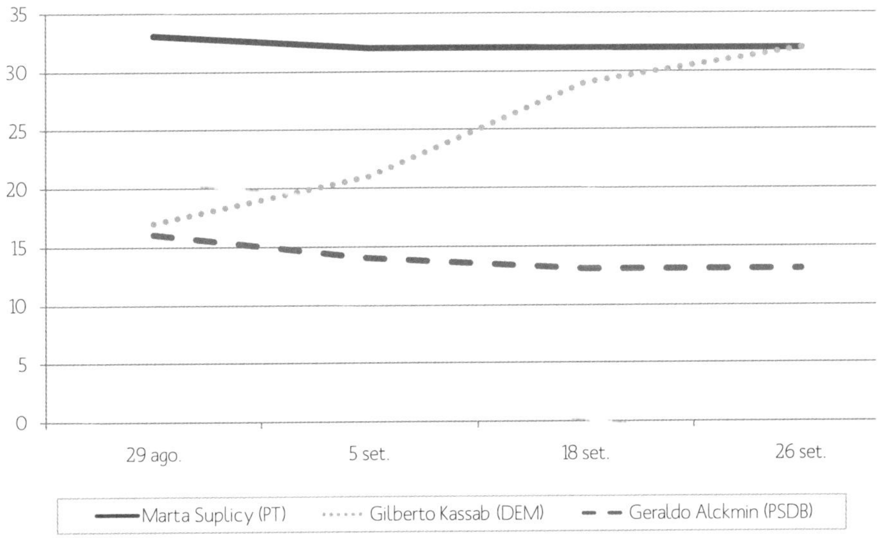

	29 ago.	5 set.	18 set.	26 set.
Marta Suplicy (PT)	33	32	32	32
Gilberto Kassab (DEM)	17	21	29	32
Geraldo Alckmin (PSDB)	16	14	13	13

Fonte: Datafolha.

O efeito da campanha de Kassab, entretanto, não foi sentido da mesma forma por todos os eleitores. Esse efeito foi maior justamente nos segmentos eleitorais tradicionalmente ligados à centro-direita paulistana. A tabela 6 mostra a média dos percentuais de intenção de voto em Kassab antes e depois da campanha, desagregada por variáveis sociodemográficas e pelas regiões da cidade. Uma análise detalhada dessa tabela permite observar que Kassab cresceu justamente nos segmentos que tendem a votar nos candidatos de centro-direita em São Paulo, ou seja, o candidato melhorou seu desempenho nos segmentos onde ele já se encontrava melhor, a saber, os eleitores mais velhos, com maior renda, maior escolaridade e das zonas Norte 1, Sul 1 e Oeste da cidade.

Tabela 6. Média de intenção de voto em Kassab por segmentos (antes e depois da campanha)

	Média antes da campanha	Média depois da campanha	Saldo
Sexo			
Masculino	13	20	7
Feminino	13	23	10
Idade			
16 a 24	10	18	8
25 a 45	12	20	8
45 e mais	21	25	4
Escolaridade			
1ª a 4ª série	10	18	8
5ª a 8ª série	12	18	6
Ensino médio	12	21	10
Superior	20	27	8
Renda			
Até 2 SM	9	17	7
De 2 a 5 SM	12	21	9
De 5 a 10 SM	16	25	9
Mais de 10 SM	19	31	12
Zona da cidade			
Centro	18	23	6
Leste 1	18	27	9
Leste 2	11	18	8
Norte 1	12	27	16
Norte 2	9	18	9
Oeste	13	24	11
Sul 1	16	24	8
Sul 2	11	16	5

Fonte: Datafolha.

Em relação à idade, percebe-se que, na média das pesquisas, antes da campanha os eleitores mais velhos tendiam a votar em Kassab. A campanha não aumentou tanto a intenção de voto nesse segmento, que se encontrava mais saturado, mas melhorou os demais, mantendo, no final, um padrão de que quanto mais velhos os eleitores, mais eles tendiam a votar em Kassab. A variável escolaridade apresentou padrão parecido, aumentando menos na faixa de nível superior do que no ensino médio (saldo 12 contra saldo 9, respectivamente), mantendo-se, no final, o padrão de quanto maior a escolaridade, maior a tendência de voto em Kassab. No segmento de renda, percebemos que o crescimento é maior nas faixas de renda mais altas, mantendo-se a correlação positiva com a intenção de voto em Kassab, antes e depois da campanha. Por fim, em termos geográficos, pode-se perceber que Kassab cresceu em todos os segmentos; porém, o maior crescimento ocorreu na Zona Norte 1, fiel reduto da direita paulistana, onde Kassab enfrentou inicialmente a concorrência de Paulo Maluf, seguida pela Zona Oeste, onde o candidato mais forte era Geraldo Alckmin.

A partir desses dados é possível dizer que os eleitores desses segmentos foram mais influenciados pelas mensagens da campanha de Kassab, que conseguiu agregar à candidatura do demista os segmentos simpáticos a Alckmin e contrários a Marta, considerando-o melhor alternativa para a manutenção da coligação PSDB/DEM. Dessa forma, pode-se concluir que a campanha de Kassab foi eficiente na medida em que conseguiu construir um cenário favorável ao candidato do DEM, permitindo que saísse de uma terceira colocação, no início da campanha, para a vitória nos dois turnos. Possibilitou, também, que o candidato – pouco conhecido pelo eleitorado paulistano e titular de um governo com baixa avaliação – se transformasse no prefeito mais bem avaliado da capital paulista. A ação estratégica da campanha permitiu que Kassab assumisse a posição de Alckmin como o candidato mais viável da situação e antipetista, condição essa que lhe proporcionou a virada sobre o tucano no primeiro turno e a vitória sobre Marta ao final da eleição.[13]

[13] Segundo pesquisa Datafolha de segundo turno realizada em 24 e 25 de outubro, cerca de 76% dos eleitores que informaram ter votado em Alckmin no primeiro turno declararam intenção de voto em Kassab no segundo.

Considerações finais

Ao término deste capítulo, é possível identificar a importância da combinação de uma eficiente campanha eleitoral com a conjuntura política na qual se realiza o pleito. Assim, pode-se dizer que de nada adianta uma sofisticada e cara linha de comunicação política em uma campanha eleitoral se ela não souber explorar as predisposições existentes no eleitorado e se não contar com o apoio político necessário. Isso significa que uma campanha política precisa saber dialogar com a conjuntura e os elementos da cultura política local, de forma a utilizar esses elementos em sua estratégia de comunicação para angariar os votos necessários para eleger seu candidato.

Analisando o caso de Kassab, pode-se dizer, recorrendo aos conceitos clássicos de Maquiavel, que o candidato, ao longo de sua estratégia de campanha, teve *virtú* e *fortuna*. Kassab, por meio de sua ação à frente da prefeitura, soube ampliar seu capital político, tornando-se mais conhecido pelo eleitorado, assim como construir importantes alianças, com o governador José Serra e com os partidos da coligação, sobretudo o PMDB, situação que lhe permitiu ampliar seu espaço no HGPE, criando condições políticas para ter maior visibilidade e espaço para divulgar sua campanha. Por outro lado, o candidato teve a fortuna de o eleitorado paulistano ter uma predisposição a votar em candidatos de centro-direita, além de contar com o erro estratégico das campanhas de Alckmin, candidato que disputava com ele a mesma fatia desse eleitorado, e de Marta, que não soube atrair os votos dos eleitores que se identificam com o centro.

Ao final, podemos destacar que a vitória de Kassab pode ser explicada por uma conjunção de fatores, conforme previsto na hipótese inicial: uma boa avaliação da administração; uma eficiente campanha eleitoral, que conseguiu construir uma imagem favorável de bom administrador; a associação de sua imagem com a do então governador José Serra (bem-avaliado); a formação de importantes alianças (no primeiro e no segundo turnos) e a predisposição do eleitorado paulistano a votar em candidatos associados à centro-direita. Contudo, convém destacar que a boa avaliação da administração Kassab foi alcançada principalmente pela eficácia da campanha, que soube reverter o quadro inicialmente desfavorável, demonstrando que a racionalidade do eleitor é condicionada à sua percepção do quadro político.

Kassab soube se posicionar como a alternativa dos setores identificados com a centro-direita, como alternativa anti-PT e continuidade da aliança PSDB/DEM, mostrando-se como candidato mais viável que seu concorrente para o mesmo eleitorado, Geraldo Alckmin. A ação eleitoral de Kassab também demonstra a importância da articulação política, pois a composição da chapa com o PMDB permitiu que o candidato conquistasse mais tempo no HGPE, condição necessária para reverter o quadro inicial desfavorável, pois permitiu torná-lo mais conhecido pelo eleitorado, além de melhorar sua avaliação de governo, condição necessária para se mostrar como alternativa real a Alckmin.

3. Divisão social e preferência política na disputa pela prefeitura na cidade do Rio de Janeiro em 2008

FÁBIO VASCONCELLOS

MARCUS FIGUEIREDO

A eleição municipal de 2008 no Rio de Janeiro teve um forte componente simbólico. Desde 1993, o grupo político liderado pelo prefeito Cesar Maia, do DEM (PFL, até 2007), comandava a administração municipal. Apesar de ter rompido, em 1999, com Luiz Paulo Conde, que ajudou a eleger em 1996, Maia voltou a mostrar força nos anos seguintes. Em 2000 derrotou seu ex-aliado e retornou à prefeitura, para a qual seria reeleito em 2004, permanecendo no cargo até então. Na história recente da cidade, Cesar Maia se tornava, assim, o prefeito que mais tempo governou o município.

O longo período à frente da prefeitura rendeu desgaste político a Maia, mas os eleitores estavam divididos quanto à avaliação de sua administração: 26% consideravam o governo ótimo ou bom, 43% regular e 29% ruim ou péssimo.[1] Esse levantamento havia sido feito antes do início oficial da campanha eleitoral. Portanto, apesar do longo período à frente da prefeitura, o grupo político de Maia não poderia ser considerado, àquela altura, fora da disputa eleitoral. O resultado das urnas, contudo, mostrou que o eleitor, ao longo do processo eleitoral, rejeitou a candidata governista, a deputada federal Solange Amaral, do DEM.

No campo da oposição houve uma intensa volatilidade do eleitorado especialmente em favor de Eduardo Paes, do PMDB, que era apoiado pelo governador Sérgio Cabral, e de Fernando Gabeira, do PV, que concorria numa aliança com o PSDB e o PPS. As mudanças ocorreram, sobretudo, entre a fase da pré-campanha, até o início de julho, e a campanha na televisão, entre agosto e outubro. Nesse período 12 candidatos disputaram as atenções nas ruas, jornais,

---

1 Percentuais calculados pelos autores, com base na pesquisa Datafolha divulgada em 5 jul. 2008. Disponível em: <http://datafolha.folha.uol.com.br/po/ver_po.php?session=681>. Acesso em: 26 maio 2011.

rádios e televisões, mas somente Paes e Gabeira conseguiram apoio suficiente para chegar ao segundo turno. Os dois partiram de índices relativamente baixos de intenção de voto (Paes com 10% e Gabeira com 9%)[2] em março para patamares entre 17% e 29% ao fim do primeiro turno. Na segunda fase da campanha a disputa foi mais acirrada. Os eleitores ficaram praticamente divididos até o dia da votação, que terminou com um resultado favorável, mas apertado, de 50,83% dos votos válidos para o peemedebista, contra 49,17% para o candidato do PV.

Que variáveis podem contribuir para explicar a decisão do eleitor no município do Rio em 2008? Como Eduardo Paes e Fernando Gabeira se posicionaram com relação ao mundo atual, cuja avaliação dos eleitores estava dividida? Qual candidato pode ter herdado os votos de Cesar Maia? Essas e outras questões relativas à eleição no Rio serão tratadas neste capítulo. Na primeira parte do trabalho, analisamos o cenário eleitoral, isto é, o processo de formação das alianças, com objetivo de identificar os personagens dos campos de oposição e situação. Além disso, estudamos a relação entre as variáveis: intenção de voto, idade, escolaridade, renda, região da cidade e avaliação da administração Cesar Maia.

Na segunda parte deste estudo, focamos a análise da propaganda eleitoral de Paes e Gabeira, para identificar o argumento utilizado pelos candidatos. Como os resultados do segundo turno indicaram, as eleições no Rio voltaram a apresentar um eleitorado dividido quanto a suas expectativas do campo político. Moradores da região Litorânea e Central, com maiores níveis de instrução e renda, optaram por Gabeira; aqueles da região Oeste e subúrbios da Leopoldina preferiram Eduardo Paes. As diferenças se traduziram também nos argumentos de campanha utilizados pelos candidatos para conquistar a adesão dos eleitores.[3]

---

2 Pesquisa Datafolha divulgada em 29 mar. 2008, quando o cenário ainda estava sendo formado, indicava que Eduardo Paes tinha 10% de intenções de voto contra 9% de Fernando Gabeira.

3 Da década de 1950 à de 1970, a distribuição do voto dividia-se entre a esquerda trabalhista, que concentra sua votação no subúrbio da Leopoldina, Central do Brasil e Zona Oeste, e os eleitores da direita liberal conservadora, concentrada nas zonas Sul e Norte. Os votos que deram a vitória a Cesar Maia em 1992, depois a Conde em 1996, e novamente a Cesar Maia em 2000 e 2004 apresentaram uma distribuição mais homogênea. Ou seja, com relação aos indicadores sociais, a cidade continuava partida, mas o discurso da eficiência administrativa e desenvolvimento urbano reduziu a clássica divisão política e espacial da cidade (Figueiredo, Veiga e Alde, 2002).

A construção do cenário eleitoral

O cenário eleitoral de 2008 começou a se desenhar ainda no fim de 2007 e apresentou mudanças até poucos dias antes do prazo oficial de registro das candidaturas, no mês de julho de 2008. Nesse período, 22 nomes se foram sucedendo na formação de pelo menos quatro cenários distintos. Duas candidaturas foram logo confirmadas: a do senador Marcelo Crivella (PRB), que era vinculado à Igreja Evangélica, e a da ex-deputada federal Jandira Feghali (PCdoB).

A candidatura de Eduardo Paes contou com o apoio do governador Sérgio Cabral, do PMDB. Após vencer a eleição para o governo em 2006, Cabral nomeou Paes, que estava no PSDB, secretário de Turismo e, em seguida, defendeu sua entrada no PMDB, com a promessa de que seria o candidato da legenda à eleição municipal. Mas a manobra contrariava os interesses de duas importantes figuras do PMDB estadual: o ex-governador Anthony Garotinho e o presidente da Assembleia Legislativa do Rio, deputado Jorge Picciani. Eles eram favoráveis à aliança com o DEM, liderado pelo prefeito Cesar Maia. A união PMDB/DEM, contudo, desagradava o governador Sérgio Cabral, que matinha, desde 2006, boas relações políticas e administrativas com o presidente Luiz Inácio Lula da Silva, do PT. Em nível nacional, vale lembrar, PT e PMDB eram aliados políticos.

O impasse no PMDB perdurou. Como não conseguiu convencer os grupos de Garotinho e Picciani a apoiar a candidatura de Paes, o governador do Rio decidiu, em maio de 2008, pela aliança com o PT, que tinha como candidato o deputado estadual Alessandro Molon. O anúncio da chapa Molon-Régis Fichtner, este secretário-chefe da Casa Civil de Cabral, deu ânimo aos petistas, pois reproduzia no Rio a aliança nacional PT/PMDB e indicava uma forte capacidade competitiva. Mas o acordo com o PT também não vingou. No dia 5 de junho o PMDB rompeu com a legenda. Lideranças peemedebistas, como Picciani, alegaram que não haviam chegado a um entendimento com os petistas sobre disputas em outras cidades do estado. No mesmo dia, prazo final para a desincompatibilização de quem ocupava cargos no Executivo e desejava concorrer nas eleições, o PMDB ressuscitou a candidatura de Eduardo Paes, agora com o apoio de Picciani. O então secretário de Turismo disputou as prévias no partido com o deputado federal Marcelo Itagiba e venceu a indicação da legenda. Paes obteve, ainda, apoio do PTB, PSL e PP.

No DEM a confirmação da candidatura foi menos conturbada. Entre o fim de 2007 e o início de 2008, Cesar Maia testou dois nomes para a candidatura do partido: o secretário municipal de Obras, Eider Dantas, e a deputada federal

Solange Amaral. Antes mesmo de o PMDB anunciar o rompimento com o DEM, os democratas lançaram a pré-candidatura de Solange. A ex-secretária de Habitação de Maia foi confirmada por unanimidade na convenção, tendo como vice o deputado estadual pelo DEM, Pedro Fernandes, filho da vereadora Rosa Fernandes, que tinha forte eleitorado na Zona Norte da cidade.

Gráfico 1. Intenção de voto, volatilidade e resultado das urnas na cidade do Rio de Janeiro (2008)

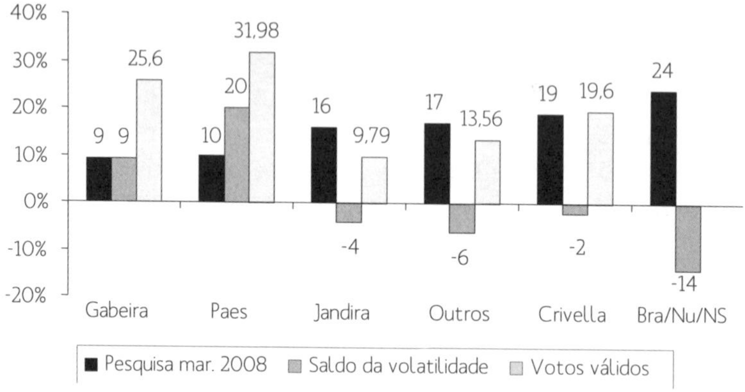

Fontes: Datafolha e Tribunal Regional Eleitoral-RJ.

A confirmação da candidatura do deputado federal Fernando Gabeira (PV) aconteceu ainda em março. O anúncio mudou os planos do PSDB. A legenda iniciou o ano de 2008 com três possíveis candidatos: o deputado federal Otávio Leite, o deputado estadual Luiz Paulo Corrêa da Rocha e a vereadora Andréa Gouvêa Vieira. O impasse acabou quando surgiu a inesperada candidatura de Gabeira, que, até então, não havia manifestado publicamente interesse no pleito municipal. A avaliação de que a candidatura de Gabeira poderia ser mais competitiva levou as lideranças do PSDB a mudarem os planos. Abandonaram o projeto da candidatura própria, uniram-se ao PV e conseguiram indicar o vice de Gabeira, o deputado Luiz Paulo Corrêa da Rocha. O PPS também aderiu à aliança PV/PSDB, já que não houve acordo para o lançamento da candidatura da ex-deputada federal Denise Frossard.

Confirmadas as candidaturas, a primeira pesquisa de opinião, divulgada em 5 de julho de 2008, mostrava Crivella na liderança, seguido de Jandira Feghali, Eduardo Paes e Gabeira. Mas, como podemos verificar no gráfico 1, a campanha eleitoral no rádio, na televisão e nas ruas levou o eleitorado a se movimentar. O saldo da volatilidade entre julho e 4 de outubro revela um forte crescimento de Paes e Gabeira, além de perdas de Jandira, Crivella e dos demais candidatos juntos, bem como uma redução dos eleitores indecisos ou dispostos a votar em branco ou anular. A volatilidade positiva de Paes e Gabeira se refletiu nas urnas.

Comportamento eleitoral

Num modelo hipotético, o comportamento do eleitorado pode ter duas direções. Na primeira, quando a decisão de voto já está consolidada, o início da campanha eleitoral pouco afeta o cenário. Nesse caso as curvas de intenção de voto do primeiro colocado nas pesquisas e da volatilidade total do eleitorado, isto é, as mudanças de direção do voto, tendem a não se encontrar. Ou seja, baixa volatilidade do eleitor corresponde à estabilidade do cenário. Num segundo caso, contudo, o início do processo eleitoral afeta a direção do voto, de modo que as curvas se aproximam ou se encontram, produzindo queda ou mesmo troca da liderança. As eleições no Rio estão mais para essa segunda hipótese, conforme demonstra o gráfico 2.

Como é possível verificar, entre julho e agosto os eleitores passaram a se movimentar, optando pelas candidaturas de Paes e Gabeira. Embora tenha sido intensa a disputa do candidato do PV com Crivella para ir ao segundo turno, os resultados das urnas deram ampla vantagem a Gabeira: 25,6% dos votos válidos, contra 19,6% de Crivella.

A análise em dois tempos do processo eleitoral ajuda a saber se houve algum padrão no processo de escolha dos eleitores de Paes e Gabeira no primeiro turno. Os resultados da associação entre intenção de voto e as variáveis idade, escolaridade e renda indicam que elas afetaram, mas de forma distinta, a preferência por Paes e Gabeira. Nos gráficos 3 e 4 observa-se, em dois tempos do primeiro turno, o comportamento dos eleitores. Num primeiro momento, a variável idade não indicava relação clara com a preferência do eleitorado.[4]

[4] Gráficos de barra são mais indicados para a apresentação de dados deste tipo. Optamos, contudo, pelo gráfico de linhas para tornar mais clara a visualização da preferência dos eleitores com relação à variável independente. O objetivo foi tão somente caracterizar, de maneira mais objetiva, o padrão da preferência por Paes e Gabeira. Desse modo, a linha não representa continuidade de tempo, mas a inclinação da preferência por faixa etária. Esse tipo de gráfico será adotado nas demais análises. Ressalte-se, ainda, que todos os dados relativos à intenção de voto referem-se somente aos votos válidos para Paes e Gabeira.

Gráfico 2. Intenção de voto e volatilidade total

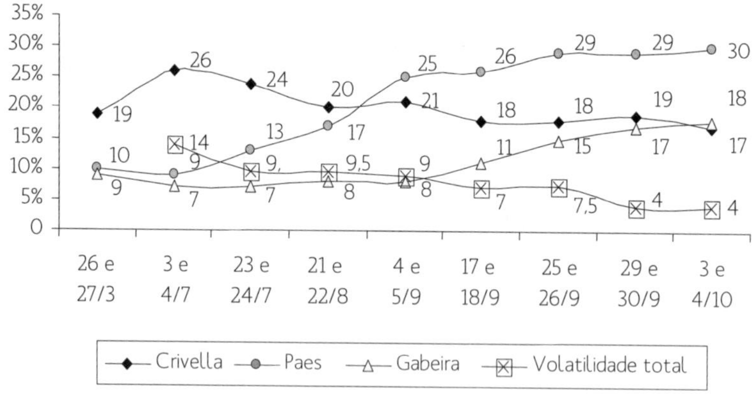

Fonte: Datafolha.

Gráfico 3. Intenção de voto e idade (23 e 24 jul. 2008)

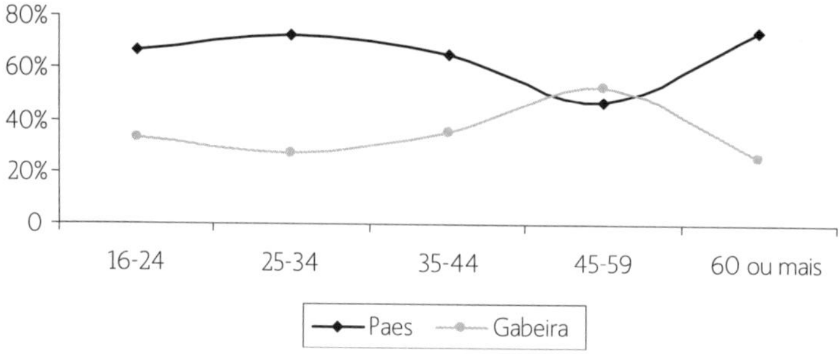

Fonte: Datafolha.

Gráfico 4. Intenção de voto e idade (3 e 4 out. 2008)

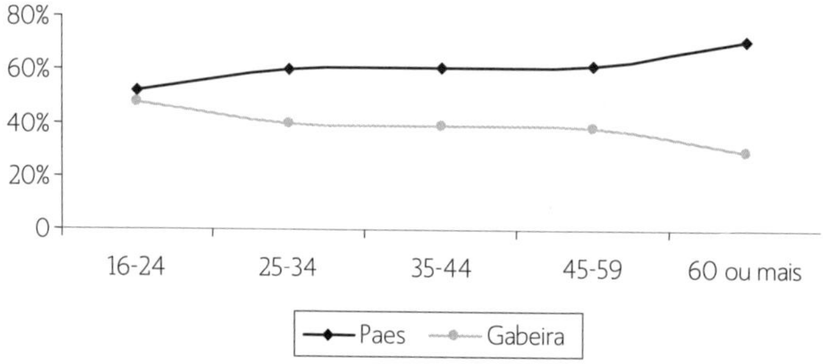

Fonte: Datafolha.
Nota: teste chi-quadrado com dados do Ibope (n = 2.611) resultou em x^2 de 21,080 com significância de 0,005.

Na véspera do dia da eleição, como mostra o gráfico 4, a preferência eleitoral por Gabeira era maior entre os mais jovens e declinava à medida que a faixa etária subia. Para Eduardo Paes foi observada uma curva inversa. O apoio ao peemedebista era menor entre os jovens e crescia conforme a idade dos eleitores também crescia. O teste chi-quadrado, que ajuda a avaliar se existe associação entre duas variáveis, sustenta a hipótese de relação entre voto e idade. O x^2 foi de 21,080, com significância de 0,005.

Com relação à intenção de voto e renda, a análise sugere que houve associação também entre essas variáveis. A curva tem um padrão mais evidente em julho, com a preferência por Paes sendo maior entre os que recebiam até 2 SM (salários mínimos) e declínio à medida que crescia a renda do eleitor. Para Gabeira, a curva tinha uma inclinação positiva, com uma preferência menor entre os de baixa renda e maior entre os que recebiam mais de 5 SM.

Gráfico 5. Intenção de voto e renda (15 a 17 jul. 2008)

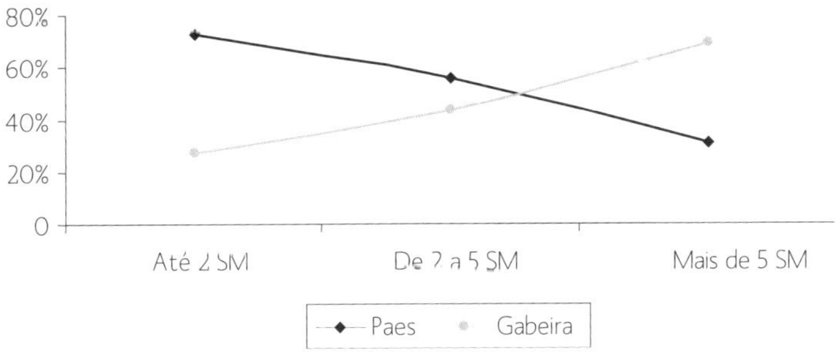

Fonte: Ibope.

Gráfico 6. Intenção de voto e renda (2 a 4 out. 2008)

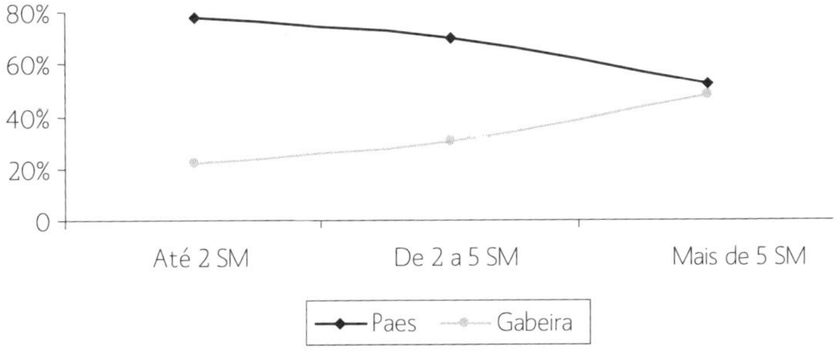

Fonte: Ibope.
Nota: teste chi-quadrado com dados do Ibope (n = 2.611) indicou x^2 de 49,867 com significância de 0,000.

No segundo momento, a relação entre intenção de voto e renda mantém o padrão, mas com uma inclinação menos acentuada. Como se pode observar no gráfico 5, Paes passou a ter preferência maior entre os eleitores que ganhavam entre 2 e 5 SM, bem como entre os que recebiam mais de 5 SM. Isso fez com que a curva perdesse um pouco sua inclinação negativa, mas, mesmo assim, manteve o padrão, ou seja, Gabeira com uma curva positiva – quanto maior a renda, maior era sua intenção de voto; Paes com uma curva negativa – quanto menor a renda, maior a intenção de voto. Novamente, o teste chi-quadrado sustenta a hipótese de que voto e renda estavam associados.

Como normalmente renda e escolaridade estão relacionadas, a variável independente escolaridade também afetou, mas de maneira distinta, a intenção de voto em Paes e Gabeira, o que pode ser observado nos gráficos 7 e 8. No primeiro momento, em julho, o padrão das duas curvas é mais evidente, com Paes tendo maior intenção de voto entre aqueles com ensino fundamental e declinando à medida que os eleitores tinham mais anos de estudo. Gabeira, por sua vez, tinha a preferência maior entre aqueles com nível superior e declinava à medida que a escolaridade era menor.

Gráfico 7. Intenção de voto e escolaridade (23 e 24 jul. 2008)

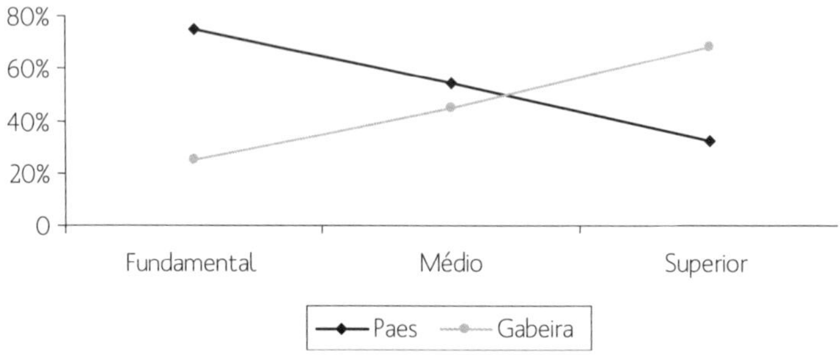

Fonte: Datafolha.

Em outubro, um dia antes da eleição, a curva da intenção de voto *versus* escolaridade perdeu um pouco sua inclinação. Paes obteve maior preferência à medida que crescia a escolaridade dos eleitores. A mudança, contudo, não foi suficiente para alterar o padrão da curva com a preferência eleitoral no peemedebista maior entre os que tinham menos escolaridade e menor à medida que também declinavam os anos de estudo. A situação inversa foi mantida na preferência por Gabeira. O teste chi-quadrado sustenta que voto e escolaridade estavam associados.

Gráfico 8. Intenção de voto e escolaridade (3 e 4 out. 2008)

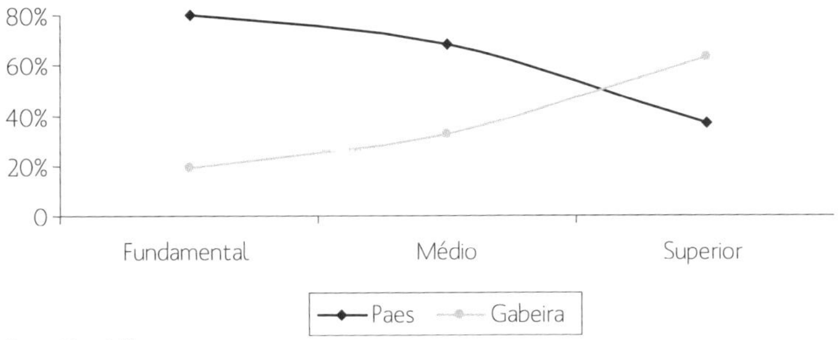

Fonte: Datafolha.
Nota: teste chi-quadrado com dados do Ibope (n = 2.611) resultou em x^2 de 55,751, com significância de 0,000.

A variável política também afetou a escolha dos eleitores no Rio. Entre os 12 candidatos que disputaram o primeiro turno, 11 estavam localizados no campo da oposição, e somente Solange Amaral, do DEM, na situação. Paes e Gabeira, embora estivessem no campo da oposição em passado recente, mantiveram relações com o governo Cesar Maia. O peemedebista havia iniciado a carreira política como subprefeito e depois secretário municipal na gestão Maia, até 2002. O PSDB, partido que tinha se unido à candidatura de Gabeira, havia participado do governo até a metade do terceiro mandato, tendo indicado, inclusive, o vice-prefeito na chapa pela qual Maia fora reeleito, em 2004. O PV, que fez parte da aliança com o DEM em 2004, chegou a ocupar, por dois anos, a Secretaria Municipal de Urbanismo. O cruzamento da intenção de voto com a avaliação do governo Cesar Maia mostra como isso afetou a escolha dos eleitores. A relação entre voto e avaliação da administração Cesar Maia pode ser observada nos gráficos 9 e 10 e, pelo que os dados indicam, Paes herdou mais claramente os votos dos eleitores que, em tese, deveriam ter migrado para a candidatura governista de Solange Amaral. A candidata do DEM, como já foi lembrado, teve fraco desempenho.

Nos dois momentos da pesquisa Paes teve uma preferência eleitoral que crescia consistentemente à medida que melhorava a avaliação do governo Cesar Maia. A curva apresenta essa inclinação em julho e fica mais evidente em agosto. Fernando Gabeira, por sua vez, tinha a preferência dos eleitores que avaliavam negativamente o governo Cesar Maia. Essa preferência declinava à medida que os eleitores aprovavam a administração do ex-prefeito. Como é possível observar, o teste chi-quadrado também indica que não é possível descartar a hipótese de que o voto esteve associado à avaliação de Cesar Maia.

Gráfico 9. Intenção de voto e avaliação da administração de Cesar Maia (15 a 17 jul. 2008)

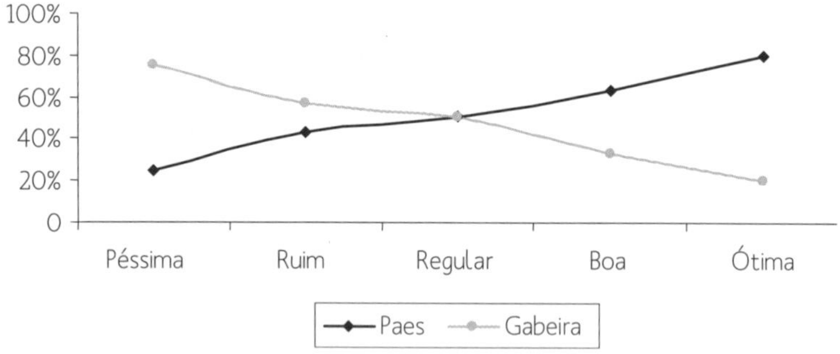

Fonte: Ibope.

Gráfico 10. Intenção de voto e avaliação da administração de Cesar Maia (12 a 14 ago. 2008)

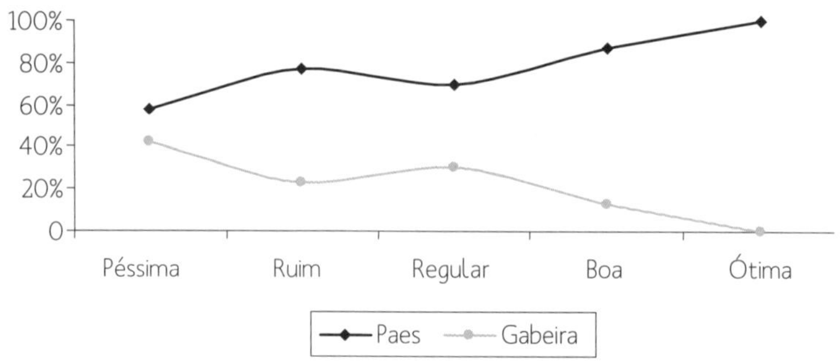

Fonte: Ibope.
Nota: teste chi-quadrado com dados do Ibope (n = 2.611) resultou em x^2 de 23,978, com significância de 0,020.

As categorias sociais de renda e escolaridade de algum modo refletem a inclinação da curva da intenção de voto em Paes e Gabeira, quando considerada a região da cidade. Em julho as curvas tinham uma inclinação distinta, com a intenção de voto em Gabeira maior na região Litorânea/Tijuca e menor na região Central e Zona Oeste. Paes, por sua vez, apresentava uma curva com inclinação oposta.

O dado disponível para análise (a pesquisa Ibope de agosto) mostra que, apesar de as curvas de preferência por Paes e Gabeira por região não mais se encontrarem, a inclinação continuava distinta, com Paes ganhando votos à medida que se aproxima da Central e Zona Oeste, e Gabeira perdendo nessas regiões. O teste chi-quadrado mostra que voto e região da cidade estavam associados, com x^2 de 15,731 e significância de 0,015.

Gráfico 11. Intenção de voto e região da cidade (15 a 17 jul. 2008)

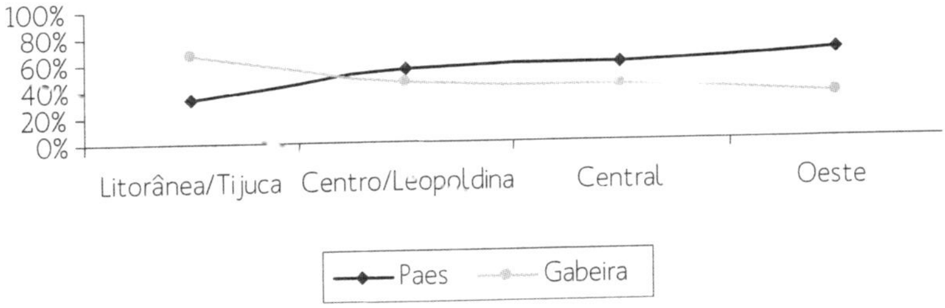

Fonte: Ibope.

Gráfico 12. Intenção de voto e região da cidade (12 a 14 ago. 2008)

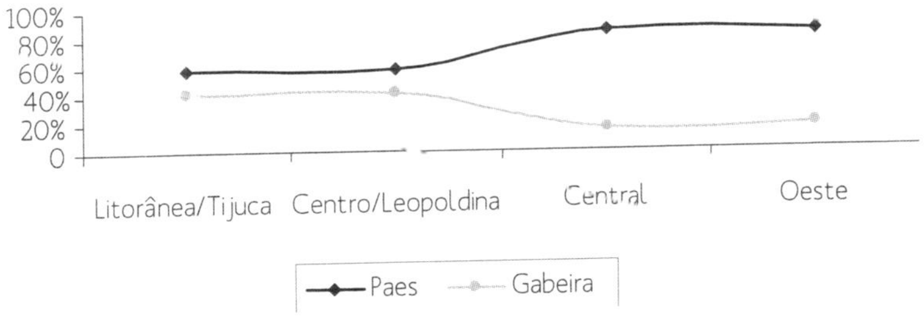

Fonte: Ibope.
Nota: teste chi-quadrado com dados do Ibope (n = 805) resultou em x^2 de 15,731 com significância de 0,015.

Segundo turno

Com a derrota de sua candidata na primeira fase da disputa, o grupo político liderado pelo ex-prefeito Cesar Maia decidiu apoiar, no segundo turno, a candidatura de Fernando Gabeira. Eduardo Paes, por sua vez, conseguiu atrair o apoio do PT, do PCdoB e do PRB, que tinham como candidatos, na primeira fase da eleição, Alessandro Molon, Jandira Feghali e Marcelo Crivella, respectivamente. A análise da tabela de intenção de voto com relação à idade, escolaridade e renda mostra que a inclinação das curvas para Paes e Gabeira permaneceu com os mesmos padrões do primeiro turno. Paes continuou tendo a preferência dos eleitores mais velhos e perdia à medida que a faixa etária decrescia. A curva para Gabeira manteve a inclinação inversa, ou seja, preferência maior entre os mais jovens e declínio com o aumento da idade média. O teste chi-quadrado continuou indicando haver relação entre voto e idade: x^2 de 83,816 com significância de 0,000.

Os eleitores de Paes também mantiveram o padrão do primeiro turno com relação à escolaridade: o candidato tinha mais votos entre os eleitores com ensino fundamental, empatava com Gabeira entre aqueles com ensino médio e perdia no grupo com formação superior. A curva para o candidato do PV foi exatamente a inversa: maior preferência entre aqueles com mais anos de estudo e menor entre os eleitores com ensino médio e fundamental. O teste do chi-quadrado resultou num x^2 de 87,930 com significância de 0,000, o que sustenta a hipótese de que voto e escolaridade continuaram associados.

A curva da intenção de voto com relação à renda seguiu o padrão observado entre voto e escolaridade. Paes, obtendo mais votos entre os eleitores que ganhavam até 2 SM, empatando com Gabeira entre os que tinham renda de 2 a 5 SM e perdendo no grupo com mais de 5 SM. O candidato do PV tinha uma curva de intenção de voto exatamente inversa. Novamente, o teste chi-quadrado mostra que havia relação entre voto e renda familiar: x^2 de 52,905 com significância de 0,000.

A curva que perdeu muito de sua inclinação foi a que relaciona voto com avaliação do governo Cesar Maia. Isso certamente esteve associado à decisão de Cesar Maia e seu grupo de apoiarem Fernando Gabeira. Paes, no primeiro turno, tinha mais votos entre os eleitores que aprovavam a administração Cesar Maia. Dessa forma, a inclinação das duas curvas praticamente se iguala, apesar de uma leve diferença: eleitores que tinham uma avaliação mais negativa da administração Cesar Maia tendiam a optar por Gabeira; já aqueles que aprovavam o governo do ex-prefeito tinham uma leve preferência por Paes. Apesar da inclinação menos acentuada das curvas, o teste chi-quadrado mostra que voto e avaliação do governo continuaram associados: x^2 de 51,680 e significância de 0,001.

Com relação às regiões da cidade, a preferência de voto apresentou diferença mais forte apenas na região Litorânea, onde Gabeira tinha um maior percentual de votos. As inclinações das curvas de Eduardo Paes e Gabeira, contudo, continuaram invertidas. Paes tinha menor preferência na região Litorânea, mas melhorava seu desempenho à medida que seguia em direção à Zona Oeste. Gabeira, por outro lado, tinha menos apoio nessa região. Apesar da inclinação da curva menos acentuada, o teste chi-quadrado continuou indicando, e agora com maior significância, que havia relação entre voto e região da cidade. Deve-se ressaltar, contudo, que a perda da inclinação das curvas era resultado também da diferença mínima de intenção de voto dos dois candidatos no segundo turno.

Dessa forma, havia uma tendência maior de as curvas se aproximarem em todos os segmentos.

Gráfico 13. Intenção de voto e avaliação da administração de Cesar Maia: segundo turno (24 e 25 out. 2008)

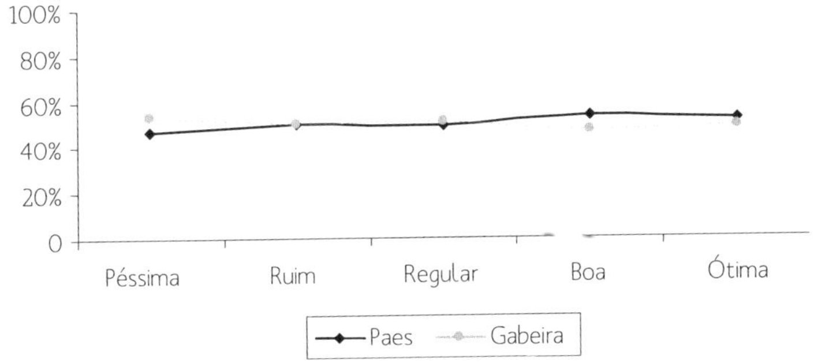

Fonte: Ibope.
Nota: teste chi-quadrado com dados do Ibope (n = 2.002) mostrou x^2 de 51,680 com significância de 0,001.

Gráfico 14. Intenção de voto e região da cidade: segundo turno (21 e 22 out. 2008)

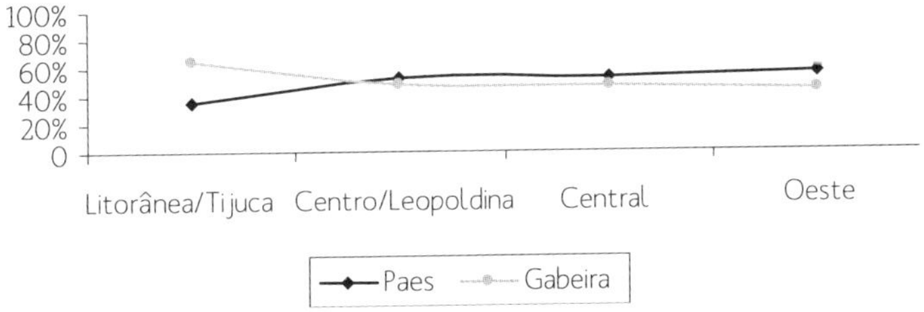

Fonte: Ibope.
Nota: teste chi-quadrado com dados do Ibope (n = 2.002) mostrou x^2 de 65,503 com significância de 0,000.

Comunicação política

Um primeiro passo para analisar a comunicação política dos candidatos é identificar os campos da situação e da oposição e a maneira como os competidores se comportam com relação à construção dos mundos presente e futuro. Pela proposição de Figueiredo e colaboradores (2000), essas estratégias são organizadas da seguinte forma:

Mundos possíveis

Campanha	Atual	Futuro
Situação	Bom	Melhor
Oposição	Ruim	Bom

Como vimos, Eduardo Paes e Fernando Gabeira estavam em grupos políticos de oposição ao governo Cesar Maia, mas o passado recente dos dois ou de seus partidos deixava em aberto como eles atuariam na propaganda na televisão. Situando-se no campo da oposição, teriam de exercer uma retórica marcadamente oposicionista, de crítica ao mundo atual e de promessas de um futuro bom. No caso do Rio de Janeiro, a decisão de qual caminho tomar exigia cautela. Os índices de aprovação e avaliação regular do governo Cesar Maia, já lembrados aqui, davam dicas de que o cenário para as estratégias retóricas estava em aberto.[5]

A análise dos dados do primeiro turno, como veremos, mostrou que Gabeira procurou construir uma retórica mais claramente de oposição. Paes evitou fazer críticas ao mundo atual, mas não se furtou a apresentar um mundo bom por meio de uma complexa construção retórica. As realizações do governo do estado na área da saúde foram utilizadas como argumento persuasivo e, como garantia, Paes buscou reforçar sua relação política com o governador Sérgio Cabral. Vale ressaltar que era comum a crítica ao prefeito Cesar Maia de ser um político pouco afeito às parcerias administrativas.

Pragmatismo e mundo ideal político: a propaganda na TV

A propaganda na televisão, nas eleições municipais de 2008, começou em 19 de agosto e terminou no dia 2 de outubro, três dias antes da votação. No total os 12 candidatos majoritários apresentaram, no primeiro turno, 2.728 *spots* (repetidos e inéditos), dos quais mais de um terço (960) foi veiculado apenas pelas campanhas de Paes (21% ou 569 *spots*) e Gabeira (15% ou 411 *spots*).[6] Proporcionalmente, coube aos outros 10 candidatos a divisão de 1.748 *spots* (64%). Para uma melhor organização dos dados, foi calculado o número de *spots* dos dois candidatos e, em seguida, transformado em tempo total utilizado em

[5] Pesquisa Datafolha de 5 jul. 2008: 26% consideram o governo ótimo/bom; 43%, regular e 29%, ruim/péssimo.

[6] Banco de dados da propaganda política gentilmente cedido pelo Laboratório de Pesquisas em Comunicação Política e Opinião Pública – Doxa/Iesp.

segundos. Isso possibilitou somar o tempo dos comerciais repetidos, de forma que se pudesse ter uma ideia geral de como as duas campanhas utilizaram as estratégias. Desse modo, no primeiro turno o tempo total dos *spots* de Eduardo Paes foi de 17.310 segundos; o de Fernando Gabeira foi de 12.330 segundos. No segundo turno a proporção de *spots* entre os dois candidatos foi praticamente a mesma, devido às regras do TSE. Eduardo Paes apresentou 10.470 segundos (305 *spots*) e Fernando Gabeira 10.590 segundos (353 *spots*).

Em relação ao formato dos *spots*, ou seja, se eram de 15, 30 ou 60 segundos, houve a seguinte distribuição entre o primeiro e o segundo turnos. Na primeira fase, o candidato do PMDB apresentou *spots* de 15 (22%), 30 (73%) e 60 segundos (5%), enquanto o candidato do PV optou apenas pelo segmento de 30 segundos (100%). Já na segunda fase, o peemedebista recorreu mais ao segmento de 30 segundos (86%), enquanto só em 14% do tempo foi usado o formato de 60 segundos. Gabeira utilizou apenas o formato de 30 segundos. Quanto ao objetivo dos *spots*, os dois candidatos recorreram à mesma estratégia, com uma leve diferença para Gabeira, que dedicou 89% dos *spots* à aclamação, seguidos de 2% de defesa e 9% de comparação.[7] Eduardo Paes recorreu apenas à aclamação (100%).

No segundo turno, Paes abandonou a estratégia de recorrer apenas à aclamação. O peemedebista utilizou 73% de seus *spots* com esse objetivo e 14% para o ataque, quando procurou apresentar argumentos que desqualificavam Gabeira, em especial sua falta de experiência como gestor público e sua aliança com Cesar Maia, além do suposto preconceito de Gabeira em relação a moradores da Zona Oeste.[8] Ao contrário de Paes, o candidato do PV evitou ataques e ampliou, em relação ao primeiro turno, a proporção do tipo aclamação (98%),

[7] Os *spots* de *defesa* são aqueles em que o candidato usa o tempo para se defender de um ataque dos adversários, ainda que sem citar explicitamente qual foi o ataque. Os *spots* de *aclamação* são aqueles que incitam os eleitores a votar ou apoiar o emissor da mensagem. Os *spots* de *ataque* são aqueles que apresentam críticas diretas aos adversários. O modelo *spots* de comparação é pouco considerado por pesquisadores em comunicação política no Brasil. Esses *spots*, no limite, poderiam ser computados como *aclamação*, mas optamos aqui por identificá-los como todos aqueles em que o mesmo tempo foi usado para falar do adversário e apresentar as qualidades do candidato emissor da mensagem. Seguem, portanto, a nítida estratégia de marcar as diferenças entre os dois candidatos, com o propósito último, evidentemente, de convidar os eleitores a votar no candidato responsável pelo *spot*. Aqueles *spots* que apresentavam as características do adversário, mas com tempo bastante reduzido dedicado à apresentação das qualidades do candidato, foram somados aos de *aclamação*.

[8] Numa conversa por telefone, acompanhada por jornalistas, o candidato do PV foi flagrado criticando uma candidata a vereadora de sua coligação. Na conversa Gabeira teria comentado sobre sua suposta incapacidade política, por ser moradora de uma área mais pobre da cidade.

seguido de defesa (2%). A maior parte das mensagens de aclamação era sobre o clima de campanha da "onda Gabeira", isto é, do entusiasmo de seus eleitores nas ruas.

Uma das principais diferenças entre as estratégias dos dois candidatos foi em relação à apresentação dos *spots*. Gabeira buscou reforçar sua imagem pessoal, enquanto Paes seguiu uma estratégia um pouco diferente. O candidato do PV ocupou a maior parte do tempo ele próprio apresentando a mensagem (81%). Já o peemedebista recorreu a outras fontes, como o governador Sérgio Cabral, que o apoiava, e também a um elevado percentual de locutores em *off* (40%).[9] O candidato do PV recorreu pouco à apresentação em *off* (15%).

No segundo turno, Eduardo Paes mudou a estratégia e passou a liderar a emissão das mensagens, sendo o apresentador predominante em 30% do tempo total. Os *spots* em *off* ficaram em segundo lugar, com 23% do tempo. Houve uma queda significativa no segmento em que Paes e um apresentador dividiam o tempo da propaganda. Fernando Gabeira, por outro lado, manteve a estratégia de ser o apresentador dominante, embora em menor proporção, se comparado com o primeiro turno. Na segunda fase da campanha, 54% do tempo total de sua propaganda foram conduzidos pelo próprio Gabeira, seguido do segmento em *off*, com 26%. No primeiro turno, o *off* havia sido utilizado em 15% do tempo.

Nota-se que aparece, no segundo turno, um segmento novo de apresentação dos *spots*. O tipo "personalidade" identifica figuras públicas, como atrizes e cantores, que surgiram para pedir voto para os candidatos. Isso ocorreu predominantemente nas mensagens em que tanto Paes quanto Gabeira buscaram reforçar suas ligações com a Zona Oeste.[10] Embora tenham adotado o mesmo objetivo, a abordagem das mensagens de Gabeira foi mais indireta. Ele apresentou artistas que reforçavam suas qualidades pessoais, como o combate ao preconceito e à divisão da cidade, numa clara referência aos ataques sofridos por parte de Eduardo Paes, que o acusava de ter má vontade e "preconceito" para com os moradores da Zona Oeste.

---

[9] A identificação levou em conta a maior proporção de tempo dedicado à apresentação do locutor em *off*, do candidato, do patrono ou ainda quando candidato e apresentador dividiam o mesmo tempo na mensagem. A predominância do tempo utilizado foi o que identificou a apresentação dos *spots*.

[10] Ver nota 8 deste capítulo. A notícia ganhou as páginas dos jornais e foi utilizada por Paes para atacar Gabeira. Este, por sua vez, buscou se defender, ressaltando seus laços com a Zona Oeste.

Gráfico 15. Apresentação dos *spots* de Eduardo Paes e Fernando Gabeira: primeiro e segundo turnos – eleições do Rio de Janeiro (2008)

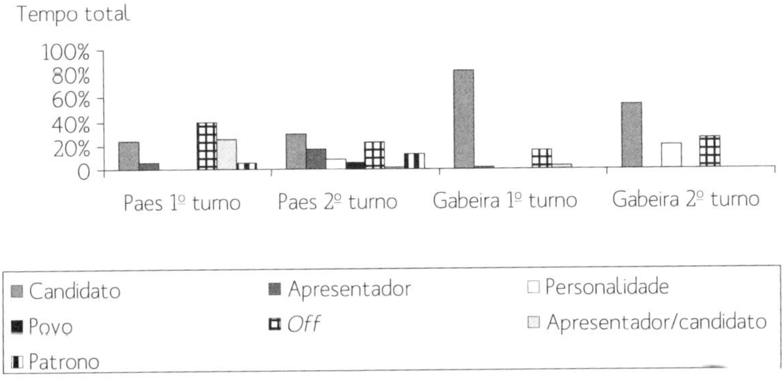

Fonte: Vasconcellos (2009).

Em relação ao conteúdo dos *spots*, se era político (quando tratavam de temas como saúde, educação, emprego, meio ambiente), de imagem (quando tratavam de atributos pessoais dos candidatos) ou, ainda, geral (mensagens sobre a campanha, sem um tema ou atributo pessoal definido claramente), podemos notar que o candidato do PV procurou obter apoio a partir de suas qualidades pessoais (53%), ao contrário de Paes, que buscou temas políticos (66%). Essa diferença, como detalharemos, foi marcante na estratégia dos dois candidatos.

No segundo turno Paes manteve a maior proporção para os temas políticos (58%), seguido de imagem (29%) e geral (11%), este normalmente dedicado à campanha com o objetivo de indicar o clima otimista entre seus eleitores. Gabeira repetiu a estratégia com um tempo considerável para mensagens de conteúdo de imagem (53%), mas inverteu a segunda proporção. Os *spots* de conteúdo geral (31%), com muitas cenas de campanha e músicas, sem qualquer referência a assuntos administrativos da cidade, tiveram maior espaço que os dedicados a temas políticos (16%). No gráfico 16 é notória a diferença de estratégia dos candidatos.

No primeiro turno, o tempo total das mensagens políticas (11.430 segundos) de Paes foi dedicado ao tema da saúde (34%), seguido das parcerias políticas (28%) e da educação (18%). Fernando Gabeira, com um tempo bem menor dedicado aos assuntos políticos (4.200 segundos), abordou os temas turismo e Legislativo, ambos com 22% do tempo, seguido de segurança pública (19%), esporte (17%) e saúde (14%). O tema Legislativo merece destaque. Nas mensagens, repetidas inúmeras vezes, Gabeira apresentava cenas de suas críticas à atuação da Câmara de Vereadores. O assunto teve ampla repercussão na imprensa escrita e as mensagens insistiam nas qualidades éticas de Gabeira, sobretudo em sua coragem para criticar a ação dos políticos. O candidato do PV deixava claro que iria governar com a ajuda da população, sem a intermediação direta de políticos pouco éticos da Câmara de Vereadores. A estratégia enfatizava o valor da ética na condução dos assuntos públicos e da atitude de coragem, e Gabeira se apresentava não apenas como defensor, mas como representante desses valores.

Gráfico 16. Conteúdo das mensagens dos *spots* de Eduardo Paes e Fernando Gabeira: primeiro e segundo turnos - eleições do Rio de Janeiro (2008)

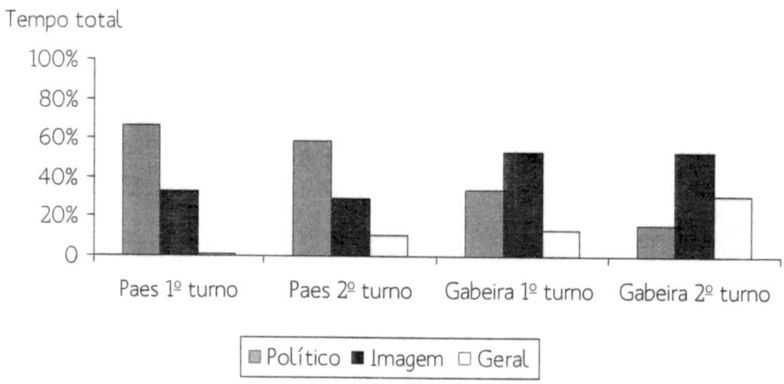

Fonte: Vasconcellos (2009).

A estratégia de Paes de utilizar o tema da saúde com maior ênfase, por outro lado, obedecia à lógica de reforçar, junto à opinião pública, as garantias de que suas propostas seriam realizadas. Os *spots* abordaram o programa dos postos de saúde 24 horas, lançado pelo governo do estado, e, nas mensagens, Paes buscava associar sua campanha ao projeto de parceria com o governador Sérgio Cabral. Não foi à toa que houve uma série de *spots* do peemedebista que abordavam justamente a importância de ter um prefeito que fosse alinhado politicamente com as esferas estadual e federal, esta última apresentada de forma mais indireta, já que o PT, partido do presidente Lula, tinha candidato próprio. O comercial mais repetido por Paes (1.500 segundos) foi um em que o locutor explicava para os eleitores a importância da união como princípio fundador para qualquer realização. O exemplo usado era o da união da família, dos amigos e dos esforços coletivos, como base de promoção dos desejos da família, de grupos sociais e da cidade.

Tabela 1. Conteúdo dos *spots* de Eduardo Paes e Fernando Gabeira (%): primeiro e segundo turnos - eleições do Rio de Janeiro (2008)

Conteúdo político	Paes 1º turno	Paes 2º turno	Gabeira 1º turno	Gabeira 2º turno
Saúde	34	28	14	88
Segurança	9	2	19	0
Transporte	8	0	6	0
Educação	18	13	0	0
Ordem pública	0	0	0	0
Emprego	0	0	0	0
Turismo	0	0	22	0
Parcerias políticas	28	55	0	0
Funcionalismo	4	0	0	0
Esporte	0	0	17	0
Subúrbio/Zona Sul	0	6	0	13
Legislativo	0	0	22	0
Meio ambiente	0	0	0	0
Total em segundos	11.430	6.330	4.400	1.680

Fonte: Vasconcellos (2009).

Na segunda etapa, o peemedebista reforçou, nos *spots* políticos, a questão da parceria política com os governos federal e estadual. O argumento enfatizava, sobretudo, a capacidade de realização de seu grupo político, lembrando a ideia de que a prefeitura tinha deixado de receber recursos devido às brigas políticas com os outros poderes. O tema parceria política foi utilizado em 55% do tempo total dos *spots* de Paes, seguido de saúde, que tinha sido o mais reproduzido no primeiro turno. Vale ressaltar que a estratégia era, claramente, dividir os grupos políticos em questão. Em relação ao tempo total de 3.360 segundos dedicados ao tema parceria política, 1.200, ou seja, 35%, foram de ataques à parceria de Gabeira com o prefeito Cesar Maia. A ideia, portanto, era enfatizar a proposição de que, se era para haver mudanças, o candidato do PV não representava essa bandeira, pois se unia ao grupo que estava no poder havia 12 anos. A questão ajudou o peemedebista a explicitar para o eleitorado que não estava mais com Cesar Maia, seu ex-patrono político, e aparecia agora ao lado de Lula e Cabral. Gabeira, como foi dito, praticamente abandonou as mensagens de conteúdo político, dedicando apenas 16% do tempo a esse quesito. Desse percentual, a saúde foi o tema mais abordado (88%), seguido da questão subúrbio/Zona Sul com 13% (quando buscava falar da necessidade de unir a cidade ou das qualidades dos moradores das duas regiões).

O gráfico 17, sobre os assuntos tratados nos *spots* cujo conteúdo era de imagem, mostra que, tanto no primeiro (82%) quanto no segundo turno (69%), Paes procurou enfatizar sua competência como ex-subprefeito, deputado federal e secretário de estado, sugerindo que estava preparado para administrar a cidade. No conteúdo imagem, Gabeira optou, na primeira fase da eleição, por ressaltar a ideia de que era uma liderança política (43%) e tinha firmeza (27%) quando se posicionava publicamente. É, notadamente, uma estratégia de recorrer a aspectos de cunho moral, uma compreensão mais abstrata do papel político de um candidato, em detrimento de uma retórica mais político-administrativa, como a utilizada por Paes. Os dois *spots* mais repetidos por Gabeira foram aqueles em que ele dizia que assumiria a responsabilidade, como prefeito, por salvar as comunidades dominadas pelo tráfico de drogas (1.230 segundos) e outro em que esbravejava contra o ex-presidente da Câmara dos Deputados, Severino Cavalcanti (1.170 segundos). Este episódio, repetido nos *spots*, retratava o período que antecedeu a queda de Severino por denúncias de corrupção.

Gráfico 17. Conteúdo de imagem dos *spots* de Eduardo Paes e Fernando Gabeira: primeiro e segundo turnos - eleições do Rio de Janeiro (2008)

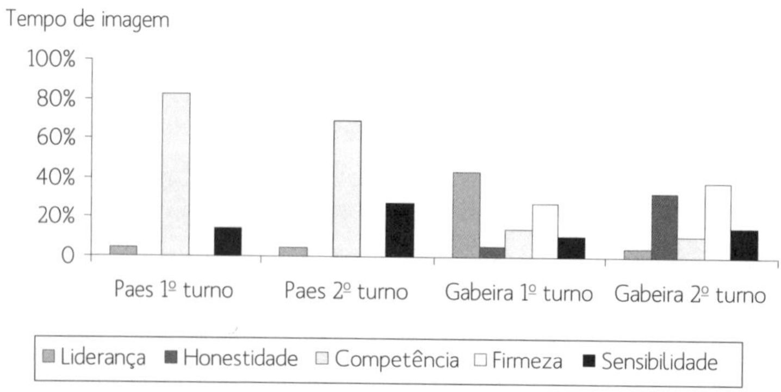

Fonte: Vasconcellos (2009).

No segundo turno Gabeira ampliou o conteúdo das mensagens firmeza (38%) e honestidade (33%). Como podemos notar, ele apostou nos temas que enfatizavam suas qualidades pessoais, em detrimento de aspectos político-administrativos, que foram amplamente utilizados por Paes (Figueiredo, Veiga e Aldé, 2002). A diferença de tempo dedicado ao conteúdo imagem evidencia, mais uma vez, o quanto o candidato do PV direcionou a retórica de seus *spots* para temas mais abstratos, valores que, em tese, perpassavam o desejo do eleitorado em relação aos atores do campo político. O peemedebista, por outro lado, enfatizou o conteúdo político, numa clara tentativa de abordar assuntos diretamente ligados ao dia a dia do cidadão, especialmente problemas como saúde e educação. Além disso, quando apresentou conteúdo de imagem, Paes procurou reforçar suas qualidades como administrador.

Com relação à retórica predominante nos comerciais, Eduardo Paes apresentou, no primeiro turno, comerciais com linguagem sedutora (40%) e de proposição (47%), enquanto Gabeira recorreu à retórica crítica (55%), de valores (18%), sedutora (15%) e de proposição (12%). Na maioria das vezes, a retórica de Paes procurou apresentar um mundo futuro bom, amparado em imagens de pessoas felizes sendo atendidas nos postos de saúde 24 horas do governo do estado, mas sem descrever a situação atual da saúde. Gabeira, por outro lado, veiculou comerciais em que aparecia sentado em uma mesa de escritório, de onde fazia análises críticas sobre a situação atual na saúde, segurança pública, turismo e sobre a falta de ética dos políticos para, em seguida, convocar os eleitores a reagirem ao quadro atual.

Gráfico 18. Retórica dos *spots* de Eduardo Paes e Fernando Gabeira: primeiro e segundo turnos - eleições do Rio de Janeiro (2008)

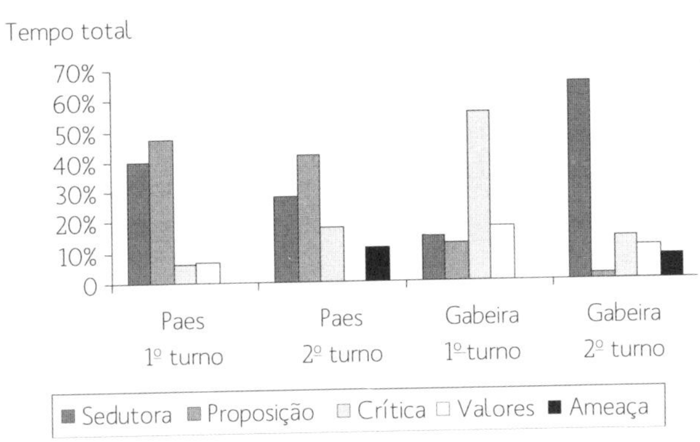

Fonte: Vasconcellos (2009).

No segundo turno, Eduardo Paes manteve a estratégia de recorrer à retórica de proposição (42%), mas reduziu a de sedução, que havia tido uma proporção acima de 40%. Ganhou espaço a retórica crítica (18%) e de ameaça (11%). A primeira, quando insistiu no despreparo de seu adversário, e a segunda como complemento, ou seja, chamando a atenção para as diferenças entre alguém que era preparado e tinha planos para a cidade e o outro candidato, que não tinha planos, apenas desejava fazer uma experiência como prefeito. O tom era claramente de ameaça, no sentido de que, como não havia compromissos, Gabeira poderia fazer qualquer coisa como prefeito.

O candidato do PV, que recorreu à retórica predominantemente crítica no primeiro turno (55% do tempo total), abandonou esse recurso. Apostou, na segunda fase, na retórica sedutora (65%), com grande conteúdo de recursos musicais e sonoros, que reforçavam o clima de otimismo da "onda Gabeira", sem qualquer referência a assuntos políticos. A segunda maior proporção de retórica do candidato do PV foi a crítica (14%), seguida de valores (11%) e ameaça (8%). Esta última quando alertava os eleitores para não jogarem fora quatro anos do futuro da cidade por causa de um feriado do Dia do Funcionalismo, que antecedia o dia da eleição e que fora autorizado pelo governo do estado.

O estudo sobre a retórica se complementa com a identificação dos apelos das mensagens, isto é, o eixo que organiza o discurso dos candidatos. Nesse quesito, no primeiro turno os dois recorreram a apelos pragmáticos, na maior parte do tempo. Convidavam os eleitores a fazer um cálculo racional sobre os ganhos futuros, caso votassem em A ou em B. O segundo apelo mais utilizado por Paes se diferencia do posicionamento de Gabeira. Enquanto o candidato do PV buscou apelos emocionais (14%), com uma série de *spots* carregados de produção musical, o peemedebista utilizou apelos políticos (15%), nos quais insistia na importância da aliança política com o governador e, indiretamente, com o governo federal.

No segundo turno os apelos das mensagens, que quase sempre são combinados com os tipos de retórica, não mudaram no caso de Eduardo Paes. Como na primeira fase da campanha, ele manteve o apelo pragmático (54%) com a maior proporção, mas ampliou o apelo político (26%), quando reforçava o argumento de que era o candidato que estava do lado de Lula e do governador Sérgio Cabral. O apelo emocional teve 18% do tempo total, seguido de credibilidade da fonte (2%). A maior mudança ocorreu nos comerciais de Gabeira. Ao contrário do primeiro turno, quando também tinha apostado no apelo pragmático, agora o candidato do PV utilizou 51% do tempo dos *spots* com apelos emocionais, com um grande número de canções, declarações de artistas e *jingles* de campanha que mostravam a empolgação da chamada "onda

Gabeira". O segundo apelo mais utilizado foi o pragmático (41%), seguido de credibilidade da fonte (8%).

A disposição dos votos na cidade do Rio de Janeiro

Fechadas as urnas, o resultado das eleições de 2008 no município do Rio de Janeiro mostrou uma cidade politicamente dividida. O mapa dos bairros onde Gabeira e Paes foram vencedores indica mais do que isso. Pela distribuição é possível verificar que houve uma sobreposição entre a preferência eleitoral e a distribuição das variáveis renda e escolaridade no município. Os eleitores com os melhores níveis sociais, especialmente aqueles moradores da região Litorânea, Centro e parte da Zona Norte, optaram pelo candidato do PV, enquanto os moradores com menor renda e escolaridade, da Zona Oeste e subúrbios da Leopoldina, preferiram Eduardo Paes.

Figura 1. Mapa da distribuição dos votos de Eduardo Paes e Fernando Gabeira: município do Rio de Janeiro (2008)

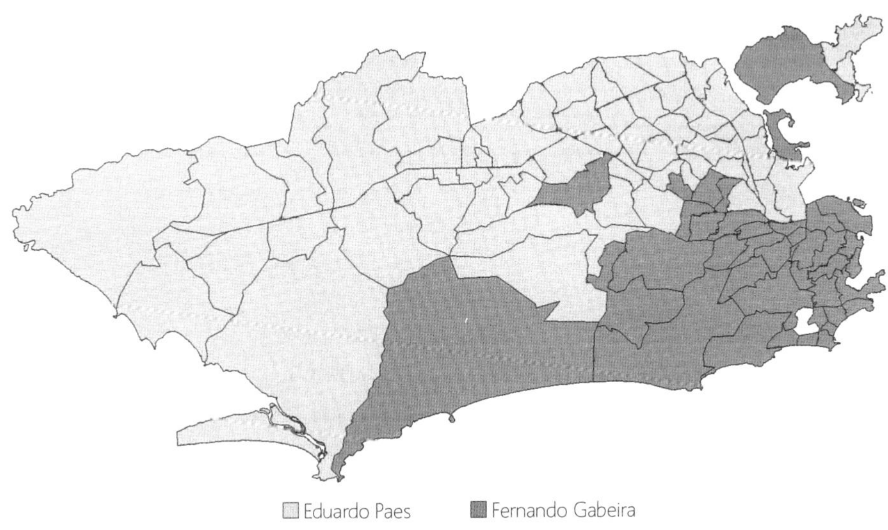

Fonte: TRE-RJ.

O mapa reflete os resultados dos testes chi-quadrado, que demonstraram existir associação entre preferência eleitoral, renda e escolaridade. O comparativo na tabela 2 indica que, no primeiro turno, a associação do voto foi maior com essas duas variáveis, seguindo-se idade, região da cidade e, por fim, a avaliação da administração Cesar Maia. No segundo turno, a associação com voto permanece alta para as variáveis escolaridade e renda, agora também com idade e região da cidade. A relação entre voto e avaliação da administração Cesar Maia volta a ter o menor nível de significância entre as outras variáveis, embora também não possa ser descartada.

Tabela 2. Resultados dos testes chi-quadrado para a intenção de voto em Eduardo Paes e Fernando Gabeira: eleições do Rio de Janeiro (2008)

Voto (1º turno)	x^2	Significância
Idade	21,808	0,005
Escolaridade	55,751	0,000
Renda	49,867	0,000
Avaliação administração Cesar Maia	23,978	0,020
Região da cidade	15,731	0,015
Voto (2º turno)	x^2	**Significância**
Idade	83,617	0,000
Escolaridade	87,930	0,000
Renda	52,905	0,000
Avaliação administração Cesar Maia	51,680	0,001
Região da cidade	65,503	0,000

Fontes: Ibope e Datafolha. Dados organizados pelos autores.

Os resultados da eleição municipal indicam, portanto, que, ao contrário do que ocorreu na eleição de 2000, analisada por Figueiredo, Veiga e Aldé. (2002), a disposição dos votos na cidade voltou a apresentar uma configuração parecida com os anos anteriores à chegada do grupo de Cesar Maia à prefeitura. Presente especialmente no discurso de Paes, o argumento da eficiência e da competência mobilizou mais os estratos de menor renda e escolaridade. O grupo de maior renda e instrução foi mais sensível ao discurso de Gabeira, fortemente centrado na imagem, sobretudo em valores como ética, coragem e críticas às estruturas partidárias.

Novamente, o que se viu em 2008 foi uma forte associação entre intenção de voto e indicadores sociais das regiões do município. Como se trata de uma cidade dividida quanto à distribuição desses indicadores, o voto refletiu também a clássica divisão espacial das características de renda e escolaridade da população do Rio.

Apesar do preditor de voto "avaliação da administração Cesar Maia" ter tido, nos dois turnos, uma significância menor que as outras variáveis, ela não pode ser desconsiderada. Desse modo, com o mapa da distribuição dos votos refletindo a divisão social da cidade, a associação entre voto e a variável da avaliação do governo sugere que existem formas distintas de os dois grupos avaliarem o governo municipal. Ou seja, moradores das regiões com os maiores níveis de escolaridade e renda são também os que têm mais acesso à informação política e, por outro lado, dependem menos dos serviços essenciais do poder público municipal. O segundo grupo de moradores é formado por aqueles com menor renda e nível de instrução, com baixo acesso à informação política e que mais dependem dos serviços municipais. Em outros termos, a maneira de o eleitor avaliar a administração muda de uma região para outra no Rio. Na primeira, poucos serviços essenciais afetam diretamente a maneira de o cidadão comum avaliar a administração municipal. No segundo grupo, é a melhora ou a continuidade dos serviços municipais que contribui mais para a avaliação da administração pública.

Com relação à associação entre voto e região da cidade, é preciso considerar que a melhor definição dos grupos políticos em disputa no segundo turno possibilitou o aumento da significância do chi-quadrado para esta relação. Isso sugere, portanto, que o processo de escolha por parte do eleitor foi-se ajustando, cada vez mais, à divisão espacial da cidade e seus indicadores sociais. Vale lembrar, por outro lado, que Paes e Gabeira debateram intensamente, na propaganda eleitoral do segundo turno, a frase do candidato do PV que sugeria preconceito contra os moradores da Zona Oeste. Isso, certamente, ajudou a produzir uma maior consistência da relação entre preferência eleitoral e região da cidade.

Sobre a propaganda política na televisão, a análise do argumento dos dois candidatos revela diferenças acentuadas. Enquanto Paes buscou apresentar propostas que poderiam atender à demanda de saúde e educação dos moradores menos assistidos pelo poder público, Gabeira apostou em sua imagem. O discurso do candidato do PV foi marcado por referência ao seu comportamento ético, sua coragem e sua vontade de trabalhar sem a dependência de partidos e da então Câmara de Vereadores. Foram discursos, portanto, que buscaram mobilizar distintas expectativas do eleitor quanto ao mundo político. Um, pragmático, voltado para quem dependia mais fortemente de ações do governo municipal; o outro com uma construção do que poderia ser o comportamento ideal dos atores do mundo político. Discurso, como se viu, mais focado no comportamento político do que em políticas públicas.

Os resultados deste estudo sugerem que há uma ampla agenda de pesquisa sobre comportamento eleitoral ainda a ser explorada na cidade do Rio de Janeiro, especialmente no sentido de melhor compreender suas nuances. Um dos temas a serem estudados, certamente, diz respeito à caracterização dos grupos políticos na cidade, no sentido de saber se, apesar dos resultados de 2008, podemos ainda falar numa divisão política como aquela apontada por Figueiredo, Veiga e Aldé (2002), ou seja, a existência de uma esquerda trabalhista, com eleitores concentrados no subúrbio da Leopoldina, Central do Brasil e Zona Oeste e, do outro lado, eleitores da direita liberal conservadora, concentrada nas zonas Sul e Norte, cenário que prevaleceu entre os anos 1950 e 1970.

4. Eleições sem oposição, alianças sem partidos: o voto para prefeito em Belo Horizonte*

HELCIMARA DE SOUZA TELLES

LUIZ CLÁUDIO LOURENÇO

TIAGO PRATA L. STORNI

O problema e o foco de análise: as lógicas do voto para prefeito

Nas grandes cidades e capitais brasileiras as campanhas para prefeito são realizadas mesclando práticas políticas tradicionais e sofisticadas técnicas de comunicação. Na propaganda eleitoral é frequente a omissão do nome da coligação e dos partidos que a compõem, bem como a ausência de publicidade do vice das chapas dos candidatos. No material impresso distribuído, o partido costuma ser adereço sem importância. Na busca pelo voto, a televisão e as novas tecnologias têm adquirido centralidade. As estratégias eleitorais acentuam o personalismo, reduzem o apelo às legendas e utilizam o horário eleitoral como principal instrumento para a comunicação política. Num sistema de voto compulsório, os partidos não necessitam convencer o eleitorado a comparecer. No entanto, eles precisam fazer com que o eleitor opte pelos seus candidatos. Ademais, em eleições majoritárias, em que apenas um dos concorrentes é eleito, as campanhas precisam organizar as informações de modo a atrair o eleitor e convencê-lo de que os respectivos candidatos possuem melhores atributos e programa que seus adversários. Por isso cresce, durante as campanhas, o volume de informações sobre política. Algumas

* Este capítulo apresenta resultados parciais das pesquisas "Opinião pública: comportamento eleitoral e partidos políticos", financiada pela Fapemig, e "Decisão de voto em eleições municipais", projeto desenvolvido pela cooperação entre o Ipespe e a UFMG. Somos gratos a Francisco Meira, da diretoria do Instituto Vox Populi, por nos ceder os relatórios das pesquisas do mês de junho de 2008, e aos estudantes do grupo de pesquisa Opinião Pública, Marketing Político e Comportamento Eleitoral, sobretudo Aline Burni, que se dedicou com afinco à organização dos dados apresentados no Barômetro de Belo Horizonte. Ver: <www.opiniaopublica.ufmg.br/pconc/bh_barometro.pdf>. Acesso em: jun. 2010.

dessas informações serão acolhidas; outras, descartadas pelo eleitor. As campanhas são capazes de persuadir o eleitor e orientar suas escolhas? Quais são os principais atalhos que o eleitor usa para decidir seu voto para prefeito?

Este capítulo realiza um esforço para cotejar algumas reflexões propostas pela ciência política para explicar os motivos que levam o eleitor a escolher seu prefeito. A hipótese é que a decisão de voto seja um fenômeno multicausal, portanto, associado a inúmeros fatores, sejam estes de ordem estrutural ou conjuntural. Para interpretar as razões do voto para prefeito, agregamos elementos dos paradigmas micro e macroprocessual, tais como as articulações políticas, as condições socioeconômicas dos eleitores, as disposições políticas (como o posicionamento na escala esquerda-direita), a preferência pelos partidos, as percepções sobre a administração pública e sobre a situação econômica do país, bem como a campanha eleitoral.

Essas hipóteses serão testadas mediante o exame de caso das eleições para prefeito de Belo Horizonte, em 2008, que foram vencidas por Márcio Lacerda, do Partido Socialista Brasileiro (PSB), tendo como vice da chapa Roberto Carvalho, do Partido dos Trabalhadores (PT). As seções a seguir desenvolvem os argumentos que explicam essa vitória. A primeira parte analisa a articulação das candidaturas, com ênfase nas lideranças partidárias; a segunda seção interpreta a comunicação das campanhas dos principais candidatos a prefeito; finalmente, na terceira parte, realizam-se descrições e modelos estatísticos econométricos, para captar os elementos que interferiram na decisão de voto. Os dados que sustentam as análises sobre as opiniões do eleitor foram coletados em duas rodadas de pesquisas, no primeiro e no segundo turnos destas eleições.[1] Dados qualitativos da cobertura feita pela imprensa escrita foram incluídos, bem como elementos das propagandas dos candidatos a prefeito veiculadas no HGPE (horário gratuito de propaganda eleitoral), nos *spots* e na internet.

O cenário: a hegemonia da esquerda e a aliança PT e PSDB

A construção da Aliança por BH: a parceria entre o governador e o prefeito

A cidade de Belo Horizonte, desde a primeira eleição direta para prefeito realizada após o período de redemocratização, iniciado em 1985, sempre foi go-

[1] Pesquisa do Ipespe/UFMG, set. e out. 2008. Ver dados completos no "Anexo metodológico", no fim deste livro.

vernada por partidos situados ao centro e à esquerda: PMDB (1985), PSDB (1988), PT (1992), PSB (1996 e 2000) e PT (2004). As legendas distribuídas à direita não conseguiram ter presença institucional importante no município. Desde 1992, quando o PT elegeu o advogado e militante dos direitos humanos Patrus Ananias, o campo à esquerda, representado pelo Partido dos Trabalhadores (PT) e pelo Partido Socialista Brasileiro (PSB), constituiu uma hegemonia que em 2008 completou 16 anos consecutivos de governo. Nesse período, os petistas e socialistas se revezaram na administração da cidade, ora disputando com candidatos em chapas distintas, ora participando da mesma coligação.

Em 1996, a Constituição brasileira ainda não permitia a reeleição. A aliança PT/PSB, que governava a cidade, foi rompida, e, para suceder o prefeito Patrus Ananias, o PT preferiu lançar chapa própria e indicou como candidato o vereador Virgilio Guimarães. Célio de Castro, então vice-prefeito pelo PSB, disputou sem coligações e venceu as eleições. No pleito de 2000, a coligação PSB/PT, liderada pelo prefeito Célio de Castro, que buscava a reeleição, derrotou João Leite, do PSDB. Eleito vice-prefeito em 2000, o economista petista Fernando Pimentel assumiu o cargo de prefeito depois que o titular eleito solicitou afastamento por problemas de saúde, no fim de 2001.

Pimentel candidatou-se à reeleição em 2004 e iniciou a empreitada atrás de João Leite, recém-filiado ao PSB. O ex-goleiro do Atlético e ex-tucano recebeu declarações de apoio de Aécio Neves (PSDB), então governador do estado, mas nao ultrapassou os 22,7% dos votos. A reeleição de Pimentel foi garantida no primeiro turno e, desde o início de setembro, ele já alcançava mais de 50% das intenções de voto nas pesquisas de opinião,[2] resultado que se concretizou nas urnas. Nessas eleições, realizadas durante a metade do primeiro mandato do presidente Lula, o PT realizou nacionalmente uma campanha eleitoral com retórica coletivista,[3] em torno do voto retrospectivo e do *jeito petista de governar* – modelo de gestão que se distinguiria por seu caráter mais participativo e democrático. Em Belo Horizonte a campanha de Pimentel foi baseada em forte apelo popular, recebendo o apoio do ex-prefeito Patrus Ananias, então ministro do Desenvolvimento Social do governo Lula.

---

[2] Pesquisa do Instituto Vox Populi/*Estado de Minas*/*Correio Braziliense*, 8 e 9 set. 2004.

[3] A respeito da retórica coletivista do PT, ver Dias (2005).

Tabela 1. Eleitos e segundos colocados nas eleições para prefeito em Belo Horizonte, por partido (1992-2004)

	1º colocado			2º colocado		
Ano	**Partido e candidato**	**Coligação**	***PCC**	**Partido e candidato**	**Coligação**	***PCC**
1992	PT Patrus Ananias	**PT/PSB/** PCdoB/PC/PV	Esquerda	PL Maurício Campos	PL/PFL/PRP	Centro
1996	PSB Célio de Castro	Sem coligação	Esquerda	PSDB Amilcar Vianna	Sem coligação	Centro
2000	PSB Célio de Castro	**PSB/PT**/PPS/ PCdoB/PCB/ PTN/PSC/ PTdoB/PAN	Esquerda	PSDB João Leite	Sem coligação	Centro
2004	PT Fernando Pimentel	**PT/PTB**/PSL/ PTN/PCB/PL/ PPS/PMN PRP/PCdoB	Esquerda	PSB João Leite	PP/PMDB/PSC/ PSDC/PRTB/ PHS/PTC/PSB/ PV/PSDB/PTdoB	Esquerda

Fonte: TRE-MG.
* PCC = posição da cabeça de chapa. Partidos classificados de acordo com Telles (2007).

A gestão de Pimentel foi marcada por obras na cidade, quase sempre em parceria com os governos estadual e federal. Ao final de seu segundo mandato, a administração e o titular eram avaliados de modo bastante positivo pela população, e o prefeito atingiu 7,4 de nota média.[4] Porém, em lugar de este desempenho reverter na indicação de um candidato próprio pelo PT para concorrer à sucessão do prefeito, o que se viu foi outra coisa: o empenho do prefeito petista e do governador tucano Aécio Neves para a construção de uma aliança eleitoral entre PSDB e PT, que seria formalizada a partir do apoio a Márcio Lacerda, do PSB. O candidato escolhido era secretário do governo estadual, de perfil técnico, desconhecido do público e jamais participara de uma eleição.

Assim, em 2008, Belo Horizonte passou por uma eleição atípica em sua história política, marcada pelos conflitos em torno da construção da aliança entre o PT e o PSDB, pelo elevado número de indecisos e significativa volatilidade nas preferências dos eleitores, com o uso das redes sociais como

[4] Pesquisa do Datafolha, 23 e 24 jul. 2008. Avaliação: 74% ótimo/bom, 20% regular e 5% ruim/péssimo.

instrumento de campanhas negativas. Notavam-se ainda, nas campanhas, a prevalência da retórica continuísta e a ausência de efetiva oposição. Todas essas características irregulares inibiam prognósticos mais seguros em relação aos resultados das urnas.

A competitividade entre PT e PSDB nas eleições nacionais não é recente. Apesar disso, não eram desconhecidas, pela opinião pública local, as relações cordiais, pessoais e políticas mantidas entre o prefeito do PT e o governador do PSDB. Tanto as afinidades destes líderes quanto as rivalidades entre seus respectivos partidos, no plano federal, eram conhecidas por parcelas do eleitorado da capital mineira. Em Belo Horizonte os dois gestores chegaram a atuar em sociedade e a dividir palanques e inaugurações de obras, em muitas ocasiões. Uma das aparições públicas mais destacadas da parceria Pimentel-Aécio foi a entrega da praça Rui Barbosa, revitalizada em 2007 pelos projetos Centro Vivo e Linha Verde, que eram coordenados, respectivamente, pelos governos municipal e estadual.[5] O fato é que tanto as parcerias quanto as próprias administrações pareciam ser aprovadas pela população, como mostram as pesquisas de opinião[6] realizadas em junho de 2008.

Tabela 2. Aprovação da parceria Aécio e Pimentel e avaliações de governantes

Parceria Aécio/ Pimentel	%
Aprovam	76
Não aprovam	14
NS/NR/Não têm opinião	10
Total	100

Avaliação Pimentel	%
Positivo	76
Regular	19
Negativo	4
NS/NR	1
Total	100

Avaliação Aécio	%
Positivo	86
Regular	9
Negativo	4
NS/NR	1
Total	100

Avaliação Lula	%
Positivo	59
Regular	25
Negativo	16
NS/NR	1
Total	100

Fonte: relatório de pesquisa do Instituto Vox Populi (jun. 2008).

[5] Centro Vivo: programa de obras, intervenções urbanas e manutenção da área central de Belo Horizonte. Linha Verde: conjunto de obras viárias que envolvem Belo Horizonte e sua região metropolitana.

[6] Pesquisa do Instituto Vox Populi, 7 a 9 jun. 2008. Perguntas: parceria Aécio Pimentel – "A imprensa tem noticiado que o governador Aécio Neves e o prefeito Fernando Pimentel mantêm uma relação de parceria administrativa e entendimento político, mesmo sendo de partidos diferentes. Você aprova ou não aprova esse modo como os dois se relacionam?"; avaliação – "De maneira geral, como você avalia o desempenho do prefeito Fernando Pimentel/governador Aécio Neves/presidente Lula, o modo como ele se comporta à frente da prefeitura/governo do estado de Minas/presidência da República está sendo: ótimo, bom, regular, ruim ou péssimo?".

O candidato Márcio Lacerda, articulado desde o final de 2007 pelo prefeito e pelo governador para ser o representante da coligação PT/PSDB, sofria restrições por parte tanto de lideranças petistas nacionais quanto dos grupos locais reunidos em torno do então ministro do Desenvolvimento Social do governo Lula, Patrus Ananias (PT). As principais ressalvas advinham do fato de Lacerda ter tido ativa participação como secretário estadual na gestão de Aécio Neves e de sua falta de penetração nos movimentos populares, velhos aliados do PT na cidade. A candidatura Lacerda parecia interessar não somente ao prefeito, concorrente natural ao governo do estado nas eleições de 2010, mas também a Aécio Neves, que dividia com José Serra, governador de São Paulo, a indicação como candidato a presidente da República pelo PSDB, nas mesmas eleições. Assim, mais do que um acordo episódico e provinciano, a composição entre o petista e o tucano almejava fundar as bases para uma nova articulação política de alcance nacional.

Em Belo Horizonte, mesmo os quadros contrários à coligação estavam seguros de que a convenção municipal do PT sufragaria o acordo PT/PSDB.[7] Após exaustivos debates, acompanhados com interesse pela imprensa, a Executiva Nacional do PT antecipou-se às lideranças estaduais e municipais e, no mês de abril, rejeitou, por 13 votos a dois, a proposta de coligação formal com o PSDB. Em seguida emitiu uma nota contundente, criticando o governador mineiro, afirmando que sua administração era distinta das concepções que compõem o ideário e o programa de governo do partido.

A decisão contrariou as correntes majoritárias do diretório municipal, que eram favoráveis ao acordo. Pimentel não se fez de rogado e, inconformado, ameaçou ir à Justiça para revertê-la. O prefeito se atreveu até a divulgar nota, por intermédio da assessoria da prefeitura, em que afirmava ser politicamente equivocada a decisão tomada pelo PT nacional. A resolução da Executiva Nacional do PT foi publicamente questionada pelo governador e pelo prefeito, como se pode ilustrar por estes trechos de entrevistas publicadas na imprensa:[8]

---

[7] Jornal *Folha de S.Paulo* (*on-line*). "PT-BH avalia que tem votos para aprovar aliança com PSDB", 4 mar. 2008. Disponível em: <www1.folha.uol.com.br/folha/brasil/ult96u378248.shtml>. Acesso em: abr. 2011.

[8] Jornal *O Globo* (*on-line*). "Aécio e Pimentel prometem lutar para manter aliança PT/PSDB em BH", 25 abr. 2008. Disponível em: <http://oglobo.globo.com/pais/eleicoes2008/mat/2008/04/25/aecio_pimentel_prometem_lutar_para_manter_alianca_pt-psdb_em_bh_lula_diz_que_decisao_do_partido_nao_do_governo-427057540.asp>.

> Os mineiros vão lamentar que questões partidárias e vaidades desse ou daquele ator se sobreponham ao interesse da cidade [Aécio Neves, *O Globo*, 25 abr. 2008].

> Na minha opinião, foi um equívoco político do partido, fruto de uma visão distorcida do processo político brasileiro movido por São Paulo, onde o acirramento entre as forças partidárias é maior [Fernando Pimentel, *O Globo*, 25 abr. 2008].

As falas dos mandatários fortaleciam a marca da federalização, sob a qual foi desenhada a eleição na capital. O eixo que justificaria, diante da opinião pública, a pertinência da aliança entre petistas e tucanos era a contraposição na forma como dois dos principais entes da Federação concebiam a ação política: São Paulo representava o conflito e as facções; Minas, a conciliação e os ideários nacionais. Em nome da união com vistas à "preservação dos interesses da cidade", a resposta à obstrução do Diretório Nacional do PT não tardou. Lacerda foi lançado como líder da chapa, tendo como seu vice o deputado estadual Roberto Carvalho, experiente parlamentar do PT e apoiador inconteste da proposta de aliança. A parceria real entre o governador e o prefeito ficou ainda mais explícita. No lançamento da candidatura de Lacerda, Aécio e Pimentel apareceram lado a lado, tendo ao fundo as imagens das bandeiras do PT e do PSDB.

Fatos consumados, as leais bases do governador se agregaram imediatamente ao candidato. Os grupos petistas, vencidos em seus propósitos de reduzir a influência do governador sobre o partido, se ajuntaram, resignados, à aliança. Não obstante, quadros de relevância, como os ministros Luiz Dulci, da Secretaria Geral da Presidência, e Patrus Ananias, do Ministério do Desenvolvimento Social, opositores da parceria, apoiaram discretamente Jô Moraes, candidata a prefeita pelo Partido Comunista do Brasil (PCdoB).

Mesmo com o veto feito pela Executiva do PT à participação oficial do PSDB nesta coligação, o governador mobilizou seu capital político para a Aliança por BH, *slogan* principal da coligação. Aécio Neves arriscou-se até a participar ativamente da propaganda de Lacerda no rádio e na televisão. Durante o HGPE foram feitas inúmeras inserções com o governador do estado. Em algumas delas, em diálogo com o prefeito, ele reiterava o jargão "Parceria, aliança é isso. Fazer juntos o que ninguém pode fazer sozinho". Suas aparições foram mais de duas dezenas de vezes contestadas na Justiça Eleitoral pelos concorrentes, acrescentando elementos jurídicos ao debate político.[9] Em 30 de

[9] Foram interpostos recursos na Justiça Eleitoral cujo objeto foi a presença, com depoimento pessoal, do governador Aécio Neves na propaganda de Márcio Lacerda veiculada no rádio e na

setembro, véspera do último dia de propaganda gratuita no primeiro turno, o Tribunal Superior Eleitoral (TSE) concedeu liminar favorável à candidata Jô Moraes, determinando a retirada das inserções do governador na publicidade da chapa PSB/PT.

Os principais adversários de Lacerda, Leonardo Quintão (PMDB) e Jô Moraes (PCdoB) não comandavam máquinas partidárias com grande penetração no eleitorado da cidade. Além disso, não conseguiram expressiva adesão de outros partidos para suas candidaturas. O que se observou foi um arranjo partidário que fortalecia a *aliança*, que disputava contra coligações sem capilaridade no Legislativo municipal. Juntos, Leonardo Quintão e Jô Moraes eram apoiados por vereadores de quatro partidos; a *aliança* somou 12 legendas, que representaram 24 parlamentares municipais.

Tabela 3. Cadeiras na Câmara Municipal de Belo Horizonte, por coligação dos candidatos a prefeito (2005 e 2008)

Coligação	Aliança por BH (Marcio Lacerda)	Belo Horizonte para Você (Leonardo Quintão)	BH é Você (Jô Moraes)	Outros
Partidos	PT/PSB/PTB/PP/PR/ PV/PMN/PSC/PSL/ PTN/PTC/PRP	PMDB/PHS	PCdoB/PRB	
Bancada 2005-2008*	24 (59%)	4 (10%)	1 (2%)	12 (29%)
Bancada eleita pela coligação (2008)	23 (56%)	6 (15%)	2 (5%)	10 (24%)

Fonte: TRE-MG. Total de 41 cadeiras. Dados calculados pelos autores.

Obs.: o PR não participou nas eleições de 2006, pois ainda não existia. A fusão do PL/Prona deu origem ao PR (Partido da República); o PTC (Partido Trabalhista Cristão) foi formado pela mudança de nomenclatura do PRN (Partido da Reconstrução Nacional) deferida pelo TSE em 2001.

* No período 2005-2008 houve diferença entre a bancada eleita e a bancada no momento em que se realizaram as eleições, em função da migração partidária.

A disputa se mostrou acirrada, mas a Aliança por BH elegeu seu candidato a prefeito com 59,1% dos votos, vencendo Leonardo Quintão no segundo turno. Além de conseguir manter-se na administração local, ao amparar a candi-

televisão, ou nos quais o objeto foi apenas a referência à parceria entre o governador e o candidato Lacerda. As movimentações processuais podem ser consultadas diretamente no site do TRE-MG ou do TSE.

datura de Lacerda, a direção do PT municipal impôs uma importante derrota política a Patrus Ananias, integrante da corrente nacional "Construindo um novo Brasil". Com a vitória consumada, ampliaram-se os espaços para que os grupos próximos ao governador e ao prefeito Pimentel pudessem ter voz mais ativa nos rumos das articulações das seguintes eleições estaduais e nacionais, que seriam realizadas em 2010.

A aliança entre o PT e o PSDB foi inusitada, sobretudo se comparada ao padrão político das disputas municipais anteriores. O partido do governador, apesar de não ter capilaridade no Legislativo municipal – o PSDB, em 2004, elegeu somente três dos 41 vereadores para a legislatura 2005-2008 –,[10] interferia nos rumos políticos de uma capital na qual prevaleciam governos administrados pela esquerda, representada pelo PT e pelo PSB. Ademais, a gestão do prefeito tinha muito apoio popular, o que presumia a indicação de candidato do próprio partido ou da base aliada, sem interferência de forças externas. Havia fortes resistências no PT em relação à composição com os tucanos e vice-versa, pois ao PSDB nacional tampouco era atraente a coalizão. Deste modo a articulação PT/PSDB somente pode ser compreendida à luz do empenho dos líderes locais sobre os interesses nacionais de seus partidos, com vistas às disputas que aconteceriam em 2010.

Assim, contrariando seus partidos, as expectativas positivas dos articuladores dessa parceria quanto à reação da opinião pública e aos frutos políticos que poderiam ser gerados no futuro conduziram-nos a selar a Aliança por BH. Esperava-se a vitória ainda no primeiro turno, entre outras razões pelo fato de que, com pouco apoio político-partidário e muito menor tempo de propaganda na televisão e no rádio, os concorrentes poderiam ser vencidos com facilidade.

Expectativas sobre o eleitor: voto retrospectivo e continuísmo

O eleitor era o elemento final para compor o complexo mosaico da articulação que se pretendia entre o PT e o PSDB. Qual a perspectiva dos articulistas sobre o comportamento do eleitorado? Apesar do caráter inusitado da aliança, as expectativas dos líderes não podem ser lidas de outro modo que não seja de adesão popular à inédita coalizão. As pesquisas de opinião demonstravam um eleitor bastante satisfeito com as administrações municipal, estadual e nacional,

---

[10] Vereadores eleitos em 2004 pelos principais partidos que participavam das chapas: PT (7), PSB (3), PMDB (2), PCdoB (1).

e desejoso de um prefeito que continuasse a gestão em curso.[11] Os motivos dessa satisfação e a percepção positiva da parceria Aécio-Pimentel podem ser ilustrados pelas falas dos eleitores, participantes de grupos focais, realizados antes das convenções partidárias (Telles, 2008):[12]

> Ele [Pimentel] arrumou as praças, né? [...] Então, espero que ele continue, né? Porque em Minas Gerais o povo faz bonito. Porque PSDB governador e PT prefeito, penso né, que o Aécio também está fazendo bonito, né? [mulher, 42 anos, primário completo, dona de casa, petista, 8 maio 2008].

> Pra mim fez muita coisa [Pimentel], sendo partido contrário ao Aécio, achei que ia dar errado, mas fez muito mais coisa do que esperava, e BH cresceu demais da conta! Pra mim tá espetacular [homem, 31 anos, superior completo, representante comercial, sem identidade partidária, 28 maio 2008].

Com base na aprovação dos eleitores, os líderes da coalizão inferiram que a transferência de seus prestígios para o candidato Lacerda seriam favas contadas. Satisfeitos com os incumbentes, os eleitores escolheriam o candidato aconselhado pelo governador e pelo prefeito. O voto seria resultante do cálculo estabelecido pelo somatório das avaliações retrospectivas das respectivas gestões. No exame deste passado seriam considerados fatores personalistas: o prestígio pessoal de Pimentel e de Aécio Neves, que não se declaravam mensageiros de partidos. Neste aspecto, a aliança foi configurada como produto da ação de líderes que se uniram em nome dos interesses da cidade, ausentes as intermediações conflitivas trazidas pelos partidos políticos. Em lugar destas instituições representativas, a *aliança* declarava: "Meu partido é BH".

Não obstante a ausência de componentes políticos com temas da esquerda na publicidade, os autores da coligação idealizavam conquistar os eleitores mais afinados com este campo. Em Belo Horizonte a preferência pelo PT alcançava valores próximos aos 30%.[13] Desde muitas outras eleições, seus simpatizantes tiveram influência significativa na vitória dos prefeitos desta capital, fosse apoiando o governo, fazendo oposição ou pela simples participação eleitoral, votando nos candidatos indicados pela legenda. Não se descartavam também

[11] Pesquisa do Instituto Vox Populi, 7 a 9 jun. 2008.

[12] Ver Telles (2008). Grupos focais com eleitores petistas e eleitores sem identidade partidária, realizados nos meses de abril e maio de 2008. Os eleitores foram recrutados por escolaridade, sexo e identidade partidária.

[13] Pesquisa Ipespe/UFMG, set. e out. 2008.

os eleitores do PSDB. Apesar de serem minoritários, muitos tucanos pertenciam às camadas médias da população e poderiam contribuir para ensejar um clima de opinião positiva em relação ao candidato Lacerda. Assim, esperava-se que os eleitores tucanos, a partir de sua posição social, pudessem irradiar suas preferências a eleitores de outras classes.

Tabela 4. Continuidade *versus* mudança na opinião do eleitor de Belo Horizonte (%)

Para você, Belo Horizonte precisa, hoje, de um prefeito que após ser eleito:	%
continue com todas as políticas da atual administração	35
mude algumas e continue com a maioria	42
continue algumas e mude a maioria	12
mude todas as políticas da atual administração municipal	8
não sabe/não respondeu	3
Total	100

Fonte: relatório de pesquisa do Instituto Vox Populi (jun. 2008).

A direção da campanha depositava confiança principalmente no ativismo político dos petistas. Esperava-se que a intensidade de suas preferências pelo partido fosse condição suficiente para que eles sufragassem o indicado ao cargo de prefeito e, ademais, mobilizassem as parcelas mais inertes do eleitorado. Deste modo, no estágio de pré-campanha, os articuladores não se ocuparam da comunicação com o *petismo* nem de reforçar suas identidades políticas, pois o assumiram como um "depósito fiel de votos". Contudo, a Aliança por BH era um fato político novo e contraditório – ao menos aos olhos do *petismo*, cuja rejeição ao PSDB é reconhecida por diversos estudos.[14] Não ocorreu aos articuladores políticos a necessidade de convencer os simpatizantes do PT sobre a pertinência política da coligação informal entre PSDB e PT, bem como de explicar a eles as razões que levaram a legenda a desistir de candidatura própria, no momento em que a administração petista tinha apoio popular, o que a credenciava para continuar no governo da cidade.

Seja por essas razões, seja por outras não identificadas, diferentemente das expectativas mais otimistas e dos padrões das eleições anteriores, em que o PT

[14] A respeito do petismo, ver Samuels (2008) e Telles (2008).

ou o PSB sempre se haviam posicionado no início da corrida como preferidos, os números de Lacerda não se movimentaram no período de pré-campanha – de maio a julho –, permanecendo sempre abaixo de dois dígitos. Os eleitores não aderiram prontamente à nova fórmula política assinada pelos líderes locais e, em fins de julho, Lacerda não transpunha mais que seis pontos na preferência do eleitor. A comunista Jô Moraes se tornou celebridade local ao atingir 20% das intenções de voto, aferidos pela mesma pesquisa do Datafolha.[15]

O comportamento do eleitor foi apático durante o período da pré-campanha. Mesmo iniciada a campanha propriamente dita, com o HGPE, o número de eleitores indecisos, em resposta espontânea, chegava aos 68% em 22 de agosto.[16] Pelas intenções de voto apresentadas durante a pré-campanha, a candidata comunista se preparava para ocupar a cadeira de prefeita. Esses elementos indicavam que o jogo estava se tornando muito mais complexo que o anunciado nos bastidores. Ao apostarem na transferência imediata de votos, os articuladores da *aliança* demonstraram que não souberam decifrar as disposições do eleitorado e a conjuntura política. Assim, ante tais evidências, a comunicação da campanha passaria a ser o elemento fundamental para convencer o eleitor a dar crédito ao candidato arquitetado pelo prefeito e pelo governador.

Como comunicar aos eleitores uma composição política tão inesperada quanto arriscada? Como construir a imagem de um candidato que não possuía experiência parlamentar, nem carisma, que passava aos eleitores a imagem do candidato que "mais defendia os mais ricos"[17] e ainda contava com restrições de petistas, grupo importante na cidade? A construção de um novo e desconhecido prefeito parecia exigir muito mais recursos políticos e midiáticos do que aqueles disponibilizados para a reeleição. A seguir, veremos como foi construída a imagem do candidato Lacerda e como os adversários responderam a esta construção.

Construção das imagens: transferência de prestígio e ausência de oposição

A campanha dialoga com o eleitor com o objetivo de persuadi-lo a escolher determinado candidato e a afastar a possibilidade de voto em seus adversários. Ela

[15] Pesquisa do Instituto Datafolha, 23 e 24 jul. 2008.
[16] Pesquisa do Instituto Datafolha, 21 e 22 ago. 2008. Resposta espontânea.
[17] Pesquisa do Ipespe/UFMG, set. 2008.

pode ser analisada como uma estrutura de um jogo entre retóricas (Figueiredo et al., 2000:147). Os elementos institucionais atuam sobre essas estruturas retóricas. Carey e Shugart (1995) utilizam os conceitos de *reputação partidária* e de *reputação personalizada* para averiguar como os sistemas eleitorais afetam as estratégias dos candidatos. A escolha entre destacar uma ou outra destas reputações depende do quanto cada uma pode aumentar as chances de êxito eleitoral, caso seja empregada. As estratégias, por conseguinte, estão condicionadas pelas posições ocupadas pelos governantes e pelos aspirantes, conjugadas com as expectativas que os partidos tenham sobre as variáveis que poderão ser as mais importantes para a opção do eleitor. Em sistemas eleitorais que contam com lista aberta, como no Brasil, a atitude mais racional dos candidatos para ganhar pode ser a de realçar, na campanha, suas qualidades individuais, a fim de manter seus eleitores em torno de uma rede de fidelidades pessoais e utilizar os recursos do *pork barrel*.[18]

A seguir, serão analisadas a pré-campanha e a campanha. Esta será examinada a partir da estrutura retórica dos candidatos, que será tratada como indicador das expectativas que as elites políticas tinham sobre o provável comportamento do eleitor. Em Belo Horizonte, a opção estratégica da *aliança* foi o uso da retórica continuísta, do personalismo e da consequente transferência de prestígio, como visto na seção anterior. Nossa hipótese é que o recurso a essa estratégia decorreu do cálculo segundo o qual a *reputação personalizada* seria mais eficaz que a *reputação partidária* para maximizar votos. Entretanto, os efeitos dessa escolha foram insuficientes para garantir a vitória da *aliança* no primeiro turno. Em função disso, foram alteradas as estratégias discursivas, com a inclusão da *reputação partidária* nas retóricas dos atores.

A pré-campanha: enquadramento da aliança e liderança dos comunistas

A pré-campanha é o período que antecede a veiculação da propaganda eleitoral gratuita nos meios de comunicação. Este é o momento em que os eleitores passam a ficar mais atentos às informações sobre a política. Não obstante, parte significativa permanece dispersa e alienada em relação ao jogo eleitoral; como o voto não está consolidado, é maior o grau de incerteza do eleitor (Lourenço, 2007). Este é o período em que a mídia impressa passa a veicular, com maior frequência, os editoriais e os cadernos especiais sobre as eleições. No Brasil, os

---

[18] Atuação em que um candidato defende os projetos que resultam em benefícios àqueles que o apoiaram em seu distrito eleitoral.

meses de maio até o início do horário eleitoral, em agosto, são considerados os períodos de pré-campanha. Neste momento as articulações ainda estão sendo feitas pelas legendas e as informações são incompletas, pois, até o mês de junho, os partidos ainda dispõem de prazo para realizar as convenções partidárias e escolher seus candidatos; o horário eleitoral ainda não foi iniciado. Portanto, é um período de incertezas.

Como a imprensa cobriu a pré-campanha? Esta indagação tem especial importância, pelas características deste período. Vale lembrar que, antes do início da campanha e, mais especificamente, da propaganda eleitoral gratuita, a imprensa é a principal fonte de informação para os eleitores. É ela que oferece a maior parte das informações ao público eleitor e alimenta a ainda incipiente agenda sobre o tema das eleições. Mesmo que não se possa afirmar que a cobertura da mídia afeta o comportamento do eleitor, o enquadramento das notícias pode nos apresentar pistas sobre como os cenários são construídos pela imprensa. O conceito de *enquadramento* supõe que as notícias difundidas podem criar um panorama que orienta a leitura sobre um tema, o que pode vir a beneficiar alguns grupos vinculados àquela agenda.

Em Belo Horizonte, durante a pré-campanha, a imprensa optou por repercutir o acordo entre o PT e o PSDB. Em função do enquadramento da *aliança*, o principal periódico mineiro, o *Estado de Minas*, apresentou maior volume de notícias sobre Lacerda do que sobre os demais candidatos. Isso ocorreu mesmo no mês de maio, momento em que sua indicação como aspirante a prefeito ainda não estava oficializada. Na segunda quinzena de junho Lacerda apareceu 118 vezes neste jornal, enquanto Jô Moraes, que comandava a corrida, teve 36 citações. Em todo o período da pré-campanha, Lacerda foi o aspirante com maior visibilidade: 778 referências; Jô Moraes e Quintão, 427 e 224 citações, respectivamente. O somatório das menções no período para a comunista e o peemedebista foi inferior às de Lacerda. O debate sobre a *aliança* rendeu exposição desigual para os candidatos, gerando mais visibilidade ao seu candidato, como pode ser observado no gráfico 1.

Além da exposição, é útil examinar o conteúdo das referências aos candidatos – se positivas, negativas, neutras ou equilibradas. Quando observadas as valências das notícias,[19] verifica-se que a neutralidade prevaleceu na cobertura

[19] Classificação das valências: neutra, quando não é possível dizer se o que está sendo abordado na matéria jornalística favorece ou não determinado candidato; positiva, quando o que está sendo veiculado sobre o candidato pode favorecer sua candidatura; negativa, quando o que está

aos candidatos, embora sejam encontradas diferenças significativas entre as menções positivas e negativas. Selecionadas somente as notícias positivas para o conjunto dos concorrentes, nota-se que o candidato da *aliança* teve vantagem sobre seus adversários. No período, das 316 matérias onde foi possível fazer a classificação de valência, podem-se destacar, em relação às notícias positivas, os seguintes achados: Lacerda, 37%; Jô Moraes, 22%; e somente 11% para Quintão.[20]

Gráfico 1. Número de menções aos candidatos a prefeito no jornal *Estado de Minas* durante a pré-campanha

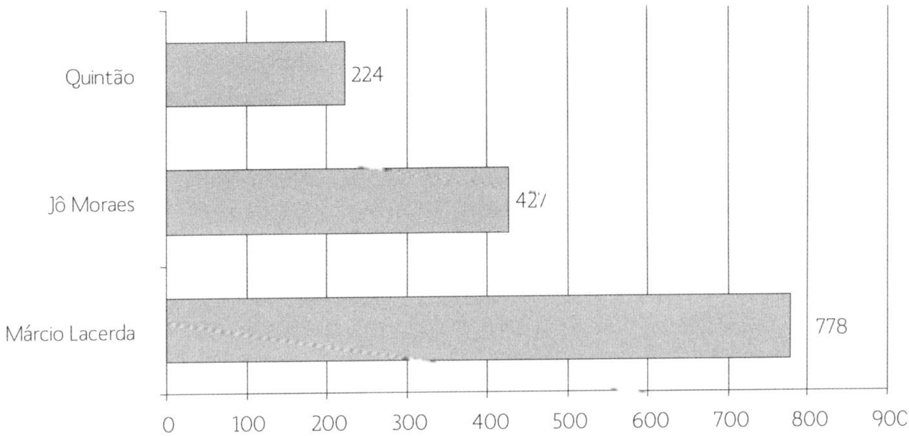

Fonte: Oliveira (2008). Cálculos elaborados pelos autores.

sendo veiculado pode prejudicar, de alguma maneira, sua candidatura; equilibrada (ambivalente), quando existem elementos favoráveis e desfavoráveis à candidatura.

20 Os valores das valências são: Lacerda: 131 neutras (41%), 117 positivas (37%), 37 equilibradas (12%), 31 negativas (10%); Jô Moraes: das 173 matérias em que era citada, 38 valências positivas (22%), 103 neutras (60%), 11 negativas (6%) e 21 equilibradas (12%); Quintão foi mencionado em 111 matérias, sendo 12 positivas (11%), 90 neutras (81%), 5 equilibradas (5%), 4 negativas (4%).

Gráfico 2. Valência das matérias veiculadas no jornal *Estado de Minas*: pré-campanha

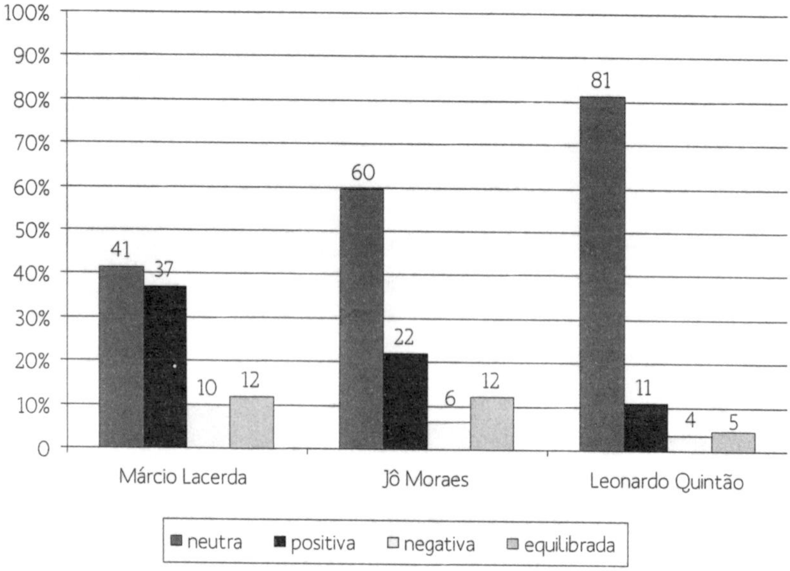

Fonte: Oliveira (2008). Cálculos elaborados pelos autores.

Como revelam os dados, Lacerda foi o candidato com maior exposição e referências positivas. Contudo, o enquadramento do tema da aliança e as menções positivas a Lacerda, feitos pelo *Estado de Minas* durante a pré-campanha, não corresponderam ao aumento da intenção de votos no candidato. A pré-campanha em Belo Horizonte foi marcada pela liderança da candidata Jô Moraes e pela intenção de voto insignificante para o aspirante da *aliança*, como já visto. Foi, ainda, um período de elevada indecisão: indagados sobre em quem votar, a maioria absoluta dos eleitores não sabia responder espontaneamente (79,4%). Contudo, quase a metade dos eleitores que citaram um candidato ou disseram que votariam branco ou nulo considerava a possibilidade de alterar sua escolha (47,2%). O eleitor ainda buscava informações sobre os candidatos.[21] Como se vê, o cenário não se apresentava otimista para Lacerda, que dependia do início da campanha para se apresentar no HGPE e, por meio dele, tentar reverter essas tendências.

[21] Pesquisa do Instituto Datafolha, 23 e 24 jul. 2008.

Campanhas e agendas dominantes: o princípio do continuísmo

No Brasil, o "tempo da política"[22] coincide com o início do HGPE. O eleitor fica mais atento aos candidatos e às notícias políticas, e a imprensa divulga com destaque os eventos de campanha e as pesquisas de opinião relativas às preferências do eleitorado. É neste período que se intensifica o embate retórico entre os candidatos. Essa disputa ocorre tanto no "corpo a corpo" - a campanha de rua - quanto nos programas produzidos para a mídia - rádio, televisão, internet e redes sociais. Os candidatos buscam consolidar seu eleitorado, transformar os indecisos em eleitores e convencer os votantes dos demais candidatos a mudar sua opinião.

Tabela 5. Dinheiro gasto e tempo no HGPE dos candidatos a prefeito de Belo Horizonte (2008)

Despesas de campanha*				Tempo no HGPE (1º turno)**		
Candidato	**Partido**	**Total das despesas (R$)**	**% do total dos gastos**	**Coligação**	**Tempo total**	**% relativo**
Márcio Lacerda	PSB	2.121.821,35	69,46	Aliança por BH	11'47"61	41
Leonardo Quintão	PMDB	485.973,54	15,91	Belo Horizonte para Você	05'23"61	19
Jô Moraes	PCdoB	257.670,77	8,44	BH é Você	01'46"20	6
Gustavo Valadares	DEM	129.905,00	4,25	DEM	04'10"20	14
Sérgio Miranda	PDT	55.378,10	1,81	BH Pode Mais	02'14"43	8
Jorge Periquito	PRTB	1.500,00	0,05	Certeza de um Futuro Melhor	01'06"67	4
Vanessa Portugal	PSTU	1.380,00	0,05	Frente de Esquerda Socialista	01'15"14	4
Pedro Pinheiro	PCO	1.000,00	0,03	PCO	01'06"67	4

Fontes-base: * TSE (prestação de contas - 2º parcial); ** TRE-MG. Dados tratados e calculados pelos autores.

[22] O chamado "tempo da política" aqui é a designação dada a partir da percepção de eleitores de quando a política é realizada, o que corresponde ao período eleitoral, no qual as campanhas são veiculadas e inicia-se a persuasão em busca de votos por parte dos candidatos em todos os níveis.

O HGPE é o principal instrumento para veicular as campanhas. Além de reduzir as desigualdades entre os candidatos, ele permite que aqueles grupos que não têm o apoio dos meios de comunicação possam propagar suas mensagens aos eleitores de diversas regiões (Miguel, 2004). Mas uma das implicações da centralidade adquirida pelo HGPE é que esta relevância tem como efeito aumentar a prática de coalizões. Quanto maior o número de partidos coligados, maior será a visibilidade na mídia gratuita – rádio e televisão. A *aliança* tinha o maior tempo na TV – 11min47s –, o que significava 41% do total do tempo distribuído aos partidos. Além disso, a coligação dispôs de muito mais dinheiro: suas despesas representaram 69,46% do total dos gastos de todas as campanhas. Portanto, o candidato Lacerda tinha recursos que aumentavam suas chances de vitória sobre os demais concorrentes.

O primeiro turno: a disputa pela agenda da continuidade

A propaganda eleitoral no rádio e na televisão começou em 19 de agosto, e as pesquisas realizadas nesta ocasião confirmaram a satisfação com a prefeitura e o governo do estado.[23] A campanha se desenvolveria sob o signo do continuísmo, em diferentes gradações, seguindo a lógica do eleitor. Neste contexto, os candidatos com melhores chances são aqueles que conseguem se vincular aos atores que poderão garantir ao eleitor o continuísmo do presente e um futuro de realizações:

> A única garantia de que *X* será feito é através do candidato, do grupo político ou do partido ao qual está ligado; esses atores se tornam os garantidores da realização do mundo futuro desejável [Figueiredo et al., 2000:153].[24]

A proposição e o corolário dessa premissa podem ser explicados da seguinte maneira:

---

[23] Pesquisa do Instituto Datafolha, 21 e 22 ago. 2008. Avaliação positiva do prefeito Pimentel: 27,4% ótimo, 48,5% bom.

[24] Como formulado por Figueiredo e colaboradores (2000:153), as estratégias retóricas devem ter quatro elementos básicos: (i) descrever um mundo atual, entre os possíveis, que melhor represente as condições sociais em que as pessoas vivem. Aqui, o objetivo é persuadir todos de que *o copo com água está quase vazio ou quase cheio*; (ii) descrever um mundo futuro, entre os possíveis, desejável para a maioria do eleitorado. Aqui, o objetivo é persuadir as pessoas de que, no mínimo, *o copo com água não ficará quase vazio*, isto é, a situação melhorará; (iii) a melhor maneira de construir o mundo futuro desejável é fazer *X*; e (iv) a única garantia de que *X* será feito é por intermédio do candidato, do grupo político ou do partido ao qual está ligado; esses atores se tornam os garantidores da realização do mundo futuro desejável.

> *Proposição 3*: Se a interpretação que a situação faz do mundo atual for a dominante, ela terá maiores chances eleitorais.
> *Corolário 3*: Em eleições nas quais a situação é dominante, a oposição só tem um caminho: desqualificar a interpretação da situação sobre o mundo atual; nesse caso, é péssima estratégia admitir a interpretação dominante e deslocar o embate para o garantidor do mundo futuro [Figueiredo et al., 2000:156].

Na disputa persuasiva do primeiro turno, a agenda que dominou foi referente ao tema "qual candidato representaria melhor a continuidade da gestão Pimentel", pois o contexto favorecia o candidato que representasse a "situação", ou seja, que conseguisse se firmar como o mantenedor do mundo atual e o fiador do mundo futuro. A desqualificação da interpretação do mundo atual não foi realizada pelos principais candidatos adversários da *aliança*, que preferiram disputar o lugar de legítimos representantes da situação e de mantenedores do mundo presente, que seria garantido por suas qualidades pessoais ou pelo prestígio de seus apoiadores. Neste embate retórico, os partidos ficaram quase ausentes do horário eleitoral.

Pelo exame dos *spots* e dos programas eleitorais dos candidatos, notou-se que Lacerda fez do continuísmo o centro de sua agenda. No entanto, o mesmo pode ser dito em relação a Quintão, que se posicionou ambiguamente. A comunista foi, entre os candidatos, a que menos vinculou sua imagem à gestão do prefeito. Contudo, com o declínio de suas intenções de voto, que ocorreu logo após o início do HGPE, o tom de suas críticas ao prefeito foi atenuado, ajustando sua ideologia às vontades do eleitor.[25] Jô Moraes era a candidata que poderia dar outra interpretação ao mundo presente. Porém, apesar de manter o tom crítico, por vezes sua retórica era ambígua, pois se baseava na premissa de que o mundo atual tem problemas, mas também tem coisas boas. Ela afirmava que havia participado das coisas que estavam boas e que queria melhorá-las.

O apelo persuasivo de Márcio Lacerda era situacionista e, portanto, se baseava no princípio de que o mundo atual é bom e será ainda melhor com a continuidade de uma gestão administrativa competente. O início do programa do HGPE autorizava, ao Legislativo municipal, a exibição dos candidatos. Ocorreu que, antes mesmo da estreia de "Márcio" (o sobrenome foi retirado da propaganda), os avalistas do candidato apareceram no programa dedicado aos vereadores, pedindo voto para seus partidos. Aécio reforçou a importân-

---

[25] A respeito da retórica utilizada por Jô Moraes, ver Telles, Silva e Ribeiro (2010).

cia da proximidade entre o governo do estado e a prefeitura. O *slogan* "Vote com Aécio" era mostrado enquanto o locutor discorria sobre as imagens das obras que haviam sido feitas mediante "parceria entre o governo e a prefeitura". Pimentel foi exibido no mesmo dia, ressaltando, também, a importância de parcerias entre o prefeito e os vereadores. Assim, a *aliança* se posicionou como representante da parceria que garantia a confiança em Márcio Lacerda.

A apresentação do candidato foi feita no dia seguinte. Sua biografia foi apresentada como sendo ele um político com perfil administrativo, que atuou de forma competente no plano federal ao lado de Ciro Gomes, ministro do governo Lula. Este quadro foi completado com a vida pessoal do candidato, cuja esposa apresentou um depoimento testemunhal. Porém, Lacerda era um nome técnico, sem expressão e apelo popular, falava pouco e era tímido diante das câmeras e fora delas. Por isso, no decorrer da campanha eram raros os momentos em que o candidato aparecia com voz própria, sendo substituído por âncoras, locutores e apoiadores. Além do candidato, outro grande ausente dos programas eram os partidos políticos.

A credibilidade na capacidade do candidato para manter o trabalho dos gestores do município e do estado seria justificável se ele dispusesse de experiência política no Executivo ou Legislativo, o que não acontecia. A campanha procurou compensar esta "pendência" com o realce de sua competência técnica. Para equilibrar esta falta o candidato foi apresentado como homem de confiança do governador e do prefeito, seus mais próximos colaboradores de campanha. Assim, nos programas, os principais trunfos eram os depoimentos de Fernando Pimentel e Aécio Neves, ambos afiançando Márcio, reiterando que ele seria o futuro para um caminho que já estava sendo construído. A exibição deste diálogo entre Aécio e Pimentel no HGPE sintetiza a narrativa da campanha da *aliança* no primeiro turno:

> *Aécio*: Você pode estar se perguntando, por que um governador do PSDB e um prefeito do PT estão juntos, apoiando um mesmo candidato a prefeito, o Márcio Lacerda? O que eles têm em comum?
> *Pimentel*: Aécio e eu acreditamos que governar é para resolver problemas e não para criar problemas. Por isso, há seis anos estamos trabalhando juntos.
> *Aécio*: E se os problemas não têm partido político, as soluções também não podem ter. Você não concorda comigo?
> *Pimentel*: Parceria, aliança, é isso. Fazer juntos o que ninguém pode fazer sozinho.
> *Aécio*: Da mesma forma que há seis anos escolhemos o caminho do entendimento e da parceria para governar.

Pimentel: Nestas eleições escolhemos apoiar Márcio para prefeito [HGPE, 8 set. 2008].

A *aliança* federalizou a eleição. De um lado, São Paulo representava o conflito e a elevação dos interesses particularistas para a esfera nacional; de outro, Minas e sua capacidade de união. A parceria Aécio-PT se apresentava como um projeto de promoção dos interesses públicos sobre os interesses dos estados. A mineiridade, a suposta vocação de Minas para a conciliação, recorrentemente evocada por Tancredo Neves em sua campanha para o governo estadual, em 1982, deu o tom da campanha. O *slogan* "Meu partido é BH" – síntese desta retórica política –, bem como o tema da parceria, reiteradamente repetidos, expressavam o tom conciliatório e apartidário com que foi modulada a propaganda da *aliança*. O exemplo que a capital ofertava ao Brasil, por meio da construção de um novo modo de fazer a política, foi destaque na fala do candidato, como pode ser observado no texto de um dos programas exibidos (HGPE, 25 ago. 2008, tarde).

Entra na tela a imagem: "É com o Márcio que a gente vai continuar!". Entra a fala do candidato:

> União, parceria e diálogo. Trabalhar em equipe vestindo a camisa de BH. É isso o que vem fazendo a nossa cidade avançar nos últimos anos. É exatamente por essa razão que o Brasil olha para Belo Horizonte com simpatia, respeito e esperança. Porque está nascendo uma forma de governar muito diferente da política tradicional... Eu me orgulho muito de ter a confiança do prefeito Pimentel e do governador Aécio. Eles têm feito um trabalho que admiro e que precisa ser preservado.

O principal adversário de Lacerda era Leonardo Quintão. A chapa liderada pelo jovem parlamentar do PMDB se intitulava Belo Horizonte para Você. Seus representantes tinham fortes vínculos com a religião. Leonardo Quintão era evangélico e fazia parte da Frente Parlamentar Evangélica, criada em 2003 para formalizar a articulação e o encaminhamento das pautas dos evangélicos no Congresso Nacional. Seu vice, Eros Biondini, do Partido Humanista da Solidariedade (PHS), era missionário da Renovação Carismática Católica e membro da comunidade Canção Nova.

Lacerda pretendia representar o continuísmo, mas o papel de opositor nesse jogo não foi aceito pelo candidato Quintão. Ele estava atento à avaliação que os eleitores faziam do governo estadual. Em seus programas do HGPE, afirmava enfaticamente que era amigo de Aécio Neves e que seu partido era da base de apoio do governo na Assembleia Legislativa. O peemedebista assumia uma retórica de situação, mas ambígua. Assim, enunciava que "o mundo atual está bom, mas tem problemas e ficará melhor com a vitória de um candidato que se preocupa com as pessoas". Em entrevista concedida a uma emissora de televisão, esse posicionamento do candidato ficou explicito. No programa, o deputado federal falou sobre suas propostas de governo. Ao responder sobre sua religiosidade, ressaltou sua crença em Deus, sem se esquecer de fazer críticas diretas ao governo municipal, mas mencionando que ele também era "parceiro do governador Aécio Neves" (*Programa MGTV*, Rede Globo, 16 set. 2008).

Quintão era considerado o mais simpático entre os aspirantes ao cargo de prefeito, segundo a opinião dos eleitores.[26] A coligação Belo Horizonte para Você buscou se diferenciar da *aliança* empregando um tom emotivo na propaganda eleitoral. Quintão se valeu de um apelo muito grande às emoções, afirmando que iria cuidar das pessoas. Adotou como símbolo o coração e, com um tom de voz embargado e forte sotaque mineiro, afirmava que seu mandato seria no estilo "gente cuidando de gente", principal bordão da campanha. Para se contrapor ao aspecto frio e técnico de Lacerda, invadiu as ruas e fez uma campanha corpo a corpo expressiva, tirando fotos com populares e postando-as em seu site para que o eleitor comum as visse, sublinhando a diferença entre um candidato produzido pelo marketing *versus* um candidato real e com amor pelas pessoas.

De acordo com Pires (2009), Quintão apela aos termos *amor* e *coração*, no sentido de esvaziar o discurso político. Ao dialogar diretamente com o povo, se porta como uma liderança populista. A ênfase do discurso recai sobre a primeira pessoa: *eu* posso fazer, *eu* quero você perto de mim. A política depende do amor e do contato pessoal. A marca personalista do candidato seria revelada no modo como emprega o pronome *eu* para se dirigir pessoalmente aos eleitores. A fala a seguir, extraída do programa de Quintão, ilustra o uso dos elementos personalistas na campanha do candidato:

> *Eu* quero escutar [aponta o ouvido com o dedo esquerdo], *eu* quero ouvir você através dos sindicatos, através das associações, mas, principalmente, ouvir você *direto*. Você falando com o prefeito. Porque se *eu* te escutar, se *eu* te ouvir, se nós fizermos esse canal de comunicação, muita coisa vai ser resolvida [HGPE, 15 out. 2008 apud Pires, 2009:9].

---

[26] Pesquisa Ipespe/UFMG, setembro e outubro de 2008.

O eleitorado da candidata Jô Moraes era mais escolarizado, mais velho e mais rico, o que o distinguia dos demais: 35% de seus eleitores possuíam 45 anos ou mais, 32,6% tinham curso superior e a maior parte pertencia às classes A e B (58,9%). Apesar de o eleitor não ter muita informação sobre a candidata, ela passava uma boa imagem, em função de sua carreira parlamentar e de sua inserção nos movimentos sociais. O mesmo não podia ser dito em relação a seu partido, conforme ilustrado pela fala deste eleitor (classe AB, 18 a 30 anos), ao examinar as peças de publicidade da candidata, nas quais apareciam os símbolos comunistas do PCdoB (a foice, o martelo e a cor vermelha):

> Não é PT; parece sangue; é uma bandeira; parece de um filme de terror. É, parece a bandeira do Partido Comunista. Estão querendo levantar uma bandeira. É horroroso [Instituto Ver apud Telles, Silva e Ribeiro, 2010:20].

A candidata do PCdoB tinha poucos recursos financeiros e seu partido possuía somente 1min46s a cada inserção no programa eleitoral gratuito no rádio e na televisão. Mas 17% dos seus eleitores se mostravam inclinados a decidir seu voto baseando-se na ideologia do partido (Pesquisa Ipespe/UFMG, set. 2008). O Partido Comunista do Brasil viu-se, nas eleições de Belo Horizonte, diante da seguinte encruzilhada: caso dirigisse seu discurso exclusivamente para eleitores ideologicamente orientados à esquerda, o partido reduziria suas chances de vitória eleitoral. Essa estratégia ideológica pode ser importante para partidos que pretendam usar a arena eleitoral para interceptar concorrentes ou mesmo para se afirmar no mercado eleitoral. Porém, a candidata pretendia efetivamente disputar para ganhar as eleições. Acontecia, no entanto, que o mundo presente era avaliado de modo positivo pelos próprios eleitores do PCdoB, que estavam bastante otimistas em relação ao futuro. Assim, Jô Moraes apresentou-se na campanha com uma proposta de mudança incongruente com as expectativas da média dos eleitores.

A candidata dispôs de 19 programas no HGPE, entre os dias 20 de agosto e 1º de outubro. Em nove de suas inserções foi observado que a candidata mostrou que "o mundo atual estava ruim", apontando diversos problemas da cidade, mas "poderia ficar bom", caso suas propostas fossem vitoriosas:

> Os 19 programas da candidata Jô Moraes foram analisados e concluiu-se que ela utilizou com frequência a técnica de ataque *entinema*, de modo que conseguiu, por meio de críticas indiretas, atacar seu principal adversário Márcio Lacerda e a aliança PT-PSDB [Telles, Silva e Ribeiro, 2010:18].

Não se sabe exatamente como a campanha foi interpretada pelo público. Porém, quando os eleitores foram convidados a relacionar os candidatos a um conjunto de afirmativas, surgiram perfis que se vinculavam com os enunciados dos candidatos. No primeiro turno, Márcio Lacerda foi identificado como localizado à direita (33,5%) e como o que mais defendia os mais ricos (32,8%), mas também como "o melhor para o futuro de Belo Horizonte" (48%), o que tinha o apoio mais importante (80%) e o candidato com mais chances de vencer as eleições (72%). Leonardo Quintão destacou-se, com Jô Moraes, por ser mais preocupado com os mais pobres (16%).

Gráfico 3. Imagem dos candidatos a prefeito, de acordo com a opinião do eleitor de Belo Horizonte (2008)

Relação dos candidatos com frases

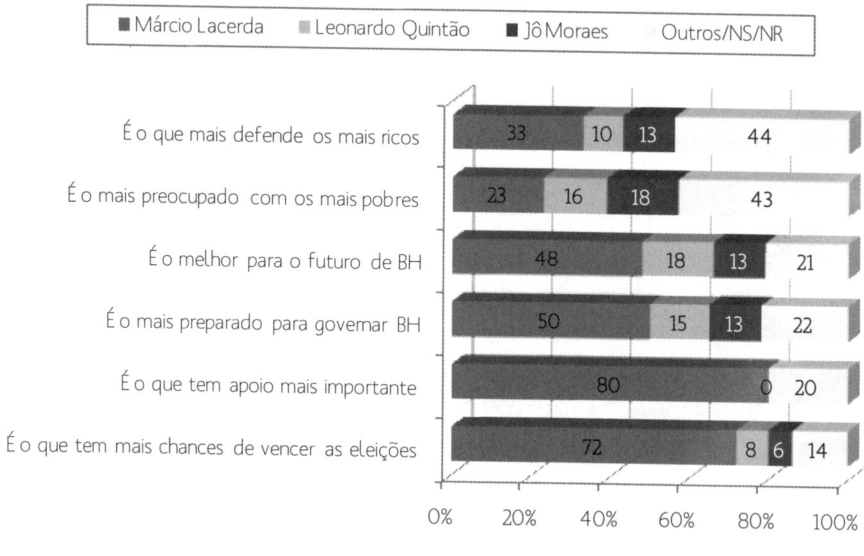

Fonte: pesquisa Ipespe/UFMG (23 a 27 set. 2008).

Uma condição importante apontada pela literatura para a decisão de voto é a distinção entre os candidatos. Essa diferenciação seria dada principalmente pelo posicionamento como "situação" e "oposição". No entanto, Quintão optou pela retórica de mandatário, rejeitou o atributo de oposicionista, apresentando-se também como o melhor para dar continuidade ao modelo da política municipal. A ausência de oposição declarada aos governos e a desaparição dos partidos políticos nos discursos de campanha dos principais candidatos, associadas à falta de experiência dos concorrentes em cargos executivos, tornaram a eleição muito mais complexa. Na falta de informações claras sobre o eixo oposição--situação, o eleitor busca outros atalhos para decidir-se nas urnas.

Desse modo a expectativa de uma vitória fácil no primeiro turno, como esperado pela *aliança*, rapidamente se desvaneceu, e os resultados se tornaram incertos. O fato é que a associação de Lacerda a seus padrinhos políticos não resultou na esperada avalanche de votos, e a eleição acabou sendo decidida num disputadíssimo segundo turno.

O segundo turno: campanha negativa e emergência dos partidos

A acirrada disputa pelo apoio do governador e a situação de empate técnico com que terminou o primeiro turno – Márcio Lacerda com 43,59% dos votos, Leonardo Quintão com 41,26% e Jô Moraes com 8,82% – resultaram em mudanças significativas nas estratégias dos candidatos. Com surpreendente alteração nas posições, Quintão passou a liderar por diferença de quase 10 pontos sobre Lacerda, aferida pelas primeiras pesquisas realizadas. A campanha negativa passa a ser um recurso bastante empregado pelos competidores. Os ataques, viscerais e feitos por associação, anunciados por denúncias, boatos e paródias, passaram a ser largamente utilizados no HGPE e nas redes sociais, no sentido de tentar desconstruir a imagem dos concorrentes.

O evento mais ilustrativo desta campanha negativa foi a exibição, no HGPE, de um vídeo feito em outra ocasião, em Ipatinga, cidade em que Quintão construíra sua carreira política. Ao participar de uma convenção do PMDB, naquela localidade, Quintão afirmara que iria "chutar a bunda de seus adversários". Descoberto o vídeo, a *aliança* passou imediatamente a divulgar as imagens e a fala de Quintão nas inserções do PSB/PT. Foi distribuído, massivamente, material com referências ao fato – adesivos, camisetas, panfletos e *mailings*. O *slogan* "A minha bunda ninguém chuta" tomou as ruas por onde passavam os apoiadores da *aliança*, e os materiais com os dizeres eram disputados nas passeatas e atividades da coligação, passando a ser o foco central da campanha, na reta final do segundo turno.

O segundo turno foi marcado pela disputa do capital político acumulado pelo PT ao longo de suas administrações – municipal e federal. Quintão procurou se apresentar como o continuador da obra de Patrus Ananias, primeiro petista prefeito da cidade. O candidato do PMDB conseguiu o apoio de setores identificados com a esquerda, como o do ex-deputado estadual Rogério Corrêa (PT), de políticos independentes descontentes com a *aliança* e de Jô Moraes, do

PCdoB, terceira colocada na disputa. A candidata tinha ampla penetração nos movimentos sociais, era identificada como parlamentar atuante e tinha apoio de setores da intelectualidade local. O programa de Quintão manteve o mesmo formato, com o mesmo apelo situacional e com o candidato oferecendo ao público o mesmo emocionalismo do primeiro turno, enquanto a *aliança* realizava uma mudança radical em seu posicionamento, em suas mensagens e em seus atores.

Figura 1. Adesivo da campanha Aliança por BH: PSB/PT (2º turno)

Fonte: <http://espacodemocratico.wordpress.com>. Acesso em: 2 fev. 2011.

Por parte da *aliança*, reduziu-se o personalismo, e os partidos foram levados à cena dos programas. O público se perguntava quem era o candidato que aparecia atrás de Pimentel e de Aécio. Por isso, e pelo fato de a Justiça Eleitoral ter ordenado a remoção das exibições do governador, as aparições de Aécio Neves e do prefeito foram minimizadas, quando não retiradas dos programas e dos *jingles*. Márcio Lacerda passou ao centro do HGPE. Convidou os movimentos sociais para parceria, exibiu o apoio de sindicalistas e lideranças populares e passou a comparecer a atividades organizadas pela sociedade civil. No primeiro turno quase não participou de campanha de rua e não compareceu a cerca de 10 debates organizados em escolas, faculdades e sindicatos. Até o aspecto visual do material foi alterado. A cor laranja do PSB passou a dividir espaço com o vermelho, que identificava a presença do PT na coligação.

A retórica de mandatário que se coloca acima dos conflitos foi atenuada e, em seu lugar, predominou a exibição do conflito baseado no eixo progresso *versus* retrocesso. Lacerda representava os setores progressistas e populares; Quintão, o populismo. O opositor da *aliança* teve sua imagem associada negativamente aos atributos do ex-presidente Fernando Collor. Neste conflito retórico, a *aliança* representaria a vitória das instituições e do continuísmo sobre o populismo, a incerteza e a aventura política. A nova estratégia parece ter funcionado e, perante o eleitorado, Quintão passou a ser visto como o "candidato que mais mente".[27] A *aliança* conseguiu dominar a agenda do continuísmo, ao mesmo tempo que desconstruiu o adversário, que, ao não saber responder aos ataques ou ao realizar defesas estrategicamente incorretas, passou a perder seus eleitores, recém-conquistados.

Determinantes do voto para prefeito de Belo Horizonte

A análise do histórico das intenções de voto revela que, em curto período, os candidatos alternavam posições. Márcio Lacerda, que durante a pré-campanha não atingira sequer 10% das intenções de voto, logrou alcançar mais de 40%, passando à liderança, antes ocupada por Jô Moraes, que terminou a disputa na terceira colocação. Leonardo Quintão cresceu aos poucos e passou a liderar nas primeiras pesquisas realizadas no segundo turno. A alta volatilidade e a evolução das preferências dos eleitores podem ser observadas no gráfico 4, na próxima página.

Pelos dados do Ibope,[28] o número de indecisos nas respostas espontâneas de intenção de voto passou de 70% do eleitorado, em agosto de 2008 (antes do HGPE), a 51% em 26 de agosto (a primeira medição depois da entrada do HGPE). Com relação a esse decréscimo, na ausência de outros fatos que poderiam alterar inesperadamente a intenção de voto, o que mais chama a atenção é o início do HGPE na televisão e no rádio, que teve o efeito de ativar o interesse pela campanha, alterando bruscamente as colocações dos candidatos. No segundo turno, com iguais 10 minutos de propaganda para cada candidato, Quintão continuou com curva ascendente, chegando a ter mais de 10 pontos percentuais à frente do candidato da coligação PSB/PT. Entretanto, às vésperas das eleições, as pesquisas realizadas entre os dias 24 e 25 de outubro (Datafolha) ainda apresentavam 16% de eleitores sem candidato. A vantagem de Quintão diminuiu e o peemedebista acabou ficando em segundo lugar, com 40,88% dos votos válidos.[29]

---

27 Pesquisa Ipespe/UFMG, out. 2008.

28 As pesquisas se realizaram com 805 eleitores, com margem de erro de 3 pontos percentuais.

29 De acordo com a pesquisa Ipespe/UFMG, no primeiro turno 17% dos eleitores afirmaram que já haviam decidido seu voto antes da campanha, e outros 11,5% no início da campanha. Assim, havia espaços para mudanças e, ao que parece, inicialmente a campanha favoreceu, sobretudo, Leonardo Quintão, cujos eleitores foram mais suscetíveis a este evento – no segundo turno, 40% de seus eleitores afirmaram que decidiram o voto durante a campanha.

Gráfico 4. Intenção de voto (%) para prefeito de Belo Horizonte (2008)

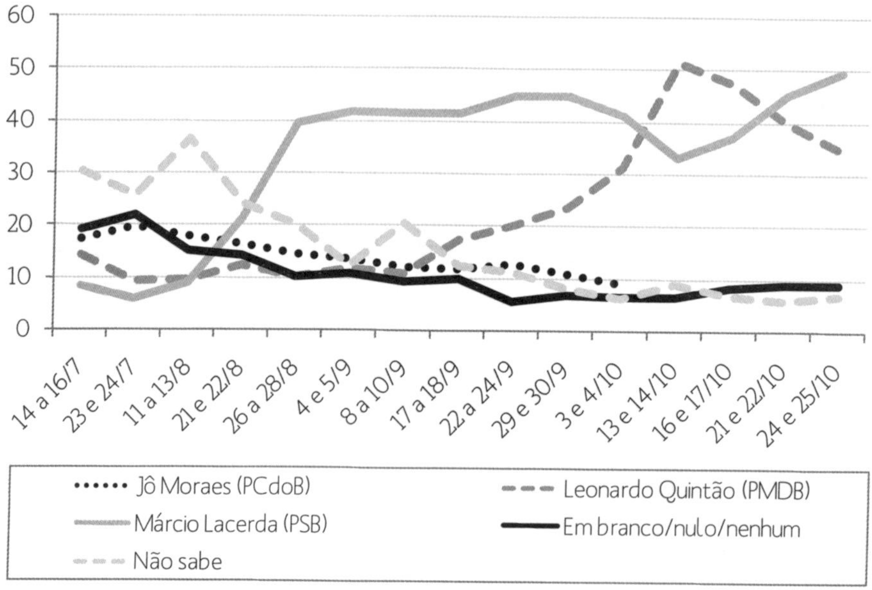

	14 a 16/7	23 e 24/7	11 a 13/8	21 e 22/8	26 a 28/8	4 e 5/9	8 a 10/9	17 e 18/9
	Ibope	DataF	Ibope	DataF	Ibope	DataF	Ibope	DataF
Jô Moraes (PCdoB)	17,3	19,8	18,1	16,5	14,7	13,5	12	11,7
Leonardo Quintão (PMDB)	14,3	9,3	9,6	12,5	10,1	11,8	10,9	17,3
Márcio Lacerda (PSB)	8,3	5,9	9,1	21,5	39,8	42	41,6	41,4
Em branco/nulo/nenhum	19,3	22	15,2	14,2	10,1	11	9,3	10
Não sabe	30,4	25,8	36,5	24	20	12,3	20,4	12,2

	22 a 24/9	29 e 30/9	3 e 4/10	13 e 14/10	16 e 17/10	21 e 22/10	24 e 25/10
	Ibope	DataF	DataF	Ibope	DataF	DataF	DataF
Jô Moraes (PCdoB)	12,7	11	9				
Leonardo Quintão (PMDB)	20	23,4	31,3	51,4	47,5	40	34,8
Márcio Lacerda (PSB)	44,8	45	41,3	33,1	37,3	45,2	49,6
Em branco/nulo/nenhum	5,6	6,7	6,6	6,5	8,4	9	8,9
Não sabe	11	8	6,1	9	6,8	5,8	6,6

Fontes: Datafolha e Ibope - voto estimulado.

A enorme variação nas intenções de voto e o significativo percentual de indecisos determinaram um lugar especial para as campanhas na capital. Em um contexto de polarização nacional entre o PT e o PSDB, vale a pena indagar como o eleitor reagiu a um cenário municipal no qual esse confronto não foi reproduzido. Na ausência dessa polarização, as identidades partidárias funcionaram como um atalho para o voto?

A seguir apresentamos resultados da aplicação dos modelos explicativos para o voto no primeiro e no segundo turnos das eleições em Belo Horizonte. Realizaremos um diálogo com algumas teorias retiradas dos paradigmas macro e microestruturais, para explicar o comportamento do eleitor na capital mineira. A explicação para a intenção de voto nos candidatos a prefeito incorporou variáveis retiradas das principais teorias sobre o comportamento do eleitor. Foi explorada a capacidade preditiva das disposições políticas e das variáveis de curto prazo. As disposições políticas foram mensuradas pela escala esquerda-direita[30] e pela preferência partidária; foram inseridas variáveis de curto prazo, como o voto retrospectivo e o econômico, indicados pelas avaliações de Pimentel, Aécio e Lula e pela satisfação com a vida econômica e pessoal; e foi examinada a campanha eleitoral, cuja *proxy* foi o HGPE, mediante a exposição e a avaliação do eleitor acerca deste horário de propaganda. Este conjunto foi controlado por gênero, escolaridade, idade e renda.[31]

Metodologia: modelo de regressão logística multinomial

Neste estudo, a variável dependente – intenção de voto em Belo Horizonte – é categórica (ou qualitativa), não ordenada (ou nominal) e, ainda, dividida em mais de duas categorias (ou multinomial). Para tratá-la aqui, utilizamos a abordagem do modelo de regressão logística multinomial, que tem a vantagem de verificar os efeitos de fatores explicativos sobre o risco relativo dos resultados, permitindo, assim, a análise das chances estimadas da ocorrência de um evento de interesse em relação à sua não ocorrência.

No modelo multinomial logístico, estimam-se os efeitos das covariáveis para cada uma das equações em relação a uma categoria-base. Um aspecto interessante na determinação de nosso modelo foi levar em conta o contexto

30 Direita interpretada como percepção de "partido de situação" e esquerda como "partido de oposição". Ver Telles e Storni (2011).

31 Este modelo retoma as análises de Telles, Lourenço e Storni (2009), artigo em que podem ser encontrados mais detalhes sobre a distribuição e frequência das variáveis.

eleitoral em Belo Horizonte, captado pelas amostras:[32] a alta frequência dos entrevistados que não tinham ainda escolhido seu candidato (24% na primeira rodada e 18% na segunda rodada), o que permitiu tomar essa categoria como base de comparação. Assim, analisamos as intenções de voto em Márcio Lacerda (PSB), Jô Moraes (PCdoB) e Leonardo Quintão (PMDB) em relação à base de comparação "nenhum", cujos indicadores são "não sabe/branco/nulo/nenhum". A intenção de voto em outros candidatos não é modelada e representa somente 5% da amostra. A chance é definida pela probabilidade de ocorrência do evento sobre a probabilidade de não ocorrência do mesmo – em nosso caso, a probabilidade de o eleitor ter a intenção de votar em determinado candidato sobre a probabilidade de não ter candidato.

Os parâmetros que devemos estimar são calculados usando-se o estimador de máxima verossimilhança. A interpretação dos parâmetros pode ser muito profícua quando a questão de interesse é descrever as chances de sucesso ou as chances de insucesso de um grupo em relação a outro. Para a análise dessas variáveis binárias ou *dummy*, utilizamos o *odds ratio*. Para variáveis contínuas, podemos ficar com os efeitos marginais sobre as probabilidades de sucesso. O efeito marginal expressa a taxa de mudança de uma quantidade em relação a outra, uma mudança na variável dependente por unidade de mudança na variável independente.

Seguindo a linha de outros estudos eleitorais, a base da análise procura identificar efeitos de possíveis influências na decisão do voto: a exposição ao HGPE, a autolocalização do eleitor na escala esquerda-direita, a preferência partidária, a avaliação dos governantes de outras esferas de poder, a satisfação com a vida e a satisfação com a economia nacional. Controlam-se, ainda, fatores como gênero, idade, renda e estudo. Todas estas são as covariáveis modeladas e analisadas no modelo a ser apresentado. Para uma interpretação mais direta e devido ao formato da pesquisa, as covariáveis no modelo foram categorizadas de forma binária, permitindo que os *odds ratio* representassem riscos relativos.

Por privilegiarmos a análise com variáveis discretas e do tipo *dummy*, uma preocupação recorrente é a análise da ocorrência de multicolinearidade.[33]

---

[32] A base de dados foi a pesquisa Ipespe/UFMG, realizada no primeiro e no segundo turnos (setembro e outubro), com 800 entrevistas em cada turno e margem de erro de 3,1 pontos percentuais.

[33] A colinearidade acontece quando temos duas ou mais variáveis independentes se relacionando por meio de uma combinação linear entre elas. Quando a combinação é perfeita, a estimação não é possível, pois a matriz de valores não é *full rank* e, logo, não permite o cálculo matricial.

Em uma forma moderada, a colinearidade ocorre quando temos alto índice de correlação entre variáveis, o que acarreta inflação dos erros-padrão dos coeficientes; daí a não eficiência e perda de confiança na estatística de Wald. Para detectar a possível presença de colinearidade, primeiramente analisamos a correlação entre as variáveis independentes. Nenhuma correlação acima de 0,5 (em módulo) foi detectada, o que indica a ausência de multicolinearidade. Realizamos, ainda, a estatística do fator de inflação da variância (VIF), que indica o quanto a inflação dos desvios-padrão pode ser causada por colinearidade, captando a inter-relação entre as variáveis por meio dos ajustes das regressões entre as variáveis. A média dos VIFs (1/(1-R2)) das variáveis independentes do modelo foi 1,17 (primeiro turno) e 1,17 (segundo turno), não implicando problemas de colinearidade, como já indicava a não alta correlação entre as variáveis. Uma análise complementar ainda pode ser feita por meio do *condition index*, que leva em conta a relação entre o maior e o menor autovalores da matriz que contém as variáveis independentes. Os valores em nossos modelos, 11,89 (primeiro turno) e 9,60 (segundo turno), podem ser considerados aceitáveis, considerando ainda o grande número de variáveis (Belsley, Kuh e Welsch, 1980).

Para testarmos, ainda, se podemos tratar os dados nesse método de análise em que utilizamos uma categoria-base para comparar as hipóteses explicativas, temos de verificar o pressuposto de que a escolha de um indivíduo não é afetada desde que não haja informações alternativas relevantes. A hipótese de independência das alternativas irrelevantes ou IIA[34] pode ser verificada pelo chamado teste de Hausman-McFadden para subconjuntos de alternativas (Hausman e McFadden, 1984). Nesse teste estima-se o modelo *logit* duas vezes: no conjunto completo de alternativas e num conjunto específico. A comparação entre as diferenças nos coeficientes é analisada e testada, assegurando IIA quando os coeficientes não forem estatisticamente diferentes. Este teste de análise pós-estimação, assim como o modelo, foi realizado usando o pacote estatístico Stata10 e aceitou a hipótese nula de IIA para as três alternativas nos dois turnos.

---

[34] Do inglês *independence of irrelevant alternatives.*

Tabela 6. Parâmetros do modelo de regressão logística multinomial de intenção de voto (estimulada): 1º turno

Variáveis	Categorias *dummy*	Coef. (β)	Erro-padrão	Wald (z)	Prob. >¦z¦	*Odds ratio*
Márcio Lacerda (PSB)						
Gênero	Masculino	-0,32	0,22	-1,46	0,15	0,72
Idade	Jovem (16 a 24 anos)	0,10	0,27	0,35	0,73	1,10
Renda familiar	Mais de 5 SM	0,83	0,26	3,16	0,00	**2,28**
Escolaridade	Ensino médio e superior	-0,08	0,24	-0,34	0,73	0,92
Preferência partidária	PMDB	0,96	0,50	1,90	0,06	2,60
Preferência partidária	PT	0,15	0,26	0,59	0,55	1,17
Preferência partidária	PSDB	0,07	0,08	0,86	0,39	1,07
Exposição ao HGPE	Às vezes/ todo dia	0,26	0,25	1,04	0,30	1,30
Avaliação HGPE Lacerda (0 a 10)	Nota > 6	1,85	0,29	6,32	0,00	**6,35**
Avaliação HGPE Quintão (0 a 10)	Nota > 6	-0,31	0,30	-1,02	0,31	0,73
Avaliação HGPE Jô (0 a 10)	Nota > 6	-0,95	0,32	-3,00	0,00	**0,39**
Satisfação com a vida pessoal	Muito satisfeito	0,14	0,22	0,65	0,52	1,15
Avaliação da economia do país	Boa/ótima	0,36	0,25	1,42	0,16	1,44
Autolocalização	**Direita**	0,75	0,29	2,56	0,01	**2,12**
Autolocalização	**Esquerda**	-0,68	0,33	-2,07	0,04	**0,51**
Aprovação governo presidente Lula	Bom/ótimo	0,37	0,25	1,50	0,13	1,45
Aprovação governador Aécio (PSDB)	Bom/ótimo	0,60	0,32	1,86	0,05	**1,82**
Aprovação prefeito Pimentel (PT)	Bom/ótimo	0,51	0,29	1,80	0,07	1,67
Constante	-	-1,46	0,38	-3,82	0,00	0,23
Jô Moraes (PCdoB)						
Gênero	Masculino	-0,56	0,30	-1,86	0,05	**0,57**
Idade	Jovem (16 a 24 anos)	-0,22	0,40	-0,55	0,58	0,80

Variáveis	Categorias *dummy*	Coef. (β)	Erro-padrão	Wald (z)	Prob. >¦z¦	*Odds ratio*
Renda familiar	Mais de 5 SM	0,48	0,33	1,45	0,15	1,62
Escolaridade	Ensino médio e superior	0,77	0,34	2,26	0,02	**2,15**
Preferência partidária	PMDB	0,71	0,72	0,99	0,32	2,03
Preferência partidária	**PT**	0,72	0,34	2,13	0,03	**2,05**
Preferência partidária	PSDB	0,03	0,13	0,24	0,81	1,03
Exposição ao HGPE	Às vezes/ todo dia	0,38	0,33	1,15	0,25	1,46
Avaliação HGPE Lacerda (0 a 10)	Nota > 6	-1,11	0,41	-2,70	0,01	**0,33**
Avaliação HGPE Quintão (0 a 10)	Nota > 6	-0,21	0,40	-0,53	0,60	0,81
Avaliação HGPE Jô (0 a 10)	Nota > 6	2,13	0,38	5,61	0,00	**8,42**
Satisfação com a vida pessoal	Muito satisfeito	0,19	0,30	0,63	0,53	1,21
Avaliação economia do país	Boa/ótima	1,09	0,33	3,35	0,00	**2,98**
Autolocalização	Direita	-0,07	0,43	-0,15	0,88	0,94
Autolocalização	Esquerda	-0,01	0,39	-0,04	0,97	0,99
Aprovação governo presidente Lula	Bom/ótimo	0,31	0,35	0,89	0,37	1,36
Aprovação governador Aécio (PSDB)	Bom/ótimo	0,02	0,40	0,05	0,96	1,02
Aprovação prefeito Pimentel (PT)	Bom/ótimo	0,18	0,36	0,51	0,61	1,20
Constante	-	-2,58	0,53	-4,88	0,00	0,08
Leonardo Quintão (PMDB)						
Gênero	Masculino	-0,41	0,27	-1,53	0,13	0,66
Idade	Jovem (16 a 24 anos)	0,14	0,32	0,45	0,66	1,16
Renda familiar	Mais de 5 SM	0,42	0,31	1,35	0,18	1,52
Escolaridade	Ensino médio e superior	0,73	0,31	2,40	0,02	**2,08**
Preferência partidária	**PMDB**	1,99	0,51	3,87	0,00	**7,29**
Preferência partidária	PT	0,59	0,31	1,88	0,06	1,81
Preferência partidária	PSDB	-0,01	0,11	-0,13	0,89	0,99

Variáveis	Categorias *dummy*	Coef. (β)	Erro-padrão	Wald (z)	Prob. >¦z¦	*Odds ratio*
Exposição ao HGPE	Às vezes/ todo dia	0,25	0,30	0,83	0,41	1,28
Avaliação HGPE Lacerda (0 a 10)	Nota > 6	-0,61	0,36	-1,72	0,09	0,54
Avaliação HGPE Quintão (0 a 10)	Nota > 6	2,17	0,35	6,25	0,00	**8,73**
Avaliação HGPE Jô (0 a 10)	Nota > 6	-0,61	0,37	-1,66	0,10	0,54
Satisfação com a vida pessoal	Muito satisfeito	0,42	0,27	1,52	0,13	1,51
Avaliação economia do país	Boa/ótima	0,28	0,31	0,90	0,37	1,32
Autolocalização	Direita	0,33	0,36	0,91	0,36	1,39
Autolocalização	Esquerda	-0,13	0,37	-0,34	0,73	0,88
Aprovação governo presidente Lula	Bom/ótimo	-0,01	0,29	-0,03	0,98	0,99
Aprovação governador Aécio (PSDB)	Bom/ótimo	0,49	0,39	1,26	0,21	1,64
Aprovação prefeito Pimentel (PT)	Bom/ótimo	-0,04	0,33	-0,12	0,91	0,96
Constante	-	-2,39	0,47	-5,04	0,00	0,09
Obs.= 717. Chi² = 421,08 (sig. < 0,001). Pseudo R² de McFadden = 0,2325.						

Fonte: pesquisa Ipespe/UFMG, com 800 entrevistas *vis-à-vis*. 23 a 27 set. 2008. Margem de erro 3,5 pp. Intervalo de confiança 95%. Intenção de voto: Lacerda (43,58%); Quintão (17,13%); Jô Moraes (11,96%).

Obs.: respectivas categorias de referência das variáveis *dummy*: gênero feminino; mais de 24 anos; renda menor que cinco salários mínimos; ensino até a 8ª série; nenhum ou outros; nenhum ou outros; nenhum ou outros, nunca/raramente; caso contrário; caso contrário; caso contrário; nada/pouco/mais ou menos satisfeito; péssima/ruim/regular; centro ou nenhum; centro ou nenhum; caso contrário; caso contrário; caso contrário.

• *Márcio Lacerda (PSB)*. Os resultados revelam que a escolha de Márcio Lacerda foi determinada por uma renda familiar mais alta, pela avaliação positiva da campanha do candidato, pela resistência à campanha da oponente Jô Moraes (única candidata a apresentar-se, ainda que de forma ambígua, como de oposição), pela autolocalização à direita e por certa resistência dos eleitores autolocalizados à esquerda. Além desses fatores, a intenção de voto em Lacerda foi também determinada pela avaliação positiva do governo de Aécio Neves, apoiador do candidato. Como se pode observar pelas análises dos *odds* da comparação da escolha entre Lacerda e a opção por nenhum candidato, o indivíduo com renda familiar maior que cinco salários mínimos tem 2,28 vezes mais chances de votar em Lacerda do que aquele com até cinco salários. Aqueles que se posicionam na escala como direita possuem 2,12 vezes mais chances de escolher Lacerda.

A força explicativa desta variável aumenta quando se observa que, entre os eleitores autodeclarados à esquerda, as chances de votar em Lacerda se reduzem em 49% em relação aos eleitores que se declaravam de centro ou que não se autolocalizaram na escala. Os que avaliaram muito positivamente a propaganda do HGPE do peessebista têm 6,35 vezes mais chances de escolhê-lo. Já aqueles que avaliaram positivamente a campanha de Jô Moraes têm 61% menos chances de escolher Lacerda. Finalmente, os eleitores que estão muito satisfeitos com o governo do estado tiveram 82% mais chances de optar por Lacerda.

- *Leonardo Quintão (PMDB).* O candidato do PMDB se destacou por "correr por fora" na disputa. O modelo já apresenta a oposição e o embate entre Jô Moraes e Márcio Lacerda – candidatos que lideraram em momentos distintos. A análise indica que Quintão foi beneficiado pelos partidários de sua própria legenda, o PMDB, por uma escolaridade maior e pela sua campanha eleitoral no HGPE. Os que têm preferência partidária pelo PMDB têm 7,29 vezes mais chances de escolher o candidato; aqueles que têm escolaridade a partir do ensino médio têm o dobro de chances de escolher o candidato. Em relação aos eleitores que avaliam bem sua propaganda no HGPE, estes têm 8,73 vezes mais chances de se decidirem por ele.
- *Jô Moraes (PCdoB).* A deputada federal do PCdoB já tinha uma longa trajetória política na esquerda em Minas Gerais. Sua imagem, muito difundida, propiciou sua liderança no início das eleições. Contudo, seu declínio foi rápido. A análise sugere que a escolha na candidata foi determinada por indivíduos do sexo feminino e de alta escolaridade, que se identificavam com o PT, que apreciaram sua propaganda no HGPE, que não avaliaram bem o HGPE do oponente do PSB e que avaliam bem a situação econômica do país.

As mulheres têm um pouco mais do que o dobro de chances de escolher a candidata em relação aos homens. Os de escolaridade acima do primeiro grau têm 2,15 vezes mais chances de escolher Jô Moraes do que aqueles que têm educação até a oitava série. Jô Moraes recebeu apoio de entidades de professores, como o Sindicato dos Professores de Minas Gerais (Sinpro-MG) e era percebida como uma candidata vinculada à intelectualidade de esquerda da cidade. Talvez por sua inserção em movimentos sociais, os eleitores que tinham preferência pelo PT tinham o dobro de chances de escolher a candidata do Partido Comunista. A avaliação positiva do HGPE de Lacerda diminui as chances de voto na candidata em 67% em relação aos que não avaliam bem Lacerda. A boa avaliação no HGPE da candidata aumenta a chance de votar nela em 8,42 vezes. Os que avaliam a situação econômica do país positivamente têm três vezes mais chances de votar em Jô Moraes.

Tabela 7. Parâmetros do modelo de regressão logística multinomial de intenção de voto: estimulada (2º turno)

Variáveis	Categorias *dummy*	Coef. (β)	Erro-padrão	Wald (z)	Prob. >¦z¦	*Odds ratio*
Márcio Lacerda (PSB)						
Gênero	Masculino	-0,03	0,23	-0,14	0,89	0,97
Idade	Jovem (16 a 24 anos)	-0,17	0,31	-0,56	0,57	0,84
Renda familiar	Mais de 5 SM	0,76	0,27	2,84	0,01	**2,13**
Escolaridade	Ensino médio e superior	-0,39	0,27	-1,45	0,15	0,68
Preferência partidária	PMDB	0,50	0,47	1,05	0,29	1,65
Preferência partidária	**PT**	1,10	0,32	3,45	0,00	**3,01**
Preferência partidária	**PSDB**	1,18	0,52	2,26	0,02	**3,24**
Exposição ao HGPE	Às vezes/todo dia	-0,02	0,25	-0,07	0,94	0,98
Avaliação HGPE Lacerda (0 a 10)	Nota > 6	1,91	0,30	6,44	0,00	**6,73**
Avaliação HGPE Quintão (0 a 10)	Nota > 6	-0,63	0,34	-1,87	0,06	0,53
Aprovação governo presidente Lula	Bom/ótimo	0,04	0,25	0,17	0,86	1,04
Aprovação governador Aécio (PSDB)	Bom/ótimo	0,37	0,31	1,17	0,24	1,45
Aprovação prefeito Pimentel (PT)	Bom/ótimo	0,43	0,30	1,43	0,15	1,53
Constante	-	-0,45	0,35	-1,29	0,20	0,64
Leonardo Quintão (PMDB)						
Gênero	Masculino	-0,11	0,24	-0,44	0,66	0,90
Idade	Jovem (16 a 24 anos)	0,45	0,31	1,44	0,15	1,57
Renda familiar	Mais de 5 SM	0,00	0,29	-0,01	1,00	1,00
Escolaridade	Ensino médio e superior	-0,30	0,28	-1,07	0,28	0,74
Preferência partidária	**PMDB**	1,37	0,46	2,99	0,00	**3,93**
Preferência partidária	**PT**	0,84	0,34	2,49	0,01	**2,31**

Variáveis	Categorias *dummy*	Coef. (β)	Erro-padrão	Wald (z)	Prob. >¦z¦	*Odds ratio*
Preferência partidária	PSDB	0,27	0,58	0,46	0,64	1,31
Exposição ao HGPE	Às vezes/todo dia	-0,17	0,27	-0,63	0,53	0,85
Avaliação HGPE Lacerda (0 a 10)	Nota > 6	-0,40	0,33	-1,19	0,23	0,67
Avaliação HGPE Quintão (0 a 10)	Nota > 6	2,54	0,32	7,87	0,00	**12,63**
Aprovação governo presidente Lula	Bom/ótimo	0,29	0,27	1,09	0,27	1,34
Aprovação governador Aécio (PSDB)	Bom/ótimo	0,04	0,32	0,11	0,91	1,04
Aprovação prefeito Pimentel (PT)	Bom/ótimo	-0,07	0,31	-0,24	0,81	0,93
Constante	-	-0,31	0,36	-0,87	0,39	0,73
Obs.: N = 751. Chi^2 = 401,92 (sig. < 0,001). Pseudo R^2 de McFadden = 0,2603.						

Fonte: pesquisa Ipespe/UFMG, com 800 entrevistas *vis-à-vis*, 19 a 22 out. 2008. Margem de erro: 3,5 pp. Intervalo de confiança 95%. Intenção de voto: Lacerda (45,38%); Quintão (36,25%).

Obs.: respectivas categorias de referência das variáveis *dummy*: gênero feminino; mais de 24 anos; renda menor que cinco salários mínimos; ensino até a 8ª série; outros ou nenhum; outros ou nenhum; outros ou nenhum; nunca/raramente; caso contrário; caso contrário; caso contrário; caso contrário; caso contrário.

Lacerda, como no primeiro turno, contou com os eleitores de maior renda, onde houve 2,13 vezes mais chances de o indivíduo escolhê-lo do que o eleitor de renda menor. Nota-se que a mudança da estratégia da *aliança* – que, no segundo turno, passou a ressaltar os partidos – teve resultados sobre a intenção de voto. No primeiro turno as preferências partidárias não garantiam intenções de voto a Lacerda. Mas, no segundo turno, para os eleitores tucanos houve 3,24 vezes mais chances de escolher o candidato e três vezes mais chances no caso dos petistas. A propaganda política, elemento importante em uma eleição bastante disputada – como na ocorrida na cidade de Belo Horizonte –, mostra que havia 6,73 vezes mais chances de votar no candidato entre aqueles que avaliaram bem sua propaganda no HGPE. Fator importante, que reforça a influência das campanhas, é que, diferentemente do primeiro turno, em que o governador Aécio Neves era o principal garantidor de Lacerda, no segundo turno o espaço do governador foi reduzido na propaganda. Observa-se que a avaliação da gestão do governador, que havia somado intenções de votos a Lacerda no primeiro turno, não teve efeitos significativos no segundo turno.

Leonardo Quintão também contou com partidários do PT, demonstrando que os petistas não seguiram totalmente as indicações das lideranças políticas. Por outro lado, cabe destacar que o partido ficou dividido na cidade, o que se reflete na distribuição dos partidários do PT entre as duas candidaturas. A preferência pelo PMDB, partido do candidato, foi relevante para Leonardo Quintão, pois o indivíduo com preferência por este partido apresentou 3,93 vezes mais chances de escolher Quintão. Todavia, mais que as identidades, o que sobressai é a campanha: os que avaliaram bem a campanha do peemedebista tinham 12,63 vezes mais chances de escolhê-lo.

Conclusões

A cidade de Belo Horizonte, capital que foi governada pela esquerda durante 16 anos consecutivos, passou por uma eleição atípica, em 2008. De forma inesperada, foi realizada uma coligação informal entre o PT e o PSDB, articulada pela parceria entre o prefeito Pimentel e o governador Aécio Neves. Antes do início da disputa, a coligação era tida como a preferida para ser vitoriosa ainda no primeiro turno, mas a eleição foi decidida na segunda rodada. Márcio Lacerda, candidato da Aliança por BH, foi eleito com 59,12% dos votos válidos.

Esta coligação correspondeu mais a uma parceria entre líderes do que a uma sólida aliança construída com base nos partidos políticos. Mais do que um projeto local, foi modelada na capital uma proposta que ambicionava ter impacto político nacional. Neste sentido, a discussão sobre a escolha do prefeito ultrapassou os temas locais e o debate foi federalizado.

A proposta de aliança entre o PT e o PSDB foi enquadrada na imprensa e o candidato desta coligação conseguiu ter exposição e referências positivas no principal jornal do estado de Minas Gerais. Como se observou, o enquadramento da imprensa durante a pré-campanha não reverteu em acréscimo de intenções de voto para o candidato da Aliança por BH. Este fato leva a reflexões sobre a influência real que a mídia exerce na opinião pública e sobre sua capacidade de determinar o voto.

As campanhas foram realizadas sob a agenda do continuísmo, acompanhando os desejos dos eleitores. A partir de uma interpretação deste cenário, os principais concorrentes disputaram o apelo situacional, que os qualificaria como representantes legítimos do mundo presente, ao mesmo tempo que buscavam, no prestígio do governador, a fiança para o mundo futuro. A candidata Jô Moraes, do PCdoB, que liderou no período de pré-campanha, representava a oposição, ainda que em alguma medida tenha ajustado esta estratégia, atenuando a retórica crítica. Portanto, a eleição em Belo Horizonte ocorreu na ausência de oposição efetiva, pois os dois principais candidatos utilizavam uma retórica de situação semelhante.

O personalismo norteou as propagandas. As campanhas se assemelhavam no que diz respeito à expectativa do voto retrospectivo, mas se diferenciavam em relação às construções dos candidatos. Enquanto Lacerda exibia um apelo pragmático, como candidato técnico e competente, Leonardo Quintão se apropriou da sedução e das emoções para se aproximar do público e estabelecer um vínculo emocional com o eleitor. Nesta eleição notou-se o uso de instrumentos das redes sociais para mobilização, e as campanhas negativas foram mais frequentes do que foi encontrado nas eleições anteriores, na capital mineira.

O eleitor teve comportamento instável, e a volatilidade caracterizou a disputa ao cargo de prefeito. A opinião pública ficou atenta às informações veiculadas no HGPE e à exposição a esses programas, bem como à sua avaliação – foram os fatores que apresentaram maior capacidade para prever a escolha do prefeito. Dessa forma, essa variável conjuntural mostrou ser a de maior capacidade para explicar o comportamento do eleitor.

Esta atenção à campanha pode ser explicada porque ela foi realizada com apelos retóricos semelhantes em torno do continuísmo, debates em torno das personalidades e com reduzida referência aos partidos, tornando o resultado mais incerto e exigindo que o eleitor buscasse informação sobretudo por intermédio das mensagens veiculadas por ela.

A redução do apelo aos partidos, que podem funcionar como importantes atalhos cognitivos para o eleitor, alimentou a indecisão deste mesmo eleitor. A aliança entre o PT e o PSDB retirou dos partidos sua função de intermediadores e representantes de interesses. No segundo turno, quando a estratégia de *reputação partidária* cedeu lugar à de *reputação personalizada*, os vínculos com os partidos ativaram a escolha do prefeito.

A preferência pelo PT foi importante no primeiro turno, sobretudo para a candidata Jô Moraes, do PCdoB. Os petistas não seguiram totalmente as indicações de suas lideranças. Este fato indica que o vínculo com os partidos pode orientar o voto, mas sob algumas condições. Os partidos funcionam como atalhos cognitivos por diminuírem a incerteza, ao oferecerem informações seguras sobre qual será o comportamento de seus políticos, no futuro. Mas, para isso, eles devem ser confiáveis, ou seja, o declarado na campanha deve corresponder a suas ações estratégicas (Downs, 1999). A aliança PT/PSDB, pela excepcionalidade de seu caráter, pode ter reduzido a intensidade da preferência pelo PT e sugerido ao eleitor a escolha da candidata do PCdoB, importante aliada do PT na capital mineira.

A decisão de voto é, entretanto, complexa. As estratégias baseadas no apelo ao voto retrospectivo, com base na avaliação positiva do governador e do prefeito, tiveram efeitos distintos. A avaliação positiva do governador Aécio Neves explica parte das intenções de voto no candidato a prefeito Márcio Lacerda somente no primeiro turno, fenômeno que não foi observado na segunda rodada. No segundo turno, as aparições de Aécio Neves na publicidade da *aliança* foram reduzidas, o que pode esclarecer a pouca influência do governador sobre as preferências dos eleitores. Em relação ao apoio oferecido pelo prefeito da cidade ao candidato Lacerda, não foi notada, em nenhum momento da disputa, uma associação significativa entre a avaliação positiva do prefeito Pimentel e a intenção de voto no candidato apoiado por ele. Em suma, o prestígio político oferecido pelos apoiadores não foi imediata e totalmente transferido ao candidato escolhido.

Em síntese, mostrou-se que o voto não foi um reflexo mecânico das vontades dos líderes, e que o prefeito não foi eleito exclusivamente por força de arranjos políticos, pelo enquadramento da mídia, transferência de prestígio e apelos emocionais. Mais do que saber quem são os apoiadores de seu candidato, o eleitor médio buscou, nas campanhas, as informações sobre o candidato a prefeito e combinou-a com outras informações e suas próprias disposições políticas. Deste modo, a política é interpretada pelo eleitor sob a lente das preferências partidárias, das ideologias, das emoções e do pragmatismo.

As eleições são momentos em que o eleitor fica mais preocupado com a política e, dadas as características das eleições de Belo Horizonte, ele se tornou mais atento às informações disponibilizadas pelas campanhas. A interpretação que o eleitor faz dos fatos políticos e a recepção às retóricas que são enunciadas dependem de suas predisposições políticas. Mas esta interpretação dos fatos políticos e a consequente decisão do voto dependem, também, das qualidades pessoais, das políticas encarnadas por um candidato e dos temas que ele representa, que são organizados e divulgados, sobretudo, durante as campanhas.

5. Quanto vale um mandatário? Estratégias de campanha e voto em Salvador

CLOVES LUIZ PEREIRA OLIVEIRA*

DALMIR FRANCISCO

TIAGO PRATA L. STORNI

Este capítulo examina as estratégias discursivas dos candidatos à prefeitura de Salvador nas eleições de 2008, avaliando, com especial atenção, a influência do estatuto da reeleição neste pleito. Se for verdade que a chance de um prefeito se reeleger é diretamente proporcional à aprovação de sua gestão na prefeitura, bem como que o discurso dos candidatos deve ser consistente com suas ações antes das eleições ou com seus posicionamentos durante a campanha, como explicar a reeleição de prefeitos cujas administrações pareciam ter sido reprovadas pelos eleitores? Este artigo sustenta que a campanha para prefeito envolvendo um mandatário que busca a reeleição não se caracteriza apenas por ser uma espécie de plebiscito, no qual os eleitores julgariam as ações de seu prefeito e recompensariam os bons gestores permitindo sua permanência no cargo, enquanto os maus seriam destituídos, conforme propõe a perspectiva do voto retrospectivo (Fiorina, 1981). Inspirado por este modelo, Almeida (2008) vaticina que prefeitos mal-avaliados às vésperas da eleição – isto é, com menos de 40% de aprovação – teriam reduzidas chances de reeleição e, por esse motivo, eles deveriam simplesmente não disputar a eleição.

Tendo por base uma pesquisa sobre a disputa à prefeitura de Salvador vencida pelo incumbente João Henrique (PMDB), que durante o período pré-eleitoral amparava-se em menos de 30% de aprovação de seu governo e sofria por ostentar o maior índice de rejeição entre os cinco candidatos que disputavam essa eleição (36%), este trabalho analisa as estratégias eleitorais dele e de seus desafiantes, sublinhando a importância da retórica empregada por este mandatário para explicar o sucesso de sua candidatura. Mostra-se como o

---

* Minhas contribuições para este capítulo têm por base os dados levantados no âmbito da pesquisa "Raça e política na Bahia – estudo das estratégias discursivas nas eleições municipais de Salvador, 2008", financiada pelo CNPq.

prefeito fez do processo de desconstrução das imagens de seus adversários ao longo da campanha o alicerce para justificar o desempenho de sua administração e para reconstruir sua própria imagem. Dessa forma, este capítulo chama a atenção para a capacidade dos candidatos de produzirem argumentos para convencer seus eleitores de que podem construir um mundo futuro melhor que seus adversários, ao tempo que se eximem das responsabilidades pelos problemas existentes no mundo presente ou passado. Portanto, nossa tese é que a campanha teve papel fundamental para influenciar na interpretação que predominara na avaliação dos "atributos" dos candidatos a prefeito. O sucesso da campanha do incumbente baiano se mostrou associado a questões práticas de continuidade do governo e a temas que atraíram aqueles de renda baixa e média e que se declararam de cor preta ou parda, maioria do eleitorado, além dos evangélicos pentecostais. Esses eleitores recorreram menos a atalhos informacionais estáveis dados pelos partidos ou programas ideológicos, contando mais com a campanha personalista do incumbente para se informar, o que levou à definição ou à alteração das preferências a seu favor.

Breve histórico das eleições em Salvador e descrição da conjuntura de 2008

A marca conjuntural mais forte da disputa pela sucessão em Salvador, em 2008, foi o desgaste político do prefeito João Henrique (PMDB), que havia vencido o segundo turno da eleição de 2004 com 74% dos votos, e o esforço do Partido da Frente Liberal (PFL) para manter viva sua legenda, rebatizada como Partido dos Democratas (DEM) num contexto adverso às forças carlistas, após o recente falecimento de seu líder, o senador Antonio Carlos Magalhães (ACM),[1] em julho de 2007. Esta conjuntura caracteriza-se pelo declínio do carlismo nas esferas local e regional e pela emergência das forças de esquerda e centro-esquerda, materializada nas vitórias de Lula para a presidência da República (2002 e 2006), de João Henrique para a prefeitura de Salvador (2004) e de Jaques Wagner (2006) para o governo do estado da Bahia (Oliveira, 2007).

[1] Na Bahia, o termo "carlismo" refere-se ao grupo liderado por Antonio Carlos Magalhães, que comandou a política estadual desde os anos 1970. O PFL se configurava como a legenda mais importante do carlismo, em torno da qual se articulavam outros partidos da direita – PTB, PL e PPB. Com a força do carisma, do personalismo e/ou de recursos clientelistas, os partidos do bloco carlista agiam de modo disciplinado e coeso no Legislativo estadual (Dantas Neto, 2003b). Denomina-se "anticarlismo" a corrente que reúne os opositores de ACM.

Deve-se salientar que, embora em refluxo, o carlismo ainda era uma alternativa para, pelo menos, 25% do eleitorado soteropolitano. Por outro lado, as pesquisas apontavam uma divisão do eleitorado de esquerda e centro-esquerda entre PT, PSB e PMDB, que, unido-se em torno de uma única candidatura, somariam um terço dos votos. Numa disputa que deixou de ser bipolar para se tornar tripolar após a vitória de João Henrique, que quebrou o ciclo de governos pefelistas em Salvador, os capitais políticos dos carlistas e anticarlistas ainda os posicionavam como jogadores decisivos nas eleições de 2008. Nota-se que o campo político local estava em processo de mudança.

Essa estrutura foi criada nos anos 1970 e prevalece desde o período de redemocratização (1985), quando se estabeleceu a polarização entre carlismo e anticarlismo. Dantas Neto (2003a:1-2) explica que o carlismo se estruturou no "prestígio eleitoral, manejo de recursos extraeleitorais de poder e uma aura de infalibilidade e onipotência que transmitia sensação de poder ainda maior que o exercício". Rubim (2002) reporta que os resultados das eleições ocorridas entre 1985 e 2000, em Salvador, confirmam essa polarização. A exceção caberia à disputa de 1988, quando o carlismo se encontrava em um momento de derrotas (1985, para a prefeitura de Salvador, e 1986, para o governo do Estado) e com sua imagem indissociável dos governos militares. Em 1985 a disputa pela prefeitura da capital baiana foi vencida pelo ex-carlista Mário Kértesz, que já ocupara a mesma prefeitura por indicação de ACM. Em 1988, com o apoio do prefeito Mário Kertész (PMDB), o radialista Fernando José (PMDB) venceu a disputa para a prefeitura com um discurso personalista e de crítica aos políticos profissionais. Já nas eleições de 1992, os carlistas foram batidos por uma frente de centro e esquerda liderada pela então deputada estadual Lídice da Mata (PSDB).

Foi somente ao reconquistar o governo do estado, em 1990, que ACM criaria as bases para vencer as eleições subsequentes em Salvador. Como governador, ele ampliou o domínio de seu grupo sobre a mídia, a Justiça e a política estadual. Sua aliança com a vitoriosa candidatura de Fernando Henrique Cardoso (FHC) permitiu-lhe lograr espaço no governo federal e ampliar sua força no estado. Sua hegemonia veio com a conquista da prefeitura da capital, nas eleições de 1996, quando o carlista Antônio Imbassahy venceu o pleito no primeiro turno, batendo o petista Nelson Pellegrino. Imbassahy associou sua imagem à de ACM e explorou o discurso da necessidade de atuação conjunta dos governos municipal, estadual e federal para "reerguer" Salvador.

Nas eleições seguintes, seja ao governo do estado, seja à prefeitura de Salvador, os carlistas consolidavam sua hegemonia, enquanto os petistas se firmavam como principal grupo no segmento anticarlista. O grupo carlista saiu-

-se, mais uma vez, vitorioso nas eleições de 1998, elegendo César Borges como governador e viabilizando a reeleição de FHC à presidência. Essa sequência de vitórias demonstra o fortalecimento do carlismo em todos os segmentos do estado. A reeleição de Imbassahy no primeiro turno da eleição para prefeito de Salvador em 2000 é uma expressão do poder dos carlistas nos anos 1990 (Oliveira, 2007).

Se for verdade que o empoderamento do carlismo na esfera federal permitiu-lhe conquistar o poder regional, é correto afirmar que sua perda contribuiu para quebrar essa hegemonia. Depois de romper com o presidente FHC em 2001 e perder o controle dos dois ministérios que comandava, ACM viveu uma sequência de episódios que contribuiu para fazer ruir a supremacia até então construída. Com a vitória de Lula na eleição de 2002, o vento passa a soprar a favor dos anticarlistas. Para assegurar a continuidade no poder local, o carlismo lança a candidatura do ex-governador César Borges na disputa pela prefeitura de Salvador, em 2004. O PMDB apoia a ex-prefeita Lídice da Mata (PSB); o PT lança, mais uma vez, Pellegrino, e o PDT, João Henrique. Espantosamente, o pedetista liderou as pesquisas desde o início da campanha, ganhou o primeiro turno com folga[2] e, no segundo turno, com o apoio dos partidos da esquerda, massacrou o ex-governador com 74,69% contra 25,31% dos votos válidos.

O segredo da vitória de João Henrique foi firmar-se como uma via alternativa, entre o carlismo e o petismo, no momento em que ambos mostravam-se desgastados. Enquanto os dois grupos se digladiavam em feroz debate, João fazia uma campanha personalista, marcada por um apelo emocional, com "postura acima de briga", sem ataques aos adversários, apresentando propostas pragmáticas e/ou populistas. As pesquisas realizadas ao final do primeiro turno apontavam Borges como o campeão de rejeição, ao passo que Pellegrino não conseguiu convencer os eleitores de que possuía prestígio junto ao governo federal para alavancar os recursos para as obras na capital baiana. No segundo turno, Borges (PFL) teve contra si, além do desafio de enfrentar a aliança formada pelo PT, PSB e PCdoB, que apoiava João Henrique (PDT), sua própria indisposição para defender o bloco carlista. Para um político que preferia continuar no Senado a tornar-se prefeito da capital baiana, o peso de defender, na campanha, um grupo que já se mostrava desgastado depois de 14 anos à frente do governo do estado e oito à frente da prefeitura de Salvador revelou-se

[2] João Henrique (PDT) conquistou sua vaga no segundo turno com 43,7% dos votos válidos, seguido de César Borges (PFL) com 21,93%. Nelson Pellegrino (PT) marcou 21,67% e Lídice da Mata (PT) 10,36%.

um obstáculo intransponível, ainda que tanto o prefeito quanto o governador gozassem de bons índices de avaliação por parte da população. Subsidiado pela popularidade adquirida como deputado estadual e com o apoio da aliança dos partidos de esquerda, João Henrique desbancou os carlistas do palácio municipal no pleito de 2004.

As eleições para prefeito de Salvador, em 2008, reproduziram as mesmas configurações de forças das disputas de 2004. Entretanto, tratava-se de uma conjuntura nova, pois, com a eleição de João Henrique no pleito anterior, criara-se uma terceira via, de maneira que as candidaturas não se apresentaram mais com base na bipolarização carlismo *versus* anticarlismo, embora essa ideia ainda perdurasse de alguma forma. Tratava-se, contudo, de um carlismo que se encontrava, nesta década, em momento de refluxo, como vimos, vivendo sucessivas perdas eleitorais, enfrentando defecções e baixa de quadros, entre as quais as mais sentidas foram a surpreendente derrota do governador Paulo Souto (carlista, eleito em 2002) para Jaques Wagner, ainda no primeiro turno, nas eleições estaduais de 2006, e o falecimento do senador ACM em 2007 (Oliveira, 2007).

Dessa forma, as eleições de 2008 caracterizaram-se por ser a primeira vez em que os carlistas disputariam um pleito sem que estivessem ocupando qualquer cargo de governo nas instâncias municipal, estadual ou federal. Mesmo no campo midiático, no qual a família Magalhães vinha, desde os anos 1980, exercendo papel preponderante e o utilizando na formação da opinião pública na cidade, também se viu seu poder se diluir, com a expansão e fortalecimento das redes de rádio e televisão ligadas às igrejas evangélicas e outros grupos locais, como a Rede Record. O grupo anticarlista também sofreu divisões, já que reunia diversas legendas sob a liderança do PT. Com a candidatura de João Henrique à reeleição, este pleito constitui-se não apenas num teste do poder da vertente de centro instituída pelo prefeito, mas também numa oportunidade para que os demais candidatos reavaliassem a força política de seus respectivos grupos.

Trajetória dos candidatos até as eleições de 2008

O pleito para prefeito de Salvador revelou que seria acirrado desde seu período pré-eleitoral. Pelo menos 10 políticos lançaram-se como pré-candidatos entre os principais partidos, gerando disputas intrapartidárias e entre partidos, dentro de seus respectivos campos ideológicos. Muitos viveram o dilema de ter ou não ter candidatura própria. Pesquisa interna do DEM, realizada pelo Instituto

GPP, do Rio de Janeiro, e publicada, em julho, na imprensa baiana, mostrava o favoritismo do ex-prefeito Antônio Imbassahy e do radialista Raimundo Varela na corrida para a prefeitura, respectivamente com 30,6% e 20,0% das intenções de voto, bem como a falta de prestígio do incumbente João Henrique, que, com dificuldade, somava apenas 10% (Oliveira, 2007). Nas simulações de segundo turno revelava-se a fragilidade da candidatura de João Henrique. O prefeito perderia para Imbassahy por 25,7% a 51,7%, para Pellegrino por 30,2% a 38,9%, para Varela por 24,3% a 50,2% e para Lídice por 30% a 39,7%.

O prefeito entrou na corrida eleitoral carregando baixos índices de avaliação de seu governo, enquanto a imprensa divulgava, assiduamente, críticas sobre a situação geral da cidade. Quase nenhum campo de sua administração gozava de boa avaliação. É interessante notar que, quando foi eleito em 2004, o prefeito enaltecia o fato de seu governo contar com o apoio de 15 partidos, entre os quais PT, PSDB e PMDB. No último ano de sua gestão, à medida que se aproximava o período eleitoral, um a um os aliados foram retirando seu apoio, publicizando suas críticas ao governo e situando-se na oposição. Alguns deles, com projetos de lançar candidatura à sucessão, foram os primeiros a desferir seus ataques contra o prefeito. Em abril de 2008, a cinco meses da eleição, o número de aliados do prefeito caiu de 15 para três. Além de tentar recompor sua base, restou ao prefeito contra-atacar, impingindo sobre os ex-aliados a pecha de serem traidores e oportunistas. Foi neste cenário, seja para não se contaminar com os resultados negativos da administração peemedebista, seja pelo senso de oportunidade de conquistar o poder para eles próprios, que os partidos da base do prefeito romperam com ele, deixando para trás os cargos que haviam conquistado por conta do apoio que lhe ofereceram para assegurar a vitória na eleição de 2004.

É verdade que, desde o início de seu mandato, essas alianças entre o PMDB e o PT se estruturaram sobre bases instáveis, pois colocavam lado a lado partidos e grupos que disputavam a hegemonia política regional. Observando este cenário, no qual o prefeito aparecia com sua imagem depreciada, seu governo mal-avaliado, seus ex-aliados inserindo-se no rol dos desafiantes e com críticas generalizadas saltitando na imprensa, os prognósticos postados na mídia afirmavam que ele não teria a menor chance de se reeleger. Mais do que um *underdog*, ele era considerado pelos analistas uma carta fora do baralho.

A estratégia de buscar suporte de um partido forte para apoiar seu projeto de reeleição levou João Henrique a deixar o PDT e ingressar no PMDB, logo em maio de 2007. Habilmente, depois de ver seu nome vetado no PT e no PSDB, o prefeito achou no PMDB o ninho, a proteção e os recursos financeiros que procurava. Numa entrevista ao principal jornal baiano, o prefeito deixou claro que o pragmatismo orientou sua decisão de trocar de partido. Conforme informa o repórter:

> Ele acredita que, vestindo a camisa do partido do ministro da Integração Nacional, Geddel Vieira Lima, e de outros membros do primeiro escalão do Palácio do Planalto, pode abrir a porta do cofre do governo federal em benefício da cidade de Salvador. E já faz planos para a inauguração de várias obras nos seus últimos dois anos de mandato, turbinando-os para a campanha da reeleição [*A Tarde*, 13 maio 2007, p. 10].

Em troca, na visão do governador Jaques Wagner, ainda ressentido da crise que a movimentação de João Henrique provocou na aliança entre o PT e o PMDB,

> Geddel e o PMDB receberam esse presente – tinham pouquíssima coisa em Salvador e ganharam um prefeito e uma Prefeitura, como máquina política para fazer a operação da política, no bom sentido [*Valor Econômico*, 9 fev. 2008, p. 11].

Em troca de cargos na prefeitura, poder político e visibilidade na capital, o ministro Geddel Vieira Lima tomou para si a missão de proteger seu correligionário.

Primeiro, Geddel começou liberando os recursos federais para que o prefeito João Henrique realizasse obras em Salvador:

> Eu mesmo liberei R$ 30 milhões, para obras de contenção de encostas, macrodrenagem, construção e recuperação de escadarias e outras de prevenção de chuvas, obras que contemplam as áreas mais pobres da cidade [*A Tarde*, 13 ago. 2007, p. 10].

Em seguida, articulou as alianças para viabilizar a reeleição do prefeito.

Com poucas opções de aliança entre os grandes partidos, que já sinalizavam que iriam lançar suas próprias candidaturas, poucos parceiros estavam ao alcance de João Henrique. Assim, Geddel saiu na frente de todos e convenceu o ex-prefeito Edvaldo Brito (PTB) a retirar a candidatura para ser o vice na chapa de João Henrique. Com lucidez, Geddel explicava a importância dessa aliança com o PTB na disputa da prefeitura:

> Saímos na frente, somos os primeiros a receber um apoio dessa importância e compor a chapa completa. Temos mais tempo de TV e estamos trazendo mais um

partido da base de Lula para apoiar João Henrique, o que mostra a densidade da candidatura [*A Tarde*, 19 maio 2008, p. 10].

Com efeito, além de capturar partidos da base de apoio do governador petista, João Henrique conseguiu compor uma coligação, A Força do Brasil em Salvador, com oito partidos, de maneira a garantir-lhe a capilaridade dessas agremiações junto ao segmento dos eleitores evangélicos e de baixa renda da cidade, o maior tempo de propaganda no horário gratuito de propaganda eleitoral (HGPE) – cerca de 9min27s – e a legitimidade de se apresentar como aliado do presidente Lula em Salvador.

A arquitetura da aliança entre o PMDB e o PTB chamava a atenção, ainda, por ser composta por um candidato a prefeito que era branco e evangélico e um vice-prefeito que era negro e *ogan* de candomblé. Como veremos, o "sincretismo político" expresso nesta composição de aliança "branco-negro" e "evangélico-candomblecista", isto é, "aliança político-partidário-étnico-religiosa", pode ser observado também na coligação construída pelo católico ACM Neto (DEM) com o bispo Márcio Marinho (PRB) e pelo evangélico Walter Pinheiro (PT) com a católica Lídice da Mata (PSB). Na composição das chapas todos os arranjos podiam ser encontrados; apenas uma coisa não variou: o fato de o candidato a vice-prefeito ser negro – fosse ele evangélico, católico ou candomblecista – e o aspirante a prefeito ser branco. Dessa forma, as peças da sucessão foram encaixadas pelos líderes políticos.

Como era reconhecido como evangélico, ainda que não fizesse proselitismo de sua religião, ao agregar um político negro e membro de um dos mais tradicionais terreiros de candomblé da Bahia como candidato a vice-prefeito em sua chapa, João Henrique fez um movimento importante para neutralizar as críticas de que sua administração desrespeitava as religiões de matriz africana, sobretudo depois que agentes da Superintendência de Controle e Ordenamento do Uso do Solo do Município executaram uma ação de demolição de um terreiro de candomblé no início da corrida eleitoral, no final do mês de fevereiro de 2008. Com ampla cobertura da imprensa local, essa ação foi classificada pelas entidades de defesa dos cultos afro-brasileiros e pelo movimento negro como um caso de intolerância religiosa e racismo institucional. Tal repercussão gerou, de um lado, resposta imediata do prefeito, que ordenou a suspensão da demolição e declarou que iria apurar quem seriam os responsáveis pela autorização para derrubar a casa religiosa; de outro lado, provocou a intervenção do Ministério Público para que o conflito fosse resolvido (*A Tarde*, 27 fev. 2008, p. 2).

Com 75% da população constituída por negros (pretos e pardos), persistência de preconceitos e desigualdades socioeconômicas entre negros e brancos e intensa mobilização das organizações de defesa dos direitos dos afrodescendentes, tem sido cogente para todas as candidaturas se posicionarem sobre esses temas. Foi para tentar contornar os conflitos étnico-raciais que, naquele período, contribuíam para alimentar o alto índice de rejeição do prefeito, que a aliança com o ex-prefeito Edvaldo Brito mais se justificou. Deste modo, João Henrique reimprimia uma imagem de político democrático e ecumênico, numa cidade de maioria negra, marcadamente ligada às tradições afro-brasileiras, mas que recentemente observava a expansão dos cultos – e dos eleitores – evangélicos entre os segmentos de baixa renda.

No campo de esquerda e centro-esquerda, apresentaram-se partidos que até então ocupavam cargos na administração de João Henrique (PT, PSB, PCdoB, PV e PSDB). Os deputados federais Nelson Pellegrino, Luiz Alberto e Walter Pinheiro, além do deputado estadual José Carlos da Silva (conhecido como J. Carlos), disputaram a legenda do PT, enquanto a ex-prefeita Lídice da Mata e a vereadora Olívia Santana apresentaram-se como pré-candidatas, respectivamente, do PSB e do PCdoB. Pinheiro foi o preferido da maioria dos membros do diretório regional petista, que consideravam que Pellegrino, por ter sido o candidato do partido nas três últimas eleições à prefeitura, já teria esgotado suas chances. Os projetos políticos da então deputada federal Lídice da Mata foram serenados com a conquista da vaga de vice-prefeita na chapa petista e com a promessa de apoio numa eventual candidatura ao Senado em 2010, enquanto a vereadora Olívia Santana apenas demarcou seu espaço no campo da esquerda. Por fim, Pinheiro venceu as prévias de seu partido batendo o colega Pellegrino com uma pequena margem de votos, conquistou o apoio de Lídice e de Olívia, bem como de seus correligionários que retiraram suas pré-candidaturas. Essas articulações permitiram-lhe montar a coligação Salvador, Bahia, Brasil, com o segundo maior tempo no HGPE: 7min18s.

Toda essa movimentação contrariava os interesses do governador Jaques Wagner, que preferia ver seu partido apoiando a reeleição de João Henrique e, assim, manter o apoio do PMDB ao seu governo. Pellegrino foi o principal articulador da candidatura petista, que levou o partido a sair da base de sustentação do prefeito, entregar os 200 cargos que possuía no governo e precipitar a crise entre os líderes do PMDB e PT, na Bahia. O ministro Geddel Vieira Lima ficou irritado ao ver o PT deixar a base do prefeito de seu partido às vésperas da eleição, num momento em que as pesquisas apontavam uma alta rejeição a João Henrique e baixa avaliação de seu governo. Neste contexto, Geddel expressava seu descontentamento com a decisão petista que estava sendo gestada:

> O PMDB continua extremamente ético, leal e correto no apoio ao PT. Acredito que o PT, que está conosco desde o início da administração João Henrique, participando de acertos e eventuais erros, não vai abandonar esse barco [Martinez, 2008:10].

O governador Jaques Wagner, por sua vez, submeteu-se à vontade do diretório estadual, mas tentou ao máximo harmonizar os conflitos entre os aliados, afirmando que ficaria contente se qualquer candidato de sua base de apoio ao governo vencesse as eleições, uma posição que se revelou insustentável durante a campanha.

Na oposição de centro e direita apresentaram-se, como pré-candidatos, os ex-prefeitos Antônio Imbassahy, que vinha representando o PSDB desde 2006, depois de construir toda a sua trajetória no PFL, Edvaldo Brito (PTB), o radialista Raimundo Varela (PRB) e os deputados federais ACM Neto e José Carlos Aleluia, que disputaram a indicação do DEM. O neotucano Imbassahy, que liderava as pesquisas de intenção de voto no período pré-eleitoral, conseguiu atrair para sua base apenas o PPS, em troca da vaga de vice-prefeito em sua chapa. O deputado federal ACM Neto, além de conquistar o apoio de seu correligionário José Carlos Aleluia, conseguiu a adesão de Raimundo Varela, que até então era o segundo colocado na preferência do eleitorado soteropolitano.

A trajetória de Antônio Imbassahy até o Palácio Thomé de Souza cumpriu uma espécie de roteiro característico de quadros políticos do carlismo (Oliveira, 2007). Formado em engenharia, o ex-prefeito era um técnico que foi alçado ao mundo político-partidário por ACM nos anos 1990, depois de dirigir empresas estatais nos anos 1970 e 1980. Nas eleições de 1996 Imbassahy foi lançado pelo PFL como candidato a prefeito de Salvador. Sua estratégia de campanha consistiu, de um lado, em traçar uma associação direta de sua imagem com ACM e defender a necessidade da afinidade político-ideológica entre os chefes dos executivos municipal, estadual e federal para viabilizar os projetos da prefeitura. De outro lado ele atacou, no HGPE, a administração de Lídice, reeditando as críticas que seus aliados vinham dirigindo contra a prefeita nos diversos meios jornalísticos do grupo, ao longo de toda a sua gestão. Imbassahy venceu o pleito no primeiro turno com 53,7% dos votos válidos.

A administração de Imbassahy contou com o apoio de toda a estrutura da máquina carlista, sobretudo o suporte do governo do estado e a presença de seus correligionários nos altos escalões do governo FHC, fato que permitiu que fossem executadas importantes obras de infraestrutura na capital. As mudanças que as obras realizadas ou em andamento promoviam na paisagem de Salvador, juntamente com a ostensiva propaganda institucional (principalmente a turística) com as marcas dos governos municipal, estadual e federal, davam a impressão de que a administração de Imbassahy estava sendo bem-sucedida. As sondagens de opinião pública mostravam que o prefeito gozava de grande popularidade, e que seu governo manteve avaliação positiva durante todo o seu primeiro mandato. Segundo pesquisa Datafolha publicada no dia 5 de novembro de 2000, 63% dos entrevistados consideravam que era ótima ou boa a administração do pefelista, enquanto 27% a consideravam regular e 9% a reprovavam.

Como usualmente acontece com os governantes que buscam a reeleição, o prefeito Imbassahy guardou na manga um conjunto de obras para lançar em seu último ano de gestão, entre elas o projeto do metrô de Salvador. A promessa de construir o metrô foi o carro-chefe de sua plataforma de governo na disputa de 2000. A retórica de que um bom governo deveria continuar – sob a ameaça de que um novo prefeito, que não fosse afinado com os governos estadual e federal, poderia destruir todas as conquistas obtidas naqueles últimos anos – foi, mais uma vez, editada nas propagandas carlistas. O discurso de autoelogio à competência administrativa do grupo carlista dominou o debate político-eleitoral baiano. Paralelamente, Imbassahy conseguiu formar, para sua campanha de reeleição, uma ampla coligação de centro e direita, de maneira a garantir-lhe, além do maior tempo no HGPE, também a adesão de antigos opositores ligados ao PMDB e ao PPB, que controlavam nichos eleitorais nas periferias da cidade, onde os carlistas não conseguiam penetrar. Dessa forma, podendo mostrar uma ampla cartela de obras realizadas, sustentado em ótima avaliação de seu governo, contando com uma forte estrutura partidária e abundantes recursos para campanha, Imbassahy se reelegeu com 54% dos votos já no primeiro turno no pleito de 2000.

As críticas à administração do pefelista apontavam em uníssono para a carência de investimentos na área social, educação e saúde, além da falta de políticas municipais para combater o desemprego, que registrava o maior índice entre as capitais brasileiras. Seus adversários denunciavam, ainda, casos de corrupção na administração municipal e gastos excessivos em publicidade para promover a imagem do prefeito e de seu grupo político. Propagandas mostrando imensas filas nas portas de centros de saúde municipais; as desigualdades entre as zonas "nobres" e as favelas e bairros pobres da periferia povoavam os programas de todos os candidatos da oposição. Apesar de terem apresentado uma visão acurada da situação da capital baiana, os anticarlistas diminuíram suas chances na disputa pela prefeitura por se terem apresentado divididos em quatro candidaturas pouco competitivas. Todos os candidatos pareciam estar mais preocupados com a construção de suas imagens e/ou de suas agremiações para futuros pleitos do que com a disputa efetiva da eleição de 2000.

Somente nas eleições de 2004, com o carlismo buscando assegurar a continuidade do poder local ao lançar a candidatura do ex-governador e agora senador César Borges, os adversários puseram em xeque a proclamada competência administrativa de Imbassahy. Mais uma vez criticaram a falta de investimentos na saúde e tornaram seus ataques eficazes, dizendo que, por não ter municipalizado a gestão da saúde, o prefeito havia deixado a cidade perder o acesso aos recursos federais disponíveis. Numa conjuntura de retração do poder do carlismo depois da vitória de Lula nas eleições de 2002, apesar de ter concluído o mandato com um alto índice de aprovação de seu governo e ostentando o título de melhor prefeito do Brasil, nesse pleito Imbassahy não conseguiu transferir votos para seu correligionário.

Em 2005, sem cargo político e temendo perder espaço no PFL, Imbassahy rompeu com o carlismo e se transferiu para o PSDB. Candidatou-se ao Senado em 2006, mas acabou em terceiro lugar. De acordo com Oliveira (2007), para derrotá-lo o PFL movimentou todas as suas bases municipais, isolando-o, e postou-lhe o rótulo de traidor. Nessa eleição, Imbassahy conseguiu somar cerca de 1 milhão de votos, a maioria deles junto ao eleitorado soteropolitano, e marcou sua cisão com o grupo de seu ex-padrinho político, ACM. O prestígio acumulado como prefeito e a imagem de ser um administrador competente, humano e que respeitava a diversidade permitiram que Imbassahy liderasse as pesquisas pré-eleitorais para a prefeitura de Salvador em 2008, surgindo como favorito para vencer este pleito.

Esta eleição era também uma importante batalha para o antigo PFL, após ser rebatizado (*rebranding*) com o nome de Democratas (DEM), logo após a perda de seu maior líder, o recém-falecido senador ACM. O PFL abandonou o nome da legenda, perdeu alguns quadros importantes, como o ex-prefeito Imbassahy (PSDB) e o ex-governador e senador César Borges (PR), que migraram para outras agremiações, mas preservou seu antigo número de urna: 25 (Oliveira, 2007). O grupo de ACM trouxe consigo o "passivo" das derrotas nas duas últimas eleições, para prefeito da capital em 2004 e para governador do estado em 2006, além da imagem associada a práticas clientelistas, ao patrimonialismo e ao conservadorismo. Neste contexto, para o DEM, uma candidatura própria à prefeitura espelhava o esforço de manter viva a legenda do grupo carlista, preservar o capital político da direita e construir novas lideranças no partido. Qualquer coisa para além dessas metas já era contabilizada como lucro. Seus líderes viviam o desafio de harmonizar as forças políticas que habitavam o partido.

O reconhecimento da força do carisma de ACM entre os baianos levou os líderes do Democratas a apostar em seu herdeiro para representá-los na disputa à sucessão da prefeitura de Salvador. Para os estrategistas do DEM, algumas características de ACM Neto indicavam a viabilidade de sua candidatura. Por ser jovem, um deputado com menos de 30 anos, com expressiva atuação na oposição ao governo Lula no Congresso Nacional, sua imagem favorecia o discurso de apelo à renovação proposta pelo partido, que já estava em consonância com a própria troca do nome da legenda de PFL para Democratas (Oliveira, 2007). Além de gozar de visibilidade no cenário nacional, ACM Neto credenciou-se como o melhor nome para defender o partido por ter sido o deputado federal democrata mais votado na Bahia em 2002 e 2006, e por contar com o apoio da máquina de seu partido e com o suporte da rede de comunicação de sua família.[3] O desafio de ACM Neto foi buscar as vantagens de ter como avô o ex-governador, ex-ministro e ex-senador Antonio Carlos Magalhães, sem carregar o peso negativo do carlismo (nepotismo, truculência, além de acusações de corrupção).

Apesar de liderar as pesquisas durante todo o período pré-eleitoral, o radialista Raimundo Varela (PRB) retirou seu nome da competição e declarou apoio a ACM Neto. Depois de avaliar que necessitava de estrutura partidária e inserção política para além dos segmentos de sua audiência, Varela acabou franqueando seu capital político ao herdeiro de ACM. Esse apoio foi bastante celebrado pelo DEM (*A Tarde*, 3 jun. 2008), porquanto, a um só tempo, viabilizaria a virtual transferência, para ACM Neto, do espólio de votos do radialista junto aos segmentos de baixa renda e moradores dos bairros pobres de Salvador e evitaria o risco de os Democratas verem suas chances de vitória arrebatadas por um homem da imprensa do tipo populista, como já havia acontecido na eleição de 1988, quando o radialista Fernando José (PMDB) bateu o carlista Manoel Castro (PFL).[4]

A desistência de Varela afiançou ainda, para o Democratas, uma aliança com o PRB e com o PR, pois lhe garantiu, além do aumento do tempo de propaganda

---

[3] A família do falecido senador ACM é proprietária da Rede Bahia, que inclui canais de televisão retransmissores da Rede Globo, rádios AM e FM, um jornal e empresas gráficas.

[4] O medo em relação à candidatura de Varela tinha fundamento, uma vez que os caciques políticos locais tinham visto os soteropolitanos eleger para a prefeitura, em 1988, o radialista Fernando José. Tal como Varela, Fernando José era locutor de futebol e apresentava o programa popular *Balanço Geral*, na TV Itapoan, o mesmo que atualmente Varela comanda na Rede Record.

no HGPE, a inclusão do nome do ex-deputado federal e bispo Márcio Marinho (PR), ligado à Igreja Universal do Reino de Deus, como vice-prefeito em sua chapa. Essa coligação, de caráter ecumênico, viabilizava o diálogo do candidato do DEM com os segmentos da população sensíveis ao discurso populista de Varela, confiava-lhe o apoio da TV Itapoan (Rede Record) à sua candidatura e dava-lhe acesso ao eleitorado evangélico, que é caracterizado pela suscetibilidade às orientações de seus líderes religiosos sobre suas escolhas eleitorais.

A conquista do apoio desses partidos desenvolveu-se como se fosse uma novela. Isso porque o PT e o PSDB também disputavam com o DEM o privilégio de compor com essas legendas na sucessão, fosse porque seu pré-candidato liderava a corrida eleitoral com 19% das intenções de voto ou porque tais partidos contavam com o apoio do sistema de rádio e televisão da Rede Record na Bahia, que eram canais para interpelar os segmentos da população de baixa renda e os eleitores evangélicos de Salvador. Ao final ACM Neto costurou a coligação A Voz do Povo, que rendeu 5min42s para veicular suas mensagens no HGPE e capilaridade a sua candidatura, em razão do número de candidatos a vereador na coligação.

Devido à capacidade dos grandes partidos de atraírem para si os chamados partidos nanicos, observou-se uma redução significativa do número de candidaturas em relação ao pleito de 2004. Naquela oportunidade, 10 nomes inscreveram-se para disputar as eleições para prefeito, mobilizando 24 partidos. Cinco partidos lançaram candidatos na disputa pela prefeitura, ao passo que 18 agremiações preferiram se aglutinar para formar quatro coligações. Juntos, os chamados "nanicos" conseguiram somar apenas 1,8% dos votos, caracterizando o papel de coadjuvantes que essas legendas desempenham nas eleições em Salvador. Já em 2008, apenas uma tríade de pequenos partidos de esquerda – formada por Psol, PSTU e PCB – insistiu em montar a coligação Frente de Esquerda Socialista, para enfrentar o PMDB, DEM e PT, e lançou a candidatura de Hilton Coelho.

Dispondo de cerca de 2min no HGPE, o candidato do Psol posicionou-se como um vociferante crítico do prefeito e de todos os outros postulantes ao palácio municipal. O jovem Hilton Coelho tinha, a seu favor, a experiência de ter chegado ao quarto lugar na eleição para o governo baiano em 2006, somando apenas 0,63% dos votos. Apesar dessa ínfima votação, essa campanha contribui para torná-lo conhecido do eleitorado local, para além dos redutos da militância petista e do Movimento dos Sem-Teto de Salvador, nos quais ele vinha atuando nos últimos 20 anos. A campanha para governador deu-lhe, também, a oportunidade de se familiarizar com a linguagem da televisão, para melhor disseminar suas críticas aos partidos que "estavam implantando as políticas neoliberais no Brasil", desferir seus ataques ao prefeito, bem como apresentar suas propostas para resolver os problemas dos moradores de Salvador.

Ao final, entre as dezenas de nomes que se apresentaram como pré-candidatos, apenas cinco candidaturas disputaram a prefeitura de Salvador em 2008. O prefeito João Henrique pleiteou um segundo mandato, tendo como desafiantes o tucano Antônio Imbassahy, o democrata ACM Neto, o petista Walter Pinheiro e o socialista Hilton Coelho. Além de Imbassahy, mais dois ex-prefeitos entraram na disputa na condição de candidatos a vice-prefeito. Lídice da Mata caminhou ao lado de Walter Pinheiro, enquanto Edvaldo Brito apoiou João Henrique. O que significa que não apenas o incumbente tinha sua imagem, currículo e realizações sob avaliação do eleitorado, mas também os ex-prefeitos podiam ser interpelados sobre sua dose de culpa quanto aos problemas que a cidade vivia naquele momento. Nesse sentido, como operar os fundamentos teóricos do voto retrospectivo, se todos os candidatos eram ex-mandatários? Qual seria, então, o espaço de tempo que o eleitor consideraria para imputar aos ex-mandatários as responsabilidades pelo progresso e problemas de sua cidade? Pareceu-nos que foi justamente a trajetória dos postulantes na prefeitura que modelou os termos do debate entre os candidatos.

Os prognósticos iniciais apontavam ACM Neto e Imbassahy como favoritos, por causa de suas biografias e porque ambos saíram na frente na corrida, enquanto seus adversários pareciam fora do páreo. Devido ao desgaste político do prefeito e seu inexpressivo avanço nas pesquisas de intenção de voto, poucos apostavam em sua reeleição. Todavia, quando se observava o capital político dos candidatos que disputavam as eleições, como também quando se pesava o quanto cada partido estava apostando naquele pleito, podia-se supor que a sucessão seria decidida em dois turnos, sobretudo quando se avaliava o tempo de propaganda de cada candidato. Esses dados indicavam um inestimável potencial para que o incumbente e o petista contestassem seus adversários, uma vez que tinham os maiores tempos no HGPE, no primeiro turno.

A campanha

Quem apenas visse ou ouvisse no HGPE os discursos sobre Salvador por ocasião da campanha para a prefeitura municipal, teria forçosamente que acreditar que a capital dos baianos seria não uma metrópole, mas um hospital geral, tal a quantidade de problemas de saúde dos quais os soteropolitanos reclamavam.

Seria forçado a reconhecer, também, que Salvador seria um burgo podre, habitado por pobres de Jó, carente de qualquer saneamento básico. A cidade turística, de praias famosas, de festas internacionalmente conhecidas, como o Carnaval, a cidade que tem história, economia e certa tendência de crescimento, esta raramente apareceu nos discursos dos candidatos.

Como sabemos, esta eleição pôs, de um lado, os desafiantes ACM Neto (DEM), Imbassahy (PSDB), Pinheiro (PT) e Hilton Coelho (Psol) contra o incumbente João Henrique (PMDB). O prefeito e Pinheiro saíram da terceira e quarta posições nas pesquisas de intenção de voto, com 18,9% e 7,5%, respectivamente, para conquistar as vagas no segundo turno, deixando para trás ACM Neto e Imbassahy, que lideraram a corrida até o começo das transmissões do HGPE, com, respectivamente, 27% e 25,3% dos votos. A mudança de posições entre os concorrentes, conforme indicam as pesquisas de intenção de voto estimuladas,[5] revela a volatilidade do voto neste colégio eleitoral (ver gráfico 1). Segundo pesquisa[6] realizada entre 25 e 26 de setembro, um total de 74% dos eleitores declarava estar "totalmente decidido" sobre seu voto neste período. No começo de outubro, este grupo somava 81% e, no final de outubro, 90%.

Quanto à rejeição,[7] nota-se que, apesar de ACM Neto e João Henrique apresentarem o mesmo nível na primeira pesquisa (em torno de 25% no início de julho), ACM Neto teve sua rejeição aumentada de forma crescente, alcançando 41% no final de setembro, enquanto João Henrique apresentou rejeição decrescente, chegando a 13% neste período. Desde julho, quando foram definidos os nomes dos candidatos à sucessão na prefeitura da capital baiana, Pinheiro sempre esteve entre aqueles que ostentaram os menores índices de rejeição entre os eleitores. Considerando esses dados, podemos supor que a campanha contribuiu para remodelar as escolhas vislumbradas pelos eleitores no período pré-eleitoral.

---

[5] "Se a eleição para prefeito de Salvador fosse hoje, em qual desses candidatos você votaria?" (Opções: ACM Neto, Antônio Imbassahy, Hilton Coelho, João Henrique Carneiro, Walter Pinheiro, em branco, nulo/nenhum, e não sabe.)

[6] "Está totalmente decidido a votar ou seu voto ainda pode mudar?" (Opções: totalmente decidido, ainda pode mudar, não sabe, e não se aplica.)

[7] "Não votaria de jeito nenhum." (Opções: ACM Neto, Antônio Imbassahy, Hilton Coelho, João Henrique Carneiro, Walter Pinheiro, votaria em qualquer um/não rejeita nenhum, rejeita todos/não votaria em nenhum, e não sabe.)

Gráfico 1. Intenção de voto para prefeito no 1º turno em Salvador (2008)

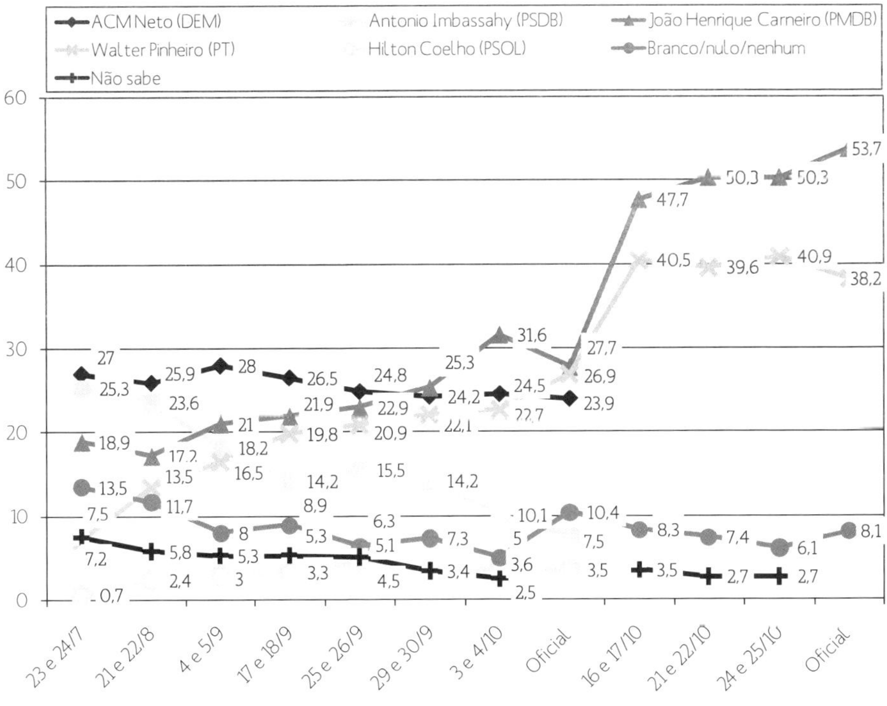

Fontes: Datafolha e TSE.

Discurso dos candidatos

A dinâmica da campanha caracterizou-se ainda pela convergência das propostas e por candidatos pouco diferenciados em termos de plataforma política e credibilidade. O que apresentamos a seguir é um resumo crítico, fruto da análise de conteúdo dos discursos dos candidatos, conforme veiculado no HGPE na televisão.

ACM Neto iniciou sua campanha afirmando-se doce pessoa, líder nato, político ecumênico e conhecedor do cofre de Brasília. Apresentou-se com uma bandeira: Salvador seria, então, uma cidade sem lei, carente de um "xerife" que resgatasse a segurança para o cidadão. Para isso, defendeu, ao longo da campanha, a criação de uma guarda municipal armada, o programa Big Brother Bairro (câmeras de vigilância nas ruas e praças soteropolitanas). Quadro do DEM, ACM Neto procurou mostrar uma nova face do partido, que ainda tem, na Bahia e em Salvador especificamente, as características de seu avô,

ACM. O líder nato é, durante a campanha, transformado em "menino do povo", numa busca de identidade entre ele e a população de Salvador. Tentava passar uma imagem de político moderno, que saberia como combater a pobreza com o desenvolvimento econômico e a tecnologia. Prometia adotar a escola de tempo integral (iniciativa atribuída ao senador e ex-governador de Brasília, Cristovam Buarque). Com o *slogan* "É possível fazer diferente" e com a bandeira da segurança, ACM Neto defendia investimentos na educação, saúde, treinamento profissional, geração de emprego e a manutenção do programa Bolsa Família em Salvador. Abusou da imagem choque – como o concorrente Walter Pinheiro – sobre a pobreza dos pobres.

Com o *slogan* "Testado e aprovado", por ter sido duas vezes prefeito de Salvador e avaliado como o melhor prefeito do Brasil, Antônio Imbassahy apostou seu sucesso na própria biografia política (com ênfase num apelo personalista), com um *jingle* em escala descendente que soletrava Im-bas-sahy. Como os demais candidatos, ele apresentou, no HGPE, um programa de governo com propostas que buscavam atender às necessidades mais imediatas da população de Salvador, com promessas de melhoria e ampliação das creches comunitárias, atendimento médico-hospitalar para a população pobre, reconhecimento de que a segurança pública depende da ação integrada entre prefeitura, governo estadual e comunidade mobilizada, bem como da educação e da oferta efetiva de oportunidades. Por ter experiência prévia como prefeito, Imbassahy discutiu também os problemas da questão fundiária na capital baiana, prometendo garantir títulos de terras (para quem tivesse direito!) e propostas para as áreas da educação, urbanização, saúde, trabalho, além de investimentos na cultura. Manteve-se com chances reais de vencer as eleições até o final de julho (quando tinha 25,3% das intenções de voto). No início de setembro, mostrou-se incapaz de responder aos ataques dos adversários no HGPE, deixou a posição de protagonista e passou à condição de coadjuvante. Terminou a corrida em quarto lugar. Urnas abertas, somou 8% dos votos e viu ser depreciado o capital político que havia acumulado como prefeito.

Walter Pinheiro buscou, ao longo do primeiro turno, capitalizar para si o prestígio e votos do governador Jaques Wagner e, principalmente, do presidente Lula. Para tanto, sovou, durante todo o HGPE, o bordão "Lula-Wagner-Pinheiro", com variações tais como "Lula presidente/Wagner governador/Pinheiro prefeito da gente" ou "Salvador vai ganhar com a parceria Lula-Wagner-Pinheiro", ou ainda, "Chegou a vez de Salvador: Lula, Wagner, Pinheiro" ou, para não ser exaustivo, "É Lula, é Wagner, é Pinheiro". Essa estratégia era justificável diante da excelente avaliação do governo Lula e da boa avaliação de Jaques Wagner pelo eleitor soteropolitano. Não é possível negar que a colagem da imagem de Pinheiro à de Lula e Jaques Wagner tenha resultado em votos – a ida do candidato para o segundo turno, batendo Imbassahy e ACM Neto, instrui nossa análise nesta direção. Entretanto, essa mesma estratégia parece ter sido limitada por dois fatores. O primeiro foi que, disputando os votos do mesmo segmento do eleitorado, o candidato peemedebista à reeleição, João Henrique, também explorou a alegada "boa relação com Lula". O segundo fator foi que Pinheiro não apresentou diferencial maior em relação ao prefeito, a não ser o fato de ser do mesmo partido de Lula e de Wagner.

Walter Pinheiro começou com uma campanha *mais à esquerda*, conclamando o eleitor de Salvador com o chamado "Quem trabalha é vermelho", usando todos os signos do Partido dos Trabalhadores (cores, números e Lula). Suas propagandas prometiam acabar com o analfabetismo, usar com mestria suas conexões com o Planalto para concluir as obras do metrô e implantar o bonde moderno, melhorar a educação, a saúde, a segurança e a geração de emprego nos bairros. Para não fugir à regra seguida por todos os seus adversários, também se comprometeu a defender os interesses dos negros, apoiar projetos de valorização da cultura afro-brasileira e a instituir políticas de ação afirmativa para os jovens afrodescendentes e para as mulheres. Se Pinheiro, com o prestígio de Lula e Wagner, chegou ao segundo turno das eleições municipais, a partir daí não conseguiu ser mais que isso diante do candidato à reeleição.

A campanha do candidato do PT teve Lula e teve Wagner, mas faltou a pessoa, o político e as propostas que deveriam diferenciar Walter Pinheiro na disputa pela prefeitura de Salvador. Apesar da baixa popularidade do prefeito, o candidato petista não foi capaz de construir um discurso consistente de crítica ao incumbente, uma vez que seu partido havia participado de sua administração até as vésperas da campanha, com duas secretarias e dezenas de cargos. Principalmente, ele não foi capaz de responder aos contra-ataques que impingiam aos petistas baianos a marca de traidores e oportunistas. Dessa forma, ele não conseguiu se desvincular da responsabilidade pelas mazelas da administração do peemedebista. Como saldo da campanha, Pinheiro conseguiu afirmar-se como uma alternativa, no partido e no eleitorado baiano, para disputas a cargos majoritários no futuro, consolidando sua imagem como um político "sério, ético e representante do PT na Bahia".

Por fim, o candidato do Psol, Hilton Coelho, entrou na campanha para a prefeitura de Salvador com o objetivo, ao que parece, de denunciar o capital e os capitalistas, representados pelas empreiteiras e por todos os demais candidatos, além do governador baiano e do presidente do Brasil. Neste amplo ataque ao capital e aos capitalistas, Hilton afirmava que a democracia exige redefinição de prioridades, sem, no entanto, defini-las. Com cerca de 2min no HGPE, o socialista enumerava um *pot-pourri* de problemas que lhe pareciam afetar os soteropolitanos: caos no trânsito, transporte deficiente, passe livre para estudantes, escassez de moradia, racismo, violência contra a mulher, homofobia, defesa do meio ambiente, combate a corrupção etc. Seus discursos foram vitais para desconstruir as imagens do incumbente, de Imbassahy e de ACM Neto. Para Hilton, na Salvador de maioria negra, os condomínios de luxo eram a expressão de um processo de "limpeza étnica" e de degradação da cidade.

Com pouco tempo na televisão, módicos recursos para campanha, mas com um discurso que ressaltava os problemas da cidade, com ataques contundentes contra os adversários, apoio dos militantes e uma comunicação eficiente junto aos jovens, minorias e pobres, como atesta o *jingle* de sua campanha "Eu quero Hilton 50", que virou *hit* entre os eleitores, o candidato do Psol foi capaz de marcar posição, reclamando ser o legítimo representante da esquerda. Surpreendeu ao auferir quase metade (3%) dos votos obtidos pelo ex-prefeito Imbassahy.

A campanha de reeleição de João Henrique foi marcada por três características: (i) a defesa dos quatro anos à frente da prefeitura; (ii) a tentativa de convencer o eleitor de que era *ungido* pelo presidente Lula, pelo governador Jaques Wagner e por nove ministros de Estado, sobretudo Geddel Vieira Lima; e (iii) por uma estratégia de prestar contas de sua gestão, ao mesmo tempo que prometia futuras realizações. Assim, essa campanha teve como marca a prestação de contas, defesa de seu governo, promessas de obras futuras e forte apelo à continuidade. No primeiro turno, diante das acusações de ineficiência, incompetência e má utilização de recursos públicos, o incumbente buscou contrapor realizações nos campos da urbanização (com os projetos Banho de Asfalto, isto é, recapeamento e recuperação das ruas, e "Banho de Luz", isto é, melhoria da iluminação pública), da construção de casas populares, da educação e da saúde. Seu discurso dirigiu-se, sobretudo, aos segmentos de baixa renda, destacando que trabalhou em prol dos mais carentes: liberou o trabalho informal, fez micro-obras de infraestrutura urbana (obras de contenção de encostas, contra enchentes e contra alagamentos), aumentou os salários dos funcionários municipais, ampliou a oferta de imóveis com o Plano Diretor de Desenvolvimento Urbano da Cidade de Salvador (PDDU), favorável a classe média e ao setor de construção civil. Dessa forma, transformou a cidade num canteiro de obras a quatro meses da eleição. Não se esqueceu, ainda, de mostrar-se sensível aos problemas dos negros, como atesta a escolha de um vice-prefeito negro e candomblecista. Na defesa de seu governo, João Henrique atribuiu os eventuais fracassos de sua gestão a seus antecessores (Imbassahy/PFL) e aos antigos aliados (Pinheiro e Wagner/PT).

Com grande tempo de propaganda no HGPE, João Henrique pôde exibir à exaustão as obras realizadas ou em realização em sua gestão. Assombrado com a possibilidade de transferência de prestígio de Lula e de Wagner para seu adversário petista, o peemedebista apelava, reiteradamente, a cada programa no HGPE, para a condição de amigo, aliado, apoiado, amparado e fiel parceiro de Lula no plano federal, e de Wagner no estadual. Quando, no segundo turno, foi proibido de usar a imagem de Lula pela Justiça Eleitoral, o prefeito passou a mostrar obras e mais obras que eram fruto da parceria João Henrique-Lula. A tática de exibir imagens da *parceria* entre João e Lula anulou o argumento dos petistas de que Salvador só teria a ganhar com a eleição de um candidato do mesmo partido do presidente e do governador.

Como aconteceu nas eleições de 2004, o segredo do sucesso da campanha de João Henrique, em 2008, foi sua capacidade de fazer alianças à esquerda e à direita, consolidando-se como alternativa ao carlismo e ao anticarlismo. Neste último pleito, a estratégia do incumbente consistiu em prever que essa eleição seria uma corrida disputada em duas etapas. Diante do cenário de péssima avaliação de seu governo, suas metas principais eram, primeiro, chegar ao segundo turno e, depois, conquistar o apoio do grupo derrotado, uma vez que conhecia o peso que as clivagens partidárias desempenham nas disputas locais. Para tanto, como vimos, suas ações buscaram, de um lado, a redução de sua rejeição (mostrando realizações e imputando erros a seus antecessores e ex-aliados); de outro lado, a reconstrução de sua imagem e seu governo. Somente dessa forma foi possível alavancar o crescimento das intenções de voto e carimbar o passaporte para o turno decisivo. João Henrique conquistou maioria dos votos no primeiro turno, 402.684 (30,96%), seguido de Pinheiro (PT) com 390.933 (30,06%). ACM Neto (DEM) ficou feliz em manter o espólio de votos de seu grupo 346.881 (26,67%). Imbassahy (PSDB) amargou o quarto lugar, com 108.660 (8,35%) e Hilton (Psol) saiu vitorioso na última posição, com 51.196 votos (3,93%).

Ao contrário do que aconteceu em 2004, desta vez João Henrique (PMDB) encontrou na coligação liderada por ACM Neto (DEM) o apoio decisivo para bater Pinheiro (PT), seu adversário no segundo turno de 2008. João Henrique obteve 58,46% dos votos válidos contra 41,54%. Habilmente, o prefeito conseguiu corresponsabilizar os ex-aliados da esquerda pelos alegados fracassos de sua gestão e transferiu para seus antecessores os passivos dos problemas que "ainda" perduravam na cidade. Diante de um cenário de pouca oferta de boas candidaturas, convergência de propostas e candidatos pouco diferenciados, parece que o eleitor aceitou as limitações do incumbente em troca de ações políticas simples e ordinárias de gestão da cidade, tais como limpeza urbana, criação de parques etc. É pouco provável que o esforço do prefeito em se apresentar em sua propaganda como um gestor incisivo, firme e confiante tenha mudado sua imagem de "João chorão" e "prefeito marionete", principalmente quando não era segredo que o ministro Geddel era seu patrono, responsável pela transferência de recursos do Ministério da Integração Nacional que permitiram realizar as obras concluídas às vésperas das eleições. Vê-se que, na decisão do voto, o eleitor pode diminuir suas expectativas sobre o papel do prefeito e reavaliar os méritos de seu governo. Podemos dizer que o eleitor soteropolitano tinha um claro senso de lugar, reconhecia as limitações de suas opções políticas e não acreditava mais em mandatários super-heróis; contentou-se, assim, com a execução de pequenas ações que lhe permitiriam (sobre)viver em sua cidade.

As bases sociais do voto

Para concluirmos nossa análise, é importante observarmos mais atentamente as bases eleitorais dos candidatos conforme cristalizadas em suas votações na cidade. A capital baiana possui 20 zonas eleitorais. Analisando os resultados do primeiro turno (ver tabela 1), verificamos que a votação de João Henrique (PMDB) variou de 26,1% a 46,6%. Se compararmos os resultados das zonas eleitorais em 2008 com os dados de educação, renda e tipo de emprego do ano de 2000, notamos que as zonas de destaque de João Henrique (4, 8 e 15) representam os espaços de mais baixas condições sociais, no norte da capital. Pinheiro (PT) apresentou uma variação entre 20,1% e 31,2%, também com destaque para as regiões de mais baixa educação, renda e trabalho formal (zonas 4, 16, 19 e 20), englobando o norte, o nordeste e parte do "miolo" de Salvador. Enquanto isso, ACM Neto (DEM) e Imbassahy (PSDB) apresentaram votação mais vultuosa nas zonas mais ao sul da capital, de maior nível escolar, maior renda e maior percentual de ocupação formal. Hilton (Psol) também apresentou resultados ligeiramente superiores no sul da cidade.

No segundo turno, disputado por João Henrique (PMDB) e Walter Pinheiro (PT), observa-se que não houve grande variância territorial (ver tabela 2). João venceu em todas as zonas, o que sugere que, após disputarem os mesmos espaços no primeiro turno, o apelo dele foi mais atrativo, no segundo turno, entre aqueles que tinham votado em outros candidatos. As zonas ao sul da cidade, que eram destaque para os candidatos que perderam o primeiro turno, parecem ter mudado o voto na direção de João Henrique (PMDB).

Tabela 1. Votos válidos para prefeito em 2008, no 1º turno, por zona eleitoral de Salvador (%)

Candidatos	Zona 1	Zona 2	Zona 3	Zona 4	Zona 5	Zona 6	Zona 7	Zona 8	Zona 9	Zona 10
João Henrique	26,1	31,0	32,5	**37,2**	31,8	29,6	30,7	**38,1**	30,3	32,8
Walter Pinheiro	25,3	30,0	28,8	**30,3**	29,4	26,2	26,2	26,5	30,0	25,4
ACM Neto	**33,7**	27,4	26,1	20,0	27,2	**30,3**	**29,5**	24,9	28,4	26,7
Imbassahy	**11,8**	7,2	8,2	9,5	8,0	9,1	9,2	6,6	7,0	**11,3**
Hilton Coelho	3,1	4,4	4,5	3,2	3,6	**4,8**	4,5	3,9	4,3	3,8
	Zona 11	**Zona 12**	**Zona 13**	**Zona 14**	**Zona 15**	**Zona 16**	**Zona 17**	**Zona 18**	**Zona 19**	**Zona 20**
João Henrique	31,7	28,9	30,3	30,7	**46,6**	31,6	34,9	31,7	31,7	34,8
Walter Pinheiro	30,1	28,4	20,1	28,3	26,5	**30,9**	29,9	28,9	**30,7**	**31,2**
ACM Neto	26,0	**29,6**	**32,6**	**29,2**	18,6	26,1	24,8	27,3	25,0	24,0
Imbassahy	8,1	8,6	**13,6**	7,3	5,0	7,6	6,8	7,5	8,7	6,5
Hilton Coelho	4,1	4,5	3,3	4,5	3,3	3,7	3,6	4,6	3,8	3,5

Fonte: TRE-BA.

Tabela 2. Votos válidos para prefeito em 2008, no 2º turno, por zona eleitoral de Salvador (%)

Candidatos	Zona 1	Zona 2	Zona 3	Zona 4	Zona 5	Zona 6	Zona 7	Zona 8	Zona 9	Zona 10
João Henrique	63,8	58,3	56,3	58,4	56,9	56,6	57,6	62,6	59,9	53,5
Walter Pinheiro	36,2	41,7	43,7	41,6	43,1	43,4	42,4	37,4	40,1	46,5
	Zona 11	**Zona 12**	**Zona 13**	**Zona 14**	**Zona 15**	**Zona 16**	**Zona 17**	**Zona 18**	**Zona 19**	**Zona 20**
João Henrique	56,1	60,2	55,5	60,1	67,4	57,3	58,7	56,5	55,6	58,9
Walter Pinheiro	43,9	39,8	44,5	40,0	32,6	42,7	41,3	43,5	44,4	41,1

Fonte: TRE-BA.

As conclusões, relativas ao segundo turno, obtidas pela análise territorial são ainda complementadas pelos dados da última pesquisa de opinião realizada pelo Datafolha, nos dias 24 e 25 de outubro (ver tabela 3). Pelo cruzamento entre a intenção de voto estimulada no segundo turno e o voto no primeiro turno (desconsiderando as opções branco/nulo/nenhum e não sabe), notamos que os eleitores de Imbassahy (PSDB) e Hilton Coelho (Psol) ficaram divididos, enquanto os de ACM Neto (DEM) penderam mais a favor de João Henrique (PMDB).

Tabela 3. Intenção de voto (estimulado) no 2º turno e memória de voto para prefeito de Salvador no 1º turno (2008)*

Intenção de voto (2º turno)	Memória do voto no 1º turno					
	ACM Neto (DEM)	Imbassahy (PSDB)	Hilton Coelho (Psol)	João Henrique (PMDB)	Walter Pinheiro (PT)	Total
João Henrique (PMDB)	191	40	20	536	59	846
	65,0%	48,2%	45,5%	94,0%	10,9%	
Walter Pinheiro (PT)	103	43	24	34	480	684
	35,0%	51,8%	54,5%	6,0%	89,1%	
Total	294	83	44	570	539	1.530

Fonte: pesquisa Datafolha nº 3.473. Cruzamento entre P9 e P2, excluídas as opções "branco/nulo/nenhum" e "não sabe".
* Percentual na coluna das opções válidas.

Por dentro dos números: os fatores que influenciaram a intenção de voto

Nesta seção, procuramos explicar o comportamento do eleitor quanto a sua intenção de voto (variável dependente) pela influência de fatores sociodemográficos, de identificação partidária, de avaliação dos diferentes níveis de governo e do acompanhamento da propaganda eleitoral gratuita (variáveis explicativas). Para essa finalidade, foi possível contar com várias perguntas utilizadas nos questionários do Instituto Datafolha aplicados durante a campanha nos dois turnos, em Salvador. No que se refere à identificação partidária, variável que geralmente adquire grande importância quando pensada como atalho informacional para avaliar o que se espera dos candidatos que se apresentam com base em experiências anteriores dos partidos, vemos que, em Salvador, a identificação espontânea com algum partido político[8] situou-se na faixa dos 40%, enquanto 60% não sabiam, não responderam ou disseram nomes e referências que não correspondem a partidos. O partido mais citado na preferência foi o PT (25%), seguido pelo DEM e pelo PMDB, que apareciam em segundo lugar com cerca de 4% cada um. Outros partidos foram pouco citados. Em nosso modelo – devido à identificação com outros partidos além do PT ser baixa, e somente a preferência por este ser mais significativa – a análise partidária estudada será diferenciada entre aqueles que têm preferência pelo PT, os que têm preferência por algum partido diferente do PT e os que não têm preferência partidária alguma.

A avaliação das administrações nos diferentes níveis de governo também guarda uma relação entre a análise retrospectiva e as informações que essa traz ao eleitor para auxiliá-lo na comparação dos candidatos. Entre as análises de governo e desempenho dos governantes,[9] Lula era o que aparecia mais bem-avaliado (7,7). Já o governador petista, Jaques Wagner, obteve nota média regular e estável (5,7). O prefeito João Henrique teve uma evolução interessante, no sentido de não ser bem-avaliado no início do período de campanha (4,7), mas apresentando uma evolução até o final da disputa (6,0). Apesar de a nota do prefeito não ter passado de 6, sua ascendência apresentou uma tendência crescente, que chegou a superar a média da nota dada ao governador. Estes dados revelam a capacidade do prefeito de reverter, durante a campanha, as avaliações negativas que pesavam sobre sua administração no período pré-eleitoral.

Sobre o comportamento dos eleitores

A campanha nos veículos de comunicação de massa, sobretudo na televisão, tem-se mostrado uma ferramenta de grande relevância e com alta capacidade de influência na decisão do voto, principalmente quando da escolha para o Executivo em grandes cidades. Pela televisão os candidatos buscam conquistar os eleitores, com ênfase no uso de retóricas imagéticas e discursivas. Segundo pesquisa Datafolha, o acompanhamento do HGPE na televisão,[10] em Salvador,

[8] Pergunta: "Qual é o seu partido político de preferência?" (resposta espontânea).

[9] Pergunta: "De zero a 10, que nota você dá para o desempenho do presidente Lula/governador Jaques Wagner/prefeito João Henrique Carneiro?".

[10] Pergunta: "No dia 19 de agosto, teve início o horário eleitoral gratuito na TV, que é exibido no período da tarde, entre uma e uma e meia (13h e 13h30min) e à noite, entre oito e meia e nove horas (20h30min e 21h). Você assistiu algum dia, pela TV, à propaganda de algum dos candidatos a prefeito no horário eleitoral gratuito?" (respostas: "sim, assistiu"; "não assistiu").

se consolidou a partir de 4 e 5 de setembro. Visando elucidar como se deu a apreensão da campanha pelos diversos segmentos do eleitorado, foi testado um modelo estatístico – multivariado de regressão logística multinomial – que será descrito a seguir.

Este modelo de análise estatística é utilizado quando temos uma variável dependente com mais de duas categorias que não podem ser ordenadas. De acordo com a especificação, a probabilidade de que um eleitor específico escolha uma alternativa é dada pela probabilidade de que a utilidade desta alternativa para o eleitor seja maior do que a utilidade de todas as alternativas disponíveis. O quadro abaixo descreve as variáveis utilizadas quanto a suas divisões categóricas e formas de quantificação utilizadas na especificação do modelo rodado no software SPSS 12.

Quadro 1. Descrição das variáveis utilizadas no modelo

Variável dependente		
Intenção estimulada com cinco categorias:* João Henrique/ACM Neto/Imbassahy/Walter Pinheiro/nenhum ou branco ou nulo		
Variáveis independentes (*factors*)	**Dimensão**	**Categorias**
Sexo	Categórica (2)	Masc./fem.
Idade (anos)	Ordenada (3)	Até 24/25-44/45 ou +
Renda familiar (reais)	Ordenada (3)	Até 830/831-1.245/1.246 ou +
Escolaridade	Ordenada (3)	Até fundamental comp./até médio comp./superior ou pós
Cor declarada	Categórica (3)	Branco/preto ou pardo/outros, amarelo ou indígena
Religião	Categórica (3)	Evang. pent./católica/outros ou NS ou ateu ou nenhum
Preferência partidária	Categórica (3)	PT/outros que não PT/nenhum
Avaliação do governo Lula	Ordenada (3)	Péssimo ou ruim/regular/bom ou ótimo
Avaliação do governador. J. Wagner	Ordenada (3)	Péssimo ou ruim/regular/bom ou ótimo
Exposição HGPE TV	Categórica (2)	Não exposto/exposto

* Respostas "não sabe" (47 observações) e "Hilton Coelho" (26 observações) foram consideradas como *missing*.

Lembramos que uma preocupação recorrente na interpretação de resultados em análise multivariada é a ocorrência de multicolinearidade, isto é, quando variáveis independentes podem ser bastante correlacionadas, trazendo problemas de eficiência e para a significância de variáveis envolvidas. O exame de correlação entre as variáveis utilizadas apresentou uma forte associação entre renda e escolaridade e entre as avaliações dos governos de Lula e Jaques Wagner. Porém, essa correlação não foi tão forte (não acima de 0,35) a ponto de retirarmos as variáveis envolvidas, pois não deve haver problemas para a estimação dos parâmetros. Contudo, é importante levarmos essa informação em consideração ao interpretar essas variáveis. A seguir, é apresentada a tabela 4 com os resultados dos modelos analisados para três períodos, a fim de que tenhamos uma perspectiva temporal da interpretação quantitativa. Nem todas as variáveis analisadas estavam presentes nos períodos considerados. Ainda assim, é possível compará-las.

Tabela 4. Resultados dos modelos de intenção de voto (estimulada): base comparativa - João Henrique

		4 e 5 set. (1 mês antes do 1º t)	25 e 26 set. (10 dias antes do 1º t)	21 e 22 out. (5 dias antes do 2º t)
Variáveis	**Categorias de análise**	***Odds ratio***	***Odds ratio***	***Odds ratio***
ACM Neto				
Gênero (ref.: fem.)	Masculino	1,085	0,878	-
Idade (ref.: 45 ou +)	Jovem (16-24 anos)	1,177	1,190	-
	Adulto (25-44 anos)	0,954	**0,667***	-
Renda familiar (ref.: 1.246 ou +)	Até 830	**0,582****	0,827	-
	831 a 1.245	1,167	1,273	-
Escolaridade (ref.: sup. ou pós)	Até fund. completo	0,615	0,888	-
	Até médio completo	0,598	1,128	-
Cor decl. (ref.: preta ou parda)	Outro, amarelo ou índio	0,924	-	-
	Branca	**2,843*****	-	-
Religião (ref.: outras ou nenhuma)	Evang. pentecostal	0,639	**0,569****	-
	Católica	1,478	0,926	
Pref. partidária (ref.: nenhuma)	Outros que não o PT	1,041	1,449	-
	PT	**0,409*****	**0,496****	

Variáveis	Categorias de análise	4 e 5 set. (1 mês antes do 1º t) *Odds ratio*	25 e 26 set. (10 dias antes do 1º t) *Odds ratio*	21 e 22 out. (5 dias antes do 2º t) *Odds ratio*
Aval. governo Lula (ref.: bom e ótimo)	Ruim ou péssimo	2,108	-	-
	Regular	1,781**	-	-
Aval. governo J. Wagner (ref.: bom e ótimo)	Ruim ou péssimo	2,133**	-	-
	Regular	1,385	-	-
Exposição ao HGPE TV (ref.: não exposto)	Exposto	1,543*	1,387	-
Imbassahy				
Gênero (ref.: fem.)	Masculino	1,130	0,747	-
Idade (ref.: 45 ou +)	Jovem (16-24 anos)	0,992	0,777	-
	Adulto (25-44 anos)	0,788	0,686	-
Renda familiar (ref.: 1.246 ou +)	Até 830	0,958	0,637*	-
	831 a 1.245	1,370	1,243	-
Escolaridade (ref.: sup. ou pós)	Até fund. completo	0,169***	0,699	-
	Até médio completo	0,196***	0,811	-
Cor declarada (ref.: preta ou parda)	Outro, amarelo ou índio	0,670	-	-
	Branca	2,706**	-	-
Religião (ref.: outras ou nenhuma)	Evang. pentecostal	0,768	0,448**	-
	Católica	1,848**	0,743	
Pref. partidária (ref.: nenhuma)	Outros que não o PT	0,616	0,344***	-
	PT	0,510**	0,845	
Aval. governo Lula (ref.: bom e ótimo)	Ruim ou péssimo	1,032	-	-
	Regular	1,834**	-	-
Aval. governo J. Wagner (ref.: bom e ótimo)	Ruim ou péssimo	3,059***	-	-
	Regular	1,958**	-	-
Exposição ao HGPE TV (ref.: não exposto)	Exposto	0,987	0,806	-

Variáveis	Categorias de análise	4 e 5 set. (1 mês antes do 1º t) *Odds ratio*	25 e 26 set. (10 dias antes do 1º t) *Odds ratio*	21 e 22 out. (5 dias antes do 2º t) *Odds ratio*
Walter Pinheiro				
Gênero (ref.: fem.)	Masculino	1,247	0,875	1,019
Idade (ref.: 45 ou +)	Jovem (16-24 anos)	0,876	1,173	1,040
	Adulto (25-44 anos)	**0,609***	0,958	0,866
Renda familiar (ref.: 1.246 ou +)	Até 830	0,731	1,041	0,797
	831 a 1.245	1,053	1,372	0,744
Escolaridade (ref.: sup. ou pós)	Até fund. completo	**0,198*****	**0,388*****	0,688
	Até médio completo	**0,272****	**0,395*****	**0,676***
Cor declarada (ref.: preta ou parda)	Outro, amarelo ou índio	0,612	-	-
	Branca	1,456	-	-
Religião (ref.: outras ou nenhuma)	Evang. pentecostal	**0,342*****	**0,527****	-
	Católica	0,745	0,736	
Pref. partidária (ref.: nenhuma)	Outros que não PT	1,035	**0,450****	**0,457*****
	PT	**3,925*****	**4,564*****	**3,452*****
Aval. governo Lula (ref.: bom e ótimo)	Ruim ou péssimo	0,285	-	0,754
	Regular	1,050	-	0,829
Aval. governo J. Wagner (ref.: bom e ótimo)	Ruim ou péssimo	0,833	-	**0,397*****
	Regular	1,036	-	0,761
Exposição ao HGPE TV (ref.: não exposto)	Exposto	1,289	1,171	-
Nenhum				
Gênero (ref.: fem.)	Masculino	1,074	0,851	0,656
Idade (ref.: 45 ou +)	Jovem (16-24 anos)	**0,240****	0,594	2,042
	Adulto (25-44 anos)	**0,480****	**0,540***	**2,010****
Renda familiar (ref.: 1.246 ou +)	Até 830	0,721	1,660	1,322
	831 a 1.245	1,664	2,165	1,254

		4 e 5 set. (1 mês antes do 1º t)	25 e 26 set. (10 dias antes do 1º t)	21 e 22 out. (5 dias antes do 2º t)
Variáveis	**Categorias de análise**	***Odds ratio***	***Odds ratio***	***Odds ratio***
Escolaridade (ref.: sup. ou pós)	Até fund. completo	0,158***	0,218***	1,369
	Até médio completo	0,204**	0,469	1,541
Cor decl. (ref.: preta ou parda)	Outro, amarelo ou índio	0,351**	-	-
	Branca	0,438	-	-
Religião (ref.: outras ou nenhuma)	Evang. pentecostal	0,562	0,206***	-
	Católica	0,983	0,506**	
Pref. partidária (ref.: nenhuma)	Outros que não o PT	0,207**	0,116***	0,329***
	PT	0,331**	0,170***	0,821
Aval. governo Lula (ref.: bom e ótimo)	Ruim ou péssimo	1,730	-	9,204***
	Regular	3,402***	-	2,433***
Aval. governo J. Wagner (ref.: bom e ótimo)	Ruim ou péssimo	5,105***	-	4,106***
	Regular	1,796	-	2,917**
Exposição ao HGPE TV (ref.: não exposto)	Exposto	0,470**	0,530**	-
Obs. válidas (*missings*)		723 (156)	874 (134)	877 (95)
Chi^2		316,6 (72g.l., sig.= 0,00)	256,6 (48g.l., sig.= 0,00)	229,0 (26g.l., sig.= 0,00)
Pseudo R^2 de McFadden		0,14	0,10	0,15

Fonte: pesquisas Datafolha (4 e 5 set. 2008; 25 e 26 set. 2008; 21 e 22 set. 2008).
Obs.: sig. 1%(***), 5%(**) e 10%(*).

A interpretação da tabela seguirá o formato de sua apresentação, analisando os três períodos para cada par comparativo, começando por João Henrique (PMDB) e ACM Neto (DEM) e terminando com João Henrique e "nenhum" (candidato). Na análise foram utilizados os valores significativos dos *odds ratio* ou OR (razão de chances ou razão de riscos relativos) estimados, obtidos pela função exponencial dos coeficientes estimados dos *betas* (exp (b)). O OR, em nosso caso, em que não há variáveis contínuas, é interpretado de forma direta. Quando apresenta valor maior do que 1, a variável considerada aumenta a probabilidade de que a alternativa em questão seja escolhida, em vez da alternativa de referência. O oposto ocorre no caso em que o OR é menor do que 1. Na análise abaixo, sublinhamos os principais achados.

Nos aspectos sociodemográficos gerais da comparação entre o incumbente e ACM Neto, notamos que Neto foi desfavorecido por aqueles eleitores de renda muito baixa e de religião evangélica pentecostal, sendo favorecido pelos eleitores de mais idade e por aqueles que se declararam brancos. No primeiro período, um mês antes do pleito, os eleitores com renda familiar até R$ 830 tinham 40% menos chances de preferir Neto a João, e os brancos tinham 2,8 vezes mais chances de fazer a mesma escolha. Dez dias antes do pleito, se sobressaíram os mais velhos a favor de Neto e uma clivagem evangélica, em que estes tinham cerca de 40% menos chances de preferir Neto a João. Na questão partidária, em ambos os períodos os petistas favoreceram João – esses tinham 60 e 50% menos chance de preferir Neto ao atual prefeito, em relação aos que não tinham identificação por partido. A má avaliação dos governos de Lula e Wagner favoreceu Neto, o que permite classificá-lo, já na percepção do eleitorado, como claro candidato opositor. Quanto à exposição à propaganda eleitoral na televisão, verificamos que ela favoreceu mais Neto do que João, apesar de não ter atraído a maioria negra e de baixa renda, que se mostrou mais identificada com o prefeito.

Quanto à comparação entre Imbassahy (PSDB) e João Henrique (PMDB), notamos inicialmente que o tucano teve pouca adesão entre aqueles de escolaridade mais baixa e mediana. Havia cerca de 80% menos chance de os eleitores com esse grau de instrução escolherem Imbassahy. Houve um favorecimento inicial de Imbassahy entre os eleitores de religião católica e entre os que se declararam de cor branca, sendo desfavorecido pelos evangélicos pentecostais. A preferência pelo PT prejudicou Imbassahy, que, no período posterior, foi desfavorecido mesmo por aqueles com preferência partidária em relação aos que não tinham partido. A má avaliação dos governos de Lula e Wagner, assim como em Neto, favoreceu o tucano, o que não podia ser bom, pois a maioria avaliava bem os governos de Lula e Wagner. A exposição à propaganda no HGPE não pesou na clivagem entre um e outro.

Na relação entre João Henrique e Pinheiro, o que ficou evidente foi a baixa adesão dos menos escolarizados em relação a Pinheiro. Mas o candidato petista foi capaz de diminuir essa diferença em relação a João, chegando ao segundo turno com chances de escolha parecidas entre os grupos dos mais escolarizados. Novamente é clara a preferência dos evangélicos por João. Notamos que, diferentemente de Imbassahy e Neto, em relação a Pinheiro não houve clivagens entre negros e brancos. No aspecto partidário temos que aqueles que se identificavam com o PT se aproximavam mais de João, diferentemente do que ocorria em relação a Neto e Imbassahy. Contudo, em relação a Pinheiro (PT), notamos que os petistas tinham muito mais chances de preferir este a João Henrique (PMDB). Houve cerca de quatro vezes mais chances de os petistas preferirem Pinheiro a João, se comparados àqueles que não possuíam preferência partidária. Quanto à influência das avaliações do presidente e do governador petistas, ela não se mostrou favorável ao candidato do PT, o que denota que ambos puderam reivindicar ligação com esses mandatários. Como o segundo turno foi formado por João e Pinheiro, podemos inferir que, nessas eleições, a preferência partidária fez a diferença a favor de Pinheiro, mas que, em compensação, não houve sinais de transferência de votos dos mandatários petistas para o candidato do PT. Podemos inferir que a escolha em João se liga muito a uma continuidade e situacionismo.

Na comparação entre João Henrique e a escolha por nenhum candidato – que identifica eleitores que podem ser considerados como aqueles mais céticos, por negarem os candidatos apresentados, especialmente o candidato à reeleição –, destacaram-se, no primeiro turno, os eleitores céticos como mais velhos, de alta escolaridade, sem religião, sem preferência partidária, que avaliavam mal os governos de Lula e Wagner e que não eram expostos à propaganda eleitoral. No segundo turno, os céticos se mostraram mais jovens, ainda sem partido e avaliando muito mal as administrações dos mandatários.

Considerações finais

De acordo com Lavareda (2009), 25% dos candidatos-prefeitos de capital não apresentavam os pré-requisitos para vislumbrar uma reeleição, uma vez que suas administrações ostentavam avaliações de menos de 40% de "ótimo e bom" às vésperas do início oficial da campanha. Apesar deste quadro sombrio quanto às chances de vitória no período pré-eleitoral, capaz, inclusive, de estimular a ruptura das alianças dos partidos da base de apoio no governo com o incumbente, devido ao pessimismo suscitado pelos baixos índices de avaliação da administração e pela baixa popularidade do mandatário, quase todos conseguiram se reeleger, inclusive o prefeito João Henrique, de Salvador. Caso tivesse seguido as orientações delineadas por alguns analistas (Almeida, 2008), as pressões de seus correligionários e as críticas da opinião pública, o peemedebista não estaria hoje no Palácio Thomé de Souza.

Um fator que deveria ser inserido no modelo para pesquisar o desempenho dos incumbentes nas últimas eleições municipais brasileiras é o papel das campanhas, uma vez que as mesmas intervêm na opinião pública (Holbrook, 1996). Obviamente, se os candidatos dispõem de mais tempo na televisão, maior é o volume de informações que poderão apresentar ao eleitor e mais sofisticados podem ser os argumentos de persuasão. Apontam-se, como evidências da relevância das campanhas para decidir as eleições, os seguintes aspectos: (i) o fato de que há um número significativo de eleitores que decidem seu voto durante a campanha; (ii) a identificação partidária é menor do que costumava ser; (iii) observam-se variações nas intenções de voto durante as campanhas; (iv) por fim, as eleições tornaram-se mais orientadas para a mídia, de maneira que geram uma massa de informações que podem ser usadas pelos eleitores como referência para decidir seu voto (Holbrook, 1996).

É verdade que os trabalhos que medem os impactos das campanhas sobre a decisão de voto destacam que a interação entre estas e os eleitores modifica os índices de intenção de voto, mas provoca uma pequena taxa de conversão da escolha eleitoral. As campanhas podem ser vistas como um conjunto de atividades de intervenção realizadas com a intenção de aumentar os votos e vencer uma eleição. Seu principal impacto é disseminar informações: propaganda, exposição na mídia, campanha negativa etc. Ainda que cumpram papel limitado na decisão de voto, quando comparadas a outros fatores considerados determinantes, é importante considerar as estratégias de persuasão dos candidatos para o resultado da disputa, sobretudo quando se usa comunicação de massa. Temos como premissa que cada eleição tem um elenco de candidatos e circunstâncias que podem contribuir para explicar seu resultado. Assim, é possível que a campanha politize as avaliações de desempenho do governo e conteste a interpretação sobre o mundo atual apresentada pela oposição.

Vimos que o prefeito João Henrique teve a seu favor em sua campanha de reeleição: o maior tempo no HGPE, realizações para apresentar, recursos para propaganda, estrutura partidária, apoio de ampla rede de vereadores e suporte das igrejas evangélicas locais para dar capilaridade a sua campanha junto aos diversos segmentos do eleitorado. O incumbente soube posicionar-se como terceira via no campo político local e, dessa forma, mais uma vez mostrou-se como alternativa para aqueles que rejeitavam carlistas e anticarlistas. É impossível não considerar o peso das clivagens partidárias para analisar os desdobramentos da eleição para a prefeitura de Salvador em 2008. É fundamental, ainda, observarmos a influência das clivagens religiosas neste cenário. Quando consideramos o clima de otimismo que operava na cidade – como em outras capitais brasileiras – graças às melhorias nas condições de emprego, renda e urbanização, entende-se por que os anseios dos eleitores se inclinariam para a continuidade, caso as críticas da oposição não fossem suficientes para desconstruir essa sensação de conquista. A retórica do incumbente revelou-se eficaz para desconstruir a imagem dos adversários e para justificar os resultados alcançados pela sua gestão. Foi justamente por compreender que campanhas eleitorais abarcam disputas pela interpretação do mundo real que este prefeito foi capaz de mostrar quanto vale um mandatário.

6. Voto retrospectivo, identidade partidária e campanha eleitoral na reafirmação do novo: a reeleição de Luizianne Lins em Fortaleza

GUSTAVO VENTURI

DEMÉTRIO ANDRADE

2004: de "patinho feio" a cisne do PT

Para chegar ao Paço Municipal em 2004, a então candidata petista Luizianne Lins enfrentou uma conjuntura bastante diversa da que a reconduziria à prefeitura em 2008. Jornalista e professora da Universidade Federal do Ceará (UFC), Luizianne iniciou a vida política no movimento estudantil.[1]

Em 1996, elegeu-se vereadora (a mais votada do PT em Fortaleza, com 5.336 votos) e reelegeu-se em 2000 (com quase 10 mil votos).[2] Em 2002, postulou uma vaga na Assembleia Legislativa, sendo a quarta deputada mais votada e a mulher que obteve o maior número de votos no estado (cerca de 60 mil).[3] Chegou a presidir o diretório municipal do PT, mas, como integrante da Democracia Socialista (DS), tendência interna do partido, após dois anos no cargo de deputada estadual, começaria enfrentando resistências dentro da própria legenda ao sustentar a tese de uma candidatura própria às eleições de 2004, vencendo localmente por *um* voto a proposta das direções municipal e nacional do partido, que, na oportunidade, defendiam apoio a Inácio Arruda (PCdoB).

---

[1] Foi presidente do Centro Acadêmico de Comunicação Social em 1990 e, em 1992, do Diretório Central dos Estudantes (DCE) da UFC. Em 1993 foi eleita diretora da União Nacional dos Estudantes (UNE).

[2] Na Câmara de Vereadores, foi presidente da Comissão de Educação, Cultura e Desporto e da Comissão Parlamentar de Inquérito da Cagece (Companhia de Água e Esgoto do Ceará), relatora das CPIs do Turismo Sexual e das Bolsas de Estudo, bem como da Comissão Especial das Áreas de Risco.

[3] No momento da candidatura à prefeitura, em 2004, presidia a Comissão de Direitos Humanos da Assembleia Legislativa, e também era titular da Comissão de Agropecuária e Recursos Hídricos.

Seus principais concorrentes eram todos aparentemente mais fortes: além de Arruda, havia Moroni Torgan (PFL), ambos então deputados federais, Antônio Cambraia (PSDB), ex-prefeito da capital, e Aloísio Carvalho (PMDB), apoiado pelo então prefeito Juraci Magalhães. Crescendo gradativamente, a partir de baixos percentuais nas primeiras pesquisas (tabela 1) e em uma coligação de apenas dois partidos (PT e PSB),[4] Luizianne obteria um segundo lugar inesperado no primeiro turno, vencendo o segundo turno, logo a seguir, já de modo mais previsível, dado o arco de alianças que, logicamente, se formaria contra Moroni Torgan, o vencedor do primeiro turno.

Inicialmente pouco conhecida pela maioria do eleitorado, mas com o segundo maior tempo na propaganda eleitoral gratuita no rádio e na televisão (5min19s),[5] a campanha de Luizianne "corre por fora" ao longo do primeiro turno, em boa medida beneficiada por ser considerada sem chance e, portanto, poupada pelos adversários, seja porque vista como possível aliada para o segundo turno (por Arruda e Carvalho, na medida em que sabiam que ela jamais apoiaria um candidato do PFL ou do PSDB), seja por a considerarem um fator positivo de divisão de um eleitorado mais sensível aos apelos da situação ou da esquerda (como é plausível imaginar que raciocinavam Cambraia e Torgan).

Mas o pano de fundo para o crescimento de sua candidatura estava na novidade que ela representava, com uma história política desvinculada de quaisquer agrupamentos tradicionais existentes à época. O real substrato para sua vitória vinha da relativa fadiga dos modelos de gestão precedentes na prefeitura e vigentes no estado, já incapazes de manter sua hegemonia, respectivamente o "juracismo" e o "tassismo" – por motivos que serão expostos adiante. Sopravam ainda a seu favor os ventos da mudança decorrente da eleição de Lula à pre-

---

[4] A eleição para a prefeitura de Fortaleza, em 2004, tinha 11 candidatos no primeiro turno, que disputavam os votos de 1,36 milhão de eleitores da cidade. Seis coligações, formadas por 22 partidos, foram articuladas, quais sejam: Nossa Fortaleza (PCdoB/PCB/PL/PPS/PMN/Prona), de Inácio Arruda, do PCdoB, que disputava a vaga de prefeito, pela terceira vez; Liberta Fortaleza (PFL/PAN/PTC), de Moroni Torgan, do Partido da Frente Liberal (PFL), hoje Democratas (DEM); Experiência Comprovada (PSDB/PP/PTB/PSL/PSDC/PRP), que apoiava Antonio Cambraia; Fortaleza Amada (PT/PSB), reduto partidário da deputada estadual Luizianne Lins; Fortaleza Novo Tempo, (PMDB/PTN/PRTB) base de Aloísio Carvalho, secretário de Finanças no governo Juraci Magalhães na última gestão do peemedebista; e Semeando Fortaleza (PHS/PTdoB), do deputado estadual Francisco Caminha. Os demais disputaram a vaga no Paço Municipal sem alianças partidárias, e a este grupo pertenciam: Heitor Férrer, do Partido Democrático Trabalhista (PDT); Marcelo Silva, do Partido Verde (PV); Nielson Queiroz, do Partido Social Cristão (PSC); Antônio Vidal, do Partido da Causa Operária (PCO), e Valdir Pereira, do Partido Socialista dos Trabalhadores Unificado (PSTU).

[5] "Petistas apostam na propaganda". *Diário do Nordeste*, 14 ago. 2004, "Política".

sidência em 2002: de 2000 para 2004, havia aumentado em 120% o número de prefeitos eleitos pelo PT[6] – uma onda que beneficiaria também Luizianne.

Tabela 1. Intenção de voto para prefeito em 2004: Fortaleza (%)

Candidatos	20 e 21 jul. 2004	31 ago. e 1 set. 2004	23 set. 2004	29 set. 2004
Antônio Cambraia (PSDB)	21	28	22	24
Moroni Bing Torgan (PFL)	23	24	21	24
Inácio Arruda (PCdoB)	28	23	21	17
Luizianne Lins (PT)	3	8	14	15
Aluísio Carvalho (PMDB)	2	5	6	8
Heitor Férrer (PDT)	3	3	4	3
Francisco Caminha (PHS)	1	1	1	1
Nielson Queiroz (PSC)	1	1	1	1
Antônio Vidal (PCO)	0	0	0	0
Marcelo Silva (PV)	0	0	0	1
Valdir Pereira (PSTU)	0	0	0	0
Branco/nulo/nenhum	8	3	4	2
Não sabe	9	5	5	4

Fontes: Datafolha; *O Povo*.

Ao mesmo tempo, o fato de ela ter bancado sozinha a disputa interna contra a direção nacional do PT lhe dera autonomia em relação ao governo Lula: enquanto, na condição de deputada estadual, ela ia à televisão questionar alguns atos, à época impopulares, do governo federal, sem deixar de reafirmar que era ela a candidata do PT, a candidatura de Inácio Arruda, que tinha como estratégia vincular-se ao governo Lula, teve de explicar, mais de uma vez, por exemplo, seu voto a favor da reforma da Previdência e contra o direito adquirido de aposentados e pensionistas.

---

[6] O PT chegou ao final das eleições de 2004 com 411 prefeituras eleitas. Foi o partido que apresentou a maior evolução em números absolutos de prefeituras: 224 a mais que em 2000. Cf.: <www.fpabramo.org.br/conteudo/eleicoes-pt-mantem-trajetoria-de-crescimento>. Acesso em: 10 abr. 2008.

Na noite anterior à eleição do dia 3 de outubro, o Ibope confirmaria Moroni Torgan em primeiro lugar (29%) e, pela primeira vez, apontaria Luizianne Lins com chances de ir ao segundo turno, tecnicamente empatada (20%) com Cambraia (22%) e com Arruda (19%).[7] Efetivamente, PFL e PT disputariam o segundo turno na capital cearense. O partido, que até então a rejeitara, se uniu. Agregou ainda o apoio dos ex-adversários Inácio Arruda (PCdoB) e Heitor Férrer (PDT), além de outros pequenos partidos de diferentes matizes ideológicos. Assim, na primeira pesquisa do segundo turno, Luizianne já apareceria na liderança, com 53% das intenções de voto, contra 40% de Moroni – distância que se manteve até o 31 de outubro. Luizianne chegou ao Paço Municipal sendo a segunda mulher a governar a capital do estado, eleita com 620.174 votos (56,21% dos válidos) contra 483.085 votos (43,79%) de Moroni Torgan, do PFL.[8]

Mais do que superar a sombra da ex-prefeita Maria Luíza Fontenele,[9] primeira prefeita de capital eleita pelo PT e primeira mulher a ser eleita para esse cargo, em 1985 – a qual deixara forte marca negativa no imaginário popular –, a vitória de Luizianne representou um rompimento com as elites locais, como se observa voltando um pouco no tempo. De fato, na história recente, com exceção da breve gestão de Fontenele,[10] o Ceará não fugira à regra do mandonismo nordestino. Seus maiores expoentes mais recentes foram os coronéis Virgílio Távora, Adauto Bezerra e César Cals, que dominaram a política local durante 24 anos,[11] entre 1962 e 1985, combinando relações de poder tipicamente clientelistas com ventos de uma elite modernizadora, apoiados em

---

[7] Informações encontradas em: <http://diariodonordeste.globo.com/materia.asp?codigo=195377>. Acesso em: 10 abr. 2008.

[8] Informações encontradas em: <http://www.tre-ce.gov.br/>. Acesso em: 10 abr. 2008.

[9] Maria Luíza derrotou, à época, os "favoritos" Paes de Andrade (PMDB) e Lúcio Alcântara (PFL), contrariando todas as pesquisas de opinião (Andrade, Bruno e Farias, 2002).

[10] A exemplo dos demais prefeitos de capitais e de municípios classificados pela ditadura militar como áreas de "segurança nacional", Fontenele foi eleita, em 1985, para um mandato curto, de apenas três anos (1986-1988), enquanto os demais municípios em todo o país já tinham retomado o exercício da eleição direta para prefeito em 1982, e os mandatários então eleitos tiveram um mandato longo, de seis anos (1983-1988).

[11] O ciclo de poder dos coronéis no estado se inicia, na verdade, com outras figuras, como o próprio padre Cícero Romão Batista e Nogueira Accioly, este último tendo comandado o sistema oligárquico coronelista sob as bênçãos de seu sogro, senador Pompeu, principal líder do Partido Liberal no Império, entre 1895 e 1912. As administrações ligadas a Virgílio, Adauto e Cals são as seguintes: Virgílio Távora (1962-1966), Plácido Castelo (1967-1970), César Cals (1971-1974), Adauto Bezerra (1975-1978), Virgílio Távora (1979-1982) e Gonzaga Mota (1983-1986) (Gondim, 1998).

fontes como a Superintendência do Desenvolvimento do Nordeste (Sudene) e o Banco do Nordeste do Brasil (BNB), via Fundo de Investimentos do Nordeste (Finor).[12]

No plano estadual, a candidatura de Tasso Jereissati, em 1986, então no PMDB, articulara-se em torno de uma entidade empresarial, o Centro Industrial do Ceará (CIC),[13] representando o nascimento de um novo ciclo de poder. "Jovens empresários", entre eles Beni Veras, Tasso Jereissati, Assis Machado, Byron Queiroz, Sérgio Machado, Edson Queiroz Filho, Ednílton Soares e Amarílio Macêdo, resgataram o CIC e estabeleceram sua autonomia em relação à Federação das Indústrias do Ceará (Fiec) (Andrade, Bruno e Farias, 2002). Com um discurso social-democrata, de ruptura com os modelos industriais conservadores – leia-se Fiec –, de preocupação com a questão social brasileira, defendiam também a propriedade privada e a redução das intervenções do Estado na economia. Pouco a pouco o CIC tornou-se referência de modernidade, juventude e mudança na mídia e no imaginário social cearense.

A candidatura de Tasso decolara "como um foguete" (Martin, 1993), nos dizeres dele mesmo, atribuindo ao "poder dos coronéis" o atraso econômico do Estado – notadamente nas áreas rurais – e angariando, ainda, o apoio de lideranças, entidades de classe e mesmo de partidos de esquerda, como o PCdoB e o PCB. Surgia a "geração Cambeba", que comandaria o autointitulado – inclusive em suas incursões publicitárias – "governo das mudanças", para determinar a diferença em relação ao "atraso" das gestões anteriores (Lemenhe, 1995).

Como destaca Francisco Parente (2000:189-190), a imagem de ruptura da candidatura Tasso com o passado assentaria em diferentes pilares:

---

[12] O Fundo de Investimentos do Nordeste (Finor) é um benefício fiscal concedido pelo governo federal, criado pelo Decreto-Lei nº 1.376, de 12 de dezembro de 1974, constituído de recursos aplicados em ações e debêntures e destinado a apoiar financeiramente empreendimentos instalados ou que venham a se instalar na área de atuação do Departamento de Gestão dos Fundos de Investimentos (DGFI). O objetivo é contribuir para o desenvolvimento econômico da região Nordeste e partes dos estados de Minas Gerais e Espírito Santo, além de ser um investimento atrativo para as empresas contribuintes do imposto de renda de todo o país. Os recursos do Finor são oriundos, principalmente, de opções feitas por pessoas jurídicas, contribuintes do imposto de renda incidente sobre o lucro real, que podem deduzir parte desse imposto como forma de incentivo fiscal, para aplicação em projetos aprovados pelo DGFI.

[13] O CIC, na verdade, foi fundado em 1919, querendo resguardar os interesses de uma ainda embrionária indústria cearense, mas não teve muito fôlego. Em 1950, com a fundação da Federação das Indústrias do Ceará (Fiec), o CIC atrelou-se a esta nova estrutura, sendo o presidente da federação, por acordo, automaticamente ungido presidente do centro. Tal situação durou até 1978. Ver Parente (2000).

> Algumas rupturas com o tradicional foram simbólicas, de muito significado para o imaginário popular. Primeiro foi a troca do luxuoso palácio do governo, localizado num dos mais nobres bairros de Fortaleza, por modernas instalações construídas por Virgílio Távora para ser a sede administrativa, localizadas em ponto mais isolado, na entrada de Fortaleza, perto da BR-116, e que ficou conhecido como Cambeba. [...]. No plano administrativo, pressupondo um Estado comprometido com o investimento, a ruptura aparece com o ajuste fiscal [...], consequência direta da nova visão de Estado, pois ele não bancaria mais o patrimonialismo, que pressupõe um Estado arrecadador de impostos e empresas mais competitivas, e que teria que buscar alternativas mais modernas para o processo de legitimação.

Tasso seria sucedido por Ciro Gomes (1991-1994), à época no PMDB, e depois retornaria ao poder, sendo reeleito na sequência (1995-2002), agora pelo PSDB, partido ao qual se filiou em 1994, e fazendo novamente o sucessor, Lúcio Alcântara (2003-2006), do mesmo partido, num ciclo político que durou outros 20 anos, de 1986 a 2006, interrompido apenas com a eleição de Cid Gomes (PSB).

Chama a atenção, no entanto, o fato de que, mesmo tendo construído uma sólida hegemonia no estado – à exceção da eleição de Ciro Gomes, em 1988, ainda pelo PMDB, na esteira do "governo das mudanças" –, Tasso Jereissati nunca mais conseguiria eleger o prefeito da capital. Progressivamente, desgastes sucessivos com diversos setores da sociedade civil organizada – notadamente sindicatos de trabalhadores, em especial servidores públicos – e com a imprensa local ajudaram a constituir uma imagem autoritária e arrogante. A falta de sintonia política com os governos da capital gerou uma disputa até pela paternidade de algumas obras em Fortaleza. Já em 2008, quando da reeleição de Luizianne, Ciro Gomes, agora no PSB, diria: "Acho que o povo do Ceará nos deu uma lição. Uma lição importante, que eu, pelo menos, aprendi. A lição de que o nosso modelo de poder aqui cansou". O próprio Tasso endossaria essa avaliação: "Nós nunca tivemos Fortaleza. Não é perda para nós nesse sentido. Mas perder as eleições em Fortaleza, o centro mais importante do estado, é sempre uma derrota política que não dá para deixar de reconhecer" (Pompeu, 2008).

No plano municipal, o ex-prefeito Juraci Magalhães inaugurou também um ciclo de poder razoavelmente longo na prefeitura. Na história de Fortaleza Juraci Magalhães foi o administrador que ficou mais tempo no comando do município cearense nos últimos 100 anos. Assumiu o poder na capital, em 1990, por ser vice-prefeito de Ciro Gomes, que, eleito prefeito de Fortaleza em 1988, licenciou-se do cargo para candidatar-se, com sucesso, ao governo do estado. Juraci estaria à frente da prefeitura de Fortaleza de 1990 a 1993 e, novamente, de 1997 a 2004, pelo PMDB, intercalando o exercício do poder com Antônio Cambraia (1993-1996), à época no mesmo partido. Consolidou-se a "era Juraci" ou "Jurubeba" – corruptela usada pela esquerda por conta da "geração Cambeba" – com grandes obras de infraestrutura. Juraci cortou a cidade com novas vias, asfaltou muitas ruas, construiu os primeiros viadutos de Fortaleza e ainda foi responsável pela implantação de alguns terminais de ônibus na capital. Seu *slogan* na reeleição, "Juraci faz", ajudou a sedimentar, entre a população, a imagem do "tocador de obras".

Entretanto, passados 14 anos, o modelo das "grandes obras" de infraestrutura não empolgava mais, e o eleitorado rendeu-se a um novo olhar: num momento em que o PT deixara de assombrar, Luizianne venceu a eleição com o mote de "cuidar das pessoas", de concentrar esforços nas áreas sociais e dirigir o orçamento para os menos favorecidos. O ocaso de Juraci é acompanhado por contundentes denúncias de corrupção e favorecimento,[14] por uma doença grave – um câncer que acabou levando-o à morte, em 2009 – e pela hostilidade da Câmara de Vereadores. Nas eleições de 2004 seu governo estava com 55% de desaprovação, e seu candidato, Aloísio Carvalho, ficou em quinto lugar na disputa. O fundo do poço na política para ele foi quando se candidatou a deputado federal, em 2006, pelo Partido Liberal (PL), obtendo apenas 31 mil votos e ficando somente na segunda suplência.

Assim, Luizianne assumiu a prefeitura de Fortaleza, em janeiro de 2005, com a expectativa de que fizesse uma radical mudança no perfil político e administrativo na capital cearense. O programa de governo veiculado na campanha – intitulado "Por amor a Fortaleza: construir uma cidade bela, justa e

---

[14] A CPI da Merenda Escolar foi instalada para investigar suspeitas de irregularidades na compra de merenda escolar pela prefeitura de Fortaleza entre os anos de 1998 e 2000. Durante os meses de trabalho, a CPI apurou provas da existência de um esquema de corrupção dentro da prefeitura, comandado pelo deputado Sérgio Benevides (PMDB), genro do então prefeito Juraci Magalhães. A fraude consistia em favorecer empresas fornecedoras de merenda pela dispensa ilegal de licitação e pela não entrega de mercadorias já pagas. O deputado indicava à prefeitura as empresas que lhe repassariam cerca de 30% dos valores dos contratos. Estes seriam superfaturados pelo esquema comandado pelo deputado, que envolveria a Secretaria Municipal de Educação. As provas encontradas ao longo das investigações também envolveram secretários e pessoas de confiança do prefeito e do deputado. O relatório final da CPI pedia o *impeachment* do prefeito de Fortaleza, Juraci Magalhães, como também a cassação do mandato de seu genro. Após recesso, houve uma seção especial na Assembleia Legislativa, na qual o pedido de cassação do deputado foi aprovado.

democrática", desenvolvido a partir de 20 seminários regionais e debatido por especialistas de diversas áreas – gerou o *slogan*, já de governo, "Fortaleza bela", na busca de um conceito que reunisse ideais e compromissos que, se anunciava, seriam trabalhados com a população e com a sociedade civil organizada.

Filomeno Moraes (s.d.) elenca as principais expectativas geradas pela vitória de Luizianne:

> Representante de uma das correntes que se caracterizam pelas críticas à condução da ala majoritária do Partido dos Trabalhadores e do governo, cercada de ONGs, do funcionalismo público e de universitários, com promessa de recolher o lixo, limpar a cidade e tapar os seus buracos, em sessenta dias, Luizianne acabou vitoriosa. Em matéria de economia, em linhas gerais, suas propostas de campanha deram ênfase ao associativismo, cooperativismo e economia solidária; fortalecimento do desenvolvimento da infraestrutura local; desoneração do orçamento doméstico; e turismo. Tudo tendo como referências maiores o aumento da sociabilidade e da participação, a geração de renda para os envolvidos nas atividades cooperativas, associativistas e de economia solidária, a ampliação das receitas tributárias, a geração de renda para os segmentos da população excluída do mercado de trabalho de Fortaleza e o esforço para redução das tarifas públicas.

Segundo a prefeita,

> um ideal de cidade, de recuperação do espaço público como um bem a ser usufruído por todos, de priorização das ações administrativas em benefício dos mais carentes, de superação gradual das desigualdades e do *apartheid* social, de aposta na participação dos cidadãos e cidadãs nas principais decisões, como forma de recuperar nessas pessoas o sentimento de pertença e orgulho de morar em Fortaleza.[15]

2008: em novo contexto

Prefeita candidata, Luizianne não era mais a "novidade" do pleito em 2008. De crítica das administrações anteriores, ela passaria a ser o alvo principal dos concorrentes, à esquerda e à direita. As principais críticas à sua administração, na campanha, foram direcionadas à área da saúde. O *slogan* da campanha da adversária pedetista, Patrícia Saboya, por exemplo, foi "Ação, saúde e respeito,

---

[15] Documento interno da prefeitura de Fortaleza.

assim Fortaleza tem jeito". Além de ter se transformado em vidraça, outras diferenças também estavam dadas: em contraste com a aliança simples de 2004, PT/PSB, a candidata prefeita contava com uma aliança de 12 partidos (PT, PSB, PCdoB, PMDB, PV, PHS, PMN, PTN, PRB, PSDC, PSL e PTdoB). Frente à necessidade de administrar conflitos, de conviver com a pluralidade de conceitos, agrupamentos sociais e interesses econômicos, já no primeiro mandato o governo Luizianne se flexibilizara em busca de governabilidade, costurando uma base de apoio majoritária na Câmara de Vereadores. Assim, para o novo mandato, ao final do processo eleitoral os partidos que fizeram parte de sua coligação elegeriam 26 das 41 vagas para vereadores.

Luizianne teve como principais adversários Patrícia Saboya, apoiada por uma coligação de três partidos (PDT/PSDB/PTB) e Moroni Torgan, praticamente isolado (DEM/PP). Patrícia Lúcia Saboya Ferreira Gomes (PDT), cearense de Sobral e de tradicional família política, iniciou sua carreira, filiada ao PCdoB, no movimento estudantil universitário da Universidade de Fortaleza (Unifor). Foi vereadora, deputada estadual e, em 2008, era senadora, eleita em 2002.[16] A separação de Ciro Gomes (PSB), com quem se casara em 1982, não a afastou politicamente do ex-marido, a quem continuaria aliada, assim como ao senador Tasso Jereissati, conforme seria reiterado na campanha de 2008.

O pastor Moroni Bing Torgan[17] tinha cinco anos de serviço na Polícia Federal quando foi convidado pelo então governador Tasso Jereissati para assumir a pasta da Segurança Pública, em 1988. Considerado pelos adversários hábil em criar factoides e de perfil marqueteiro, foi eleito deputado federal em 1990, com 103.740 votos. Um mês após tomar posse na Câmara dos Deputados, trocou o nanico PDC pelo PSDB. Foi vice-governador de Tasso Jereissati quando de sua reeleição em 1994, mas em 1999 saiu do PSDB, rompido com Tasso, e entrou no PFL. Na campanha de 2008 foi apoiado pelo ex-senador tucano Sérgio Machado. Na primeira tentativa de voo solo sem o antigo padrinho, em 2000, ficou em terceiro lugar (167 mil votos) na disputa pela prefeitura, mas à frente de Patrícia Gomes (157 mil votos), preferida pelo antigo aliado, Tasso.

---

[16] Seu avô, Plínio Pompeu Saboya, foi senador pelo Ceará e prefeito de Fortaleza em 1934-1935. Pedagoga, Patrícia Saboya é mãe de quatro filhos, sendo três do deputado federal Ciro Gomes, relação que lhe valeu o "cargo" de primeira-dama de Fortaleza e do Ceará. Desde a estreia nos centros acadêmicos, Patrícia esteve em seis partidos, em geral seguindo os passos do ex-marido. Candidata à prefeitura de Fortaleza em 2000, então pelo PPS, foi de líder absoluta nas primeiras pesquisas ao quarto lugar na eleição.

[17] Mórmon, da Igreja de Jesus Cristo dos Santos dos Últimos Dias, gaúcho de Porto Alegre (RS), contabilista e bacharel em direito.

Tomando-se como início da campanha eleitoral de 2008 o mês de julho, a disputa começou empatada entre Moroni Torgan (DEM) e Luizianne Lins (PT): considerando-se a data final declarada da coleta dos dados, as pesquisas disponíveis apontavam, respectivamente, 30% a 26% (Vox Populi, 12 de julho), 30% a 29% (Criterium, 14 de julho), 27% a 27% (Vox Populi, 26 de julho), 30% a 30% (Datafolha, 30 de julho) e 30% a 29% (Ibope, 2 de agosto). Segundo dois levantamentos seguintes, Moroni teria crescido na primeira quinzena de agosto, chegando à frente de Luizianne antes do início do HGPE (horário gratuito de propaganda eleitoral): 35% a 26% (Vox Populi, 9 de agosto) e 33% a 28% (Ibope, 15 de agosto). Passada a primeira semana de propaganda na televisão e no rádio, a vantagem já se teria invertido: 34% a 27% (Vox Populi, 22 de agosto) e 35% a 29% (Datafolha, 23 de agosto), a favor de Luizianne – distância que se abriria ainda mais passadas apenas duas semanas de veiculação do HGPE, para não ser mais revertida até a vitória de Luizianne, já no primeiro turno, em 5 de outubro, com cerca de 593.778 votos (50,16% dos válidos), contra 295.921 votos (25%) de Moroni e 183.136 votos (15,47%) de Patrícia Saboya, então pelo PDT.

Gráfico 1. Evolução da intenção de voto estimulada, no 1º turno, para a prefeitura de Fortaleza: 2008 (estimulada e única, em %)

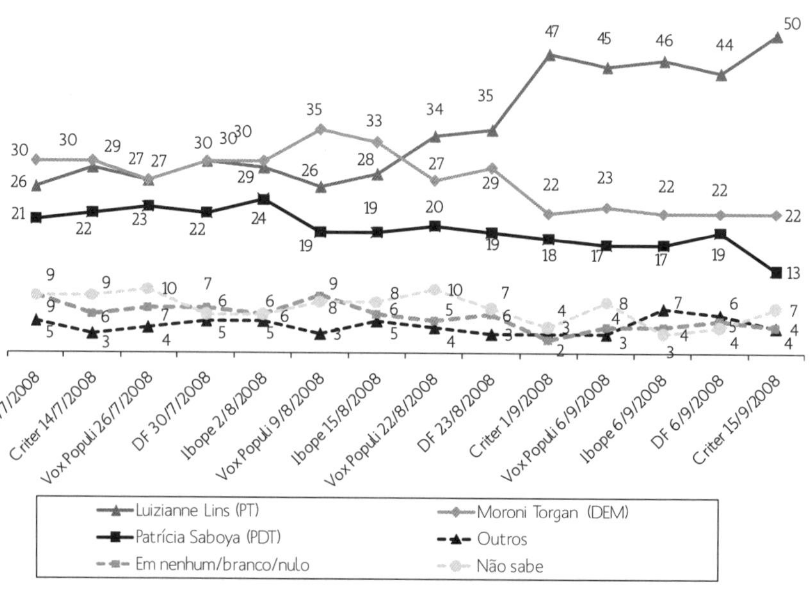

Base: Eleitores residentes na cidade de Fortaleza.
Fonte: Criterium Assessoria em Pesquisa.

A campanha de Luizianne Lins apoiou-se em um tripé: (a) a divulgação intensa das obras e ações administrativas do mandato, com foco na mudança de perfil e inversão de prioridades; (b) a ideia dos benefícios que a cidade teria a partir de uma inédita parceria local com os governos estadual e federal, respectivamente o governador Cid Gomes (PSB) e o presidente Lula; e (c) a demarcação das diferenças políticas de sua candidatura em relação às demais, com propostas baseadas na continuidade de obras e serviços. A campanha optou por uma postura claramente propositiva, sem atacar os demais candidatos e, mesmo, sem responder aos ataques deles (como convém e como costumam fazer as candidaturas que lideram as disputas eleitorais).

Aproveitando ainda o fato de ter praticamente o dobro de tempo de televisão de que dispunham seus principais concorrentes,[18] a campanha de Luizianne seguiu à risca a estratégia traçada. Na primeira fase – de 17 de agosto ao início de setembro – a ênfase esteve na divulgação das principais ações de gestão, dialogando com as futuras demandas, ambas captadas em pesquisas, o que serviu de "vacina", antecipando-se a possíveis críticas. A pauta da campanha eletrônica foi distribuída entre as realizações e propostas mais valorizadas, concentradas em quatro áreas principais: educação, transporte, habitação e saúde.[19] Nesta, a mais controversa – diante do acúmulo de demandas não atendidas –, deu-se destaque ao aumento da cobertura do Programa de Saúde da Família, ao concurso para profissionais da área e à reforma e abertura de postos de saúde em finais de semana. Ganhou ênfase, ainda, o início da grande obra prometida para o segundo mandato: o Hospital da Mulher – um projeto cuja proposta deu um sentido positivo ao perfil feminista que, muitas vezes pejorativamente, os adversários trataram de colar em Luizianne, associando essa atitude política, ao longo de sua trajetória, a insinuações sobre sua sexualidade e à situação conjugal de separada em que vivia. Após cerca de um mês de campanha eletrônica, a saúde passaria de 7% para 18% como motivação espontânea de voto e cairia de 13% para 6% como motivação de rejeição.

---

[18] Luizianne Lins: 10min9s; Patrícia Saboya: 5min31s; Moroni Torgan: 5min15s; Adahil Barreto (PR):2min5s; Luiz Gastão (PPS): 1min58s; pastor Neto Nunes (PSC): 1min28s; Renato Roseno (Psol): 1min14s; Aguiar Júnior (PTC): 1min14s; Carlos Vasconcelos (PCB): 1min7s.

[19] Pesquisa de julho destacara, como principais razões de voto (citadas espontaneamente entre os 55% do eleitorado que admitiam votar em Luizianne), realizações na área da educação (37%) e no transporte público municipal (24%), estas empatadas com ações de limpeza e coleta de lixo (29%). Como principais razões de rejeição (citadas espontaneamente entre os 43% do eleitorado que afirmavam que não votariam em Luizianne "de jeito nenhum") destacavam-se problemas na área da saúde (31%) e de pavimentação (23%), além do "não cumprimento de promessas" (35%).

Gráfico 2. Evolução da avaliação do governo Luzianne Lins (estimulada e única, em %)

Evolução da avaliação

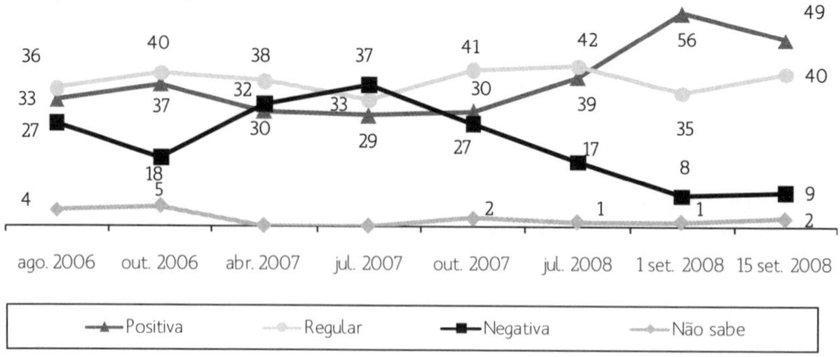

Evolução dos índices de avaliação

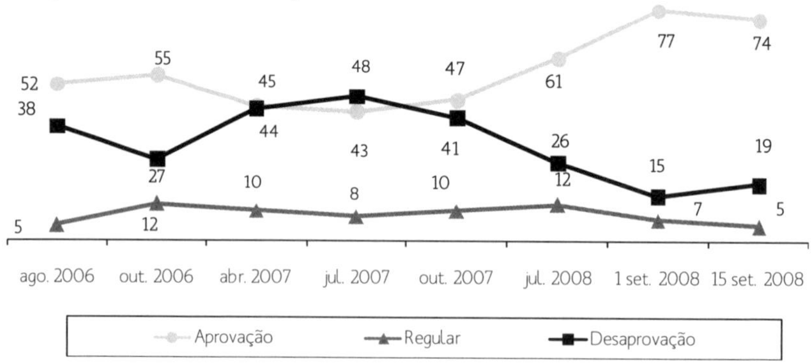

Evolução dos saldos

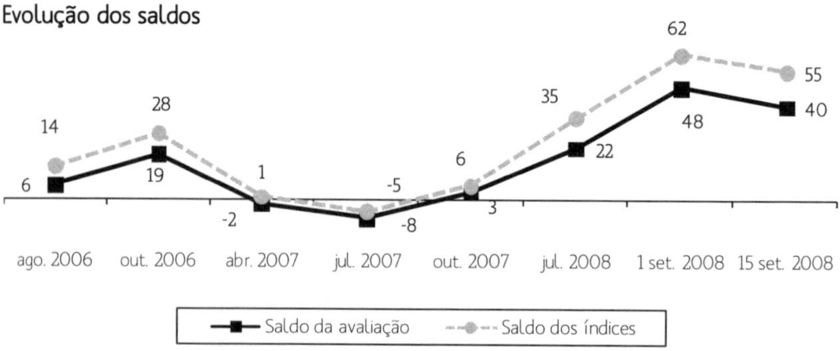

Base: total das amostras.
Saldo da avaliação = avaliação positiva (ótimo + bom) - avaliação negativa (ruim + péssimo).
Saldo dos índices = índices de aprovação (ótimo + bom + regular positivo) - negativa (regular negativo + ruim + péssimo).
Fonte: Criterium Assessoria em Pesquisa.

Na educação, ganharam destaque, na comunicação da campanha, a distribuição de fardamento (uniformes escolares) gratuito, o aumento e reforma de escolas, a qualidade e a quantidade da merenda escolar, a reabertura das creches municipais e melhorias salariais para os profissionais. Na habitação ressaltou-se o que teria sido a maior política habitacional da história da capital cearense – a construção de cerca de 15 mil unidades de moradia, entre casas e apartamentos – e a redução do número de áreas de risco, em relação a desabamentos e enchentes. No transporte, dois grandes trunfos: o preço da passagem de ônibus inalterado por quatro anos (a tarifa mais barata entre todas as capitais) e a criação da "tarifa social", um benefício para cerca de 1 milhão de usuários de transporte público que, no último domingo de cada mês, pagavam R$ 1,00 pela passagem (com direito a meia-tarifa para estudantes). Todas elas ações de gestão com valor político-eleitoral inequívoco, ratificado nos levantamentos quantitativos e qualitativos.

Já no início de setembro, a avaliação positiva de seu governo (ótimo + bom) saltaria de 39% para 56%, e a negativa (ruim + péssimo) cairia de 17% para 8%; a aprovação subiria de 61% para 77% e a reprovação diminuiria de 26% para 15%. O desejo pela continuidade, que, em julho, perdia para o desejo pela mudança (45% a 53%), passaria a ser claramente majoritário (63% a 36% – ver gráfico 3), e, ainda em relação a julho, seu potencial de voto (soma de "única em que votaria + poderia votar nela, mas também em outro candidato") subiria de 55% para 72% e sua rejeição cairia de 40% para 24%.

Na segunda fase, do início de setembro ao dia da eleição, a ênfase da campanha eletrônica recai explicitamente sobre o alinhamento de Luizianne com Lula e com Cid Gomes, sugerindo vantagens dessa convergência para a população – um argumento crescentemente assimilado pela opinião pública – e, implicitamente, no reforço da identidade partidária petista de Luizianne. Sistematicamente, os dados apontavam o impacto positivo desses fatores para o fortalecimento de sua candidatura. Esse contexto político constituiu, ao mesmo tempo, um fator de enfraquecimento das demais campanhas. De um lado, provocou desestabilização no clã Ferreira Gomes:[20] o governador Cid, que havia sido apoiado por Luizianne em sua eleição ao governo cearense em 2006, mantém-se fiel ao acordo e retribui o apoio à reeleição da prefeita, inclusive gravando inserções de rádio e televisão; já Ciro Gomes, contrariando a decisão

[20] Ciro Gomes, eleito deputado federal pelo PSB em 2006, foi prefeito de Fortaleza e governador do Ceará. Seu irmão, Cid Gomes, foi deputado estadual (quando chegou a ser presidente da Assembleia Legislativa), prefeito de Sobral (CE) e foi eleito governador do Ceará em 2006. O outro irmão, Ivo Gomes, elegeu-se deputado estadual também no mesmo ano. A ex-mulher de Ciro, Patrícia Saboya, foi vereadora em Fortaleza, deputada estadual e elegeu-se senadora pelo Ceará em 2002. Tin Gomes, parente distante, era vice-prefeito de Fortaleza em 2008.

do PSB, alega motivações familiares e políticas e faz campanha – mesmo de forma irregular – para a ex-mulher, Patrícia Saboya, candidata pelo PDT.

Gráfico 3. Evolução "continuidade *versus* mudança" (estimulada e única, em %)

Quem ganhar a eleição deve...

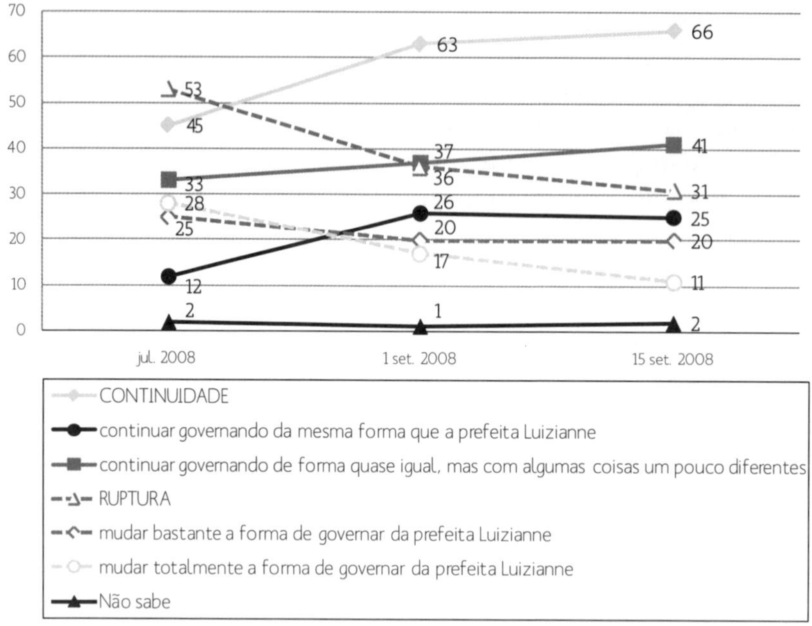

Base: total da amostra.
Fonte: Criterium Assessoria em Pesquisa.

Gráfico 4. Evolução do potencial de voto e da rejeição de Luizianne Lins (estimulada e única, em %)

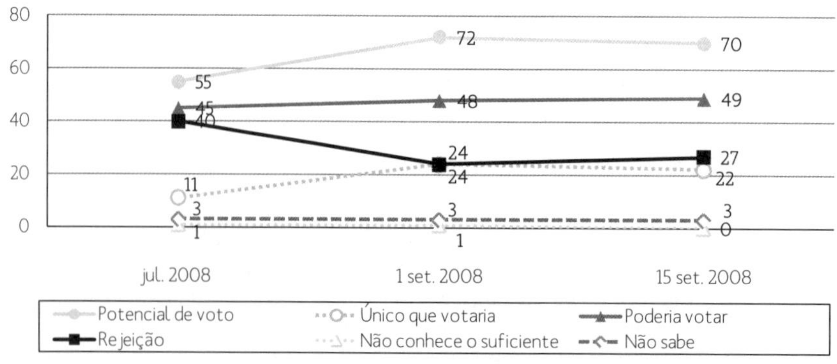

Base: total da amostra.
Fonte: Criterium Assessoria em Pesquisa.

Gráfico 5. Evolução da intenção de voto considerando identificação partidária e influência de apoios (estimulada e única, em %)

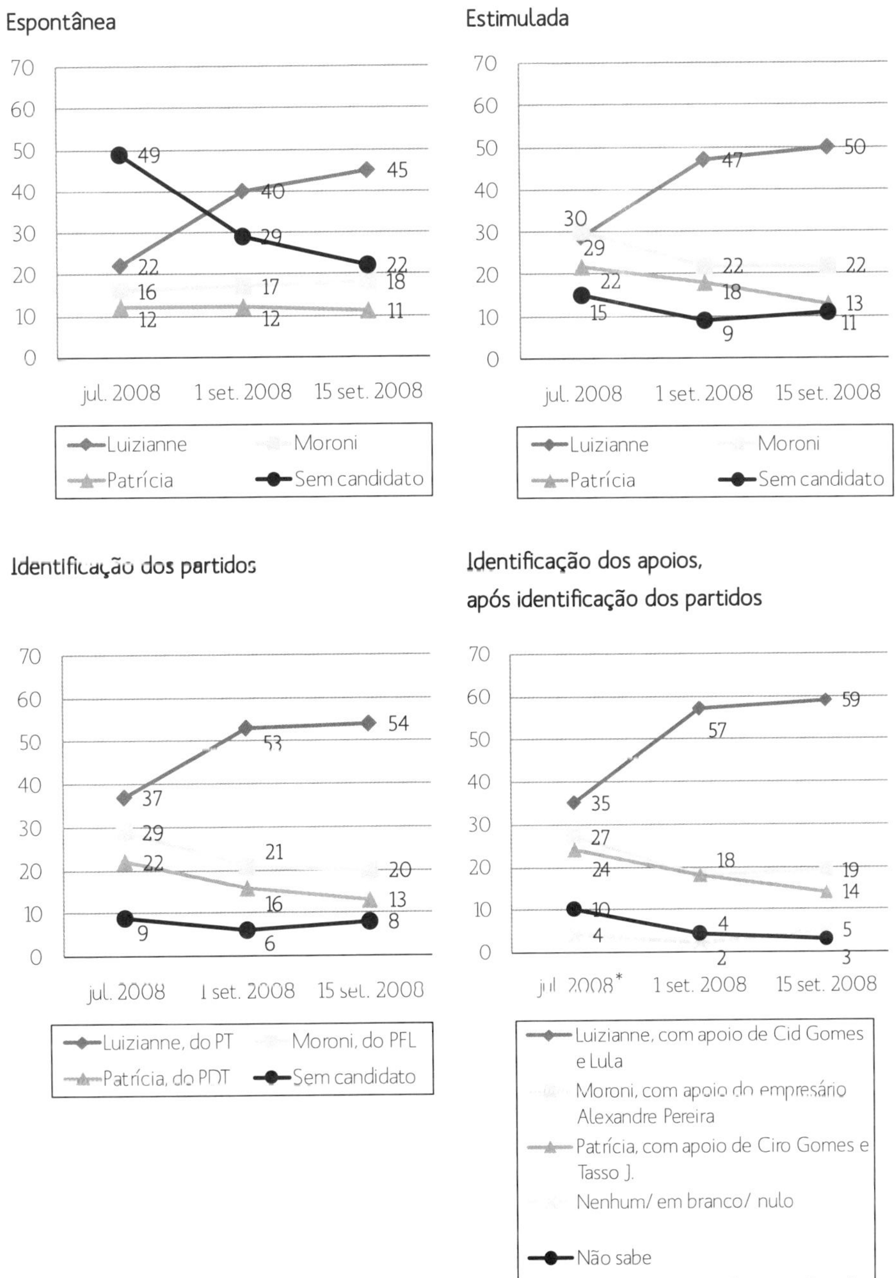

Fonte: Criterium Assessoria em Pesquisa.

Essa tensão fica mais explícita na guerra jurídica travada nos bastidores. A coligação de Luizianne entra com um pedido de exclusão do uso das imagens de Ciro e de Lula no programa de Patrícia Saboya, alegando que o PSB apoiava formalmente a prefeita. Isso provoca protestos veementes por parte de Patrícia e Ciro, que alegam "censura", já que também faziam parte da base de apoio do governo federal. E, sem o cabo eleitoral Lula, a aliança da candidatura Patrícia Saboya (PDT/PSDB/PTB) não a ajuda, na medida em que a associa à, já em 2008, impopular oposição a Lula.

Surpreendendo boa parte dos observadores locais e parcela do eleitorado que a admirava, conforme captado em pesquisas com grupos focais, a estratégia de Patrícia foi, desde o início, de claro ataque à administração de Luizianne – notadamente à sua política de saúde e a uma atribuída "falta de competência administrativa"–, sendo que, até então, ambas tinham mantido relações cordiais ao longo dos últimos pleitos. Porém, a campanha não encontrou o tom correto e não empolgou o eleitorado. A identificação com Tasso, a agressividade nos depoimentos e em algumas peças mostradas nos programas de rádio e TV – com críticas superficiais em versões supostamente "engraçadas" – em detrimento de propostas consistentes fizeram a candidatura estagnar e custaram a ela o aumento de sua rejeição.

Gráfico 6. Evolução do potencial de voto e da rejeição de Patrícia Saboya e Moroni Torgan (estimulada e única, em %)

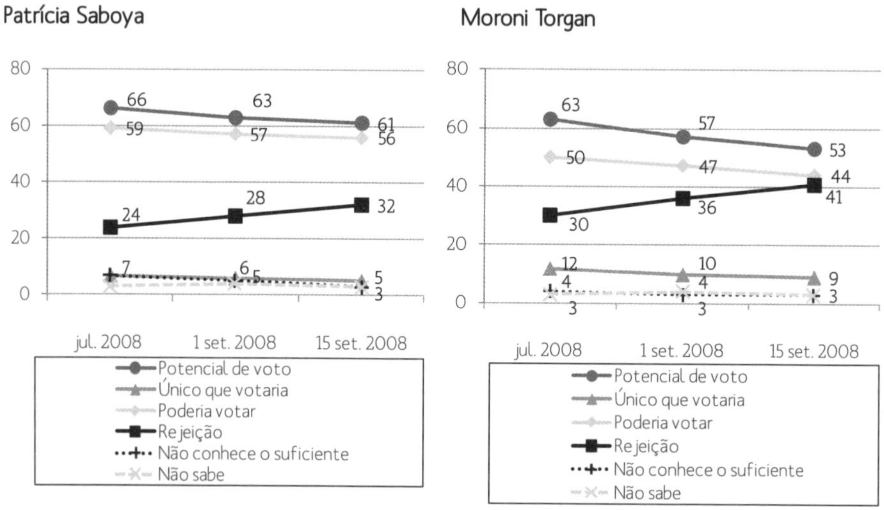

Base: total da amostra.
Fonte: Criterium Assessoria em Pesquisa.

Moroni, politicamente isolado (DEM/PP), também surpreendeu com sua estratégia, tentando romper com o discurso de "xerife", que era sua marca desde a primeira eleição que disputou. O discurso da segurança e anticorrupção sustentou todo o seu primeiro mandato como deputado federal. Foi relator da CPI do Narcotráfico e votou a favor do *impeachment* de Fernando Collor. Assim como em 2004, numa coligação que o apoiara para prefeito da capital cearense, chamada Liberta Fortaleza (PFL/PAN/PTC), destacou ser oposição em todos os níveis (município, estado e União). Em 2008 a campanha de Moroni busca ampliar seu discurso a outros temas e tenta transmitir a imagem de um estadista equilibrado, estudioso de políticas públicas do Brasil e do mundo, que queria ver aplicadas – "exemplos de sucesso para Fortaleza". Porém, quando seus índices começaram a cair e sua liderança foi derrubada pela prefeita, sua coordenação de campanha, talvez avaliando que o eleitor tradicional do "delegado" estranhara a nova roupagem, promove um realinhamento em sua imagem, e o "policial" retorna com força, bem como recrudesce a crítica à primeira gestão de Luizianne. Sem surtir efeito, esse movimento faz com que Moroni seja, ao contrário, caracterizado como inconsistente, o que também lhe angaria aumento da rejeição.

À esquerda de Luizianne, cabe o registro do desempenho de Renato Roseno (Psol), que obteve o apoio de setores de classe média descontentes com os rumos do país, somando 67.080 votos (5,67%). Porém, sendo uma campanha com poucos recursos e pouco tempo de televisão e rádio, também não mobilizou o eleitorado. Sem base social sólida, Roseno não apresentou novidades, limitando-se à repetição de alguns chavões da esquerda tradicional.

Em entrevista concedida antes de votar, Luizianne disse que sua reeleição representaria a consolidação de um novo grupo político no Ceará, em oposição ao grupo liderado por Tasso e Ciro. Desse novo grupo também faria parte, segundo ela, o então governador do estado, Cid Gomes (PSB). A análise é, em parte, reconhecida como válida tanto por Tasso quanto por Ciro. Para Ciro, as urnas no Ceará têm dado um importante recado para ele e para o tucano Tasso, cuja amizade resiste há quase 30 anos.

O principal derrotado desta eleição foi o PSDB do senador Tasso Jereissati e seu grupo político local, uma vez que os dois candidatos expoentes da oposição, Patrícia Saboya – candidata a prefeita pela segunda vez – e, novamente, Moroni Torgan, em sua terceira tentativa, tinham o apoio do tassismo. Como em 2006, os resultados de 2008 sugerem que o eleitorado da capital guardaria uma menor dependência em relação aos caciques e ao clientelismo político tradicional, com uma sociedade civil mais bem-organizada e crítica em relação ao fraco resultado social do "governo das mudanças" – o qual, inspirado no modelo de Estado mínimo que animava a política federal de Fernando Henrique Cardoso, pouco dispôs da estrutura estatal como indutora de desenvolvimento. Patrícia Saboya perdeu votos ao longo do processo eleitoral, em vez de crescer, em parte por reafirmar, indiretamente, que sua carreira política permanece submissa a Tasso Jereissati e Ciro Gomes. E Moroni, que num primeiro momento não convenceu como homem da paz, depois teve seu argumento principal, a segurança, ofuscado pela Ronda do Quarteirão, programa já então em início de implantação pelo governo de Cid Gomes.

Gráfico 7. Evolução da intenção de voto entre os que preferem o PT e segundo a aprovação do governo de Luizianne (estimulada, em %)

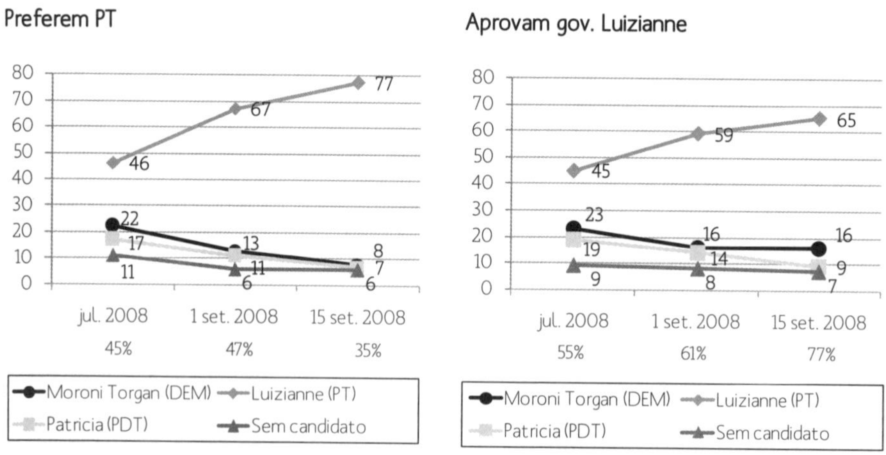

Base: respectivos segmentos.
Fonte: Criterium Assessoria em Pesquisa.

Em balanço, já reeleita prefeita, Luizianne Lins declararia: "Não é por ter tido marqueteiro legal, não é porque tinha o presidente da República que está com alta popularidade; nada adiantaria para ganhar no primeiro turno se eu não tivesse feito um bom governo".

Em que pese à centralidade do fato de que essa percepção se tenha tornado majoritária no processo de sua reeleição, os dados apontados sugerem que Luizianne se reelegeu pela composição de quatro fatores: (i) conquista do reconhecimento popular crescente de suas obras e ações do primeiro mandato, confirmando o potencial do voto retrospectivo para favorecer candidatos à reeleição que terminam seus governos com avaliação de média a boa; (ii) obtenção de êxito, ao longo da campanha, ao associar crescentemente seu nome ao PT e a Lula, consolidando o apoio da forte base social de simpatizantes do partido e de eleitores que aprovavam o governo federal no município – sendo a única candidatura, dado o quadro partidário de Fortaleza e o quadro das alianças nacionais, a contar, a seu favor, com essas variáveis; (iii) a demonstração de pragmatismo na disposição de se coligar com segmentos de centro e conservadores – a exemplo do PMDB, do deputado federal Eunício Oliveira, e de parcela dos Ferreira Gomes – sem perder sua aura de esquerda e obtendo um bom tempo no HGPE, de modo que pudesse (iv) fazer da campanha eletrônica um instrumento extremamente eficaz para atingir e consolidar os primeiros dois componentes acima.

7. Quando a popularidade reelege: o processo de decisão do voto para prefeito de Curitiba em 2008*

EMERSON URIZZI CERVI

MATHIEU TURGEON

Ao se analisar a disputa eleitoral para a prefeitura de Curitiba em 2008, a primeira impressão que se tem é a de que se tratou de uma eleição plebiscitária, como havia sido a disputa de 2000 (Fuks e Cervi, 2003). Eleitores que aprovavam o governo Beto Richa (PSDB) tenderiam a votar pela manutenção do prefeito, candidato à reeleição. Eleitores que rejeitavam a administração tenderiam a votar em um dos concorrentes da oposição. Em uma situação na qual a gestão municipal tem índices de avaliação positiva próximos a 80%, esse cenário é favorável à ocorrência de uma eleição de manutenção do governante. Pois bem, precisamos separar as coisas, pois não se tratou de uma simples eleição mantenedora. Por um lado, não foi uma eleição de manutenção porque o candidato à reeleição conseguiu mais do que dobrar a votação que havia tido no primeiro turno de 2004, quando foi eleito prefeito. Ele passou de 35% de votos em 2004 para 77% em 2008 (considerando os primeiros turnos das duas disputas). Trata-se de um crescimento real que, para além dos resultados de 2008, indica a consolidação de um novo cenário com novos grupos políticos relevantes eleitoralmente na capital do Paraná.

Na verdade, a eleição de 2008 pode ser considerada o desdobramento mais recente de um processo de mudança do perfil do voto em Curitiba, iniciado no final dos anos 1990. Antes disso, nas três primeiras eleições para prefeito da capital após o regime militar (1985, 1988 e 1992), dois grupos políticos polarizavam as votações para prefeito na cidade. De um lado, os tecnocratas ligados

* Os autores agradecem as contribuições dos organizadores do livro – Antonio Lavareda e Helcimara Telles –, assim como a Yan Carreirão e Mário Fuks a leitura e o comentário feitos na versão inicial deste capítulo, apresentado no *workshop* nacional *Como o eleitor escolhe o seu prefeito* (Belo Horizonte, 2010).

à ditadura militar, representados pelo político-urbanista Jaime Lerner (então PDT). Do outro, os militantes do PMDB, contrários à ditadura, liderados, a partir do início dos anos 1980, por Roberto Requião. Esses dois grupos, juntos, eram responsáveis por pelo menos 75% dos votos para prefeito nas três disputas entre 1985 e 1992. Na primeira eleição para prefeito, em 1985, Roberto Requião (PMDB) foi eleito com 45% dos votos válidos e, em segundo lugar, ficou Jaime Lerner (PDT) com 41%. Em 1988, foi a vez de Lerner (PDT) se eleger com 57% de votos válidos contra 35% de Maurício Fruet (PMDB). Em 1992, Rafael Grecca (PDT), representando o grupo de Lerner, foi eleito com 52% de votos válidos, contra 23% de Maurício Fruet (PMDB). Aqui, entende-se grupo de tecnocratas como os políticos que têm alguma ligação com setores da burocracia estatal e sem tradição de relações políticas com segmentos sociais. No caso da prefeitura de Curitiba, Lerner e seus liderados passaram, todos, antes de entrar na política eleitoral, pelo Instituto de Pesquisas e Planejamento Urbano de Curitiba (Ippuc), principal órgão da gestão responsável pelo planejamento urbano local.

A partir da eleição de 1996 essa polarização começa a se alterar. Se o grupo de Lerner consegue se manter com altos índices de votação, os peemedebistas começam a ceder espaço, primeiro ao PSDB e, depois, ao PT. Em 1996 Cássio Taniguchi (PDT) foi eleito prefeito de continuidade da gestão Grecca e apoiado explicitamente por Lerner, obtendo 55% dos votos válidos. Em segundo lugar ficou o candidato do PSDB, Carlos Simões, com 30% dos votos válidos. Naquele ano o candidato do PMDB, Max Rosemann, ficou em quarto lugar na disputa, com apenas 2,4% dos votos válidos. Em terceiro, à frente do PMDB, colocou-se o PT, com 10,9% dos votos válidos obtidos por Ângelo Vanhoni. A partir de então o PT passaria a ser a principal força eleitoral de oposição na cidade de Curitiba. Em 2000 Taniguchi (PFL, hoje DEM) foi reeleito no segundo turno, após ter feito 44% dos votos válidos no primeiro turno, contra 35% de Vanhoni (PT) (Fuks e Cervi, 2003). Em 2004 foi a vez do grupo governista apresentar sua transformação. No lugar do PFL, o PSDB elegeu o prefeito, contra o PT, que continuou na oposição. Beto Richa (PSDB) foi eleito prefeito no segundo turno, tendo obtido 35% dos votos válidos no primeiro turno, contra 31% de Vanhoni, do PT. Naquele ano, Richa, que tinha sido vice-prefeito de Taniguchi, declarou independência do grupo político lernerista. Beto Richa não representou exatamente uma renovação no cenário político local. Filho do ex-governador e ex-senador pelo Paraná, José Richa, ele já tinha sido eleito duas vezes como deputado estadual, com votação expressiva no interior do estado – em especial na região Norte. Só em 2000, depois que sua carreira como deputado estadual estava consolidada, ele resolveu candidatar-se a vice-prefeito de Curitiba. Portanto, originalmente Beto Richa não é um representante do grupo dos tecnocratas curitibanos. A tabela 1 indica o histórico dos percentuais de votos obtidos pelos candidatos eleitos para prefeito de Curitiba entre 1985 e 2008.

Tabela 1. Histórico das eleições para prefeito em Curitiba (1985-2008)

Ano e turno da eleição	Primeiro colocado na disputa	
	Partido - candidato	Votos válidos (%)
1985	PMDB - Roberto Requião	45
1988	PDT - Jaime Lerner	57
1992	PDT - Rafael Grecca	52
1996	PDT - Cássio Taniguchi	55
2000 (1º turno)	PFL - Cássio Taniguchi	44
2000 (2º turno)	PFL - Cássio Taniguchi	51
2004 (1º turno)	PSDB - Beto Richa	35
2004 (2º turno)	PSDB - Beto Richa	55
2008 (1º turno)	PSDB - Beto Richa	77

Fonte: elaborado pelos autores a partir dos dados do TRE-PR.

Em 2008 consolida-se a nova polarização política na capital do Paraná. De um lado o candidato à reeleição pelo PSDB, Beto Richa. De outro, a candidata do PT, Gleisi Hoffmann. Tanto PDT quanto DEM, ainda com representantes do antigo lernerismo, preferiram não lançar candidato próprio à prefeitura e apoiaram o prefeito à reeleição. O PT se lançou praticamente sozinho, pois o PMDB decidiu pela candidatura própria. Esperava-se que a candidata do PT, Gleisi Hoffmann, e o candidato do PMDB, reitor Moreira, fossem os principais responsáveis pelo discurso oposicionista à administração tucana. O problema é que, em ambos os casos, no que se refere aos candidatos e não aos partidos, tratava-se de uma primeira disputa majoritária municipal, e eles não tinham sido eleitos para nenhum cargo antes. Com isso, boa parte da campanha teve de ser para apresentação dos adversários de Richa, enquanto o candidato à reeleição transformava a disputa em um plebiscito no qual as alternativas eram simples: manter a atual administração ou mudar para o desconhecido. O resultado foi a vitória de Richa, no primeiro turno, com a maior votação já obtida por um candidato na cidade: 77% dos votos válidos contra 18% de

Gleisi Hoffmann. O candidato do PMDB, mais uma vez, não conseguiu apoio eleitoral na cidade, tendo ficado com apenas 1,9% dos votos válidos. Desde o final dos anos 1980, esse foi o pior desempenho eleitoral do PT e do PMDB na cidade de Curitiba (Cervi, 2006). Este resultado não foi fruto do debate eleitoral. As posições dos eleitores já estavam definidas antes do início da campanha. Na verdade, em 2008 a campanha eleitoral praticamente não teve impacto na definição do voto – como demonstra o gráfico 1 (para ver todos os resultados, consultar "Anexo metodológico" deste livro). Entre julho e outubro daquele ano as oscilações nos índices de preferência pelos candidatos, identificados pelos institutos de pesquisa, ficaram praticamente dentro das margens de erro em todo o período. Beto Richa variou entre 75% e 85% de intenção de voto. Gleisi Hoffmann entre 15% e 20%, e todos os demais candidatos, juntos, ficaram abaixo de 10% em toda a disputa. Na verdade, excetuando PSDB, PT e PMDB, todos os outros concorrentes a prefeito – e.g., Bruno Meirinho (Psol), Fábio Camargo (PTB), Lauro Rodrigues (PTdoB), Maurício Furtado (PV), reitor Moreira (PMDB), Ricardo Gomyde (PCdoB) – tiveram votações abaixo das obtidas por vários vereadores eleitos.

Gráfico 1. Série de intenção de voto para prefeito de Curitiba na campanha eleitoral de 2008

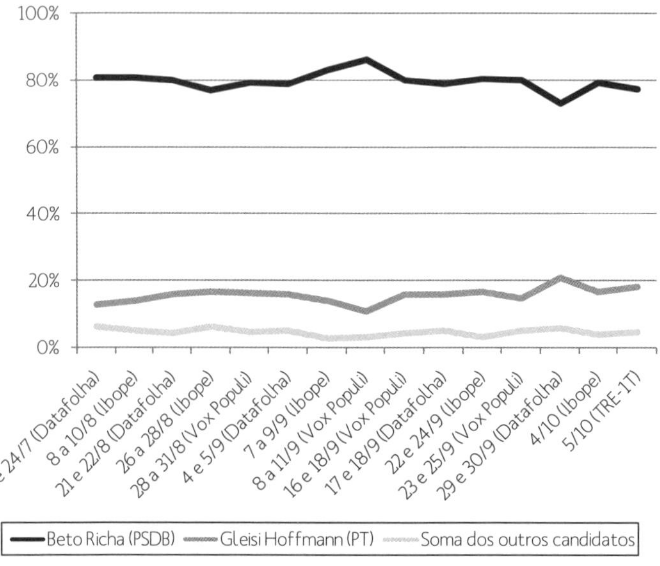

Fonte: organizado pelos autores a partir dos dados do TRE-PR e pesquisas de opinião Ibope e Datafolha realizadas entre 2001 e 2008.

Neste capítulo são discutidas as principais características da disputa eleitoral para a prefeitura de Curitiba em 2008, visando explicar o comportamento do eleitor e as razões para a decisão de voto. Para tanto, inicialmente é apresentado o contexto da reeleição de 2008, que, sem dúvida, começa com a formação das candidaturas de 2004, o afastamento de Richa do grupo lernerista e a vitória sobre o tradicional partido de oposição, o PT. Como se tratou de uma disputa plebiscitária a respeito da continuidade ou não do primeiro governo Richa, o contexto também inclui o desempenho da gestão do PSDB na avaliação dos eleitores. Em seguida, são apresentadas as principais características da campanha eleitoral de 2008, com as coligações partidárias, candidatos e desempenho, na disputa tanto majoritária quanto proporcional. Aqui também são discutidas as principais características do horário gratuito de propaganda eleitoral (HGPE), como forma de identificar as opções adotadas pelos candidatos ao longo da campanha. Na terceira parte, o capítulo aborda as preferências eleitorais na cidade, a partir de pesquisas de opinião pública realizadas pelo Ibope nos meses de agosto e setembro de 2008. A partir de testes estatísticos são feitas inferências a respeito das relações entre decisão de voto e variáveis políticas (avaliação dos governos municipal, estadual e federal, além da rejeição a candidatos) e sociodemográficas (idade, grau de instrução, sexo e renda). Por fim, a conclusão apresenta uma sumarização de análises das informações obtidas a respeito dessa disputa eleitoral.

Contexto

Eleição de 2004: prenúncio da configuração de 2008

Para entender o contexto da disputa eleitoral em 2008 é preciso voltar à conjuntura política local que deu origem à primeira eleição de Richa para a prefeitura de Curitiba, em 2004. José Richa, prefeito de Curitiba até 2010, foi vice-prefeito na gestão de Cassio Taniguchi, entre 2000 e 2004 (na época PFL, hoje DEM). Na ocasião em que foi vice-prefeito, Richa estava no PTB. Foi no segundo mandato de Taniguchi que Richa passou a ocupar a vice-prefeitura. Entre 1997 e 2000, no primeiro governo Taniguchi, o vice-prefeito foi Algaci Tulio (atualmente no PMDB). Até então Beto Richa tinha sido eleito e reeleito deputado estadual pelo Paraná, com boa parte de sua votação no interior do estado. A campanha de 2000 para vice-prefeito e a atividade nos quatro anos seguintes na prefeitura abriram um novo espaço político para Richa. No último ano como vice-prefeito, em 2004, já no PSDB, Richa começou um processo público de afastamento do prefeito Taniguchi. O ápice da crise se deu no início de 2004, quando o prefeito, em viagem ao exterior, deixou para que o vice-prefeito assinasse a autorização para aumento nas tarifas do transporte público municipal. Richa não aceitou e rompeu oficialmente com o prefeito. A bancada de vereadores do PSDB "montou" um gabinete para o então vice-prefeito na Câmara municipal e deixou de fazer parte da base de apoio do governo no Legislativo municipal.

Como consequência, o então PFL, partido do prefeito, lançou candidato à sucessão em 2004 – Osmar Bertoldi. Assim, Richa entrou na campanha, pelo PSDB, como candidato independente da gestão de Taniguchi. No início da disputa, o primeiro colocado na preferência eleitoral era o então deputado estadual pelo PT e candidato identificado com a oposição, Angelo Vanhoni. Outra força de oposição ao então PFL, no Paraná, era o PMDB, que ocupava o governo do estado com Roberto Requião (Codato e Cervi, 2006). A decisão do partido, naquela disputa, foi de não lançar candidato próprio à prefeitura, integrando a coligação de partidos em apoio a Vanhoni. Com isso, a oposição ficou claramente identificada, enquanto a "situação" dividia-se entre o candidato do então PFL, apoiado pelo então prefeito, e o "candidato independente" pelo PSDB, Beto Richa.

Desde o início, do ponto de vista da preferência dos eleitores, a campanha de 2004 foi polarizada entre Richa e Vanhoni. Tanto que, ao final do primeiro turno, o candidato do PSDB fez 35% dos votos válidos, contra 31,1% do PT, o que garantiu a presença dos dois no segundo turno – que Beto Richa venceu com 54,7% dos votos válidos contra 45,3% de Vanhoni. O candidato do partido do prefeito, Osmar Bertoldi, conseguiu apenas 6,2% dos votos válidos, ficando em quarto lugar no primeiro turno. Somando a isso o fato de o mais tradicional partido de oposição em Curitiba – o PMDB – não ter lançado candidato próprio, a eleição de 2004 pode ser considerada o ponto de inflexão para o surgimento de novas forças eleitorais no município. De um lado, o PSDB, com Beto Richa, e, de outro, o PT, com Ângelo Vanhoni. As históricas disputas dos integrantes do grupo do peemedebista Roberto Requião contra o grupo dos arquitetos/urbanistas liderados por Jaime Lerner demonstravam estar acabando.

Governo Richa: da tecnocracia ao partido

Após ter sido eleito como candidato independente em 2004, Beto Richa teve condições políticas ideais para montar uma equipe administrativa que pudesse implantar um modelo de gestão que fosse diferente daquele identificado pelos grupos políticos tradicionais de Curitiba. De um lado o grupo identificado com Jaime Lerner, majoritariamente montado por "técnicos" e cujo centro das decisões políticas era o Instituto de Pesquisas e Planejamento Urbano de Curitiba (Ippuc). Como exemplo, pode-se citar que, durante as gestões dos tecnocratas nos anos 1980 e 1990, o presidente do Ippuc tinha mais visibilidade no debate público das políticas municipais que o líder do governo na Câmara municipal. Vários candidatos a prefeito de Curitiba presidiram o Ippuc nesse período. Do outro lado estava o modelo de governo com participação popular, por meio da estrutura partidária do PMDB, que, após a eleição de Roberto Requião em 1985, nunca mais conseguiu voltar à prefeitura. Para os governantes do PMDB, em lugar da simples implementação das decisões dos tecnocratas do Ippuc, a população deveria ser ouvida antes das definições de políticas públicas. Para tanto, desenvolveram canais através do partido, em especial dos vereadores peemedebistas, para a administração da cidade.

Desde o início o governo Richa ficou entre os dois modelos anteriores. Houve uma valorização do Legislativo municipal em comparação com o tratamento que os vereadores vinham recebendo das gestões tecnocratas de Lerner, Grecca e Taniguchi. No entanto, o governo criou outros "canais diretos" de comunicação com a população, em especial a dos bairros mais afastados e regiões sub-representadas na Câmara municipal. Nesse sentido a gestão Richa utilizou as audiências públicas para discussão de prioridades orçamentárias, como estratégia de distinção em relação aos modelos anteriores de governo. Tanto os tecnocratas quanto seus opositores tradicionais (PMDB) exploravam pouco os mecanismos de "participação direta" da população na discussão do orçamento. No caso de Curitiba, trata-se exclusivamente de discussão, pois as audiências públicas não têm poder decisório algum. No máximo, há indicações de escolhas entre alternativas de investimentos já apresentadas pelos técnicos da prefeitura. Como consequência, além do enfraquecimento da força das elites partidárias na tomada de decisões, os tecnocratas do Ippuc também perderam poder de influência nas políticas públicas. A população passou a se sentir, pela primeira vez, ouvida diretamente pelos responsáveis da administração municipal, sem a interferência das lideranças partidárias locais ou limitadas por argumentos técnicos dos urbanistas. Assim, pode-se considerar a opção política de "interiorização" do governo como hipótese explicativa para a crescente avaliação positiva do primeiro governo de Richa. A aprovação da gestão foi superior a 70% ao longo de todo o mandato, sendo ele considerado, algumas vezes, o melhor prefeito de capitais brasileiras.

É verdade que a gestão Richa não ficou exatamente a meio-termo entre os grupos lernerista e requianista. Vários secretários municipais e vereadores da base do governo de Richa pertenceram à equipe dos governos de Lerner, na prefeitura de Curitiba e no governo do estado. Ao mesmo tempo, o PMDB de Roberto Requião foi o principal grupo político de oposição à administração de Beto Richa na capital do Paraná. A oposição entre o governador Requião e o prefeito Richa cresceu ainda mais em 2006, durante a campanha para governo do estado. Requião disputava a reeleição contra o senador Osmar Dias (PDT). No segundo turno, em uma campanha muito acirrada, o prefeito Beto Richa declarou apoio ao pedetista, contrariando pedido de Requião. O resultado foi que, após ter sido reeleito governador do estado, Requião criou a Secretaria Especial para Assuntos Metropolitanos, para que o titular da pasta tivesse como função principal participar de todos os eventos públicos em que o prefeito estivesse, para lhe criar constrangimento público. O fato, que extrapola a racionalidade política, terminou no Judiciário, após os advogados do prefeito terem obtido uma ordem para afastamento do secretário especial de Assuntos Metropolitanos, que passou a ficar proibido de se aproximar de Richa em qualquer lugar.

No âmbito municipal, a disputa entre Richa e Requião foi vencida pelo primeiro com uma diferença de mais de 70 pontos percentuais de votos. Uma prova disso pode ser percebida nas bancadas da Câmara Municipal. Em 2004 o PMDB elegeu, em Curitiba, quatro vereadores que, em princípio, deveriam integrar a bancada de oposição à prefeitura. Ao final do mandato, o PMDB não tinha mais nenhum representante no Legislativo local. Todos tinham se transferido para partidos da base de Richa. Restou ao PT local o desempenho das funções de oposição ao governo municipal. Porém, com uma bancada também reduzida, não criou nenhum constrangimento ao governo Richa.

Em relação ao governo federal, nunca houve uma oposição declarada por parte da administração Richa. O município recebeu recursos e investimentos do governo Lula durante todo o mandato. Dois motivos principais explicam essa relação não partidarizada. Primeiro, as baixas pretensões do PT local em se posicionar como principal antagonista de Richa – esse papel estava sendo ocupado pelo PMDB do Paraná. Segundo, e talvez principalmente, está o fato de o vice-prefeito de Curitiba, Luciano Ducci (PSB), pertencer a um partido da base aliada do governo Lula. Além de vice-prefeito, Ducci, como médico, assumiu a Secretaria Municipal de Saúde, que é responsável direta pelos programas Saúde da Mulher e Mãe Curitibana, com altos níveis de aprovação da população local. Em suma, a primeira gestão de Beto Richa foi caracterizada por altas taxas de aprovação do governo, com relativo aumento da participação direta da população por intermédio das "audiências públicas" e sem grande oposição ao governo federal. Os maiores enfrentamentos políticos do governo Richa foram com o grupo do governador Roberto Requião (PMDB). No entanto, no âmbito do município, durante o governo Richa o PMDB perdeu mais do que a administração municipal.

Eleição plebiscitária

Desde o início, a campanha eleitoral de 2008 dava mostras de que seria plebiscitária, ou seja, o eleitor votaria em função da aprovação ou não do primeiro governo de Richa. Agora, como candidato à reeleição, Richa contou com a maior coligação partidária da disputa, composta por 11 partidos políticos, inclusive todos os grandes partidos de direita, além do próprio PSDB (ver tabela 2). Ao todo, foram oito candidatos a prefeito em 2008.[1] O maior esforço do PSDB de Curitiba, no período que antecedeu a campanha, foi convencer o PPS a não lançar candidato próprio, integrando a coligação em favor da reeleição. Isso porque, em 2004, o candidato do PPS, Rubens Bueno, pela primeira vez disputando a prefeitura municipal, surpreendeu ao fazer 20% dos votos válidos, tendo ficado em terceiro lugar – à frente do candidato do então prefeito, Taniguchi. Os integrantes do grupo político de Richa consideravam que, sem o PPS na disputa, a campanha deveria ser polarizada entre PSDB e PT, e, a partir dos altos índices de aprovação do governo Richa, haveria chances reais de a disputa terminar no primeiro turno – o que, de fato, acabou acontecendo. O PPS aceitou fazer parte da coligação de apoio a Richa, que manteve Luciano Ducci (PSB) como candidato a vice-prefeito. Com isso, Beto Richa foi reeleito prefeito de Curitiba já no primeiro turno, com o maior percentual já obtido por um prefeito da cidade: 77,2% dos votos válidos (ver tabela 3).

Por parte da oposição, os dois partidos com mais força eleitoral eram o PMDB, que ocupava o governo do estado, e o PT, que estava no governo federal. Desta vez, ao contrário do que ocorreu em 2004, eles resolveram não se aliar desde o início e lançaram candidatos próprios. O PT, coligado ape-

[1] Esse alto contingente de candidatos não foi uma novidade em 2008. Em disputas anteriores, o número de concorrentes ficou próximo a esse. No entanto, independentemente dos candidatos, sempre houve eleições para prefeito com três ou quatro concorrentes viáveis eleitoralmente. É essa característica histórica que faz com que os partidos se reúnam em grandes coligações desde o primeiro turno, em Curitiba.

nas com pequenos partidos, substituiu Ângelo Vanhoni, candidato que tinha conseguido levar a disputa para o segundo turno em 2000 e 2004, por Gleisi Hoffmann, então presidente do diretório estadual do partido no Paraná. A decisão não foi sem motivo, apesar de Gleisi nunca ter ocupado um cargo eletivo – ela foi nomeada secretária de estado do governo do Mato Grosso do Sul, no período do governador Zeca do PT, e diretora da Itaipu Binacional, na gestão de Jorge Samek – então diretor-geral brasileiro da Itaipu Binacional. O principal argumento dos defensores da candidata Gleisi foi o desempenho dela como candidata ao Senado em 2006, pelo Paraná, quando quase foi eleita, tendo obtido maioria de votos na capital. O problema foi a direção do PT não ter percebido que o desempenho de Gleisi em Curitiba, em 2006, não se deveu a suas características pessoais, mas a uma oposição que existe na capital em relação ao principal adversário dela naquela disputa, o senador Álvaro Dias (PSDB). Eleito senador em 2006 com 50,1% dos votos válidos no estado, Dias enfrenta uma rejeição histórica dos eleitores da capital. Gleisi fez um total de 45,1% do total de votos para o Senado no Paraná. Prova da maior dificuldade eleitoral de Dias em Curitiba está no fato de que, na capital, eles praticamente inverteram os percentuais. Enquanto Gleisi ficou com 53,9% dos votos válidos para o Senado em Curitiba, Álvaro Dias fez 46% do total na capital. Além disso, em 2002, quando concorreu ao governo do Paraná, Dias ficou em quarto lugar na capital e em segundo no estado – outro exemplo de resistência dos eleitores curitibanos a Dias. Os votos obtidos por Gleisi como candidata ao Senado em 2006 não se repetiram em 2008, para a prefeitura. Ela conseguiu apenas 18,1% dos votos válidos para o PT, o que representa um retrocesso nos desempenhos eleitorais do partido na capital paranaense em relação aos obtidos no final dos anos 1980.

O PMDB também decidiu lançar um candidato sem experiência de eleição, depois de uma disputa interna. O candidato escolhido pelo partido foi um ex-reitor da Universidade Federal do Paraná (UFPR), Carlos Augusto Moreira Júnior, então em sua primeira disputa eleitoral para a prefeitura da cidade. Mesmo sem expressão eleitoral na cidade, por conta do apoio do governador do estado, reitor Moreira, candidato apoiado pelo governador Roberto Requião, entrou na disputa como principal opositor de Beto Richa. Não apresentou bom desempenho nas intenções de voto e terminou a disputa com apenas 1,9% dos votos válidos. O governador Requião, que no início da campanha participava ativamente das atividades da candidatura de Moreira, foi-se distanciando até que, nas últimas semanas, deixou de aparecer em atos públicos ao lado de reitor Moreira.

Tabela 2. Resultado da eleição para prefeito de Curitiba (2008)

	Coligação	Votos	% válido
Beto Richa (PSDB)	PSDB/PP/PSL/PDT/DEM/PSB/PPS/PR/PSDC/PRP/PTN	778.514	77,27
Gleisi Hoffmann (PT)	PTC/PHS/PMN/PRB/PT/PSC	183.027	18,17
Reitor Moreira (PMDB)	PMDB	19.157	1,90
Maurício Furtado (PV)	PV	8.906	0,88
Ricardo Gomyde (PCdoB)	PCdoB	7.187	0,71
Fábio Camargo (PTB)	PTB/PRTB	5.366	0,53
Bruno Meirinho (PSoL)	PsoL/PCB/PSTU	4.464	0,44
Lauro Rodrigues (PTdoB)	PTdoB	888	0,09

Fonte: TRE-PR.

Os outros cinco candidatos a prefeito, pelo PV, PCdoB, PTB, Psol e PTdoB, fizeram campanhas com pouco apelo eleitoral. Na maioria das vezes, mais pareciam campanhas de disputas proporcionais do que de candidaturas à prefeitura de uma capital de estado. Esses candidatos elegeram um tema para ser praticamente único em seus discursos eleitorais. Foi o caso do candidato Ricardo Gomyde (PCdoB), ex-secretário de estado do Esporte no governo Requião, que tratou quase exclusivamente de programas de inclusão da juventude pela prática de esporte amador estimulada pelo poder público. Ou, como na campanha de Bruno Meirinho (Psol), que tratou predominantemente do tema da isenção da tarifa de transporte coletivo para estudantes do município. O resultado foi que todos esses cinco candidatos ficaram abaixo de 1% dos votos válidos cada. Tiveram desempenho abaixo da campanha proporcional, já que 17 dos 32 vereadores eleitos fizeram mais votos que cada um dos últimos cinco candidatos a prefeito na disputa.

HGPE: instrumento para manutenção do discurso predominante

Em eleições contemporâneas brasileiras, uma das principais ferramentas de comunicação entre a elite política e os eleitores tem sido o horário gratuito de propaganda eleitoral (HGPE). É por meio dele que candidatos e partidos moldam suas imagens públicas e apresentam temas prioritários para o debate. Por consequência, os eleitores usam esse espaço para se informar a respeito das opções em disputa, antes de decidir o voto. A análise do HGPE dos candidatos à eleição para prefeito em Curitiba ajuda a identificar o comportamento de cada concorrente ao longo da disputa e também indica as estratégias próprias e de distinção em relação a outros concorrentes. Para esse fim, foram selecionadas sete variáveis presentes no HGPE. Para facilitar a visualização dos resultados, os dados são apresentados para três concorrentes: Beto Richa, Gleisi Hoffmann e "outros". Na categoria "outros" foram agregados todos os demais candidatos à prefeitura. Os programas dos candidatos foram divididos em segmentos, que são unidades básicas de análise, definidas pela continuidade de orador, tema e cenário apresentado no programa. Em seguida, as características de cada segmento foram registradas. A partir do número de segmentos é possível identificar se determinado candidato usou uma estratégia mais linear em seu HGPE, com menos segmentos (o que gera menos custos de produção) ou se os programas foram mais segmentados, com produção de vídeo aprimorada, aproximando-se do modelo de veiculação de conteúdo da televisão comercial brasileira (nesse caso os custos aumentam). O número total de segmentos também tem relação com o tempo de HGPE disponível para cada candidato. No caso da disputa em Curitiba, o candidato Beto Richa teve um tempo de televisão bastante superior a seus adversários – em função da coligação de partidos realizada pelo PSDB. Por exibição, Richa tinha mais de 12min, contra pouco mais de 7min de Gleisi Hoffmann. Os demais candidatos, juntos, ficaram com cerca de outros 11min. Por conta dessa diferença de tempo, o PSDB apresentou um número significativamente maior de segmentos que seus concorrentes. Foram 1.046 segmentos de HGPE de Beto Richa contra 299 de Gleisi Hoffmann e 777 dos demais candidatos. Percebe-se que apenas o tempo não explica a diferença nos números, pois os demais candidatos, juntos, tiveram praticamente o mesmo tempo que Richa e ficaram com um terço a menos de segmentos, aproximadamente. A mesma desproporção se dá com Hoffmann, que teve mais da metade do tempo de Richa, mas seu HGPE apresentou um número de segmentos três vezes menor. Portanto, é possível dizer que o horário eleitoral de Beto Richa apresentou uma produção maior que a dos demais candidatos. Resta saber se, em termos de conteúdo, as variações também foram significativas.

A tabela 4 apresenta os percentuais de segmentos[2] para os candidatos em cada variável analisada. Na maioria delas não há diferenças significativas entre os concorrentes. Ao final de cada variável, na tabela, são apresentados os resultados do teste não paramétrico chi-quadrado de Pearson e seu nível de signi-

2 Aqui, segmentos de HGPE são definidos como "fragmentos" dos programas com relativa autonomia em relação às demais partes do discurso do candidato. É identificado um novo segmento quando há mudança do tema, cenário ou locutor no HGPE. Por isso, um fragmento não pode ser confundido com o tempo, em segundos ou minutos.

ficância a intervalo de confiança de 95%. Quanto maior o valor do coeficiente, menores as diferenças entre as categorias por candidato.

A primeira variável indica a presença de lideranças no HGPE dos candidatos. Trata-se da aparição de líderes políticos, presidentes de diretórios partidários, prefeitos de outros municípios, governador ou presidente da República. A variável foi codificada da seguinte forma: 0 = não, para quando não aparecem lideranças no segmento; 1 = sim, para quando aparecem lideranças no segmento. Percebe-se o mesmo padrão para todos os candidatos. O apoio direto de lideranças políticas no HGPE foi reduzido. No caso de Beto Richa, nenhum segmento apresentou endosso de liderança política. Hoffmann foi a que mais usou esse artifício em seu programa eleitoral, com 11 aparições, ou 3,7%. Todos os demais concorrentes, juntos, somaram 2,15% do total. A campanha na televisão foi fundamentalmente apresentada com independência política dos candidatos em relação a outras lideranças políticas.

A segunda característica do HGPE diz respeito à presença de ataque à administração em curso, que pode assumir dois valores por segmento (0 = não, ou seja, ausência de ataque; 1 = sim, houve ataque à administração). Como é de se esperar, o candidato à reeleição não faz ataques à sua própria administração. No entanto, também seria de se esperar que os demais concorrentes o fizessem com mais força, principalmente aqueles identificados com a oposição. Não é o que acontece. Gleisi Hoffmann apresenta ataques à administração em apenas 3,3% de seus segmentos, enquanto os demais concorrentes ficam, em média, no mesmo patamar (3,2%). Aqui também o teste não paramétrico indica consistência no comportamento dos candidatos.

A terceira variável incluída é a citação direta do partido ou coligação do candidato. O objetivo é identificar se a campanha foi mais ou menos partidarizada. A exemplo das duas variáveis anteriores, a codificação é 0 para não (sem citação de partido no segmento) e 1 para sim (com citação de partido no segmento). De maneira geral, os resultados mostram que a campanha não foi partidarizada, com um número muito pequeno de segmentos em que os candidatos citavam diretamente seus partidos. Porém, aqui há uma diferença maior de Richa em relação aos demais. Enquanto, em média, os outros candidatos citaram seus partidos em 3,9% dos segmentos, Hoffmann citou em 2,7% e Richa ficou com apenas 0,2%. Richa se vinculou menos ao PSDB em seu programa eleitoral do que Hoffmann ao PT e os demais candidatos a seus partidos. Apesar das diferenças percentuais, o coeficiente de chi-quadrado de Pearson manteve-se acima de 33,6, com significância de 0,000, ou seja, não é possível identificar diferenças estatisticamente significativas nesses resultados.

Tabela 3. Principais características dos programas do HGPE nas eleições para prefeito de Curitiba (2008)

		Candidatos agrupados			Total
		Beto Richa	Gleisi Hoffmann	Outros	
Presença de lideranças					
Endosso de lideranças políticas	Não	1.046 (100%)	288 (96,3%)	765 (98,5%)	2.099 (98,9%)
	Sim	0 (0,0%)	11 (3,7%)	12 (2,15%)	23 (1,1%)
Total		1.046 (100%)	299 (100%)	777 (100%)	2.122 (100%)
Ataque administrativo					
Ataque à administração em curso	Não	1.046 (100%)	289 (96,7%)	752 (96,8%)	2.087 (98,4%)
	Sim	0 (0%)	10 (3,3%)	25 (3,2%)	35 (1,6%)
Total		1.046 (100%)	299 (100%)	777 (100%)	2.122 (100%)
Partidarismo					
Menção ao partido ou coligação	Não	1.044 (99,8%)	291 (97,3%)	747 (96,1%)	2.082 (98,1%)
	Sim	2 (0,2%)	8 (2,7%)	30 (3,9%)	40 (1,9%)
Total		1.046 (100%)	299 (100%)	777 (100%)	2.122 (100%)
Temas abordados					
Temas sociais		669 (64%)	135 (45,2%)	357 (45,9%)	1.161 (54,7%)
Imagem da cidade/RMC e estado		0 (0%)	2 (0,7%)	17 (2,2%)	19 (0,9%)
Imagem do candidato		356 (34%)	117 (39,1)	303 (39%)	776 (36,6%)
Imagem do partido		5 (0,5%)	16 (5,4%)	74 (9,5%)	95 (4,5%)
Imagem do adversário		0 (0%)	0 (0%)	9 (1,2%)	9 (0,4%)
Imagem do eleitor		5 (0,5%)	2 (0,7%)	2 (0,3%)	9 (0,4%)
Meta campanha		11 (1,1%)	27 (9%)	15 (1,9%)	53 (2,5%)
Total		1.046 (100%)	299 (100%)	777 (100%)	2.122 (100%)
Tipo de apelo					
Pragmático		179 (17,1%)	47 (15,7%)	131 (16,9%)	357 (16,8%)
Ideológico		0 (0,0%)	2 (0,7%)	7 (0,9%)	9 (0,4%)
Político		2 (0,2%)	3 (1%)	2 (0,3%)	7 (0,3%)

	Candidatos agrupados			Total
	Beto Richa	Gleisi Hoffmann	Outros	
Emocional	863 (82,5%)	247 (82,6%)	637 (82%)	1.747 (82,3%)
Documental/credibilidade da fonte	2 (0,2%)	0 (0%)	0 (0%)	2 (0,1%)
Total	1.046 (100%)	299 (100%)	777 (100%)	2.122 (100%)
Dimensão temporal				
Passado/presente	926 (88,5%)	250 (83,6%)	616 (79,3%)	1.792 (84,4%)
Futuro	118 (11,3%)	47 (15,7%)	159 (20,5%)	324 (15,3%)
Indefinido	2 (0,2%)	2 (0,7%)	2 (0,3%)	6 (0,3%)
Total	1.046 (100%)	299 (100%)	777 (100%)	2.122 (100%)
Atributo do candidato				
Pessoal	112 (31,5%)	106 (90,6%)	283 (93,4%)	501 (64,6%)
Político	213 (59,8%)	4 (3,4%)	12 (4%)	229 (29,5%)
Administrativo	31 (8,7%)	7 (6%)	8 (2,6%)	46 (5,9%)
Total	356 (100%)	117 (100%)	303 (100%)	776 (100%)

Fonte: grupo de pesquisa em comunicação política e opinião pública - UFPR. Dados organizados pelos autores.

A próxima variável analisada diz respeito aos temas abordados pelos candidatos em seus horários eleitorais. As categorias foram agrupadas em: (i) "tema social", que reúne todos os temas de debate público propriamente dito, tais como saúde, segurança, orçamento, educação, carentes e minorias; (ii) imagem da cidade; (iii) imagem do candidato; (iv) imagem do partido; (v) imagem do adversário; (vi) imagem do eleitor; e (vii) metacampanha, que é formada por segmentos em que se fala da própria campanha eleitoral, como comícios, eventos etc. Como se pode perceber, os candidatos concentraram seus segmentos em "temas sociais" e em "imagem do candidato". Juntos, eles ocuparam cerca de 90% dos segmentos de todos os candidatos. A diferença se dá nos percentuais, pois, enquanto Richa abordou mais "temas sociais", os demais ocuparam mais tempo com "imagem do candidato". Isso se explica pelo fato de Richa já ser conhecido da população. Os outros precisaram usar o HGPE para se apresentar. No caso de Gleisi Hoffmann, predominou a apresentação da imagem como administradora pública e dirigente partidária. Já para o reitor Moreira, houve predomínio da imagem pessoal, como médico e professor universitário.

Em relação ao formato da apresentação dos conteúdos, a variável "tipo de apelo" ajuda a entender o tom predominante adotado pelos candidatos na disputa. Aqui, mais uma vez, houve um comportamento muito parecido entre todos os adversários. O que predominou em todos eles foi o tom emocional, com mais de 80% dos segmentos, seguido de pragmático, com pouco mais de 15%. A quase ausência dos tons ideológico e partidário indica como a campanha foi despolitizada e que o HGPE reproduziu, sobretudo, fórmulas para estímulos emocionais.

A dimensão temporal dos discursos indica se os candidatos estão priorizando o mundo passado e presente – oferecendo elementos para o voto retrospectivo – ou se o futuro – com propostas como insumo ao voto prospectivo. Aqui também, em termos gerais, não se percebem diferenças significativas entre os candidatos. Todos enfocam prioritariamente a dimensão passado/presente, com predominância de Richa, que teve 88,5% de seus segmentos nessa dimensão. Os outros candidatos, em média, apresentaram 20,5% de seus segmentos na dimensão futuro, contra apenas 11% de Richa.

Sobre o atributo do candidato, que é a principal característica dele apresentada no próprio HGPE, percebem-se algumas diferenças entre Richa e os demais concorrentes. No candidato do PSDB, o principal atributo utilizado no HGPE foi o "político" (59,8%), seguido do "administrativo" (31,5%). Já em Hoffmann e em "outros" predominou o atributo "pessoal", com 90,6% e 93,4% respectivamente. Isso demonstra que, enquanto Richa apresentava sua história política e administrativa no HGPE, os demais concorrentes preferiram o atributo pessoal, seja porque eram pouco conhecidos do eleitor, seja porque não tinham carreira política ou administrativa para apresentar.

A análise das características do HGPE para a prefeitura de Curitiba, em 2008, permite algumas conclusões a respeito do comportamento dos candidatos em seus programas de televisão. Em primeiro lugar, o tom dos programas foi dado por Richa. Nenhum opositor tentou apresentar estratégia distinta do concorrente à reeleição. Richa optou por apresentar-se como político com trajetória vitoriosa, não respondeu a críticas à administração – ainda que tenham sido poucas. Também não partidarizou a disputa, o que fez com que a apresentação do HGPE reforçasse a tendência de campanha plebiscitária, ou seja, de continuidade da gestão bem-avaliada ou de substituição dela.

Por outro lado, os candidatos de oposição foram tímidos em se posicionar contrariamente ao modelo de gestão do PSDB – provavelmente em função dos altos índices de aprovação do primeiro governo. Quase não há críticas à gestão ou ao prefeito. A tematização fica mais focada nas imagens dos candidatos de oposição do que à reeleição, o que diminui o espaço para debate de temas sociais propriamente ditos pela oposição. Mesmo no que diz respeito à ideologização e partidarização da campanha, os opositores foram tímidos. Ou seja, em linhas gerais, todos apresentaram campanhas eleitorais em favor da manutenção do *status quo*, o que, em um cenário de aprovação do atual governante, é pouco propício para o voto pela mudança (Cervi, 2009). Não se pode esperar que o eleitor vote em favor da mudança se a ele não é dado conhecer um projeto alternativo de administração. Nesses casos, a opção mais racional é manter o que "está dando certo". Para analisar em mais detalhes o comportamento do eleitor nas eleições municipais de Curitiba em 2008, o próximo tópico apresenta análises a partir de pesquisas de opinião pública realizadas pelo Ibope durante a campanha municipal.

Desempenho eleitoral e opinião pública

A comparação entre o desempenho do primeiro governo Richa e as intenções de voto na campanha de reeleição apresenta um pequeno decréscimo, como havia ocorrido em 2004. Pesquisas de intenção de voto apontam que, em julho de 2008, Richa tinha 72% das intenções de voto, e o resultado do primeiro turno, em outubro, foi de 77,2% dos votos válidos, ficando um pouco fora das margens de erro, que giraram em torno de 4,5 pontos percentuais. Considerando as pesquisas realizadas nos meses de campanha, a média de intenção de voto para o candidato à reeleição ficou em 73%. O resultado é de −3 pontos percentuais, quando comparado à média de 76% de aprovação do governo. Por fim, considerando a pesquisa de satisfação com o governo realizada em dezembro de 2009, na qual Richa obteve 84% de avaliação positiva, a diferença com o desempenho eleitoral do ano anterior volta a crescer em 9 pontos percentuais – assim como aconteceu após a disputa de 2004, porém com menor intensidade. Para complementar as informações sobre as mudanças nas avaliações de desempenho do prefeito nos períodos analisados aqui, o gráfico 2[3] representa a dinâmica histórica das avaliações positivas e intenções de voto de Beto Richa entre 2002 e 2009.

[3] Para manter todos os períodos com aproximadamente o mesmo número de observações, utilizou-se a interpolação linear entre extremos para preenchimento de alguns valores.

Gráfico 2. Avaliação positiva de governo e intenções de voto para Beto Richa (2002-2009)

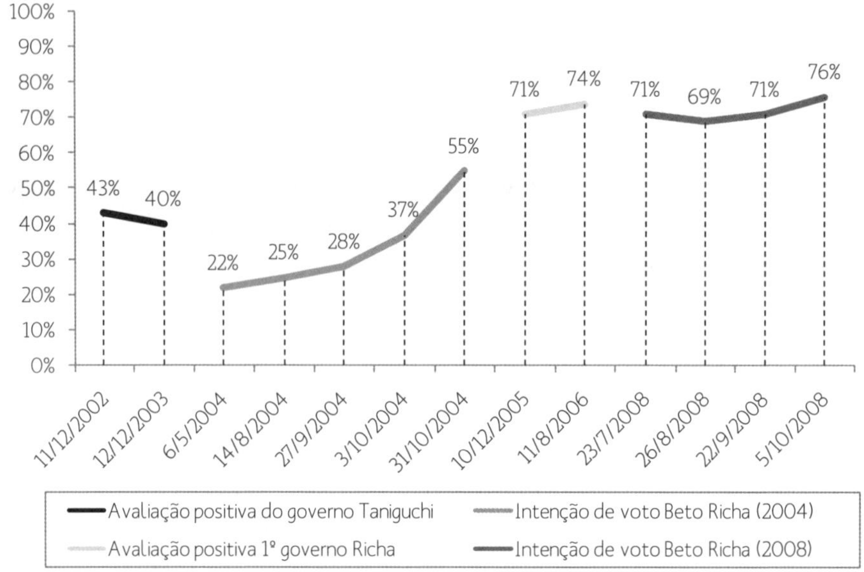

Fonte: organizado pelos autores a partir de dados do TRE-PR e de pesquisas de opinião Ibope e Datafolha realizadas entre 2001 e 2009.

O gráfico 2 permite identificar um crescimento praticamente constante entre as intenções de voto em Richa na primeira eleição (2004), avaliação positiva do primeiro governo (2005 a 2007), intenções de voto para a reeleição (2008) e avaliação positiva do início do primeiro ano do segundo governo (2009). Antes disso, na primeira parte, mostra um decréscimo da avaliação positiva do governo Taniguchi, entre 2001 e 2003. No entanto, as linhas de avaliação de governo Richa sempre ficam um pouco acima das intenções de voto no candidato. Assim, é possível considerar hipótese que, se as avaliações positivas do primeiro mandato não tivessem sido tão acima do desempenho eleitoral de 2004, a reeleição não teria sido tão "fácil". Em outras palavras, pode-se dizer que o primeiro governo de Richa teve mais importância para sua reeleição do que a campanha política propriamente dita. O contrário aconteceu em 2004, quando o então vice-prefeito começou a disputa com percentuais de intenção de voto abaixo das avaliações positivas do governo de então e, ao longo da campanha, apresentou um crescimento significativo – principalmente entre o primeiro e o segundo turnos daquele ano. A seguir é apresentado o contexto específico das eleições de 2008 em Curitiba, visando explicar o comportamento dos eleitores.

Análise do comportamento do eleitor

O interesse neste capítulo, como indicado na introdução, é de entender quais os determinantes individuais que permitem entender o comportamento eleitoral ou, mais especificamente no caso de Curitiba, a escolha entre as opções eleitorais definidas anteriormente. Os determinantes do voto são vários (e.g., avaliação dos candidatos e da economia, ser o incumbente do cargo, filiação partidária etc.), e o peso relativo de cada um desses fatores pode variar de uma eleição para a outra. Infelizmente o pesquisador se encontra frequentemente limitado às informações recolhidas pelos estudos realizados pelas agências de pesquisa de opinião. Apesar dessa limitação, identificamos fatores que, acreditamos, tiveram impacto sobre a decisão dos eleitores.

Propomos, então, explicar as intenções de voto dos eleitores de Curitiba segundo suas avaliações dos governos Richa (então prefeito de Curitiba), Requião (então governador do estado do Paraná) e Lula (então presidente da Federação), suas expectativas sobre o resultado eleitoral municipal e sua possível rejeição ao candidato Richa. Segundo uma análise preliminar dos dados, sabemos que estes fatores foram importantes na decisão do eleitor. Por exemplo, 92,7% dos eleitores que avaliaram a administração Richa como "ótima" expressaram intenção de votar nele, enquanto só 16,1% dos eleitores que avaliaram sua administração como "péssima" fizeram o mesmo. A candidata Gleisi, por outro lado, foi mais apoiada entre os eleitores que fizeram uma avaliação ótima do governo Lula (24,6%) em comparação, por exemplo, com aqueles que fizeram uma avaliação péssima do mesmo (4,9%) – o que seria de se esperar. A expectativa de que Richa iria ganhar a eleição para a prefeitura era muito alta. Cerca de 87,8% dos eleitores achavam que o prefeito iria se reeleger. Dos eleitores que tinham essa expectativa, 80,7% também tinham intenção de votar nele, contra só 41% daqueles que achavam o contrário. Enfim, nem todo mundo preferia Richa como candidato e, entre aqueles que declararam que nunca votariam nele, 63,9% declararam intenção de votar em Gleisi.

Usamos, para fins de análise, dados de quatro estudos de opinião pública feitos durante a campanha eleitoral à prefeitura de Curitiba em 2008. As entrevistas foram realizadas pelo Ibope nos meses de agosto (o primeiro estudo nos dias 8 a 10 e o segundo nos dias 26 a 28) e de setembro (o terceiro estudo nos dias 7 a 9 e o quarto nos dias 22 a 24). Cada estudo entrevistou 602 eleitores de Curitiba acerca de suas intenções de voto e outras características políticas e sociodemográficas.

Conforme já foi discutido na primeira parte deste capítulo, a campanha eleitoral do município de Curitiba apresentou poucas surpresas, e as intenções de voto mostram muita estabilidade, como pudemos ver no gráfico 1. Beto Richa (PSDB), candidato à reeleição, saiu na campanha com uma vantagem mais do que confortável (mais de 75%) e conseguiu mantê-la até o dia da eleição. A única outra candidata que apresentou certa apreciação do eleitorado curitibano foi Gleisi Hoffmann, do PT. Porém, o apoio à candidata, apesar de ter ficado estável durante a campanha, mal chegou aos 15% de intenção dos eleitores. Os outros candidatos, como Bruno Meirinho (Psol) ou o reitor Moreira (PMDB), nunca passaram dos 5% de apoio ao longo da campanha, dando grande estabilidade às intenções de voto. Por este motivo, decidimos reunir os estudos de agosto e setembro para as análises multivariadas. Também, devido à inexistência de terceiros candidatos viáveis à prefeitura de Curitiba, categorizamos as opções dos eleitores como votar em Richa, em Gleisi ou em outro candidato. Esta última categoria também inclui a decisão de votar em branco ou de anular o voto. As opções eleitorais representam a variável dependente que buscamos aqui explicar.

Os resultados preliminares são interessantes, e certamente dão indicações importantes sobre os determinantes das intenções de voto na eleição municipal de Curitiba em 2008. Porém, uma análise multivariada, na qual controlamos vários fatores ao mesmo tempo, é necessária para avaliar com mais precisão o papel dos determinantes identificados. Por isso propomos um modelo de regressão que inclui as variáveis antes discutidas (avaliações dos governos Richa, Requião e Lula, expectativa sobre o resultado da eleição e a rejeição do candidato Richa). Além desses fatores políticos, o modelo também inclui os determinantes sociodemográficos convencionais, como o gênero, a idade, a educação e a renda familiar do eleitor. A avaliação dos governos foi medida numa escala de cinco pontos, em que 1 indica uma avaliação péssima e 5 uma avaliação ótima. A expectativa sobre o resultado eleitoral é representada por uma variável dicotômica que tem por valor 1 todos os entrevistados que, independentemente de sua preferência eleitoral, indicaram que Beto Richa seria, de novo, o próximo prefeito de Curitiba. Todos aqueles que pensaram diferentemente foram identificados com o valor 0. Outra variável dicotômica foi incluída no modelo para determinar aqueles entrevistados que estipularam, de maneira espontânea, que nunca votariam no candidato Richa (com valor 1 e os outros com valor 0).

Finalmente, a renda familiar foi mensurada numa escala de sete pontos, na qual valores maiores indicam renda maior (de sem rendimento até renda maior de 20 salários mínimos). A educação, por sua parte, foi mensurada numa escala de 10 pontos, em que 1 indica os entrevistados analfabetos e 10 aqueles que possuem educação superior completa. A variável idade indica a idade do entrevistado como mencionada na entrevista, e a variável gênero indica os entrevistados de sexo feminino (valor 1) e homens (valor 0).

Devido à natureza da variável dependente com três categorias discretas (voto em Richa, Gleisi ou em outro candidato/nulo/branco), usamos o estimador de verossimilhança para obter as estimativas dos coeficientes das variáveis independentes. O modelo adotado é o *logit multinominal*, que é uma técnica de análise de dados nominais com mais de duas categorias. A tabela 4 apresenta os resultados para os meses de agosto e setembro, separadamente, e com o candidato Richa como categoria de base. Os erros-padrão aparecem entre parênteses.

Os resultados apresentados na tabela 4 são interessantes sob muitos aspectos. Um primeiro resultado curioso é a ausência de efeitos relacionados às variáveis sociodemográficas. A intenção de votar em um dos três candidatos não está relacionada com gênero, idade, escolaridade ou renda dos votantes. As variáveis políticas, por sua parte, têm efeitos importantes sobre as intenções de voto. Mais especificamente, os resultados indicam que quem tinha expectativa de que Richa iria ganhar a reeleição também tinha probabilidade menor de votar em Gleisi ou em outro candidato (ou votar nulo ou branco). Ao contrário, quem indicou que nunca votaria em Richa tinha probabilidade maior de votar em Gleisi ou em outro candidato (ou votar nulo ou branco). As avaliações dos governos de Richa, Requião e Lula também têm seus efeitos próprios sobre as intenções de voto. Assim observamos que: (i) quanto maior a avaliação da administração Richa, menor a probabilidade de votar em Gleisi ou em outro candidato (ou votar nulo ou branco); e (ii) quanto maior a avaliação do governo Lula, maior a probabilidade de votar em Gleisi. Estes dois resultados fazem perfeito sentido: quem gosta do trabalho do prefeito atual pretende reelegê-lo e quem gosta do trabalho do presidente Lula pretende votar na candidata do mesmo partido, ou seja, a candidata do PT.

Tabela 4. Determinantes da intenção de voto para prefeito: Curitiba (2008)

	Agosto		Setembro	
	Gleisi	Outro ou branco/nulo	Gleisi	Outro ou branco/nulo
Gênero (mulher = 1; homem = 0)	-0,20 (0,30)	-0,15 (0,34)	-0,40 (0,31)	0,46 (0,40)
Idade	0,00 (0,01)	0,01 (0,01)	-0,01 (0,01)	0,00 (0,01)
Educação	0,16 (0,11)	0,00 (0,11)	0,11 (0,11)	0,04 (0,14)
Renda familiar	-0,19 (0,20)	0,34 (0,22)	-0,12 (0,21)	0,34 (0,27)
Expectativa sobre vitória de Richa	-1,37* (0,36)	-1,72* (0,38)	-1,62* (0,45)	-1,78* (0,57)
Não votaria em Richa nunca	2,84* (0,79)	2,76* (0,83)	2,99* (0,61)	3,00* (0,71)
Avaliação governo Richa	-1,31* (0,24)	-1,29* (0,24)	-1,32* (0,25)	-1,36* (0,28)
Avaliação governo Requião	0,18 (0,14)	0,35* (0,15)	0,02 (0,13)	-0,32* (0,14)
Avaliação governo Lula	0,51* (0,16)	-0,11 (0,14)	0,48* (0,18)	0,24 (0,18)
Constante	1,82 (1,34)	1,86 (1,36)	3,18* (1,50)	2,53 (1,77)
Log de verossimilhança	-300,04		-262,20	
Pseudo R^2	0,22		0,24	
N	531		548	

Fonte: modelo elaborado pelos autores a partir de pesquisas de intenção de voto do Ibope.
* $p < 0,05$ (teste bilateral).

Até agora, todos estes resultados se aplicam tanto aos estudos do mês de agosto quanto aos de setembro. A única dinâmica temporal que observamos aqui é aquela relacionada à avaliação do governador do estado do Paraná, Roberto Requião. Segundo os resultados da tabela 3, temos que, quanto maior a avaliação do governo de Requião em agosto, maior a probabilidade de votar num terceiro candidato (ou de votar nulo ou branco). Porém, em setembro, o padrão é o contrário: quanto maior a avaliação do governo Requião, menor a probabilidade de votar num terceiro candidato (ou de votar nulo ou branco).

Isso pode ser explicado pelo fato de Requião ter iniciado a campanha apresentando-se como grande apoiador do candidato do PMDB, reitor Moreira, que no teste aparece como "outro", e, no final da campanha, o governador ter-se distanciado da disputa. Em setembro Requião não aparecia mais no HGPE com tanta intensidade quanto em agosto, assim como não participava mais dos eventos políticos públicos, tais como caminhadas e comícios ao lado de Moreira. Essa mudança de comportamento do governador pode ter gerado o efeito no eleitor que avalia bem o governo estadual. No início da campanha, a avaliação positiva do governo do Paraná relacionava-se com voto no candidato do PMDB. Ao final da disputa, com o distanciamento de Requião da campanha, aqueles que avaliavam bem o governo Requião passaram a se sentir "livres" para votar em qualquer candidato – inclusive em Richa.

A questão agora é saber o quanto estes fatores políticos afetaram as probabilidades de votar nos candidatos. Os coeficientes do *logit multinomial* apresentados na tabela 4 infelizmente não dão esta informação de maneira direta. Por isso, calculamos os efeitos dessas variáveis sobre as probabilidades de votar nos candidatos. Uma maneira comum e simples de fazer isso é calcular qual seria a probabilidade de votar nos candidatos variando os valores da variável independente de interesse e mantendo os valores das outras variáveis independentes em suas médias. As probabilidades abaixo apresentadas foram calculadas com o software Clarify (King, Tomz e Wittenberg, 2000).

Começando com as expectativas dos eleitores sobre as chances de Richa se reeleger, temos que a probabilidade de votar em Richa aumenta de 0,31 (de 0,52 a 0,84) e de 0,32 (de 0,54 a 0,86) em agosto e setembro, respectivamente, quando se compara a probabilidade de votar nele para quem não tinha esta expectativa com quem a tinha. As probabilidades de votar em Gleisi ou em outro candidato (ou de votar nulo ou branco) são reduzidas de 0,13 e 0,18, respectivamente, para o mês de agosto e de 0,20 e 0,13 para setembro, quando se comparam os eleitores que não têm esta expectativa com aqueles que a têm. É interessante observar que a expectativa de Richa se reeleger afetou mais Gleisi conforme se aproximava o dia da eleição. Analisando o impacto da rejeição de Richa, temos que quem declarou que nunca votaria em Richa tem probabilidade maior de votar em Gleisi (0,42 em agosto e 0,48 em setembro) do que em outro candidato ou votar nulo ou branco (0,33 em agosto e 0,25 em setembro). Temos aqui uma dinâmica interessante, indicando que a rejeição a Richa favoreceu mais Gleisi conforme se aproximava a data da votação.

As avaliações dos governos Richa, Requião e Lula foram medidas, como mencionado, numa escala de cinco pontos de péssima a ótima avaliação. Podemos, então, calcular a probabilidade de votar nos candidatos segundo estas avaliações. Os gráficos 3, 4, e 5 mostram as probabilidades de votar em Richa, em Gleisi ou num terceiro candidato (ou votar nulo ou branco) segundo as avaliações de Richa, Requião e Lula, respectivamente. Como o interesse aqui é medir o impacto na decisão de voto sem Richa ou Gleisi, decidiu-se agrupar os votos nulos e brancos aos demais candidatos. Se o objetivo fosse verificar as diferenças entre os candidatos em relação aos eleitores indecisos, então, o procedimento deveria ser outro. Em cada figura o gráfico da esquerda apresenta os resultados para o mês de agosto, e o da direita para setembro. O gráfico 3 mostra que a probabilidade de votar em Richa aumenta de 0,07 para 0,92, em agosto, e de 0,08 para 0,93, em setembro, quando a avaliação da administração municipal passa de péssima a ótima. Quem mais sofre com a avaliação alta do governo Richa é a candidata Gleisi. O apoio à candidata passa de 0,53 para 0,04 em agosto e de 0,57 para 0,04 em setembro, quando a administração do governo Richa passa de péssima a ótima. Como o gráfico 4 indica, por sua parte, as avaliações de Requião têm pouco efeito sobre as intenções de voto em Richa e em Gleisi. Porém, os efeitos desta variável são diferentes para agosto, em relação a setembro, como mencionado acima. Em agosto, quanto maior a avaliação de Requião, menor a intenção de votar em Richa (de 0,88 para 0,73) e maior a intenção de votar em Gleisi (de 0,08 para 0,13). O terceiro candidato é quem se beneficia mais da avaliação positiva de Requião (de 0,04 para 0,14). Em setembro, quanto maior a avaliação de Requião, maior a intenção de voto em Richa (de 0,80 para 0,86). A intenção de votar em Gleisi não está sendo afetada pelas avaliações de Requião (de 0,10 para 0,11). Quem perde, desta vez, é o terceiro candidato (de 0,10 para 0,03). Finalmente, o gráfico 5 indica que as avaliações do governo Lula também tiveram seus próprios efeitos. Quanto maior a avaliação de Lula, menor a probabilidade de votar em Richa (de 0,84 para 0,72 em agosto e de 0,93 para 0,77 em setembro) e maior a probabilidade de votar em Gleisi (de 0,03 para 0,21 em agosto e de 0,04 para 0,17 em setembro). As avaliações de Lula tiveram pouco efeito sobre as intenções de voto no terceiro candidato (ou de votar nulo ou branco).

Gráfico 3. Impacto da avaliação do governo Richa nas intenções de voto

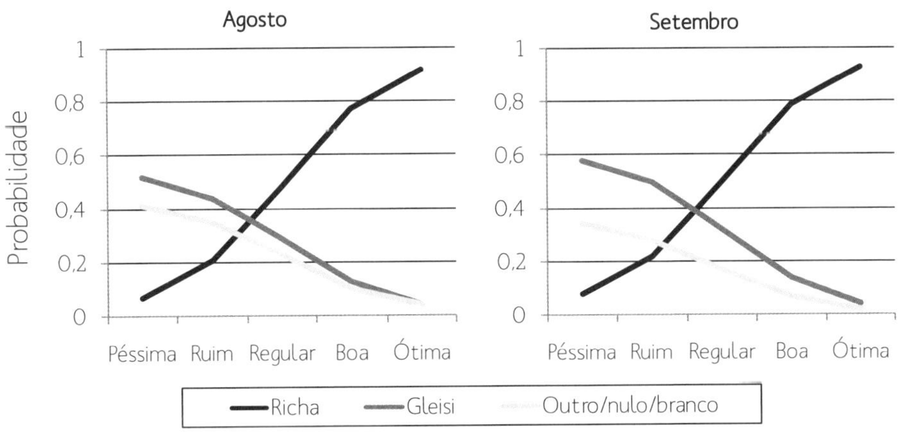

Fonte: elaborado pelos autores a partir de pesquisas de intenção de voto do Ibope.

Gráfico 4. Impacto da avaliação do governo Requião nas intenções de voto

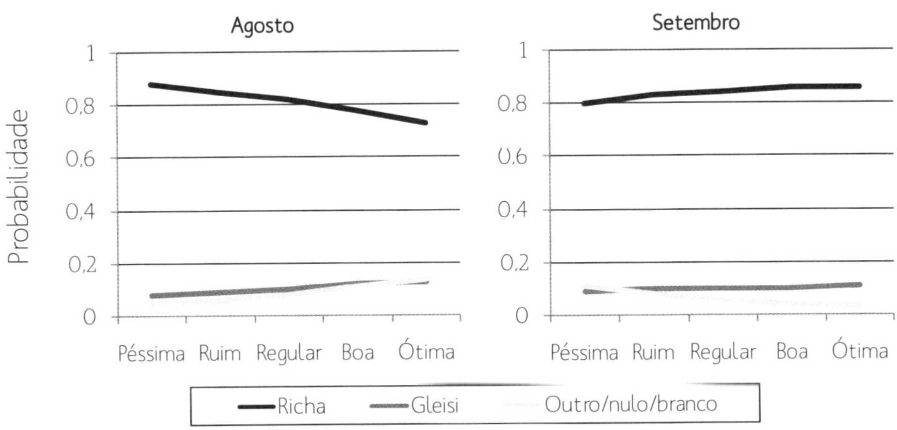

Fonte: elaborado pelos autores a partir de pesquisas de intenção de voto do Ibope.

Gráfico 5. Impacto da avaliação do governo Lula nas intenções de voto

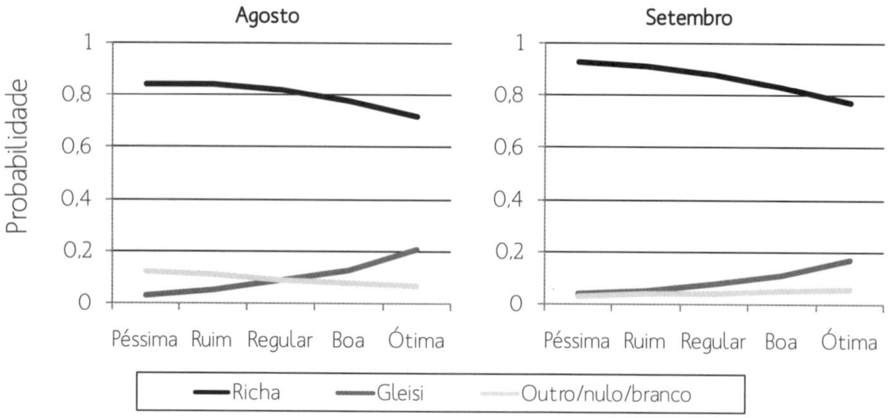

Fonte: elaborado pelos autores a partir de pesquisas de intenção de voto do Ibope.

Outra maneira de medir o impacto desses fatores nas intenções de voto é criar cenários nos quais mais de uma variável independente é manipulada. Por exemplo, qual seria a probabilidade de o eleitor votar em Richa dada uma avaliação péssima a sua administração, mas com a expectativa de que ele vai se reeleger? Similarmente, qual seria a probabilidade de ele votar em Gleisi tendo dado uma ótima avaliação a Lula e com a expectativa de que Richa não vai se reeleger? A tabela 5 apresenta as probabilidades de o eleitor votar em Richa e Gleisi, os dois candidatos de interesse aqui, controlando os valores das avaliações dos governos e as expectativas de Richa se reeleger.

A tabela 5 mostra claramente que as avaliações do governo Richa tiveram um impacto muito grande nas intenções de voto, quase independentemente da expectativa sobre a reeleição dele. Por outro lado, a expectativa de Richa se reeleger teve um impacto grande nas intenções de voto, comparado, desta vez, com o efeito das avaliações de Requião. É interessante reiterar aqui como as avaliações de Requião tiveram efeitos contrários em agosto e setembro, prejudicando Richa em agosto, mas beneficiando-o em setembro. Porém, as avaliações de Requião tiveram pouco efeito sobre as intenções de voto em Gleisi. Finalmente, as avaliações de Lula, por sua parte, tiveram um impacto muito grande sobre as intenções de voto, especialmente entre aqueles que não tinham a expectativa de que Richa fosse se reeleger. A expectativa de Richa se reeleger também teve efeito próprio sobre as intenções de voto nele, independentemente das avaliações de Lula.

Tabela 5. Probabilidade de votar em Richa ou Gleisi considerando cenários

		Expectativa de Richa se reeleger*			
		Não tem expectativa		**Tem expectativa**	
Agosto		**Richa**	**Gleisi**	**Richa**	**Gleisi**
Avaliação Richa	Péssima	0,02 (0,00; 0,06)	0,48 (0,22; 0,75)	0,09 (0,02; 0,23)	0,52 (0,27; 0,79)
	Ótima	0,76 (0,62; 0,86)	0,11 (0,05; 0,20)	0,94 (0,90; 0,96)	0,04 (0,02; 0,06)
Avaliação Requião	Péssima	0,66 (0,48; 0,82)	0,19 (0,08; 0,35)	0,90 (0,83; 0,94)	0,07 (0,03; 0,12)
	Ótima	0,41 (0,27; 0,57)	0,24 (0,13; 0,38)	0,77 (0,68; 0,84)	0,11 (0,07; 0,18)
Avaliação Lula	Péssima	0,57 (0,37; 0,75)	0,08 (0,02; 0,17)	0,87 (0,79; 0,93)	0,03 (0,01; 0,07)
	Ótima	0,43 (0,29; 0,60)	0,39 (0,24; 0,56)	0,76 (0,69; 0,83)	0,18 (0,12; 0,26)
Setembro					
Avaliação Richa	Péssima	0,02 (0,00; 0,07)	0,58 (0,23; 0,87)	0,09 (0,02; 0,25)	0,57 (0,28; 0,83)
	Ótima	0,74 (0,56; 0,87)	0,16 (0,07; 0,31)	0,94 (0,91; 0,97)	0,04 (0,02; 0,07)
Avaliação Requião	Péssima	0,45 (0,23; 0,67)	0,24 (0,10; 0,45)	0,82 (0,73; 0,89)	0,09 (0,04; 0,15)
	Ótima	0,57 (0,36; 0,76)	0,32 (0,16; 0,51)	0,88 (0,81; 0,92)	0,10 (0,06; 0,15)
Avaliação Lula	Péssima	0,74 (0,49; 0,90)	0,12 (0,03; 0,29)	0,94 (0,88; 0,98)	0,03 (0,01; 0,08)
	Ótima	0,41 (0,21; 0,61)	0,41 (0,23; 0,62)	0,79 (0,72; 0,85)	0,16 (0,11; 0,22)

Fonte: elaborado pelos autores a partir de pesquisas de intenção de voto do Ibope.

* Intervalo de confiança de 95%.

Notas conclusivas sobre a decisão de voto em Curitiba, em 2008

Após analisarmos as informações sobre os contextos político, da elite partidária e, principalmente, da opinião pública na disputa eleitoral de 2008, é possível afirmar que se tratou de uma disputa plebiscitária em torno da avaliação do primeiro governo de Beto Richa. Até aí, nenhuma grande novidade, pois é no que consistem as reeleições: avaliar primeiramente o cenário atual para decidir se deve haver continuidade ou não. O que garantiu a vitória de Richa foi, além da boa avaliação do primeiro governo, a inexistência de uma proposta alternativa viável que tivesse sido apresentada durante a campanha eleitoral. A maioria dos candidatos de partidos nanicos optou por fazer uma campanha monotemática, sem nenhuma pretensão de se inserir efetivamente na disputa eleitoral para a prefeitura. Esses candidatos passaram a impressão, durante a campanha, de que estavam utilizando o espaço para antecipar uma candidatura a uma vaga de deputado em 2010. Os dois partidos oposicionistas mais fortes (PT e PMDB) optaram por lançar candidatos sem experiência em cargos eletivos (caso do PT) e sem mesmo ter disputado uma única eleição (caso do PMDB). Com isso, os concorrentes tiveram de usar boa parte de sua campanha para se apresentar ao eleitorado local e não puderam aprofundar a crítica à gestão Richa. Quando o fizeram, não tiveram os resultados esperados, justamente por não gozarem de reconhecimento público como alternativas politicamente viáveis.

Se a decisão de voto que o eleitor toma sempre é relativa, ou seja, ele relativiza o mundo atual com as propostas alternativas de mundo futuro, para tanto se torna necessária a existência de propostas alternativas viáveis; caso contrário, a decisão torna-se absoluta e, no agregado, fica muito próxima das avaliações do governo atual. No caso de Curitiba, entre 70% e 80% de aprovação, em 2008, e 77% de votos válidos para a reeleição do prefeito. Prova disso é a reprodução da votação pró-*establishment* para a Câmara de Vereadores. O partido do prefeito, sozinho, fez 26% dos votos válidos para vereador, tendo conseguido eleger a maior bancada (13 vereadores), 34% do total de cadeiras. Somando os votos obtidos por todos os partidos que fizeram parte da coligação majoritária, temos mais de 55% dos votos válidos e 25 cadeiras, ou seja, 66% do total da Câmara de Vereadores eleitos na base do governo. Tratou-se de uma vitória eleitoral em todos os sentidos. Porém, nas circunstâncias descritas neste capítulo, é preciso entender que o PSDB de Curitiba só perderia para ele mesmo aquela disputa por efetiva falta de alternativas politicamente viáveis nas oposições.

Nessas circunstâncias a campanha eleitoral teve baixo impacto sobre a decisão de voto em Curitiba, como ficou demonstrado ao longo de todo o capítulo. Sua relevância deveu-se mais à manutenção das avaliações anteriores ao período eleitoral do que, propriamente, a novos comportamentos ou mudança de decisão. Os eleitores já haviam tomado a decisão de voto antes do início da campanha, e ela dizia respeito ao primeiro governo de Richa. As posições adotadas no início da campanha foram mantidas ao final. Isso ficou demonstrado nos testes de regressão e correlação entre intenção de voto e avaliação do governo. Enquanto os candidatos de oposição não conseguiam correlacionar seus votos com avaliação negativa do governo Richa, o então prefeito obteve altos níveis de correlação entre avaliação positiva de governo e intenção de voto na continuidade. As oposições foram tão politicamente débeis que, desde o início da campanha (pesquisa Ibope realizada em agosto), os eleitores que não pretendiam votar em Richa apresentavam altos índices de expectativas de que ele seria reeleito.

Existem duas alternativas políticas a serem adotadas pela oposição em situações de disputa à reeleição com altos índices de aprovação do governo: ou pela partidarização ou ideologização da disputa, ou pela vinculação a governantes de outras esferas que tenham suas administrações bem-avaliadas pela opinião pública. A análise do HGPE dos candidatos de oposição mostrou que nenhum deles optou pela partidarização da disputa. Mesmo porque, historicamente, o eleitor tem demonstrado que, em disputas municipais, ele não é favorável à realização de debates ideológicos e programáticos; prefere a apresentação de propostas que permitam a governabilidade. Quanto à vinculação a governantes de outras esferas, os dois principais partidos de oposição em Curitiba poderiam ter tirado proveito desse mecanismo: o PMDB, que tem como principal liderança no estado o governador Roberto Requião, e o PT, que tem no presidente Lula um dos políticos com maiores índices de aprovação na história do país. O problema é que, em Curitiba, tanto a aprovação de Lula quanto a de Requião sempre foram menores do que a de Beto Richa. Além disso, os dois partidos não conseguiram vincular as imagens de seus candidatos às das lideranças estadual e nacional. No caso do PT, o impacto da avaliação positiva de Lula para o voto em Gleisi Hoffmann foi quase o mesmo que para o voto em Richa ao final da disputa. No caso do PMDB o efeito ficou ainda mais negativo, pois a avaliação positiva do governo Requião não apresentou nenhum impacto na decisão de voto no candidato do PMDB à prefeitura de Curitiba. Ou seja, Requião não conseguiu transferir votos ao candidato da oposição que apoiava – o que também já havia acontecido em outras eleições para prefeito na capital paranaense. Em outras palavras, assim como em disputas anteriores, o governador Requião não teve peso na decisão de voto na capital. Isso não significa que a agenda do governo estadual seja irrelevante para as disputas na capital, pois, em outros governos, como os de Lerner, o impacto do apoio do governador foi importante na decisão de voto durante disputas locais. Trata-se mais de uma característica da "figura política" de Requião e menos da relação entre agendas estadual e municipal para o debate eleitoral em Curitiba.

8. Luzes do "poste": análise da eleição para prefeito do Recife em 2008*

AQUILES MAGIDE BIZARRO

ARTHUR LEANDRO ALVES DA SILVA

ENIVALDO C. ROCHA

De cara com o "poste"

Uma figura conhecida do folclore político brasileiro é o "poste eleitoral", em outros contextos chamado de "testa de ferro": um indivíduo lançado candidato como mero destinatário nominal dos votos de outro indivíduo, ou de um pequeno grupo de indivíduos, que por uma conveniência qualquer designariam como candidato outra pessoa em vez de saírem eles próprios candidatos. Como parte do fenômeno estaria a expectativa de que, uma vez eleito, o "poste" não exercesse efetivamente as prerrogativas de seu cargo, pois o mandato seria, de fato, exercido pelos indivíduos que viabilizaram a trajetória eleitoral do candidato eleito. Seria tamanha, dessa forma, a influência dos patrocinadores da candidatura junto aos atores políticos a ponto de neutralizar as regras formais do jogo, possibilitando ao "poste" exercer, quase simbolicamente, o mandato conquistado nas urnas graças à força de seus "apoios".

* Os autores agradecem aos organizadores deste volume, Helcimara Telles (UFMG) e Antonio Lavareda (Ipespe), o apoio e o estímulo na elaboração deste capítulo. A Bruno Dallari (UFPR) e Manoel Santos (UFPE), a revisão dos originais. Também a todos os colegas do grupo de pesquisa Opinião Pública – Marketing Político e Comportamento Eleitoral (CNPq), as atentas e instigantes observações. Agradecem, ainda, a Carolina Imura (UFMG) e Natália Leitão (UFPE), respectivamente, os comentários e sugestões ao roteiro inicialmente elaborado para o grupo focal, e as notas de observação realizadas. Ao Instituto de Pesquisas Sociais, Políticas e Econômicas (Ipespe), a cessão do espaço e o apoio logístico, sem os quais não seria possível realizar o trabalho com os grupos focais. Por fim, a Juliana das Oliveiras (Universidad de Valladolid), que muito ajudou no mister de unificar, em português do Brasil, um texto simultaneamente escrito e anotado em duas das principais línguas originárias da península Ibérica. É sempre oportuno lembrar que erros e omissões não transferimos ou delegamos: todos nossos.

Ora, ainda em 2007, e tratando das eleições do ano seguinte, importante blog pernambucano de política usou a expressão para fazer referência à relação que o então prefeito do Recife, João Paulo de Lima e Silva (PT), mantinha com seu secretário do Orçamento Participativo e pré-candidato às eleições do ano seguinte, o relativamente desconhecido deputado estadual licenciado João da Costa Bezerra Filho (PT).[1]

A analogia utilizada a partir dali foi recorrentemente empregada na campanha recifense de 2008 e faria referência a um episódio datado de 1982, quando, a dois meses das eleições para governador no estado da Bahia, Antonio Carlos Magalhães (ACM) teria saído em busca de um substituto para seu candidato ao Palácio de Ondina, morto em acidente aéreo, e terminou indicando um político desconhecido do grande eleitorado. Cético em relação ao sucesso da empreitada, um repórter teria perguntado ao governador sobre se dois meses não seriam pouco tempo de campanha para seu candidato. A resposta, "Meu filho, na Bahia eu elejo até um poste", passou a ser lembrada sempre que, numa eleição, a capacidade de mobilização eleitoral de um candidato é muito inferior àquela agregada à candidatura pelos seus apoiadores. Naquela eleição, o dentista e deputado federal João Durval Carneiro (PDS), candidato indicado por ACM, sagrou-se o primeiro governador eleito na Bahia depois do regime militar. Vinte e seis anos depois, João da Costa, candidato apoiado por João Paulo, também se elegeu à prefeitura do Recife, mas não sem antes declarar à imprensa, ainda no período que antecedeu o lançamento oficial de sua candidatura, que "eu não sou um poste!".[2]

Não obstante a frequência com que o termo é empregado no imaginário político nacional,[3] a literatura é escassa na análise da radical transferência de votos: não há explicações mais sistemáticas sobre como a popularidade do apoiador e a avaliação positiva do governo constituído neutralizariam os efeitos deletérios

[1] Acerto de Contas é um blog especializado em política sediado na cidade do Recife, que contava, em 2010, com quase 5 mil acessos diários, segundo informações do serviço Google Analytics gentilmente disponibilizadas por seus organizadores. Postagem de 29 de junho de 2007, disponível em: <http://acertodecontas.blog.br/politica/prefeito-pensa-que-e-o-acm-do--recife-e-que-elege-ate-um-poste/>.

[2] *Folha de Pernambuco*, 1 jul. 2007. Caderno "Política".

[3] Durante o levantamento que antecedeu a elaboração deste texto (até outubro de 2009), identificaram-se 182 ocorrências da expressão na grande imprensa e em blogs de opinião a designar a situação descrita na apresentação, sendo que 74% delas (135) faziam menção direta à eleição recifense.

da ausência de *recall* do "poste", o candidato apresentado ao eleitorado.[4] As abordagens clássicas da explicação de voto passam ao largo do fenômeno, fazendo oportuno investigar (i) se os "postes" seriam, de fato, comuns e recorrentes; (ii) se corresponderiam apenas a uma expressão pejorativa empregada por candidatos rivais para depreciar seu oponente – convertendo-se, assim, em parte de uma estratégia de campanha negativa – ou (iii) se haveria, de fato, numa combinação definida pela articulação da estrutura política dos distritos eleitorais com a conjuntura de cada pleito específico, a junção de uma coisa com outra. Neste último caso, os mecanismos que operam no fenômeno precisariam ser analisados de maneira exploratória. É com essa aposta que vamos empregar os dados disponíveis sobre a eleição municipal do Recife e que pretendemos lançar luzes sobre o fenômeno do "poste", contribuindo para a discussão do tema.

Foram estabelecidas, para efeito deste capítulo, indutiva e exploratoriamente, algumas características que um "poste" deve preencher. Esta classificação, no entanto, é apenas tentativa, e não dispensa a necessidade de estudos ulteriores:

- baixo *recall* pré-eleitoral, em geral associado ao fato de nunca haver antes vencido, ou pelo menos disputado com chances reais de vitória, eleições para o cargo que almeja ou outro cargo de densidade política igual ou superior;
- visível assimetria entre a sua capacidade de mobilização eleitoral e a de, pelo menos, uma das lideranças que compõem seu palanque;
- adoção de estratégia de campanha constituída pela vinculação da imagem do delegado à(s) liderança(s) delegatária(s), de modo a explorar simbolicamente a ideia de que a liderança constituída é que governará, e não o candidato apoiado, virtualmente eleito. Aqui, o fluxo de votos que faz os "postes" viáveis só ocorreria mediante a construção da expectativa, junto ao eleitor, de que a influência dos apoiadores da candidatura seria transferida da esfera eleitoral para a esfera administrativa e preservada no novo governo.

Em torno do "poste": a discussão agente/principal e o eleitor intuitivo

Apesar da intensa utilização de abordagens que remetem aos fenômenos de delegação no âmbito das instituições políticas, ainda são raras as abordagens

[4] Almeida (2008) opina que a ausência de *recall* do candidato pode ser contrabalançada pela redução em sua rejeição, e que tal mecanismo tornaria central o peso dos apoios apresentados à candidatura.

específicas em estudos eleitorais que empreguem a abordagem agente/principal, segundo a qual um ou mais atores (o principal) contratam outro ator (o agente) para desempenhar alguma tarefa originalmente de sua própria competência, envolvendo a delegação de autoridade para legitimar o comportamento do agente.[5] Ora, a visita conceitual a essa abordagem, até por força de nossa definição apenas exploratória do fenômeno, faz-se inevitável, posto que é exatamente essa situação que a relação do "poste" com seu "apoio" parece ensejar: uma liderança política detém elevado capital eleitoral e apoia outra, relativamente mais fraca, para que se eleja, de modo que ambos os indivíduos apostam na qualidade da operação de transferência de votos de um para o outro como parte do projeto de manutenção de um mesmo grupo no poder.[6]

Para discutir o problema, convém lembrar que a teoria da agência tem por pressuposto ser previsível que os indivíduos ajam com criatividade e que pensem soluções novas à medida que os desafios se apresentem (Jensen e Meckling, 1976; Resende Filho, 2008). Além disso, é esperado que os indivíduos se motivem por autointeresse e que tendam à maximização de utilidade em suas ações. Ora, numa relação entre um indivíduo que detenha poder e a faculdade de delegá-lo (apoio/principal) e outro, que participará do poder como instância delegada (poste/agente), as relações hierárquicas entre eles serão apenas parcialmente capazes de prover o controle do "apoio" sobre o "poste", pois, uma vez ocorrido o escrutínio eleitoral, nada garante que as ações do subordinado sejam orientadas pelo interesse do superior.

Há, dessa forma, um problema de assimetria informacional que deriva da própria necessidade de delegar, pois o agente detém, além de informação sobre seus próprios interesses, as necessárias condições de ação – recursos que o principal, que transfere parte de seu capital político ao apoiado, não mais deterá quando os recursos forem reutilizados. Ora, se manobras realizadas pelos agentes podem

[5] Em trabalho clássico, Figueiredo (2008) contribui para o debate ao analisar a interface entre a decisão individual de voto e o arcabouço institucional em que ele ocorre. Numa perspectiva alternativa, Cheibub e Przeworski (1997) contribuem para o debate ao perguntarem se os mecanismos eleitorais contribuem para a consolidação de um espírito republicano e representativo entre os eleitores.

[6] No Brasil, o ciclo mandatário inteiro costuma durar oito anos para os cargos executivos, dado que prefeitos, governadores de estado e presidente da República podem ter apenas uma reeleição para mandatos consecutivos. Fatalmente será postulante, e provavelmente incumbente, e nossa hipótese é que, se estiver à frente de um governo bem-avaliado e se todas as outras condições conjunturais forem favoráveis, também tenderá a ser eventualmente apoiador de "poste", a fim de prorrogar o ciclo político por, pelo menos, mais quatro anos, e garantir a presença da elite constituída no poder.

afetar o bem-estar do principal, é fundamental, para este, estabelecer um sistema de sanções que faça com que o agente atue nos termos combinados no acordo, assim como é fundamental estimular o alinhamento de interesses entre ambas as partes, para prover no agente o interesse em cooperar, apesar das sanções previstas.

O relacionamento entre agente e principal pode ser pensado como um único jogo em três estágios, ou seja, sem repetições no tempo (Elster, 1994), no qual, no primeiro lance, o principal propõe ao agente um contrato, segundo o qual seu *pay off* (recompensa ou bonificação) será auferido por alguma conduta específica, que reflita o interesse do principal. A prática e manutenção da conduta seriam observadas por alguma instância independente, devidamente informada sobre os termos e as regras do acordo e apta a garantir o cumprimento do contrato sem ônus adicional às partes. A jogada de resposta do agente é reativa à proposta do principal, donde adviria a comparação entre o desempenho apresentado pelo agente e aquele contratado, bem como o eventual pagamento pelo desempenho satisfatório.

No caso específico do Recife, convém verificar que a progressiva opção de voto do eleitor recifense por João da Costa esteve relacionada com o pesado investimento na campanha eleitoral feito pelo prefeito constituído, João Paulo, pelo presidente da República e pelo governador do estado, investimento esse que revelava a existência de compromissos entre o candidato e seus três principais apoiadores. Na capital pernambucana era fundamental, para a opção eleitoral prevalente, a expectativa de continuidade, num futuro mandato de João da Costa, das políticas implementadas pela prefeitura petista liderada por João Paulo. O eleitor de Costa, aparentemente, queria o "poste" não pela sua ausência de identidade pessoal, mas pela sua condição de candidatura capaz de manter o governo constituído.

A análise preliminar dos dados disponíveis revelou um cenário no qual o eleitor conhecia a estreita relação entre João da Costa e João Paulo: o elemento mais decisivo para a posição do eleitor em julho de 2008[7] – antes do início legal da campanha – era, de fato, a posição do prefeito João Paulo, cuja associação de imagem era mais imediata com o candidato João da Costa. Seu apoio, enquanto figura pública bem-avaliada na cidade no final de seu governo, definia não apenas a intenção de voto no candidato como também a recusa aos outros.

---

[7] Em Recife foram empregados dados de *survey* organizados pelo Instituto de Pesquisas Sociais Políticas e Econômicas (Ipespe), pelo Ibope e pelo Datafolha, além dos dados oficiais disponibilizados pelo Tribunal Superior Eleitoral. Além disso, foi realizado grupo focal, em outubro de 2009, com participantes recrutados a partir de amostra não probabilística.

Nossa visita à literatura dedicada a investigar o fenômeno da decisão de voto pelo eleitor[8] não encontrou, na prevalência de três grandes abordagens sobre o assunto, nenhum tratamento específico do fenômeno anteriormente enunciado,[9] o que nos fez buscar subsídios adicionais em uma literatura alternativa para analisar o problema. Na abordagem "sociológica", que ressalta os papéis das identidades coletivas na escolha individual – ao entender que as preferências individuais são definidas a partir do contexto socioeconômico do eleitor –, das práticas culturais e da estrutura de classe em que são realizadas, não estaria explicado o fato de ser irrelevante, de um ponto de vista probabilístico, a situação de renda do indivíduo, dada pela *proxy*[10] de sua condição de beneficiário ou não do Programa Bolsa Família. A abordagem psicológica, por sua vez, parte da percepção e dos atributos psicológicos de cada sujeito para afirmar que os resultados de ações coletivas – entre elas, as eleições – só podem ser adequadamente compreendidos a partir das inclinações individuais dos participantes da ação. Nesse sentido, o resultado dos processos de escolha coletiva dependeria fundamentalmente das estruturas de personalidade dos indivíduos, que refletiriam sistemas de crenças e valores conforme cada pessoa os incorpora em seu processo de socialização, sistemas que – segundo a teoria – são relativamente estáveis, e que independem de conjunturas políticas específicas. Também aqui nada se fala sobre o mecanismo segundo o qual o eleitor transfere a confiança de um governante para um candidato por ele apoiado.

A terceira grande abordagem, também chamada de "escolha racional", entende que o comportamento político em geral, e em particular o eleitoral, pode ser explicado tomando os indivíduos como atores racionais, que agem visando a maximização da utilidade de sua ação, de modo muito semelhante àquele como procede um consumidor no mercado. O voto seria resultado da escolha de um sujeito à *homo economicus*, em busca de seu próprio benefício. Para essa escola, os cidadãos agem racional e instrumentalmente em questões de ordem política, e votam no candidato que acreditam ser o que lhes proporcionará mais benefícios individuais. Essa visão, mais próxima do problema da eleição do Recife e, em linhas gerais, compatível com a discussão agente/principal clássica, ainda não explica como e em que direção o mecanismo de economia informacional, pelo eleitor médio, é acionado.

---

8 Excelente inventário da literatura sobre o assunto está disponível em Carreirão (2002).

9 Consultadas, algumas importantes fontes da literatura nacional também passavam ao largo do problema, a exemplo de Castro (1994), Almeida (2008), Lavareda (2009) e Romão (2010).

10 *Proxies* são variáveis utilizadas para substituir outras de difícil mensuração, as quais, presume-se, guardam com elas relação de pertinência.

Nesse cenário, ensaia-se aqui um tratamento alternativo da questão, tanto no que diz respeito à inevitabilidade de tratar da relação entre "poste" e "apoio" (discussão agente/principal) quanto na necessidade de entender a decisão do eleitor, expandindo o conceito de assimetria informacional para além da relação entre agente e principal, e centrando a análise na instância encarregada de observar a eficiência do acordo. Em nosso caso, não será uma instituição formal do Estado – como o TRE-PE – ou um partido político,[11] mas o próprio eleitorado, tomado aqui como resultado agregado de decisões individuais. É nesse sentido específico que nossa análise reconhece no eleitor características subjetivas que permitem articular alguns dos pressupostos das abordagens clássicas que se destinam a explicar seu comportamento.[12]

Querendo elencar as principais características do eleitor brasileiro médio, Silveira (1994, apud Moro, 2009) considera que as mudanças ocorridas no Brasil a partir da urbanização e da ampliação do acesso à informação na sociedade fazem incorreto pensar o voto clientelista clássico, ou mesmo o *pocketbook voting*, como um comportamento majoritário entre os eleitores brasileiros. O mesmo se daria com a identificação partidária, em declínio desde o fim do sistema bipartidário nos anos 1970, e que teve sua suposta importância questionada, dadas as evidências em contrário, pela eleição de um presidente da República por uma legenda praticamente irrelevante, em 1989.[13]

Também, de acordo com aquela abordagem, não seria seguro apostar que apenas a condição social e econômica do eleitor, em geral apresentada como pré-requisito ou mesmo *proxy* de sofisticação política, definiria sua escolha de voto. Em 1989 – assim como na eleição recifense de 2008 – eleitores mais pobres, pouco escolarizados e politicamente desinformados demonstraram, ao menos inicialmente, intenção de voto em candidatos situados à direita no

---

[11] A Justiça Eleitoral de Pernambuco chegou a cassar, a cinco dias da eleição, a candidatura de João da Costa, por uso da máquina pública, dado o emprego de servidores e instalações municipais na campanha; não obstante, a campanha continuou, e Costa foi eleito em primeiro turno. Mesmo com o incomum engajamento conjunto de Psol e Democratas na defesa da sentença, a cassação foi derrubada no TRE-PE, e Costa assumiu a cadeira da Casa Antônio Farias (sede da prefeitura do Recife).

[12] O texto de Castro (1992) propõe uma integração das principais abordagens teóricas a fim de explicar o comportamento dos eleitores. Nesse sentido, a discussão sobre o voto intuitivo surge como um arremate desse esforço analítico, e não como sua negação.

[13] Em importante trabalho analítico, Santos (2007) propõe que o processo de modernização da sociedade brasileira findou por gerar um descompasso entre as necessidades dos indivíduos e os meios materiais e simbólicos de satisfazê-las. Desse descompasso decorre boa parte das particularidades políticas brasileiras, como a relação entre lideranças políticas, partidos e eleitores.

espectro político. De acordo com Moro (2009), também não seria prudente apostar que teriam poder de decidir eleições os grupos de eleitores ideológicos, informados e politizados, dado que diminutos, assim como os eleitores do tipo "calculador estratégico", que escolhem seus candidatos em função "de afinidade com propostas, cálculos de utilidade e estratégia de ação frente à oferta eleitoral" (Silveira, 1994:62).

Tabela 1. Testes de correlação Gamma, Spearman e intervalar de Pearson para renda do eleitor recifense e intenção de voto em João da Costa antes da campanha oficial

		Valor	Erro-padrão assintótico	T - valor aproximado	Significância aproximada
Coeficiente de correlação ordinal	Gama	0,15	0,08	1,91	0,06
	Correlação de Spearman	0,06	0,03	1,81	0,07
Intervalo a intervalo	R de Pearson	0,05	0,03	1,69	0,09
N (casos válidos)		982			

Fonte: Ipespe (Barômetro de Pernambuco, quinta rodada), maio 2008. Testes mostram associação positiva, significativa a um nível de 10%.

Tabela 2. Testes de correlação Gamma, Spearman e intervalar de Pearson para escolaridade do eleitor recifense e intenção de voto em João da Costa antes da campanha oficial

		Valor	Erro-padrão assintótico	T - valor aproximado	Significância aproximada
Coeficiente de correlação ordinal	Gama	0,11	0,07	1,48	0,14
	Correlação de Spearman	0,05	0,03	1,48	0,14
Intervalo a intervalo	R de Pearson	0,05	0,03	1,62	0,11
N (casos válidos)		982			

Fonte: Ipespe (Barômetro de Pernambuco, quinta rodada), maio 2008. Testes mostram agora associação positiva e significativa a um nível de 15%.

É considerando tal quadro de aparente incoerência relativa da massa de eleitores pouco informados politicamente, pouco escolarizados, não clientelistas e que não seguem padrões previsíveis de conduta, que o autor desenvolve o conceito de intuição, que para ele é a

> sensibilidade das pessoas comuns, como relação cognitiva primária e natural do homem, utilizada frequentemente na vida cotidiana. Isto envolve as impressões, sensações, percepções de evidências e de verdades obtidas através dos elementos da experiência cotidiana que o sujeito considera confiáveis (o que ele vê, o que ele ouve e o que ele sente), afeições e simpatias, através das quais estabelecem identidades e percepções que envolvem outras formas de sensibilidade [Silveira, 1994:61-72].

De acordo com Moro (2009), o voto intuitivo se assemelha à avaliação de uma obra de arte por pessoas que não dispõem de formação estética específica, mas têm sensibilidade para o mundo à sua volta, pessoas que podem focalizar sua atenção e que precisam julgar uma pintura a partir dos elementos cognitivos a que têm acesso. Nessas condições, a escolha entre telas alternativas – suponhamos um Rembrandt, um Toulouse-Lautrec e um Wellington Vergolino – ocorrerá sem se saber exatamente o porquê de optar por uma tela em detrimento das outras. Similar processo ocorreria, analogamente, com o grande contingente de eleitores do Recife que deu a vitória a João da Costa após a campanha e não com a importante, mas não determinante, parcela de 11% do eleitorado, mais rica e instruída, que declarou seu apoio ao petista antes mesmo do início oficial da campanha. O eleitor intuitivo julga os candidatos sem saber muito bem o porquê de escolher um ou outro, mas escolhe mesmo assim, e chega a se envolver em disputas relativas às campanhas e à eleição. São respostas genéricas que qualificam bem o eleitor intuitivo: "escolhi fulano porque era o melhor", "porque não tinha para ninguém", "porque gostei dele" etc.

Este perfil, de acordo com o autor, estaria associado ao comportamento volúvel e à volatilidade eleitoral, e seria responsável, dada sua distância do comportamento racional *downsoniano*, pela margem de incerteza típica dos processos eleitorais. Suas principais características seriam:

- não abrir mão da participação nas eleições, ao contrário de eleitores que optam pela alienação ao processo eleitoral devido ao não saber político;[14]
- rejeitar ideias do voto nulo, em branco ou voto ao acaso;
- ter aversão ao clientelismo;
- não vender o voto;
- não permitir que seu voto seja decidido por outras pessoas, ainda que de sua estrita confiança pessoal. O voto do eleitor intuitivo é, segundo sua visão, a expressão legítima de sua própria vontade;

---

[14] Em *Horizonte do desejo* (2007), Wanderley G. dos Santos propõe que a "alienação política" do brasileiro médio pode ser entendida como uma estratégia de sobrevivência, uma manifestação de preferências em contextos de negação da cidadania, como ocorre no Brasil. Conclamados a votar, eleitores votam apartados do processo político e seguem sua vida diária.

- não poder ser considerado personalista, pois não se encontraria preso a relações de dependência pessoal e não se mostra fiel a nenhum candidato em particular.

Tabela 3. Principal fator para que um candidato a prefeito obtivesse o voto do eleitor recifense (agosto de 2008)

O que é importante para que o candidato a prefeito tenha seu voto?	Frequência	% válido
Não estar sendo processado na Justiça	186	18,6
Suas propostas	175	17,5
Qualidades pessoais do candidato (preparo intelectual e experiência profissional)	148	14,8
Experiência do candidato em cargos políticos	144	14,4
Oferecer ajuda pessoal	103	10,3
Seu partido	94	9,4
Seu histórico	80	8,0
O apoio de outros líderes	34	3,4
Nenhuma	13	1,3
Não sabe/não respondeu	24	2,4
Total	N = 1001	100

Fonte: Ipespe (Barômetro de Pernambuco, sétima rodada), ago. 2008.

A tabela 3 revela importante característica do eleitor recifense, mostrando que sua "racionalidade decisória" está eivada de incoerências. Em agosto de 2008, os eleitores recifenses disseram que "não estar sendo processado na justiça" era o principal fator para decidir seu voto para prefeito. Pouco mais de um mês depois, o candidato João da Costa foi eleito no primeiro turno, apesar de a Justiça tê-lo condenado, em primeira instância, por uso da máquina da prefeitura. Explorada tal situação no grupo focal realizado em outubro de 2009, os eleitores primeiramente disseram não haver relação entre uma coisa e outra; depois, disseram que se tratava de uma contradição do eleitorado,[15] conforme atestam estas amostras:

[15] Nota metodológica: em Recife foram empregados dados de *survey* organizados pelo Instituto de Pesquisas Sociais Políticas e Econômicas (Ipespe), pelo Ibope e pelo Datafolha, além dos dados oficiais disponibilizados pelo Tribunal Superior Eleitoral. Além disso, foi realizado grupo focal, em outubro de 2009, com participantes recrutados a partir de amostra não probabilística.

> Deixa para lá [risos], não faz mal não, que é que tem, né? [...] às vezes é uma besteirinha de nada, assim, um probleminha besta... Às vezes o sujeito tá com um probleminha no Serasa, tá devendo uma conta de luz, um carnê, e tudo, mas é gente boa... [homem, RPA 6,[16] 46 anos, desempregado].

> É, é sério o problema, essa estória aí... Com bronca na Justiça, não pode votar no cara, não, e a turma vota mesmo porque não "se liga" nas coisas [homem, RPA 1, 22 anos, comerciário].

> [...] no fim parece disputa do Sport com o Santa Cruz,[17] e ninguém para pra pensar direito, nem quer nem saber quem tá certo ou tá errado... só quer mesmo que seu time ganhe e pronto. E quem perde mesmo é a cidade [homem, RPA 5, 36 anos, bancário].

Ora, o fato de o indivíduo não conseguir formular uma explicação para sua ação, e muitas vezes não identificar o conjunto de fatores que a balizaram, não significa que sua ação[18] seja irracional – num sentido antes instrumental que nietzschiano –, tampouco incompreensível. O eleitor intuitivo votará em quem julgar ser "o melhor candidato" entre as opções disponíveis, assim como qualquer outro eleitor. Por isso, convém esclarecer que a intuitividade decisória é muito mais uma variável estrutural de nossa hipótese que um óbice à pesquisa, já que é o mesmo eleitor intuitivo que se envolve nas campanhas, e "torce" pelo seu candidato

---

[16] Regiões político-administrativas do Recife (RPAs). Trata da caracterização geral da cidade através de suas seis RPAs, recuperando, também, a história dessa divisão, desde 1936. Além do mais, apresenta seu processo de urbanização para, em seguida, discorrer sobre os aspectos demográficos, ecológicos, de uso do solo e físico-ambientais. São seis as regiões definidas: região Centro (RPA 1); região Norte (RPA 2); região Nordeste (RPA 3); região Oeste (RPA 4); região Sudeste (RPA 5); região Sul (RPA 6).

[17] Times de futebol que reúnem o maior número de torcedores na capital pernambucana.

[18] Reis (2000) é mesmo taxativo em afirmar que a leitura da conjuntura política pelo "eleitorado popular" é consistente e relativamente estável, apesar de seu elevado grau de emotividade; Marcus, Mackuen e Neuman (2000) chegam a analisar tal "irracionalidade" do comportamento eleitoral emocional de maneira sistemática, esforço que foi repetido por Pimentel (2007) quando testou a teoria com os dados das eleições presidenciais de 2006.

Evidências empíricas do comportamento intuitivo do eleitor recifense

Organizada a série histórica com dados das pesquisas de intenção de voto, dispostos longitudinalmente para comparação entre si e com os resultados oficiais da eleição, pode-se observar que há apenas duas candidaturas com trajetórias ascendentes no decorrer da campanha: a do candidato eleito, João da Costa (PT) e a do oposicionista Raul Henry (PMDB), ao passo que os candidatos Mendonça Filho (DEM) e Carlos Cadoca (PSC), que não conseguem se definir claramente em relação ao alinhamento dos governos federal, estadual e municipal, declinam, apesar de começarem na dianteira das intenções de voto.

Gráfico 1. Evolução das intenções de voto e resultados da eleição para prefeito em Recife (2008)

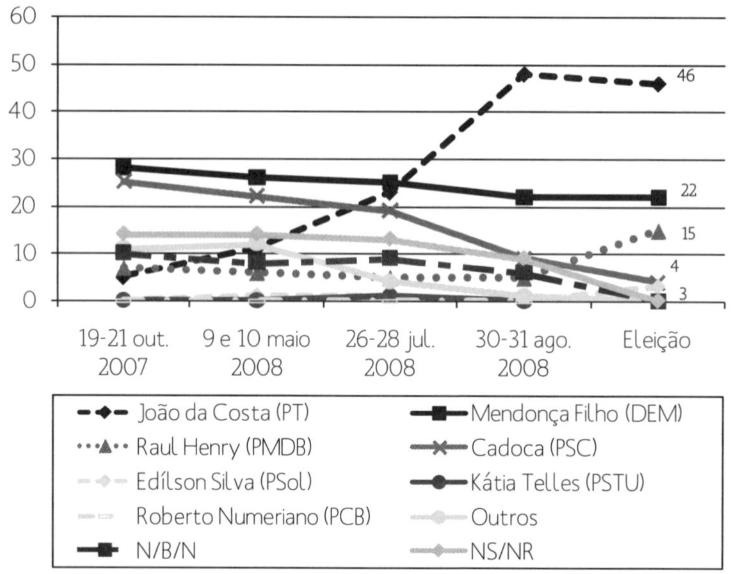

Fontes: Ipespe (Barômetro de Pernambuco, quinta, sexta e sétima rodadas); TSE (resultados oficiais de 5 ago. 2008).

Para interpretar o conteúdo qualitativo do achado, foram especialmente relevantes os dados provenientes de grupo focal realizado na cidade do Recife, em outubro de 2009, cujo objetivo principal foi verificar a aderência entre as indicações da literatura e a percepção manifesta dos eleitores recifenses.

O grupo focal, por sua vez, é uma técnica de entrevista coletiva, na qual um moderador acompanha pequenos grupos numa discussão que tem por objetivo revelar experiências, sentimentos, percepções e preferências. Os participantes devem apresentar características em comum e são incentivados pelo moderador a conversar entre si, trocando experiências e interagindo sobre suas opiniões, sentimentos e valores. O roteiro de discussão elaborado pelo pesquisador opera como pauta temática geral, mas o foco da aplicação da técnica é a interação dos entrevistados (Krueger e Casey, 2000).

É exatamente essa interação que favorece a manifestação dos motivos e atitudes que determinam um comportamento ou opinião, além de esclarecer os raciocínios e processos de racionalização que explicam os atos observáveis (Minayo, 1999).

Embora possam ser listadas como obstáculos à qualidade dos dados a impossibilidade de realizar grupos focais até a exaustão do tema (Machado, 2002) e a heterogeneidade social dos participantes do único grupo realizado (Krueger e Casey, 2000), evidências bastante reveladoras emergiram das discussões graças ao cuidado prévio com a elaboração de um roteiro econômico, focado nas hipóteses tratadas na teoria e em alguns elementos já explorados a partir dos dados das pesquisas de campo coletados à época da eleição.[19]

Para recrutamento dos participantes do grupo, buscou-se assegurar a participação de eleitores oriundos de diferentes regiões da cidade, respeitados os critérios de gênero, escolarização, idade e fenótipo. Contou-se, assim, com quatro mulheres e três homens, com níveis de escolaridade que iam do fundamental incompleto ao curso superior concluído, idades que variavam de 19 a 56 anos e oriundos dos três principais extratos étnicos da cidade (negros, pardos e brancos). Todos os convidados, que não tinham qualquer relação com o moderador ou com os autores deste artigo, foram submetidos a uma entrevista anterior à realização do grupo focal, na qual lhes foi explicado o propósito da atividade e esclarecidas dúvidas que pudessem dificultar sua participação na técnica (Krueger e Casey, 2000).

A partir do grupo focal, buscaram-se elementos para entender o fenômeno do "poste" do Recife, já que há mesmo literatura que se dedica a listar episódios das eleições de 1996, 2000 e 2004 em que o fenômeno supostamente teria ocorrido (Almeida, 2008). Tal transferência de votos, no entanto, seria parcial e condicionada à conjuntura específica de cada eleição. A aprovação do governo é que seria traduzida na figura do governante, e o desejo de continuação de

[19] Por exemplo, Rocha e Santos (2008); Santos (2008).

uma política característica do governo, ou de sua implantação pelo grupo na oposição, definiria se o voto em questão seria situacionista ou oposicionista. O fenômeno do "poste", assim, seria reduzido a um processo tradicional de voto de avaliação de desempenho, e isso reforçaria o caudal de abordagens baseado nos modelos de escolha racional.

Os dados da eleição no Recife apontaram na mesma direção. Há, de fato, uma elevada influência da avaliação dos governos municipal, estadual e federal na decisão de voto do eleitor, e os resultados do grupo focal também confirmam a teoria, conforme apontam as amostras de falas de componentes do grupo, a seguir:

> [...] quem tá apoiando o candidato influencia muito. Quando Lula diz "fulano é meu candidato" o povo de Lula vota no candidato [mulher, RPA 6, 25 anos, analista de relações internacionais].

> [...] é, [o apoio] não influencia a mim, mas influencia muito as pessoas da comunidade. Quando o cara é candidato e tem o presidente, o prefeito e o governador apoiando, não tem como as pessoas, principalmente as mais humildes, não se influenciarem com isso [homem, RPA 5, 36 anos, bancário].

> Eu voto, sim, porque veja só: se eu sou sócio de Fulano, aí eu digo assim, "bota Fulano aí para resolver esse problema", aí meu filho vai e bota Fulano no posto lá que eu disse, para resolver a bronca [homem, RPA 6, 46 anos, desempregado].

> [...] influencia sim, porque se tem todo esse poder ao lado dele, é porque o homem tá com tudo, né não? Eu não me influencio; se eu voto nele é com a minha consciência, porque, graças a Deus, eu tenho minha consciência, mas o pessoal aí influencia, sim. Na comunidade que eu moro, é o que mais tem... Além disso, tem que votar no cara que está do mesmo lado porque, se não, como é que vai ficar? Se tiver briga do governador com o prefeito vai ser ruim para a cidade [homem, RPA 1, 22 anos, comerciário].

Os fragmentos acima confirmam a hipótese central do trabalho de Carreirão (2002), principalmente ao mostrar a diferença, no que diz respeito à sofisticação na elaboração de opinião, entre os discursos dos indivíduos em termos de compreensão da política. Os dois primeiros fragmentos foram extraídos das falas de indivíduos com educação superior, ao passo que os dois últimos foram extraídos de indivíduos que tinham, no máximo, o ensino fundamental concluído.

O principal achado do grupo focal, no entanto, é o fato de que a relação entre apoiadores da candidatura e candidatos apoiados é conhecida e empregada pelos eleitores quando instados a explicar o funcionamento da política. Todos entendiam que o apoio funciona como um atalho cognitivo[20] importante para o eleitor, que, conhecendo as prioridades do principal da relação, antecipa as eventuais estratégias de governo do agente se elevado ao cargo. O eleitor, dessa forma, votaria ao mesmo tempo retrospectiva e prospectivamente, avaliando o desempenho do governo constituído e supondo a continuidade da mesma agenda num eventual mandato do candidato por ele apoiado.

Quando perguntados sobre a garantia que teriam de que o novo governante seguiria os mesmos passos do anterior, que o apoiou quando era candidato, os participantes do grupo se sentiram perplexos:

> Isso é negócio de homem, né não? Então não pode trair... [homem, RPA 6, 46 anos, desempregado].
>
> Eu nunca pensei nisso... [mulher, RPA 2, 25 anos, dona de casa].
>
> Não pode trair o outro não; se trair, a gente não vota mais nele. O que a gente quer é que a prefeitura fique igualzinha, ou até melhor, né? Se não ficar, a gente vota em João Paulo na outra [próxima eleição] e não quer mais saber dele [de João da Costa] [mulher, RPA 4, 56 anos, vendedora autônoma].
>
> Eu acho que a gente tem que ficar ligado nas coisas da prefeitura, mas o problema é que não fica, quer dizer, eu não, mas o pessoal da minha comunidade. O pessoal só se liga quando tá no tempo da eleição; aí não sabe como o cara governou a cidade, se fez tudo como disse que ia fazer... [homem, RPA 1, 22 anos, comerciário].

Nos dois primeiros depoimentos, os participantes se mostraram surpresos com a possibilidade de o apoio a uma candidatura ser apenas uma decisão de caráter instrumental do apoiador, definida pelas contingências de uma conjuntura eleitoral específica. O julgamento moral do candidato que descumpra o acordo firmado com seus apoiadores transparece nítido no primeiro fragmento, ao passo que o segundo apenas revela o grau de desconhecimento do eleitor recifense médio acerca dos pormenores da arena governamental.

[20] Ferraz (2003) apresenta clara análise da importância dos atalhos cognitivos na definição do voto.

Em todos, e em particular nos dois últimos depoimentos, fica clara a percepção de que o mandato, ou ao menos o poder de agenda, não "pertence" ao candidato eleito, mas sim aos apoios que deram substância à sua candidatura. O voto seria a expressão do desejo de continuação ou de mudança, não só de um grupo de prioridades governamentais, mas também de um jeito de governar. O fenômeno do "poste" é real, sendo conveniente (e até desejável) ao eleitor intuitivo: se há "postes", há a possibilidade de articular informação proveniente de campanha eleitoral com a avaliação cumulativa do desempenho do governo.

Uma observação, no entanto, revela a grande fragilidade da estratégia decisória assim configurada: quando elevado à categoria de instância independente, apta a verificar o cumprimento dos acordos entre "poste" e apoios (agente e principal), o eleitorado não dispõe dos elementos necessários ao desempenho de seu próprio papel – principalmente, de informação – nem acredita na capacidade dos órgãos constituídos para fazê-lo.[21] Desinformados, eleitores não conseguem assegurar a eficiência, enquanto instrumento de *accountability* (responsabilização), do mecanismo empregado para decidir seu voto.

Outra observação pode ser feita acerca do "poste" recifense, esta com valor especial para os profissionais que atuam em campanhas eleitorais: não adiantou a oposição acusar o candidato adversário de ser um "poste" do bem-avaliado governo de João Paulo, em vez de um candidato com identidade própria, visto que era exatamente isso o que o eleitor queria. O resultado líquido da iniciativa foi contribuir indiretamente com o marketing petista ao reforçar a ideia de que sim, "João é João", incentivando ainda mais o eleitor desinformado e desinteressado a, "intuitivamente", optar pelo candidato oficial. Ora, eleitores satisfeitos com o governo querem, sim, que candidatos, ainda que desconhecidos a princípio, sejam, de fato, agentes de uma liderança politicamente aprovada. Esta explicação confere evidências empíricas do processo de reconstrução das identidades sociais apontadas no trabalho de Santos (2007), que passam muito ao largo da discussão sobre a importância ou desimportância dos partidos políticos.

Quanto à parte da literatura que rejeita, no eleitor intuitivo, a tendência ao personalismo, pode-se dizer que, ao menos em parte, tal explicação falha ao descrever a tendência de voto, em 2008, na Mauritsstad: o eleitor recifense tem sido progressivamente lulista, e os dados *survey* do Ipespe e do Datafolha para aprovação do presidente Lula foram mais bem-explicados pelos depoimentos

[21] De acordo com os dados do Barômetro, sétima rodada, de ago. 2008, 42% dos eleitores do Recife afirmaram não confiar no Judiciário, o que talvez ajude a entender por que nem mesmo a cassação às vésperas da eleição teve repercussões eleitorais que abalassem a candidatura de Costa.

dos participantes do grupo focal, principalmente entre os eleitores de baixa condição social e econômica, como mostram as falas a seguir.

> Lula foi importante porque ele se candidatou muitas vezes e não desistiu. Ele é um exemplo [...] eu voto nele toda vez que ele ser [*sic*] candidato [mulher, RPA 4, 56 anos, vendedora autônoma].

> Lula merece o voto porque ele lutou, se esforçou, saiu de baixo, e hoje é um dos presidentes mais vistos lá fora... Ele é o cara, sim, é um exemplo, o outro lá [presidente Obama, dos EUA] está certo [homem, RPA 1, 22 anos, comerciário].

De fato, a notável aprovação de Lula na capital é consoante com a realização de um programa político original, correspondente a uma fidelização de uma parcela importantíssima do eleitorado, que Singer (2009) denominou "subproletariado", ou seja, aqueles que "oferecem a sua força de trabalho no mercado sem encontrar quem esteja disposto a adquiri-la por um preço que assegure sua reprodução em condições normais". É exatamente tal camada da população que apresenta o mais baixo grau de identificação partidária do eleitorado e a menor informação política, mas que associa Lula à prestação de benefícios claramente redistributivos e percebe, ao contrário dos setores mais ricos da população, o bordão "nunca antes na história desse país" de maneira extremamente convincente.[22] Aqueles, de fato, não tinham, antes da expansão ocorrida com o governo Lula, acesso a nenhum benefício social com a amplitude do Programa Bolsa Família. É o que aponta esta fala:

> Ele olhou para nós, né? Se não fosse ele, ia ser muito pior... [mulher, RPA 2, 25 anos, dona de casa].

Tal projeção das imagens de Lula e João Paulo sobre João da Costa ("poste", porquanto desprovido de identidade política mais marcante) pode, efetivamente, operar como elemento de uma nova percepção do funcionamento da política. Esta seria constituída desde "cima", mas "para os pobres", exatamente a parte menos escolarizada do eleitorado, *subproletarizada* e destituída de elementos mais sofisticados para análise dos mecanismos do poder. A intuitividade de tal opção se dá pelo predomínio do simbólico sobre o analítico da opção eleitoral e se estrutura pela capacidade de acomodar, para esses eleitores, ao menos parte

---

22 Ver a análise realizada por Singer (2009) sobre o fenômeno do lulismo.

de suas expectativas de futuro. Votar em Costa, nessas condições, é acreditar, de fato, que "João é João" e que "a grande mudança precisa continuar" (jargões da campanha petista), mediante o alinhamento das três esferas de governo. O fato de o processo acontecer "dentro da ordem", ajusta-se à propensão dessa camada do eleitorado para aceitar uma retórica governista e conservadora, como mostra o fragmento abaixo:

> João Paulo é, pra bem dizer, o Lula daqui de Recife, né não? [mulher, RPA 3, 19 anos, desempregada].

A aposta no "poste" é ao menos estruturalmente racional, porquanto parcialmente informada, apesar de "intuitiva" – para usar a expressão de Silveira (1994). Não é à esquerda – ligada à noção de ruptura, mas de continuidade – nem exatamente à direita – porquanto "popular", e "da gente". Como bem descreve Elster (1994), tratar-se-ia de uma aposta na "segunda decimal", e, como tal, acarreta um erro por indeterminação, caso que se dá exatamente quando a quantidade de informação disponível para decisão é subótima.[23]

Nessas circunstâncias, é muito plausível admitir que considerações que seriam periféricas para um quadro decisório estruturado em termos de identidades coletivas – como um eventual e casuístico apoio de campanha – movam-se para o centro das atenções do eleitor e ganhem importância na hora de definir seu voto. Ora, desinformado sobre a biografia ou sobre as condições reais da governabilidade de Costa, confuso acerca do quadro partidário que viabilizou sua candidatura, sem entender direito o que esquerda e direita significam, o eleitor aposta em Lula, em João Paulo e mesmo no governador Eduardo Campos, depositando seu voto no "poste" João da Costa, na expectativa de que ele seja, exatamente, um "poste": um adido de Lula e João Paulo na prefeitura.

Como consequência desse tipo de estratégia, o *risco moral* decorrente da garantia dos "apoios" à candidatura do "poste" pode operar como um desincentivo à condição de vigilância típica dos momentos críticos da vida política:

> O trabalho dele é cuidar das coisas da prefeitura lá, né não? Tem que trabalhar direito, e Lula disse que ia ajudar, então tá certo [homem, RPA 6, 46 anos, desempregado].

[23] Em situações de ignorância a respeito das principais variáveis que definem a qualidade de uma escolha (a primeira casa decimal), atores racionais não raro optam por decidir a partir de indícios menos relevantes (a segunda decimal), o que aumenta o risco de decisões globais subótimas.

Ora, se a escolha racional é indeterminada, algum outro mecanismo opera preenchendo a lacuna decisória aberta. A intuitividade funciona onde a regra geral de racionalidade, instrumental ou valorativa, é inviabilizada por um problema de indeterminação. Um curso possível de ação, nesses casos, é negar a indeterminação, o que pode, em grande medida, ajudar a entender a atualidade daquilo que Fábio W. Reis (2000) chamou de "síndrome de Flamengo" nos cenários pré-eleitorais. Eleitores ouvidos parecem seguir em frente com sua opção até o momento do voto e, para isso, muitas vezes optam por adiar a escolha como forma de diminuir o custo de se informar – até o momento em que decidem, ainda que intuitivamente, na segunda casa decimal – e daí passem a apostar firmemente em sua escolha. É o que indicam estas falas:

> Não, eu não sou muito de assistir [ao HGPE] não, porque a gente não acredita muito no guia, não; sabe que é um inventando coisa contra o outro... Eu prefiro decidir por um candidato e pagar para ver, dar um voto de confiança naquele cara[24] [homem, RPA 1, 22 anos, comerciário].

> [...] eu não mudo meu voto de jeito nenhum, não. Eu fico calada, nem decido em cima da hora, nem mudo em cima da hora. Quando eu decido, pronto, nem quero saber mais [mulher, RPA 2, 25 anos, dona de casa].

> [...] eu demoro para decidir, mas também não costumo mudar, não. Eu decido em cima das propostas, e as propostas não mudam na campanha [homem, RPA 5, 36 anos, bancário].

Outro elemento importante que emerge dos dados e que corrobora a tendência já discutida por parte da literatura é a relevância, também em Recife, de alguns programas sociais, que afetam um número importante de famílias, no comportamento eleitoral agregado. Desde sua criação, o Programa Bolsa Família passa a representar, potencialmente, o principal vetor de uma política nacional de transferência de renda, e assume, conforme se destacou, centralidade política no governo, com poderosas repercussões eleitorais.

---

[24] De acordo com pesquisa do Instituto Vox Populi, que ouviu 600 eleitores entre os dias 2 e 3 de setembro de 2008, o HGPE era assistido diariamente, naquele momento, por 22% dos eleitores recifenses, enquanto 40% disseram que não assistiam aos programas. *Jornal do Commercio*, 7 set. 2008. Caderno "Economia".

Tabela 4. Determinantes do voto para os principais candidatos a prefeito do Recife em 2008 (modelos de regressão logística)*

	João da Costa			Mendonça			Raul Henry			Cadoca		
	Coef.	P - valor	*Odds*	Coef.	P - valor	*Odds*	Coef.	P - valor	*Odds*	Coef.	P - valor	*Odds*
Constant	-3,43	0,00	0,03	-0,53	0,46	0,59	-5,20	0,00	0,01	-3,59	0,00	0,03
Administração Lula	0,02	0,18	1,02	-0,02	0,22	0,99	0,04	0,15	1,04	0,00	0,86	0,10
Administração Eduardo	0,01	0,20	1,01	**-0,03**	**0,02**	**0,98**	0,02	0,31	1,02	0,02	0,22	1,02
Administração João Paulo	**0,09**	**0,00**	**1,09**	**-0,03**	**0,01**	**0,97**	**-0,07**	**0,00**	**0,94**	-0,02	0,14	0,98
Bolsa Família	**0,09**	**0,01**	**1,10**	-0,03	0,40	0,97	-0,12	0,09	0,89	0,06	0,34	1,06
Percepção da violência	-0,08	0,29	0,92	0,03	0,76	1,03	**0,49**	**0,02**	**1,64**	0,11	0,41	1,12
Ideologia**	-1,01	0,00	0,37	1,18	0,00	3,27	0,52	0,22	1,68	0,30	0,35	1,33
	N = 649 (64,9%) R^2 = 0,24 (Cox & Snell)			N = 649 (64,9%) R^2 = 0,13 (Cox & Snell)			N = 649 (64,9%) R^2 = 0,03 (Cox & Snell)			N = 649 (64,9%) R^2 = 0,01 (Cox & Snell)		

Fonte: Rocha e Santos (2008), usando dados do Barômetro Pernambuco, sétima rodada, ago. 2008.

* Para a elaboração da tabela 4, as variáveis utilizadas tiveram as perguntas e alternativas de respostas que se seguem. Administração Lula: "Em sua opinião, o governo do presidente Lula, até o momento, está sendo: 1 = ótimo; 2 = bom; 3 = regular; 4 = ruim; ou 5 = péssimo? 9 = não sabe/não respondeu". Administração Eduardo: "Em sua opinião, o governo Eduardo Campos, até o momento, está sendo: 1 = ótimo; 2 = bom; 3 = regular; 4 = ruim ou 5 = péssimo? 9 = não sabe/não respondeu". Administração João Paulo: "Em sua opinião, a administração do prefeito João Paulo, até o momento, está sendo: 1 = ótima; 2 = boa; 3 = regular; 4 = ruim; ou 5 = péssima? 9 = não sabe/não respondeu". Ideologia: "Levando em conta suas ideias políticas, onde o(a) senhor(a) se posicionaria numa escala de 1 a 10, onde 1 indica o posicionamento político mais à 'esquerda' e 10 indica o posicionamento político mais à 'direita'". Segurança: "Falando agora sobre segurança, em sua opinião, atualmente, a situação da segurança no Recife está: 5 = ótima; 4 = boa; 3 = regular; 2 = ruim ou 1 = péssima? 9 = não sabe/não respondeu". Bolsa Família: "Vamos falar um pouco sobre o Bolsa Família. Que nota, entre 1 e 10, o(a) senhor(a) atribui ao Bolsa Família, 1 significando que o(a) senhor(a) considera o pior possível e 10 considera o melhor possível".

** Para medir a variável ideologia, foi utilizada a seguinte classificação: esquerda - intervalo de 1 a 3 na escala ideológica; centro - intervalo de 4 a 6 na escala ideológica; direita - intervalo de 7 a 10 na escala ideológica.

Segundo informações disponibilizadas pelo Ministério do Desenvolvimento Social e Combate à Fome, o Programa Bolsa Família já atendia, em 2003, seu primeiro ano de implementação, o total de 6.571.842 famílias em todo o país, e estava presente em 99,4% dos municípios brasileiros. No ano de 2008, o programa já contava com 10.967.518 famílias beneficiárias.

Assim, afirmou-se que nas eleições presidenciais de 2006 houve uma significativa associação entre o voto em Luiz Inácio Lula da Silva e as famílias beneficiadas pelo Programa Bolsa Família. No caso da cidade do Recife, o número de famílias beneficiárias do programa vai de 90 mil em 2006 a 114.820 em agosto de 2009; como anteriormente se afirmou, existe uma alta porcentagem de famílias cujas rendas são muito dependentes das transferências governamentais.

Como há um baixo grau de identificação ideológica nos eleitores, ou seja, como, em geral, muitos dos eleitores não se posicionam facilmente numa escala esquerda-direita (37,9% não se posicionaram e 6,5% não souberam ou não responderam), tal perfil ideológico influencia o modelo da campanha. Por outro lado, existe um número elevado de famílias beneficiadas pelo Programa Bolsa Família (13,7% da amostra são beneficiários diretos e 37,6% indiretos). Tais circunstâncias influenciam o voto e, pela própria natureza do pleito, o tipo de campanha eleitoral realizada. É o que sugere esta fala:

> Eu voto nele porque, se entrar outro, vai tirar o Bolsa Família [mulher, RPA 3, 19 anos, desempregada].

Conclusões

Neste capítulo foi necessário, em virtude da ausência de referências consolidadas sobre o fenômeno da transferência radical de votos de um indivíduo (ou pequeno grupo de indivíduos) a outro, usar de uma abordagem aproximativa da teoria do comportamento eleitoral, assim como da teoria da agência.

Por isso mesmo propõem-se aqui, indutivamente, alguns poucos critérios que permitem identificar como "poste" – pela ausência de termo mais representativo que a alcunha empregada nas eleições recifenses de 2008 – o então candidato do Partido dos Trabalhadores, eleito em seguida como prefeito do Recife, João da Costa.

Deste esforço, concluímos que não há incompatibilidade entre o perfil de eleitor intuitivo proposto por Silveira (1994) e as abordagens clássicas da escolha racional, desenvolvidas nas universidades norte-americanas de Colúmbia e Michigan. Nesse sentido, o eleitor intuitivo emprega a racionalidade do eleitor comum, fazendo extremamente apropriadas, para o caso recifense, as observações de Carreirão (2002). A complexa simbologia envolvida na formação de preferências envolve candidatos, legendas, atributos pessoais dos candidatos (e de seus apoiadores), além da avaliação do desempenho do governo constituído. Controlariam tal escolha o grau de escolaridade do eleitor – *proxy* de "sofisticação política", em termos de conhecimento da política, de capacidade de conceituação das principais variáveis do processo político por parte do eleitor – e a "saliência", que incluiria interesse, envolvimento político e exposição aos meios de comunicação. Ora, este "eleitor recifense médio" não votou por identificação ideológica com qualquer partido (ou coligação) do candidato, como poderia supor a vertente sociológica. Tal voto informado e ideológico ocorre em uma minoria de eleitores, os exatos 11% mais ricos e informados que anunciavam voto em João da Costa antes mesmo da campanha.

A associação entre o voto governista e a situação econômica e social do distrito também é uma velha conhecida da literatura em ciência política, e permanece verdadeira no caso de 2008, no Recife. Para tal eleitor hipotético, a vida na cidade (assim como no país como um todo) estava melhor em 2008 do que em 2000, quando o principal grupo de oposição ao PT saiu do governo municipal. Nosso eleitor – ainda que pouco informado, parcamente escolarizado e vivendo sob condições economicamente adversas – avalia o desempenho do governo em exercício, em grande medida, em virtude dos acontecimentos que antecedem o pleito, não porque ignore os acontecimentos ocorridos ao longo do processo político, mas porque é no período de campanha que tais identidades são conclamadas a se manifestar e ocorre uma significativa redução do custo informacional, como esclarece Lavareda (2009). Tal mecanismo é compatível com o que Downs (1999) sugere ao pensar a decisão do voto como *proxy* do poder aquisitivo do eleitor e também ajuda a explicar por que o PT recifense tinha maioria entre os mais ricos no início da campanha e por que consegue crescer no eleitorado mais pobre. Downs propunha o comportamento do eleitor como um consumidor no mercado, agindo "racionalmente". Ora, quem ia ao "mercado" político antes da "promoção" era exatamente a elite do eleitorado, que podia, inclusive, arcar com os custos informacionais decorrentes das preferências ideológicas. No decorrer da campanha, contudo, a informação barateia, todos os atalhos cognitivos são disponibilizados, e o eleitor "de menos recursos" consegue acessar os elementos necessários à sua decisão. João Paulo e Lula, juntos, tornaram João da Costa uma opção natural para aquela parcela do eleitorado, que via nesses símbolos a materialização do programa Bolsa Família, da proteção aos pobres, da construção de casas populares, enfim. A retórica presente no *slogan* da gestão de João Paulo, "A grande obra é cuidar das pessoas", tinha agora em João da Costa seu destinatário. Para ele, racional, intuitiva e emocionadamente, o voto. Menor influência no cenário, contudo, teve o governador Eduardo Campos, que demorou a entrar no processo em virtude de uma série de fatores, os quais foram apenas esboçados neste texto. Campos demora a definir claramente sua estratégia, talvez em virtude da própria demora do PT em definir a chapa com a qual concorreria. Além disso, a vitória de João da Costa no Recife deu a João Paulo fôlego político para pleitear, junto ao PT e às esquerdas, a candidatura ao governo do estado em 2010. Nesse sentido, a vitória política de João Paulo em 2008 poderia ser percebida por Campos como uma ameaça a seus previsíveis propósitos de reeleição.

A oposição do Recife, em 2008, foi derrotada por uma série de fatores. Deles, enfatiza-se, nesta conclusão, a incapacidade de firmar uma posição clara em relação ao candidato da situação. Sabendo que estavam diante de um "poste", a situação tentou apenas ressaltar uma imprecisa "incapacidade" ou "inexperiência" de Costa para se habilitar à condição de destinatário dos votos do governo.

Ora, como se tratava de uma disputa entre governo e oposição – e não entre direita e esquerda, como muito bem mostraram os dados –, não seria essa a melhor estratégia. João Paulo, Lula e Campos iriam apoiar quem quisessem, e a transferência ocorreria quisesse ou não a oposição. Em vez de tentar interferir na qualidade do processo, a oposição preferiu minimizar a intensidade da transferência, abrandando o discurso de alternativa ao governo petista e, muitas vezes, assumindo uma retórica lulista, como no caso do deputado Cadoca. O que as urnas mostraram foi que apenas Raul Henry, o único candidato que assumiu uma retórica claramente de oposição – criticando, inclusive, Lula e João Paulo durante sua campanha –, conseguiu, ao lado do próprio João da Costa, crescer nas pesquisas e mesmo surpreender na votação final.

A recorrência aos "postes" é bastante racional do ponto de vista do eleitor que, estando satisfeito com o delegatário, não mais possa votar nele por um motivo qualquer. O delegado, ou agente, precisará mesmo ser um "poste", ou seja, não ter imagem própria ou *recall* que possa atrapalhar o processo de transferência de votos. Um "poste" não pode querer ter luz mais intensa que seu apoio. Não antes de se eleger. Talvez por isso mesmo, em situações de campanha, o melhor seja deixar o "poste" opaco, para que as "luzes" projetadas por seus patrocinadores políticos encandeiem a retórica depreciativa de seus adversários.

A racionalidade presente no fenômeno do "poste" é compatível com a teoria da agência, inclusive nos riscos a ela inerentes. Lembre-se, para concluir, de que não há garantias naturais de que o agente trabalhará, uma vez investido no poder, no sentido de realizar os desígnios do principal. É, na verdade, bastante provável que descumpra o acordo eleitoral se as condições objetivas de exercício do cargo possibilitarem, ou mesmo exigirem, tal expediente. Para o eleitor médio, que em tese seria a instância capaz de fiscalizar o cumprimento do "contrato", o interesse real pela política só sobrevém no período eleitoral, quando as relações de força já se alteraram pelo poder de agenda do governo e pelas variáveis de conjuntura.

Racionalidade limitada, pouco interesse na política, prevalência de pessoas como símbolos de políticas. "Postes", enfim.

9. O eleitor porto-alegrense: voto retrospectivo, identidade partidária e estabilidade política*

MARIA IZABEL NOLL
MARCIA RIBEIRO DIAS
SILVANA KRAUSE

Os processos eleitorais são, hoje, um dos principais requisitos da democracia representativa (Przeworski, Stokes e Manin, 1999). Neste sentido, os processos que envolvem a escolha de determinado candidato pelo eleitor revestem-se de particular interesse. Desde o estudo clássico de Figueiredo (2008) sobre a decisão do voto, multiplicaram-se as análises, sejam elas puramente acadêmicas, fruto de estratégias governamentais visando a formulação de políticas públicas, ou como estratégias partidárias, com o objetivo de responder às expectativas do eleitor com a oferta de candidatos mais atraentes.

Este estudo busca entender a lógica do eleitor porto-alegrense nas eleições municipais de 2008 para a escolha do prefeito. No sentido de construir um quadro explicativo para as opções dos eleitores, foram buscados argumentos (i) nas raízes da história político-eleitoral da cidade; (ii) em indicadores socioeconômicos dos diversos bairros da cidade; (iii) na campanha eleitoral dos partidos veiculada pelo horário gratuito de propaganda eleitoral (HGPE) no rádio e na televisão; e (iv) nas pesquisas de opinião, realizadas ao longo do processo eleitoral, que refletiram as diversas variações da conjuntura política.

Para responder à pergunta "Quais as condicionantes do voto em Porto Alegre?" trabalhamos com duas questões que, desde logo, nos pareceram claras:

* As autoras agradecem a participação da formanda em ciências sociais e bolsista BIC/UFRGS Adriana Paz Lameirão na elaboraçao e na interpretação das tabelas e dos gráficos. A coleta dos dados relativos às campanhas eleitorais de 2004 e 2008 contou com a participação de Geison da Cunha Ferreira, mestrando do PPG em Ciências Sociais da PUCRS e bolsista Capes; de Marcelo de Oliveira Lopes, bolsista Pibic/PUCRS; e Janaina Ruviaro da Silva, bolsista IC/CNPq – todos membros integrantes do Núcleo de Estudos sobre Poder, Partidos e Eleições da PUCRS. Na construção e análise dos modelos estatísticos agradecem a consultoria de Pedro Santos Mundim, da equipe do grupo de pesquisa Opinião Pública: Marketing Político e Comportamento Eleitoral.

(i) a construção de uma avaliação positiva do governo Fogaça, como prefeito em exercício, realizada ao longo da campanha e (ii) a importância das estruturas partidárias para a decisão do eleitor.[1] Como pano de fundo desse quadro, acreditamos que a longa tradição da capital gaúcha, identificada com o trabalhismo e o cooperativismo, tem gestado um processo de polarização que se concretiza num campo que vai da extrema esquerda ao centro do espectro político (com uma pequena inflexão à direita), com um eleitorado majoritariamente de classe média. É importante ressaltar, também, que a estabilidade econômica do Brasil nos últimos anos, com a melhoria dos índices de desenvolvimento humano, tendeu a fortalecer no eleitor um comportamento mais conservador, de manutenção do *status quo*, que pode estar na base do fenômeno de reeleição de 66% dos prefeitos em nível nacional, articulada à nova dinâmica do federalismo brasileiro, que garante ao município maiores fatias no bolo fiscal e centralidade na execução de políticas públicas.

Um pouco da história política do Rio Grande do Sul

A tradição republicana do Rio Grande do Sul, da qual Porto Alegre é tributária, é marcada por alguns traços importantes: a estabilidade das estruturas partidárias, a crença no papel central do Estado como ator e articulador de políticas – principalmente no campo das relações entre capital e trabalho e na educação –, a persistência dos modelos associativistas.[2] Estas ideias estão presentes nos programas dos partidos que, ao longo do tempo, foram dominantes na cidade: PRR, PTB, MDB, PDT e PT.

---

[1] Ao considerar as estruturas partidárias o elemento central, remetemos ao que Helgio Trindade, em seu artigo "Eleições e partidos no Rio Grande do Sul: do sistema multipartidário à crise do bipartidarismo (1950-1976)", estabeleceu como indicador de dominação partidária: dimensão do partido (força média); estabilidade da influência do partido e força do partido como complemento dos dois critérios anteriores. Vale lembrar que os estudos realizados, referentes ao estado como um todo, mostram um padrão em que, no pós-1964, há uma significativa redução da importância do PTB. O mesmo não vale para Porto Alegre, onde o MDB fez, respectivamente, 59,19% dos votos em 1968, 51,09% em 1972 e 58,20% em 1976, na Câmara Municipal. Para mais detalhes, ver Trindade (1981).

[2] O Nupergs/PPGPol/UFRGS desenvolve pesquisas de comportamento político desde 1968, possuindo um banco de dados eleitorais do Rio Grande do Sul de 1945 a 2008 que pode ser acessado em <www.ufrgs.br> por meio do Programa de Pós-Graduação em Ciência Política – Núcleos. Os estudos de Leônidas Xausa, Francisco Ferraz e Helgio Trindade abordam a tradição polarizada da política gaúcha, bem como a estabilidade do sistema partidário.

A década de 1950 e o início dos anos 1960 foram marcados por uma dominação absoluta do PTB em Porto Alegre, gerando uma lógica partidária que, em primeiro lugar, contrariava o padrão nacional de aliança PSD/PTB e, em segundo, gerava uma polarização política criando um campo PTB *versus* anti-PTB. Esse "bipartidarismo de fato" encontrou, na criação da Arena e MDB pelo regime militar, um caminho natural no qual, com a exceção dos grandes líderes do PTB presos ou cassados pela ditadura, o PTB foi para o MDB, e os demais para a Arena (Xausa e Ferraz, 1981). Durante o período em que os prefeitos foram nomeados – e consequentemente identificados com o governo –, a Câmara Municipal foi o *locus* privilegiado de atuação da oposição (MDB). As reformas do sistema partidário-eleitoral, que se iniciam em 1978, e a anistia política concedida pelo governo militar, que permitiu o retorno dos exilados em 1979, vão configurar um quadro, em Porto Alegre, de uma oposição ao regime tripartida entre PMDB, PDT e PT, este último ainda se construindo e se reivindicando como grupo político novo, desvinculado das raízes da tradição trabalhista, presentes tanto no PDT quanto no PMDB. Essa divisão aparece de forma clara na eleição de 1982 para a Câmara Municipal, quando o PMDB faz 25,69% dos votos; o PDT, 26,58% e o PT, 3,35%. No primeiro governo eleito para a prefeitura, a gestão 1985-1988 foi assumida pelo trabalhista Alceu Collares (PDT); o PT cresceu especialmente a partir de sua militância nos movimentos comunitários e nas discussões acerca dos conselhos populares. Essa atuação se reflete na eleição seguinte, em 1988, quando o PT elege Olívio Dutra prefeito, com 34,34% dos votos (ainda não havia segundo turno) e amplia sua bancada na Câmara de Vereadores de uma para nove cadeiras, tornando-se a segunda maior força na casa. Há que se ressaltar que esse crescimento do PT em Porto Alegre é anterior à campanha presidencial de 1989, marcada pela maciça votação em Brizola, no primeiro turno, e em Lula, no segundo turno, no Rio Grande do Sul. Em 1992, o PT consegue manter-se no poder elegendo Tarso Genro. O conflito Executivo *versus* Legislativo se acentua com a implementação de políticas de democracia direta, como o orçamento participativo, que são vistas com desconfiança pelos vereadores. O PDT, que agia como "fiel da balança", começa seu declínio. A perda de eleitores por parte do PDT, bem como a inflexão do PMDB do centro para a direita, sob a liderança de Antonio Britto, abre um espaço amplo do centro à esquerda que é ocupado pelo PT, o que pode ser observado nas eleições municipais de 1996 e 2000.

Entre 2000 e 2004 mudanças no quadro político local sinalizam no sentido de uma curva descendente do PT como partido da escolha da maioria do eleitorado porto-alegrense. Alguns desses fatores podem ser identificados: (i) adoção, pelo PT, ao assumir o governo do estado em 1998, de uma agenda de ações radicais com o objetivo de alterar a "matriz econômica"; (ii) o rompimento entre grupos internos do PT; (iii) o rompimento de Britto com o PMDB e a ascensão de Germano Rigotto, fazendo o PMDB retornar ao centro do campo político; (iv) a saída de Tarso Genro da prefeitura de Porto Alegre, em meio ao mandato, para se candidatar ao governo do estado em 2002. As eleições de 2004 marcam o sucesso da união da oposição e a acentuação do declínio do PT em Porto Alegre. Depois de 16 anos, a Frente Popular perde a prefeitura para a aliança PPS/PTB, encabeçada por José Fogaça (ex-PMDB). O PPS não tinha tradição na cidade e, até então, tivera apenas um vereador. Portanto, a vitória de Fogaça só pode ser explicada pelo voto do eleitor de centro, que o identifica com o PMDB.

Em 2008, algumas rearticulações mostram a esquerda fragmentada – quatro candidatas disputam o voto do eleitor – e o PMDB ocupando o centro do espectro político, sendo a força gravitacional que atrai a direita. As eleições para prefeito em 2008 podem ser contextualizadas a partir das seguintes questões: (i) a importância dos partidos, a relevância de seu peso eleitoral e sua capacidade de gerir a máquina de uma campanha eleitoral; (ii) a construção de uma avaliação positiva do desempenho governamental do prefeito durante o HGPE; (iii) a caracterização de Porto Alegre como uma cidade com ampla classe média; (iv) a concentração dos votos, a longo prazo, num eixo de centro-esquerda; (v) a presença do trabalhismo/associativismo nos temas de campanha; (vi) a ocupação, pelo PMDB, de um grande espaço no centro do campo político; (vii) a importância das estratégias políticas de campanha; e (viii) a importância das pesquisas de opinião como balizamento para as campanhas, principalmente para o PMDB.

Análise da campanha por meio do HGPE

Entender a campanha eleitoral de 2008, em Porto Alegre, requer a análise de uma conjuntura específica de ascensão e queda de uma hegemonia partidária. Em 2004 essa hegemonia foi interrompida com a vitória da candidatura de José Fogaça (PPS). Compreender a campanha de 2008 requer compreender, antes, a campanha de 2004. Por esse motivo, optamos por analisar as duas campanhas em conjunto, a fim de dar conta das mudanças que se processaram no contexto eleitoral recente de Porto Alegre.

Investigamos o HGPE como correspondendo à síntese da campanha em suas variadas manifestações. A fim de demonstrar a importância do HGPE nas campanhas eleitorais, apresentamos alguns dados de pesquisas de opinião realizadas em 2004 e 2008. Os dados de 2004, apresentados abaixo, referem-se à audiência do HGPE entre o eleitorado porto-alegrense e à importância disso na determinação do voto. A pesquisa informa que 65% do eleitorado se expuseram ao HGPE com alguma regularidade, e que cerca de 35% demonstraram-se refratários aos programas eleitorais na televisão. Esses valores contrariam o senso comum de que o HGPE é rejeitado pela população ou percebido como inútil para sua decisão de voto. Uma vez que o eleitor se dispõe a assistir aos programas, recebe deles influência direta.

Tabela 1. Audiência do HGPE e sua importância no voto

Audiência do HGPE	**Base**	**%**
Sempre	96	10,0
Frequentemente	167	17,4
Às vezes	354	36,9
Raramente	164	17,1
Nunca	179	18,6
Total	960	100,0
Importância do HGPE no voto	**Base**	**%**
Sem importância	196	20,9
Pouco importante	178	19,0
Importante	414	44,2
Muito importante	148	15,8
Total	936	100,0

Fonte: *survey* eleitoral realizado pelo Núcleo de Estudos sobre Poder, Partidos e Eleições da PUCRS, em 3 out. 2004.

Na opinião da maior parte do eleitorado local (60%), o HGPE é "importante" ou "muito importante" na decisão de voto. Esse dado demonstra que ele tem impacto significativo no voto, já que os entrevistados o consideraram fonte de informação para a tomada de decisão. Alguns dados de pesquisa de opinião realizada pelo Datafolha, em 2008, reforçam a tese da importância do HGPE como fonte de informação e ferramenta de decisão do voto em Porto Alegre.

Tabela 2. Evolução da intenção de voto por grau de decisão do eleitor (%)

Grau de decisão	Candidato	Antes do HGPE (24 jul.)	Depois de 1 mês de HGPE (18 set.)
Está totalmente decidido	José Fogaça (PMDB)	19,2	32,3
	Luciana Genro (Psol)	4,2	5,2
	Manuela (PCdoB)	10,9	15,9
	Maria do Rosário (PT)	12,4	16,9
	Demais candidatos	4,4	4,4
	Em branco/nulo/nenhum	5,9	5,4
	Total	57,0	80,2
Ainda pode mudar	José Fogaça (PMDB)	13,5	6,1
	Luciana Genro (Psol)	4,9	2,4
	Manuela (PCdoB)	9	3,1
	Maria do Rosário (PT)	9,8	4,1
	Demais candidatos	3,8	2,8
	Em branco/nulo/nenhum	1,9	1,3
	Total	43,0	19,8

Fonte: Datafolha (2008).

É possível perceber, pela tabela 2, que o HGPE produziu impacto significativo na decisão de voto do eleitor, pois elevou de 57% para 80% o total de eleitores totalmente decididos acerca de seu voto. Portanto, contribuiu para que o eleitor tivesse certeza em relação ao candidato escolhido. Antes do HGPE não havia muita diferença quantitativa entre os eleitores de Fogaça que estavam totalmente decididos e aqueles que ainda poderiam mudar seu voto. Após um mês de HGPE, essa diferença apresentou-se bastante acentuada. A intenção de voto em Fogaça antes do HGPE e um mês após seu início apresentou uma pequena variação, de cerca de 6%. Entretanto, apesar de o HGPE não contribuir significativamente para elevar o eleitorado de Fogaça, teve maior impacto para reduzir, aproximadamente pela metade, a parcela de eleitores que poderiam mudar seu voto para outro candidato. Um dado bastante revelador é o da influência do HGPE na avaliação do eleitorado com relação à gestão de José Fogaça na prefeitura.

Tabela 3. Evolução da avaliação do governo Fogaça

	Avaliação do governo Fogaça (%)		
	Antes do HGPE (24 jul.)	Início do HGPE (22 ago.)	15 dias de HGPE (5 set.)
Ótimo/bom	29,5	34,1	47,1
Regular	43,0	43,0	31,5
Ruim/péssimo	25,0	20,5	18,9
Não sabe	2,5	2,4	2,5
Total	100	100	100

Fonte: Pesquisa Datafolha (2008).

A avaliação positiva (ótimo e bom) do governo Fogaça aumentou em 17,5 pontos percentuais (59,4%) após 15 dias de HGPE, ao mesmo tempo que a avaliação negativa (ruim e péssimo) diminuiu 6 pontos percentuais (23,8%) nesse período. Este dado revela que a campanha do candidato à reeleição foi eficaz no investimento que fez no voto retrospectivo do eleitor porto-alegrense, conforme será analisado mais adiante. Feitas as considerações relativas à importância do HGPE na dinâmica da campanha eleitoral, procederemos à análise do mesmo a partir de três dimensões: a estratégia, o discurso e a mensagem. Em cada uma dessas dimensões pretendemos apreender a construção e a transformação das campanhas dos candidatos, de situação e oposição, nas disputas de 2004 e 2008.[3]

Análise das estratégias

Em relação às estratégias de campanha, optou-se por analisá-las a partir de quatro categorias, todas vinculadas às teorias explicativas do voto. Os votos retrospectivo e prospectivo baseiam-se nas teorias que fundamentam as escolhas eleitorais em critérios de escolha racional e, mais recentemente, à teoria da "mobilização cognitiva" (Dalton, 1984; Inglehart, 1990). A estratégia de investimento no voto ideológico, significativamente associada ao modelo de Converse, sustenta-se na ideia de compartilhamento de valores que associam os indivíduos a determinadas famílias ideológicas, cujas visões de mundo, quando acessadas, provocam

[3] Serão considerados, nesta análise, apenas os dois candidatos que disputaram o segundo turno. Coincidentemente, o partido do candidato à reeleição em 2004, o PT, é o principal desafiante em 2008. O principal desafiante em 2004, José Fogaça, é o candidato à reeleição em 2008.

sentimentos de identificação e familiaridade que podem conduzir ao voto. A estratégia tecnocrática baseia-se no conhecimento técnico e na especialização como condições necessárias à boa governança. A boa decisão, nesta perspectiva, não é política e sim técnica, forjada na experiência e no *know-how* do candidato.

As quatro estratégias, embora independentes entre si, podendo aparecer simultaneamente em um mesmo programa de HGPE, organizam-se em pares antagônicos. As estratégias de investimento nos votos retrospectivo e prospectivo opõem-se pelo espaço temporal: a primeira diz respeito ao que já foi feito pela candidatura, enquanto a segunda corresponde às promessas de campanha, àquilo que ainda virá. A primeira é típica de candidaturas à reeleição, enquanto a segunda é indispensável às candidaturas desafiantes. Evidentemente, candidaturas à reeleição também farão uso da prospectiva, uma vez que precisam demonstrar o que ainda resta por fazer em seu projeto de governo. Candidaturas desafiantes também farão uso da retrospectiva, uma vez que tenham experiências administrativas anteriores a demonstrar, seja pelo partido, seja pelo candidato. As estratégias de investimento nos votos ideológico e tecnocrático opõem-se por sua natureza: a primeira tem seu suporte na vinculação coletiva, uma vez que a identificação pressupõe o compartilhamento de valores, enquanto a segunda é essencialmente individualista, baseando-se em critérios pessoais do candidato, em sua capacidade para a gestão pública.[4] Os gráficos 1 e 2 demonstram a utilização das referidas estratégias de captação de votos pelo PT em suas campanhas de 2004 (como situação) e 2008 (como oposição).

Gráfico 1. Estratégias de campanha do PT (%)

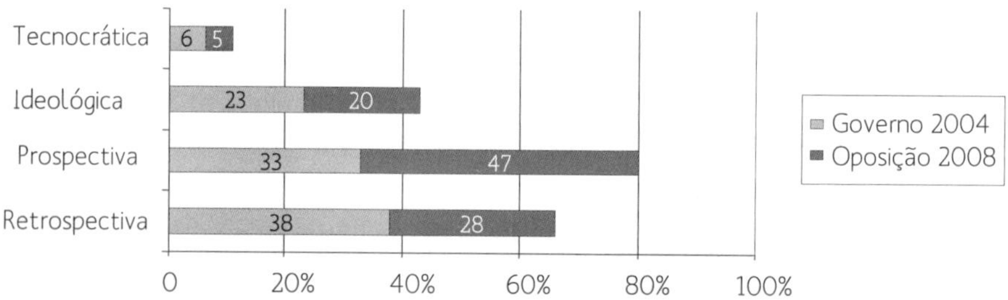

Fonte: HGPE 2004 e 2008. Dados coletados e organizados pela equipe do Núcleo de Estudos sobre Poder, Partidos e Eleições (Neppe/PUCRS) e Centro Brasileiro de Pesquisas em Democracia (CBPD/PUCRS).

4 Importa ressaltar que, em alguns casos excepcionais, verificou-se a inversão desta lógica pelo uso de um tipo de estratégia ideológica individual, particular do candidato, e um tipo de estratégia tecnocrática coletivista, ressaltando o currículo de uma equipe. A campanha presidencial de 2002 foi ímpar nestes dois exemplos: o primeiro verificado na campanha de Geraldo Alckmin (PSDB) e o segundo na campanha de Lula (PT). Ver, a respeito, Dias (2008b).

As campanhas do PT em Porto Alegre nos anos de 2004 e 2008 foram bastante semelhantes no investimento de tempo em cada uma das estratégias. A única inversão verificada foi na captação dos votos retrospectivo e prospectivo, sendo maior a primeira em 2004 e a segunda em 2008. A inversão explica-se teoricamente, uma vez que o partido, em 2004, concorria à reeleição, tendo um portfólio de obras e feitos administrativos para mostrar, enquanto em 2008 apresentava-se como candidatura desafiante, tendo de investir em seu diferencial e em seus compromissos de governo. Importa ressaltar o significativo investimento que as campanhas do PT fazem na dimensão ideológica do voto, principalmente se comparada à dimensão tecnocrática.

Gráfico 2. Estratégias de campanha de Fogaça (PPS e PMDB)

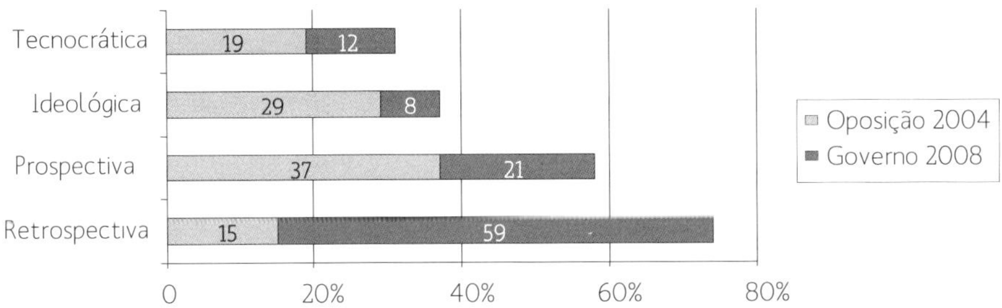

Fonte: HGPE 2004 e 2008. Dados coletados e organizados pela equipe do Núcleo de Estudos sobre Poder, Partidos e Eleições (Neppe/PUCRS) e Centro Brasileiro de Pesquisas em Democracia (CBPD/PUCRS).

A campanha de Fogaça, em 2008, sofreu importantes transformações em relação a 2004, tornando necessária uma análise mais detalhada. Como candidato de oposição em 2004, Fogaça investiu prioritariamente no voto prospectivo, convergindo com a expectativa teórica sobre candidaturas desafiantes. Como o candidato não tinha experiência administrativa prévia e estava vinculado a um partido sem expressão nacional (PPS), a campanha se pautou menos pelo investimento no voto retrospectivo e, quando o fez, foi para ressaltar a atuação do candidato no Senado Federal. Esta foi uma campanha que utilizou, com frequência, o discurso antipartidário, assumindo um discurso essencialmente personalista. Entretanto, o discurso antipartidário foi compensado pela projeção de uma imagem coletiva universalizante: a da cidade como um todo. A imagem do candidato fundia-se à imagem da cidade, sugerindo que as divisões partidárias teriam, como efeito nefasto, a divisão entre os gaúchos de Porto Alegre. Este foi o argumento no qual se pautou a dimensão ideológica que se destacou na campanha de Fogaça em 2004. Uma vez governante, e consagrado o perfil administrativo do candidato, já não foi mais necessária construção de sua imagem em fusão com a cidade, o que explica a redução drástica da dimensão ideológica na campanha de Fogaça em 2008. A dimensão tecnocrática sofreu uma ligeira redução no tempo de campanha na televisão, de 19% em 2004 para 12% em 2008.

Já o investimento no "voto retrospectivo" ocupou quase 60% das estratégias da campanha televisiva do candidato à reeleição em Porto Alegre, o que corrobora os dados das pesquisas de opinião que apontam para o fato de que a campanha de Fogaça foi eficiente na alteração da opinião de parte do eleitorado quanto à sua avaliação de governo. Ao que tudo indica, a percepção negativa sobre o governo foi revertida para positiva durante a campanha, após o início do HGPE.

Temas e discursos da campanha

Quanto aos temas de campanha, há que se notar que saúde, educação e emprego são tópicos recorrentes às candidaturas, seja de governos em tentativa de reeleição, seja de oposição. Estes podem ser considerados "temas-base", principalmente quando se trata de eleições municipais; saúde e educação, especialmente, uma vez que estas são as duas atribuições mais importantes de governos locais. A questão do emprego também está presente com intensidade entre os temas de campanha municipal e sempre vem acompanhada de questões relativas ao desenvolvimento econômico do município, além de ser facilmente associável aos demais temas. Isso significa dizer que quaisquer benefícios associados a melhorias na saúde, educação, assistência social, entre outros, são potenciais geradores de empregos. Entretanto, para além do que é comum à maioria das campanhas municipais, dois temas se destacaram, nessa análise das eleições de 2004 e 2008 em Porto Alegre: o orçamento participativo (OP) e a mudança, trabalhada na campanha como um valor e justificativa para o voto. Dias (2008a) já destacou a relevância do OP na definição do voto durante as eleições de 2004. O OP consagrou-se como a marca dos governos do PT em Porto Alegre, a cidade da democracia e da participação. Depois de quatro mandatos consecutivos sob o signo do OP, vencer o PT dependia de retirar dele seu principal instrumento de governança, transferi-lo à população e comprometer-se com sua continuidade. Foi o grande feito da campanha de José Fogaça em 2004. Naquele ano, governo e oposição abordaram o orçamento participativo entre os principais temas de suas campanhas, o primeiro em 25% de suas inserções televisivas e a segunda em 11% delas. Que o PT o tenha feito não surpreende, pois o OP era a vitrine de seus governos na capital. Surpreende que este tenha sido um tema apropriado pela oposição, por esta mesma razão. Na análise do conteúdo da campanha de Fogaça em 2004, encontra-se a explicação: o candidato comprometeu-se reiteradamente com a continuidade do OP, apontando-o como uma conquista da população de Porto Alegre e que, portanto, independia da continuidade do PT no governo.

Em 2008, o OP perdeu sua relevância na pauta da campanha, provavelmente porque também tenha perdido relevância na pauta pública. O governo de Fogaça deu continuidade ao processo de consulta popular por intermédio do orçamento participativo, mas tirou dele a exclusividade de governança que foi destaque durante os mandatos do PT em Porto Alegre. Junto com o OP, tornaram-se irrelevantes na campanha os temas da democracia, cidadania e participação popular. O PT mudou sua pauta de campanha, perdeu seu diferencial e, possivelmente por isso, tenha sofrido nova derrota.

Finalmente, o tema da "mudança" merece aqui um tratamento de destaque. A que tipo de estratégia se associa o tema da "mudança"? Seria razoável pensar que esteja associado ao voto prospectivo. Entretanto, a "mudança", nestas campanhas, apareceu como discurso "ideológico". Desde 2004, quando foi o tema central da candidatura de Fogaça, ainda pelo PPS, a "mudança" foi tratada como valor, como um bem em si mesmo. Em 2004, era a mudança segura: "fica o que está bom, muda o que não está [...] esse é o jeito de mudar". Em 2008, era a mudança que "não pode parar". Somente assim uma candidatura à reeleição poderia sustentar um discurso de mudança, contrariando a associação intuitiva entre reeleição e continuidade. Aqui o projeto era a mudança, o sentido de toda a ação governamental, sua própria razão de ser. O "desejo de mudança", principal razão para o voto em Fogaça em 2004 (Dias, 2008a), tornou-se sua marca governamental, como o OP foi para o PT.

O discurso ideológico da "mudança" impregnou a campanha de 2008 e foi adotado fartamente pela maioria das candidaturas. Todas, em alguma medida, se pareciam com a campanha de Fogaça em 2004. O próprio PT, que, em boa medida, abriu mão de seu discurso e pauta tradicionais, adotou entre seus principais temas de campanha a "mudança", uma mudança movida por um sentimento que não pertencia ao seu eleitorado, mas ao de seu adversário principal. O eleitorado de Porto Alegre parece ter preferido ficar com o "original" e dispensar as "cópias" em 2008, dando a reeleição a Fogaça, agora pelo PMDB. A análise relativa ao discurso utilizado na campanha classifica-o em dois tipos: o discurso da autoridade e o discurso da identidade. O primeiro caracteriza-se por chamar para si a responsabilidade e o mérito pelos atos governamentais.

Na maioria das vezes é um discurso individualista, empreendido na primeira pessoa. O candidato apresenta-se como o portador das soluções para os problemas da cidade, destaca-se do coletivo. Outros personagens da campanha também podem utilizar o discurso da autoridade para promover o candidato.[5] Na fala de populares, por exemplo, o candidato é um "ser superior", a quem se deve gratidão pelos benefícios recebidos (voto retrospectivo) ou de quem se podem esperar soluções definitivas (voto prospectivo); é o mais competente para a gestão dos negócios públicos (tecnocracia). O discurso da autoridade é o que mais se distancia da dimensão ideológica do voto, embora esta associação não esteja completamente descartada, desde que a candidatura assuma a lógica aristocrática como um valor em si.

Tabela 4. Tipos de discursos na campanha para prefeito de Porto Alegre (%)

Discurso	PT		PPS	PMDB
	2004	2008	2004	2008
Autoridade	55	69	74	88
Identidade	45	31	26	12
Total	100	100	100	100

Fonte: HGPE 2004 e 2008. Dados coletados e organizados pela equipe do Núcleo de Estudos sobre Poder, Partidos e Eleições (Neppe/PUCRS) e Centro Brasileiro de Pesquisas em Democracia (CBPD/PUCRS).

O segundo tipo de discurso, ao contrário, vincula-se fortemente à dimensão ideológica do voto na medida em que, ao compartilhar a responsabilidade pelo exercício do poder, insere-o em uma perspectiva coletiva. O mérito pela ação governamental não é atribuído individualmente à pessoa do prefeito e sim ao coletivo, a uma equipe motivada por valores e propósitos comuns, seja um partido, uma frente de partidos (coligação) ou uma aliança com a população mediante a participação direta nas decisões do Estado. As soluções são construídas coletivamente, frutos do diálogo e da aproximação entre setores do governo e da sociedade, razão pela qual produzem os melhores resultados na administração pública. Na fala de populares, o candidato é um parceiro, alguém disposto ao diálogo e à negociação; apresenta-se como ator do processo político

[5] Segundo Albuquerque (1999), os personagens de uma campanha podem ser: o candidato, o narrador em *off*, os aliados (liderança, celebridade, família), os adversários, o sujeito noticioso (repórter), personagens ficcionais e populares. Em nossa análise, os personagens "adversários", "sujeito noticioso" e "personagens ficcionais" não tiveram relevância.

e como responsável por melhorias públicas (voto retrospectivo). O discurso da identidade vincula-se fortemente aos valores da democracia, cidadania e participação popular, e tem como principal objetivo criar identificação entre a candidatura e os eleitores, pelo reconhecimento de uma pauta pública e pela construção de soluções comuns.

A campanha do PT à reeleição em 2004 foi fortemente marcada pelo discurso da identidade, especialmente durante o primeiro turno. Uma das peças mais veiculadas mostrava obras realizadas pela prefeitura e, em seguida, um grupo de populares gritando: "Foi a gente que fez!". O discurso da oposição, especialmente da candidatura de Fogaça (PPS), aproveitou-se deste jargão para defender a ideia de que os méritos do governo anterior eram conquistas da cidade e independiam da continuidade do PT no governo. No segundo turno da campanha do PT em Porto Alegre houve a tentativa de se apoderar de seu próprio sucesso governamental, incorporando fortemente o discurso da autoridade, o que não surtiu o resultado esperado, qual seja, a reversão da ascensão do candidato adversário.

Em 2008 a campanha do PT, agora como partido de oposição, embora ainda mantivesse um percentual significativo de discurso de identidade, utilizou-se fortemente do argumento da autoridade, perdendo muito de sua peculiaridade anterior, embasada nos valores da democracia, da cidadania e da participação popular. Sua candidata, Maria do Rosário, foi apresentada como autora das propostas, diretamente comprometida com sua consecução. Como visto, o tema do orçamento participativo foi fortemente reduzido na campanha do PT de 2008, não aparecendo entre os principais temas abordados nos programas do HGPE.

A incorporação do projeto do OP na campanha de Fogaça (PPS) em 2004 foi o principal fator a contribuir para o percentual de 26% de uso do discurso da identidade. Apesar do discurso antipartidário da campanha, argumentando que a lógica partidária contribuiria para a divisão dos gaúchos, o tema do OP obrigou a campanha a enfatizar a democratização da gestão, sugerindo um modelo de governo permeável às demandas populares. Tornado o OP insignificante na pauta pública da campanha de 2008, o discurso da autoridade consagra-se na campanha de Fogaça, desta vez concorrendo pelo PMDB. A apropriação do mérito pelas políticas adotadas no governo municipal ocorreu exclusivamente pelo candidato. Importa ressaltar que o PMDB tinha uma estrutura partidária muito mais robusta do que o PPS, que sustentou a campanha anterior de Fogaça, razão pela qual se justifica ainda um percentual de 12% de discurso de identidade.

As mensagens de campanha: em busca da razão e da emoção do eleitor

A análise relativa ao tipo de mensagem parte da tipologia definida por Albuquerque (1999) em seu estudo sobre a campanha eleitoral de 1989. A "discussão sobre problemas políticos", em geral o tipo mais utilizado nas campanhas eleitorais na televisão, é o principal instrumento para o investimento nos votos retrospectivo e prospectivo. Corresponde a peças que se dedicam a promover, na campanha, determinadas questões que, normalmente, correspondem aos temas que são percebidos como mais relevantes para o eleitorado. O debate desses temas pode tanto partir de políticas já implementadas pelo candidato ou partido quando estiveram no governo quanto servir para divulgar propostas para um futuro governo. É o tipo de mensagem que se dedica a explorar a dimensão racional da escolha eleitoral.

A "construção da imagem do candidato" tem como objetivo torná-lo conhecido do eleitorado, inspirar confiança, demonstrar competência, explorar a simpatia. Atua decisivamente na dimensão afetiva do voto, mas não se restringe a ela, uma vez que faz parte da imagem do candidato sua experiência política pregressa, como uma espécie de currículo submetido à seleção pelos eleitores. A este tipo de mensagem se associam, principalmente, as estratégias ideológica e tecnocrática de captação de votos.

O "ataque ao adversário" é o tipo de mensagem que tem por objetivo desconstruir a imagem do candidato concorrente e criticar sua atuação política, especialmente se houver alguma gestão anterior associada a ele. Pode discutir problemas políticos ou inverter a lógica da construção da imagem, vinculando fatos e valores negativos ao candidato a quem se pretende desacreditar e, consequentemente, dele retirar votos. É um tipo de mensagem que está associado às estratégias de voto retrospectivo e ideológico, porém com o sinal invertido (negativo); explora a dimensão tanto racional quanto afetiva do voto.

A primeira constatação que fazemos é a de que as elites políticas brasileiras acreditam na racionalidade do eleitor, uma vez que, das quatro campanhas analisadas, três puseram em primeiro plano a "discussão de problemas políticos", o tipo mais racional de mensagem. Tal evidência contraria a tese de irracionalidade do eleitor ou de um predomínio da dimensão afetiva na escolha eleitoral brasileira. Vejamos os dados no gráfico 3.

No caso do Partido dos Trabalhadores, a discussão de problemas políticos dominou as duas campanhas analisadas, com percentuais muito semelhantes: 62% em 2004 e 63% em 2008. O que variou foi o posicionamento das outras duas categorias, que trocaram de lugar de uma campanha para outra, com percentuais também muito semelhantes. Verificou-se que, em 2008, o PT atacou mais do que se dedicou à construção da imagem de sua candidata. Isso se deve, provavelmente, à alternância de posicionamento em cada disputa: em 2004, o PT era candidato à reeleição e seu principal adversário, Fogaça, não tinha muito passado a ser explorado, já que nunca tinha ocupado um cargo executivo antes. Em 2008, entretanto, havia toda uma gestão a ser explorada, além do fato de que o "ataque ao adversário" é uma estratégia preferencial de partidos desafiantes.

Gráfico 3. Mensagens de campanha do PT como governo (2004) e como oposição (2008)

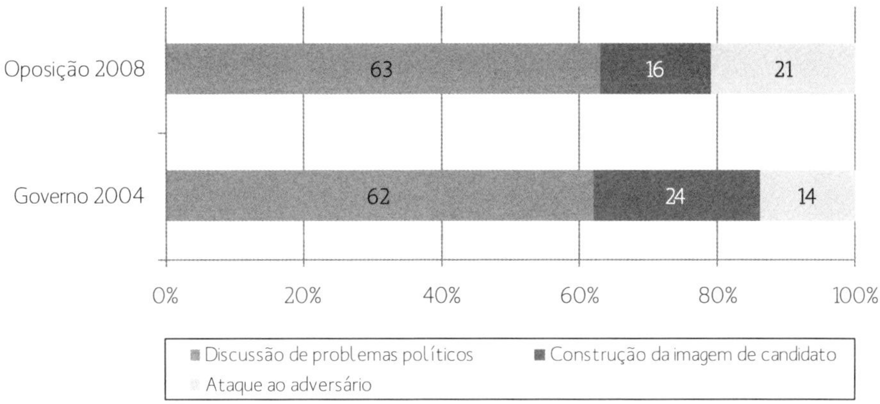

Fonte: Núcleo de Estudos sobre Poder, Partidos e Eleições (Neppe/PUCRS) e Centro Brasileiro de Pesquisas em Democracia (CBPD/PUCRS).

Já as candidaturas de Fogaça são mais instigantes analiticamente, uma vez que contrariam parte do comportamento esperado.

Alguns dados são previsíveis nestas campanhas. Quando Fogaça ainda era um elemento novo na disputa, sem experiência prévia em cargos executivos e concorrendo por um partido sem expressão política no Rio Grande do Sul, era necessário explorar ao máximo sua imagem. Em 2004, a "construção da imagem do candidato" foi o tipo de mensagem escolhida em 45% do tempo da campanha no HGPE. Depois de quatro anos de mandato e tendo migrado para o PMDB, um dos partidos mais importantes do estado, a construção de sua imagem tornou-se desnecessária, ocupando míseros 3% do tempo de campanha. O salto observado pela "discussão de problemas políticos", de 43% para 76%, entre as duas campanhas também era esperado. O investimento no voto retrospectivo, estratégia típica do candidato à reeleição, depende da apresentação de resultados relativos a temas considerados relevantes para a maioria do eleitorado. O dado que confunde a análise é o aumento expressivo do tipo de mensagem de "ataque ao adversário", uma estratégia que é típica de candidatos desafiantes. Como Fogaça pôde ter feito uso mais expressivo dessa mensagem, por quase o dobro do tempo, quando era candidato à reeleição do que o fez quando era o principal candidato desafiante de um governo no poder por quatro mandatos consecutivos? Neste aspecto, recorreremos à análise de conjuntura.

Gráfico 4. Mensagens de campanha: PMDB (governo) e PPS (oposição)

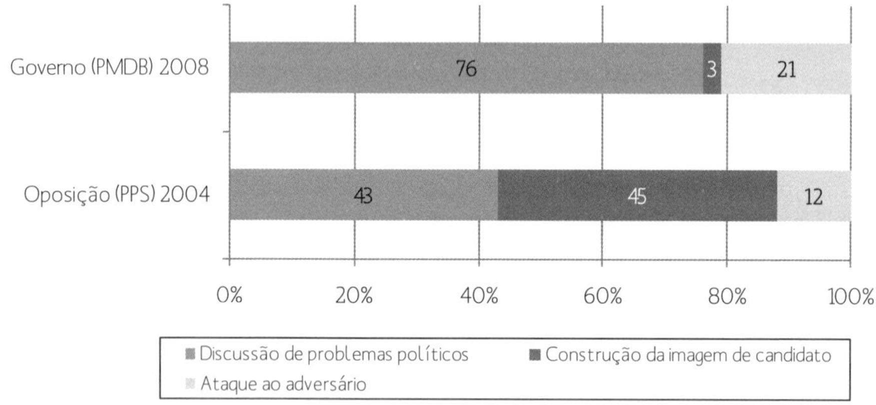

Fonte: Núcleo de Estudos sobre Poder, Partidos e Eleições (Neppe/PUCRS) e Centro Brasileiro de Pesquisas em Democracia (CBPD/PUCRS).

Conforme Dias (2002, 2008a), a criação de uma hegemonia política pelo PT em Porto Alegre foi sucedida por uma intensa polarização da dinâmica política. No início do século XXI Porto Alegre estava dividida entre "petistas" e "antipetistas", obrigando a disputa eleitoral a uma dinâmica fortemente antagonística. Em 2002, durante a campanha para o governo do estado, essa dinâmica foi interrompida pela candidatura de Germano Rigotto (PMDB), que apostou na superação da polarização política pela estratégia do "caminho do meio" para unificar o "Rio Grande".

Seguindo os passos de Rigotto, vitorioso nas eleições de 2002 e então governador, Fogaça adotou a estratégia conciliatória de "manter o que está bom e mudar o que for preciso". Importa ressaltar que a avaliação do governo do PT na capital ainda era predominantemente positiva em 2004, o que também não favorecia uma estratégia de ataque. Tal conjuntura explica por que as mensagens de "ataque ao adversário" foram mais frequentes em 2008 do que em 2004, quando consideradas as candidaturas de Fogaça. O veto ao ataque, à política de dissensões, já não era mais condição para superar a desconfiança do eleitor porto-alegrense.

As pesquisas de tendência eleitoral

Ao analisarmos a evolução da intenção de voto do porto-alegrense em 2008, três características se destacam. A primeira é a baixa volatilidade apresentada no decorrer da campanha, que se manifesta não somente em uma ou outra candidatura, mas em todas, visto que houve uma oscilação pouco expressiva na manifestação das preferências do voto. A candidatura à reeleição foi a que apresentou a mudança de intenção de voto mais significativa, com crescimento durante a campanha. Destacamos que o salto do peemedebista ocorreu logo após o início do HGPE (em 19 de agosto). Nos primeiros 15 dias de HGPE foi registrado o maior crescimento do candidato (3,2%).

A segunda característica é a evolução da rejeição aos candidatos, cuja análise também revela um quadro bastante estável, com flutuações pequenas. No decorrer de toda a campanha do primeiro turno, a posição dos candidatos não foi significativamente alterada. O prefeito Fogaça esteve sempre com o maior percentual de rejeição, esta bastante associada ao eleitor petista, que canaliza a maior parcela da resistência ao prefeito: os cerca de 76% da rejeição a Fogaça coincidem com os de identidade partidária petista. A razão disso é que o prefeito simbolizou uma perspectiva política contraposta ao PT, em Porto Alegre, com a vitória de 2004.[6] O eleitor identificado com o PT apresenta maior resistência em votar em candidatos de outras legendas, configurando um voto mais partidário.

[6] Datafolha, 23 e 24 jul. 2008. Como a rejeição dos candidatos é significativamente estável durante a campanha, avaliamos somente uma pesquisa de opinião. Nas pesquisas do Datafolha que tinham a pergunta sobre em qual candidato não votaria de jeito nenhum (23 e 24 jul., 21 e 22 ago., 4 e 5 set., 17 e 18 set., 25 e 26 set., 3 e 4 out.), Fogaça apresentou, respectivamente, percentuais de 24,3%, 27,8%, 20,8%, 22,1%, 20,4% e 22,4%.

Tabela 5. Evolução da intenção de voto em 2008: 1º turno (%)

Candidato	Data da pesquisa						
	23 e 24 jul.	21 e 22 ago.	4 e 5 set.	17 e 18 set.	25 e 26 set.	29 e 30 set.	3 e 4 out.
José Fogaça (PMDB)	29,4	30,9	34,1	33,3	34,7	35,3	36,5
Maria do Rosário (PT)	19,8	20,4	17,2	17,6	19,2	20,1	19,8
Manuela (PCdoB)	17,6	19,0	17,3	17,9	17,8	18,0	15,3
Luciana Genro (Psol)	8,1	6,0	5,9	7,1	7,1	7,1	7,9
Onyx Lorenzoni (DEM)	4,8	4,9	5,3	5,0	4,6	7,5	6,2
Nelson Marchezan Junior (PSDB)	1,1	1,9	1,3	2,6	1,3	1,5	2,2
Vera Guasso (PSTU)	0,7	0,8	0,1	0,4	0,1	0,4	0,2
Não vota/não irá votar	0,8	0,4	1,0	0,8	0,8	1,1	1,2
Em branco/nulo/nenhum	8,3	7,1	7,5	6,4	6,8	5,2	6,2
Não sabe	9,4	8,5	10,3	9,1	7,5	3,9	4,3
Total	100,0	100,0	100,0	100,0	100,0	100,0	100,0

Fonte: Datafolha (2008).

Finalmente, o eleitorado porto-alegrense demonstrou uma decisão de voto bastante consolidada desde o princípio. Na primeira pesquisa do Datafolha, nada menos que 55,6% dos entrevistados informaram que já estavam totalmente decididos sobre em quem votar. No final de setembro esse quadro estava sedimentado, e poucos declararam que ainda poderiam alterar seu voto. O interessante a destacar é o perfil do eleitor que ainda pode mudar sua decisão. O eleitor que disse votar em Fogaça é o menos disposto a mudar (15,8%), seguido do que informou decidir seu voto por Maria do Rosário (19,1%).[7] O cenário do segundo turno também se caracterizou por uma disputa sem grandes sobressaltos, não havendo tendências que indicassem uma alteração significativa de intenção de voto do eleitorado. A opinião do eleitor manteve um padrão estável nas três pesquisas realizadas pelo Datafolha, um comportamento já observado no primeiro turno.

[7] Datafolha, 29 e 30 set. 2010.

A força do voto retrospectivo e a estratégia de campanha no HGPE

O eleitor porto-alegrense foi predominantemente pragmático em sua decisão de votar avaliando que a administração de Fogaça era competente e, por isto, ele deveria ser reeleito. É relevante ressaltar não somente a evolução da avaliação do desempenho da administração, com um crescimento de 18,7%,[8] mas também o impacto do HGPE para esse resultado. Sem dúvida, essa informação demonstra que a campanha no HGPE foi um elemento fundamental utilizado para o candidato explorar os feitos de sua administração e, como já observado, diminuir a rejeição a seu nome. Justamente após duas semanas de campanha há uma diminuição da rejeição do candidato acompanhada pelo crescimento da avaliação positiva do governo.

O HGPE de Fogaça, além de ter sido um instrumento para alcançar a boa avaliação da administração, também apresentou um espaço importante para convencer o eleitor a se decidir pelo prefeito. O peemedebista foi considerado o candidato que teve o melhor desempenho no programa (27,3%), seguido bem atrás pela candidata petista (11,3%). Nada menos do que 74,4% deste eleitorado, que avaliaram o prefeito como aquele candidato que teve o melhor desempenho, informaram que pretendiam votar nele.[9] É importante lembrar quem é este eleitor que aprovou positivamente a administração da prefeitura, especialmente quando se observa que o candidato à reeleição apresentou, durante a campanha, um crescimento de avaliação positiva de seu governo em todos os segmentos do eleitorado. No que diz respeito ao perfil social, cabe salientar que mais da metade do contingente de eleitores com renda acima de 10 até 20 SM (salários mínimos) e acima de 20 SM (53% e 69,6%, respectivamente) avaliaram de forma positiva (ótimo/bom) o governo Fogaça. A tendência de aprovação maior se verifica também na faixa do eleitorado com ensino superior e pós-graduação (52% ótimo/bom). É necessária a ressalva de que este eleitorado entrevistado (com renda acima de 10 SM) é pequeno e representa apenas 10,9% do universo total. Ou seja, no percentual alcançado de 48,3% de avaliação positiva, este eleitor contribui somente com 6,3%. Feita esta observação, é preciso também destacar que, independentemente do melhor desempenho nos setores de maior renda familiar, a aprovação da administração do prefeito é detectada em todas as faixas de renda do eleitorado porto-alegrense.

[8] Entre as três pesquisas realizadas em que esta pergunta é elaborada, de 23 e 24 jul. a 4 e 5 set. houve este crescimento.

[9] Datafolha, 4 e 5 set. 2008.

Os eleitores com renda entre 2 e 5 SM foram mais determinantes para a aprovação de seu desempenho governamental, tendo em vista que contribuíram com 22,4% do total de 48,3% de avaliação positiva, até porque esse grupo de eleitores configura quase metade da amostra.

Em relação à escolaridade, contudo, destaca-se que a administração municipal alcança bons índices de aprovação (ótimo/bom) também nas demais faixas de escolaridade (47,1% dos eleitores com ensino médio e 47,5% daqueles com ensino fundamental), ou seja, não há indicativos de que isto seja um diferencial significativo. Porém há uma pequena distinção do eleitor com maior nível de escolaridade, pois 52% deste grupo de pessoas avaliam bem o governo de Fogaça.

O voto partidário: um divisor de águas

É conhecido, na ciência política brasileira, o debate sobre a fragilidade da identidade partidária do eleitor brasileiro. Nas pesquisas Datafolha, tanto no primeiro quanto no segundo turno a grande maioria dos entrevistados (quase 60%) declarou que não tinha um partido de preferência. Porém, se avaliarmos que aproximadamente 40% reconhecem a identificação com algum partido, isso mostra como, em Porto Alegre, as estruturas partidárias possuem relevância. Dentro deste contexto destaca-se o eleitor que declarou ter preferência pelo PT, alcançando os mais altos percentuais nas pesquisas do primeiro e segundo turnos, respectivamente 20,9% e 22,5%.[10] O percentual de votação da candidata petista no primeiro turno é aproximado daquele que seu partido atinge na preferência partidária. Isso reforça a tese de que o voto na candidata petista esteve circunscrito à identidade partidária. O PMDB é o segundo partido de preferência do eleitor porto-alegrense, mas bem atrás do PT, com 7,2% e 10,2%.[11]

Determinantes do voto

O critério de seleção das variáveis na construção do modelo explicativo do comportamento do eleitor porto-alegrense baseou-se no debate das vertentes clássicas da ciência política. As matrizes teóricas que orientam as pesquisas de comportamento eleitoral se fundamentam em perspectivas distintas para explicar a decisão de voto e se sustentam, *grosso modo*, na perspectiva sociológica,

---

[10] Nas pesquisas o PT aparece como partido de maior preferência do porto-alegrense, oscilando na casa dos 20% a 24%.

[11] Pesquisas Datafolha, 4 e 5 set. 2008 e 21 e 22 out. 2008.

psicossociológica e racional. Neste sentido, a preocupação foi avaliar em que medida é possível averiguar, a partir desses modelos, a lógica da decisão do voto no estudo do caso em foco.

A primeira corrente, que utiliza o princípio macro de análise, parte do pressuposto de que a estrutura e o contexto socioeconômico são elementos centrais para a explicação da decisão do eleitor. Assim, selecionamos as variáveis sexo, idade, escolaridade e renda como norteadoras desta dimensão analítica. Nesta perspectiva é esperado que eleitores com uma situação social semelhante apresentem uma conduta similar em suas opções e decisões políticas. Assim, procuramos observar de que forma estas variáveis impactaram e delinearam o comportamento de intenção de voto nos distintos candidatos apresentados na competição eleitoral.

No que tange à corrente psicossociológica, que se destaca por enfatizar que a explicação do voto é baseada na inserção do indivíduo em sua estrutura e contexto socioeconômicos, e não é suficiente para esclarecer as motivações e disposições do eleitor, selecionamos a variável preferência partidária. Esta matriz explicativa salienta que atitudes, percepções e crenças do eleitor sobre política são importantes para a decisão de voto. Crenças, valores e opiniões são modelados dentro de um processo de formação social, construídos na socialização primária e secundária balizadoras das identidades do indivíduo. Estas referências não são apenas determinadas pela inserção do indivíduo na estrutura socioeconômica. Neste sentido, as preferências partidárias, orientadoras da decisão de voto, não teriam como condição necessária a ideologia como componente central. Sendo assim, elas podem estar dissociadas de elementos referenciais de natureza ideológica e ligadas a uma constelação de valores construídos social e culturalmente.

Quanto ao ponto de vista da escolha racional, que desenvolve a tese do eleitor "econômico", ou seja, a decisão do voto é sustentada por uma avaliação e um cálculo do eleitor, lançamos mão da variável avaliação dos governos (municipal, estadual e federal). Na decisão do eleitor estaria o componente de uma avaliação de perdas e ganhos, e seu voto se fundamentaria em um raciocínio predominantemente pragmático. O que baliza a decisão do voto é a avaliação que o indivíduo faz a respeito das alternativas apresentadas. Neste sentido, se a economia e o governo estão sendo bem-avaliados, o candidato da situação é favorecido; por sua vez, a oposição é beneficiada quando aqueles não estão sendo bem-avaliados.

Por fim, optamos, ainda, por avaliar o impacto na decisão do voto a partir dos meios de comunicação, que denominamos como "melhor desempenho no HGPE". Essa variável foi medida pela pergunta do Datafolha: "Pensando em tudo o que você viu e ouviu, durante o horário eleitoral e nas propagandas ao longo do dia na TV e no rádio, em sua opinião, qual candidato a prefeito está se saindo melhor?". O entrevistado respondia com alternativa única e espontânea.

Para que fossem testadas todas as categorias das variáveis previsoras, foi necessário realizar dois testes de regressão logística multinomial, alternando entre as categorias de referência. Por exemplo: no primeiro teste a categoria de referência das variáveis avaliação dos governos Lula, Yeda Crusius (governadora) e Fogaça foi o grupo "ruim/péssimo". Na segunda regressão multinomial a categoria de referência foi o grupo "regular". Os resultados das duas regressões logísticas realizadas demonstram o peso de cada variável na explicação do voto em cada candidato concorrente em relação ao candidato à reeleição, José Fogaça, utilizado como categoria de referência da variável intenção de voto.

Em relação a Fogaça (PMDB), Luciana Genro (Psol) tinha duas vezes mais chances de receber o voto de eleitores entre 16 e 24 anos. A candidata também tinha 2,7 vezes mais chances de ser votada por pessoas com escolaridade superior ou pós-graduação do que o candidato à reeleição. No que se refere às avaliações dos governos federal (Lula), estadual (Yeda) e municipal, o eleitor que avaliava positivamente o desempenho governamental de Lula tinha 3,7 vezes mais chances de escolher Luciana Genro em vez de Fogaça. As avaliações negativas dos governos Fogaça e Yeda aumentavam as chances de voto em Luciana Genro em 11 vezes e 1,7 vez, respectivamente.

As intenções de voto em Manuela, em relação às intenções de voto em Fogaça, aumentavam 1,7 vez entre eleitores de 16 a 24 anos, 1,6 vez entre eleitores com ensino médio e 1,98 vez entre eleitores com renda média familiar até 2 SM e de 2 a 5 SM. Eleitores que avaliaram o governo federal positivamente tinham três vezes mais chances de escolher votar em Manuela do que em Fogaça. Também, a avaliação negativa do governo Fogaça aumentava em seis vezes as chances de o eleitor escolher Manuela em lugar do candidato à reeleição. Para o voto em Rosário (PT), a variável com maior peso foi a preferência partidária pelo PT, que aumentava em nove vezes as chances de esses eleitores escolherem a candidata em lugar de Fogaça. Rosário também teve 3,6 vezes mais chances do que Fogaça de obter votação entre aqueles eleitores que avaliaram o governo Lula como ótimo ou bom.

Diante da posição do prefeito durante o primeiro turno como o candidato com os maiores percentuais de intenção de voto, pode-se perguntar que variáveis determinaram esse alto índice. Comparando o candidato à reeleição com seus concorrentes, destaca-se, favoravelmente ao prefeito, a avaliação positiva de seu governo. Esta não é somente a variável que beneficia o candidato em relação a todos os outros, mas é aquela em que o prefeito também apresenta os maiores ganhos. Cerca de 84%[12] dos entrevistados que declaram intenção de votar no peemedebista eram eleitores que aprovavam seu governo (ótimo/bom). Outro caminho analítico pode ser pensado: os dois candidatos de esquerda cuja variável reprovação (ruim/péssimo) do governo Fogaça teve maior peso na composição total de sua votação são Luciana Genro e Manuela. A intenção de voto na candidata do Psol foi especialmente condicionada pelo eleitor porto-alegrense que avaliou mal a administração do prefeito. Manuela, por sua vez, teve como seu segundo elemento determinante esta variável. Curiosamente, para a petista, principal candidata da oposição, a reprovação do governo municipal não teve peso significativo em sua votação total.

A boa avaliação de campanha no HGPE foi um preditor fundamental na decisão do voto em praticamente todos os candidatos, mesmo a petista. A única exceção foi a candidata do Psol. Isto reforça a tese de que o perfil dos programas, estratégias e retóricas no HGPE são elementos fundamentais para compreender a lógica de decisão de voto do eleitor. Mesmo para a candidatura que apresentou um eleitorado partidariamente identificado, o desempenho na campanha foi um preditor mais expressivo. No caso de Fogaça, como já analisado, somente o voto retrospectivo superou seu desempenho no HGPE, o que tem um significado particular, já que a positividade de seu governo foi uma construção veiculada pelo HGPE. Analisando apenas a concorrência entre os dois que apresentavam os melhores percentuais de intenção de voto, a variável que também favoreceu o prefeito foi a avaliação positiva do governo estadual de Yeda. No entanto, temos de ressaltar que isto não foi expressivo a ponto de pesar na disputa, pois somente 14,7% dos entrevistados consideraram o governo estadual gaúcho ótimo/bom.[13]

---

[12] De acordo com pesquisa Datafolha de 4 e 5 set. 2008, 48,3% consideravam o governo Fogaça ótimo/bom. Se ainda somarmos ao "ótimo/bom" a avaliação "regular" e considerássemos o critério regular como de aprovação, o peemedebista alcançaria 80,5% de aprovação de seu governo. Deste eleitorado, nada menos que 98,8% manifestaram intenção de voto em Fogaça.

[13] Datafolha, 4 e 5 set. 2008. Esta é a última pesquisa do primeiro turno que tem esta variável. A variação da avaliação do governo Yeda Crusius é bastante estável em todas as pesquisas; por isto utilizamo-nos de apenas uma.

Tabela 6. Modelo de determinantes da intenção de voto por candidato a prefeito de Porto Alegre (2008)

Voto 1º turno[1]

	Luciana Genro (Psol)		Manuela (PCdoB)		Maria do Rosário (PT)		Demais candidatos/ não voto[2]	
	B (EP)[3]	Exp b	*B* (EP)	Exp b	*B* (EP)	Exp b	*B* (EP)	Exp b
Constante	2,29 (0,83)		-0,59 (0,80)		-0,40 (0,83)		2,49 (0,65)	
Sexo (feminino)	-0,31 (0,37)	0,73	-0,26 (0,29)	0,77	0,23 (0,31)	1,26	0,20 (0,24)	1,22
Idade								
16 a 24 anos	**1,12 (0,55)**	**3,06***	**1,00 (0,44)**	**2,72***	0,36 (0,50)	1,44	0,64 (0,40)	1,90
25 a 44 anos	0,35 (0,41)	1,41	0,29 (0,32)	1,34	-0,02 (0,33)	0,98	0,38 (0,26)	1,46
45 anos ou mais	-0,35 (0,41)	0,71	-0,29 (0,32)	0,75	0,02 (0,33)	1,02	-0,38 (0,26)	0,69
Escolaridade								
Analfabeto/ ensino fundamental	-1,32 (0,55)	0,2*	0,42 (0,48)	1,52	-0,21 (0,46)	0,81	-0,10 (0,36)	0,91
Ensino médio	-0,48 (0,45)	0,62	**0,95 (0,44)**	**2,6***	-0,11 (0,43)	0,90	0,16 (0,34)	1,17
Ensino superior/ pós-graduação	**1,32 (0,55)**	**3,74***	-0,42 (0,48)	0,66	0,21 (0,46)	1,23	0,10 (0,36)	1,11
Renda familiar								
Até 2 SM	-1,10 (0,68)	0,33	**1,09 (0,45)**	**2,98***	0,41 (0,46)	1,51	0,30 (0,36)	1,35
Mais de 2 a 5 SM	-0,16 (0,42)	0,71	**0,87 (0,39)**	**2,39***	0,16 (0,38)	1,18	0,44 (0,30)	1,56
Mais de 5 SM	0,16 (0,42)	1,17	-0,87 (0,39)	0,42*	-0,16 (0,38)	0,85	-0,44 (0,30)	0,64
Partido de preferência								
PMDB	-0,66 (0,82)	0,52	-0,90 (0,66)	0,41	-0,30 (0,78)	0,74	-0,91 (0,48)	0,40
PT	-0,16 (0,57)	0,86	0,09 (0,42)	1,09	**2,32 (0,39)**	**10,15****	-0,03 (0,40)	0,97

Voto 1º turno[1]

	Luciana Genro (Psol)		Manuela (PCdoB)		Maria do Rosário (PT)		Demais candidatos/ não voto[2]	
	B (EP)[3]	Exp b	*B* (EP)	Exp b	*B* (EP)	Exp b	*B* (EP)	Exp b
Avaliação do governo Lula								
Ótimo/bom	**1,55 (0,59)**	**4,70****	**1,43 (0,47)**	**4,16****	**1,53 (0,54)**	**4,61****	-0,07 (0,34)	0,94
Regular	0,96 (0,57)	2,61	0,73 (0,45)	2,08	0,41 (0,54)	1,50	-0,25 (0,32)	0,78
Ruim/péssimo	-0,96 (0,57)	0,38	-0,73 (0,45)	0,48	-0,41 (0,54)	0,67	0,25 (0,32)	1,28
Avaliação do governo Yeda								
Ótimo/bom	-1,21 (0,63)	0,30	-0,11 (0,44)	0,90	**-2,39 (0,70)**	**0,09****	-0,60 (0,34)	0,55
Regular	-0,99 (0,42)	0,37*	0,30 (0,32)	1,35	0,10 (0,32)	1,10	-0,50 (0,27)	0,61
Ruim/péssimo	**0,99 (0,42)**	**2,68***	-0,30 (0,32)	0,74	-0,10 (0,32)	0,91	0,50 (0,27)	1,64
Avaliação do governo Fogaça								
Ótimo/bom	**-3,90 (0,67)**	**0,02****	**-3,83 (0,62)**	**0,02****	**-2,96 (0,64)**	**0,05****	**-2,98 (0,57)**	**0,05****
Regular	**-2,48 (0,66)**	**0,08****	-1,95 (0,62)	0,14**	-1,13 (0,64)	0,32	-1,41 (0,58)	0,25*
Ruim/péssimo	**2,48 (0,66)**	**11,91****	**1,95 (0,62)**	**7,00****	1,13 (0,64)	3,10	**1,41 (0,58)**	**4,07***
Desempenho do candidato no HGPE								
Fogaça: melhor	**-2,30 (0,56)**	**0,10****	-1,10 (0,40)	0,33**	-0,90 (0,40)	0,41*	-1,88 (0,29)	0,15**
Manuela: melhor	-0,79 (0,56)	0,45	**2,31 (0,37)**	**10,0****	0,21 (0,47)	1,23	-0,75 (0,38)	0,47*
Maria do Rosário: melhor	-0,72 (0,76)	0,49	-0,73 (0,75)	0,48	**2,44 (0,53)**	**11,52****	-0,40 (0,52)	0,67
N: 782; Chi-quadrado: 844,12 ($p < 0,001$); Pseudo R^2 (Nagelkerke): 0,695								

Fonte: Datafolha. Pesquisa intenção de voto para prefeito de Porto Alegre, 4 e 5 set. 2008.

* $0,02 \geq p < 0,05$; ** $0,001 \geq p < 0,01$.

Notas: [1] A categoria de referência é: José Fogaça (PMDB); [2] Não voto: em branco/nulo/nenhum; [3] EP: erro-padrão.

Impressionam o diferencial e a importância da identidade partidária petista para o voto em Rosário, bem como o impacto desta variável na determinação de sua votação. Em um contexto no qual a maioria dos entrevistados não tem um partido de preferência, o PT alcança os maiores percentuais, 20,9%, seguido do PMDB, com apenas 7,2%. Porém, é necessário destacar que a petista não potencializou satisfatoriamente este eleitor para sua candidatura. Do eleitor que informou ter identidade partidária petista, a candidata captou apenas 55,7% para sua intenção de voto, em contraste com Fogaça, que aglutinou 75% dos peemedebistas e com Luciana, que captou 73,3% dos simpatizantes do Psol. A aprovação do governo Lula impactou expressivamente a intenção de voto em todos os candidatos de partidos de esquerda, mesmo para a candidata do Psol, com sua conhecida posição oposicionista. Cabe, no entanto, ressaltar dois aspectos quanto à avaliação do governo federal na capital e seu impacto. O primeiro diz respeito à avaliação do presidente Lula em Porto Alegre, expressivamente diferente da nacional. Na pesquisa nacional Ibope/CNI de setembro de 2008, o governo do presidente Lula atingiu 69% de aprovação (ótimo/bom).[14] Na capital gaúcha, de acordo com o Datafolha, no mesmo mês, o governo Lula foi considerado ótimo/bom por 40,7% dos entrevistados, um índice bem abaixo da média nacional. O segundo aspecto a ser considerado é que a administração do prefeito foi considerada ótima/boa por 47,1% dos entrevistados, um índice acima do governo Lula. Esta avaliação positiva de Fogaça também serviu como uma espécie de blindagem para que a avaliação positiva de Lula não impactasse de forma a trazer grandes prejuízos à sua candidatura. No universo dos entrevistados que aprovaram o governo Lula (ótimo/bom), Fogaça disputou bem com sua principal adversária, com 28,6% de intenção de votos destes eleitores, enquanto Rosário teve 29,6%. O prefeito também alcançou percentual acima dos atingidos por Manuela e Luciana. A grande diferença do prefeito em relação a seus concorrentes reside no universo dos entrevistados que desaprovam Lula (18,5% de ruim/péssimo). Estes eleitores optaram preferencialmente por Fogaça (40,8%), manifestaram intenção de votar em branco/nulo (16,4%), não sabiam em quem votar (10,5%), ou ainda pretendiam votar nos outros candidatos (10,5% no DEM, PSDB/PHS e PSTU). Ao que tudo indica, Fogaça catalisou o eleitor contrário a Lula, mas,

[14] Ver <http://oglobo.globo.com/pais/mat/2009/03/20/cni-ibope-avaliacao-positiva-do-governo-lula-cai-nove-pontos-754922023.asp>; <http://blogdofavre.ig.com.br/2008/09/aprovacao-do-governo-lula-sobe-de-72-para-80diz-cniibope/>; <http://my.opera.com/molahms/blog/2008/03/28/pesquisa-cni-ibope>. Acesso em: abr. 2011.

ao mesmo tempo, não repeliu significativamente aquele eleitor que aprovava o governo federal.[15]

As observações anteriores demonstram que o eleitorado considerou a administração local um elemento central na decisão de seu voto. Parcela significativa que aprovava Lula privilegiou o local ao votar em seu prefeito, e a popularidade do governo Lula não transferiu votos para a candidata do PT. A lógica local parece ter sido mais forte do que variáveis externas para constituir a decisão do eleitor porto-alegrense. Examinando todas as variáveis e considerando aquelas que apresentaram significância estatística, é possível afirmar que o desempenho no programa do HGPE, a preferência partidária e a avaliação do governo Fogaça, juntos, respondem por 57% (26%, 16%, 15%, respectivamente) na variação da intenção de voto do eleitor porto-alegrense.[16]

O segundo turno sedimenta a tendência observada na intenção de voto do eleitor. O eleitor que aprovou o governo Lula (45,1% de ótimo/bom e 40,4% de regular) continuou optando preferencialmente pela candidata petista. A avaliação positiva do governo estadual permaneceu favorecendo Fogaça, no entanto, sem expressão para a decisão da eleição, pois poucos entrevistados avaliaram o governo estadual positivamente (15,7% de ótimo/bom e 36,8% de regular).[17] A partir dos dados da pesquisa de opinião referida acima, destaca-se, em primeiro lugar, a estabilidade do eleitorado de Fogaça e de Maria do Rosário. Os dois conseguiram manter seu eleitorado do primeiro turno fiel, e a volatilidade foi pouco significativa.

O segundo aspecto que deve ser analisado com atenção é como o eleitor cujo candidato não foi para o segundo turno manifestou sua intenção de voto. Poderíamos supor um alinhamento, ou seja, eleitores que votaram nos candidatos de esquerda no primeiro turno transfeririam seu voto para a candidata petista, enquanto os de direita e centro optariam pela reeleição do prefeito. Esta lógica predominou para o eleitor de alguns candidatos, mas para outros houve comportamentos com uma clara divisão ou, até, uma lógica inversa. O eleitorado da candidata do PCdoB, que ficou com a terceira colocação no primeiro turno, dividiu sua intenção de voto: 43,4% tinham intenção de votar em Fogaça e 41,1% escolheriam Rosário. No que diz respeito aos entrevistados que informaram ter optado por Luciana Genro no primeiro turno, houve

[15] Datafolha, 4 e 5 set. 2008.

[16] De acordo com teste estatístico V de Cramer, uma medida do grau de associação baseada na estatística chi-quadrado.

[17] Datafolha, 21 e 22 out. 2008.

um comportamento diferenciado: 46,3% seguiram Fogaça, enquanto somente 33,8% optaram pela candidata petista. O perfil do eleitor do Psol está associado predominantemente à classe média que rompeu com o PT. Seguindo a análise do comportamento de intenção de voto do eleitor que optou, no primeiro turno, por candidatos de partidos de esquerda, o eleitorado de Vera Guasso também apresentou uma performance dividida.

O comportamento daquele eleitor que votou, no primeiro turno, em candidatos de partidos do bloco de direita e centro apresentou uma opção coerente: os votos no PSDB indicaram tendência, no segundo turno, por Fogaça; o eleitor de Onyx Lorenzoni (DEM) manifestou uma maior preferência por Fogaça, apresentando o comportamento esperado de caminhar da direita para o centro. Variáveis como partido de preferência, avaliação dos governos Lula e Yeda[18] continuaram a preditar os votos dos candidatos que foram ao segundo turno. A candidata petista recebeu o voto do eleitor identificado com o PT, e Fogaça, o voto do eleitor identificado com o PMDB. A aprovação do governo Lula (ótimo/bom e regular) continuou beneficiando o voto em Maria do Rosário, e o eleitor que avaliava mal o governo federal optou pelo peemedebista. Também a aprovação do governo estadual de Yeda favorecia a votação em Fogaça, e sua reprovação canalizou votos para a petista.

O resultado das urnas e algumas conclusões

Se, na eficiência das mensagens veiculadas pelo HGPE e nas indicações das pesquisas de opinião, podia-se antecipar a vitória do PMDB, no primeiro turno a incógnita ainda se situava na definição de seu adversário – ou adversária. Neste sentido é que lançamos inicialmente a hipótese de que uma base partidária sólida seria um requisito determinante naquele momento. O retorno de Fogaça ao PMDB lhe assegurou esse requisito. A queda dos índices de Manuela, a partir de meados de setembro, pode estar ligada ao desempenho da candidata na campanha, mas pode se dever, principalmente, à exiguidade da base partidária que formava sua coligação: o PPS e o PCdoB. Como já foi lembrado, na medida em que a eleição de 2008 se dava numa conjuntura estadual

[18] As perguntas sobre avaliação do governo Fogaça e melhor desempenho no HGPE não foram feitas pelo Datafolha no segundo turno. Foi elaborado um modelo de regressão a partir da pesquisa de intenção de voto de 21 e 22 out. 2008. Categoria de referência José Fogaça (PMDB), $p \leq 0,05$.

de enfrentamento PMDB *versus* PT, tendia a reproduzir alguns mecanismos clássicos da polarização. Entretanto, o PMDB introduziu uma variável que poderíamos considerar de risco: Fogaça candidatava-se à reeleição num estado em que a alternância tem sido uma constante. Desde a instituição do segundo turno, nenhum candidato que pleiteou a recondução obteve êxito, se tomarmos as eleições para governador ou para a prefeitura de Porto Alegre. Mesmo no período de hegemonia petista, a proposta de reeleição nunca foi acolhida.

É importante ressaltar o fato de quatro candidatas disputarem o mesmo eleitor, mais posicionado no campo da esquerda. Porém, temos de destacar, também, fatores que terminaram pesando negativamente para essas candidatas: nenhuma ampliou suas propostas no sentido de capturar o voto do eleitor mediano, não identificado a um partido e situado no centro do campo político. Não investiram na busca do voto feminino com uma agenda diferenciada que abordasse questões de gênero e, finalmente, desenvolveram uma estratégia de campanha que não visou, prioritariamente, a crítica ao prefeito – este aceito implicitamente como já no segundo turno – mas que levou o conflito para o interior do campo da esquerda.

Como fio condutor para analisarmos os dados eleitorais, tomamos como premissa que, em Porto Alegre, foram determinantes do voto: (i) as estruturas partidárias como articuladoras de projetos políticos que possuem ressonância na memória do eleitor; (ii) as variáveis renda e educação; (iii) a existência de um campo político polarizado dentro de um espectro centro-esquerda; (iv) a pulverização das identidades políticas de esquerda; (v) a presença de uma ampla classe média, menos sensível a plataformas de caráter social inclusivo; (vi) a tendência de as escolhas do eleitor se situarem no centro político, dada a estabilidade econômica do país; e (vii) a presença de um "antipetismo" difuso. Esses fatores deram a Fogaça uma margem substantiva de votos em todos os bairros, mesmo naqueles em que a esquerda tradicionalmente dominou.

Ao contrapormos os dados de 2004 e de 2008, podemos observar que, em 2004, o PT detinha importante parcela do voto porto-alegrense, ancorada nos 16 anos de administração da prefeitura. O peso desse voto retrospectivo pode ser medido tanto pela avaliação positiva do governo, que garante ao candidato Raul Pont 37,6% dos votos em 2004, quanto pela frase central da campanha de Fogaça ("Fica o que está bom e muda o que não está"), que significa o reconhecimento das políticas implementadas, principalmente o orçamento participativo. Fogaça contava com o esgotamento do modelo petista de governar e utilizou o mesmo artifício que Rigotto utilizara em 2002 para se eleger governador – o de se apresentar como pacificador, acima da polarização. A isso já nos referimos quando analisamos a propaganda eleitoral. Entretanto, o argumento central da pacificação (muito bem-articulado pelo PMDB em 2002 e por Fogaça em 2004) já não foi necessário em 2008. Como demonstrado pela análise da campanha, Fogaça praticamente não investiu tempo na construção de sua imagem (já consolidada), atacou os adversários e apresentou seu governo como "o bom governo". No final do primeiro turno, em pesquisa Ibope, 46% dos eleitores atribuíam "ótimo/bom" à administração do prefeito, contrastando radicalmente com a avaliação do primeiro semestre de 2008. As pesquisas Datafolha analisadas permitem ver essas alterações, que têm sua marca recorde nos primeiros 20 dias de HGPE. Se, em 2004, o mote de campanha era a promessa de continuar o que estava bom, em 2008 foi "A mudança não pode parar", atribuindo ao seu governo a possibilidade futura de avanços onde isso ainda não havia sido possível. Se acrescentarmos a esse fator a ausência de uma crítica consistente ao governo Fogaça por parte das três principais candidatas da oposição, poderemos concluir que ele estabeleceu uma versão positiva de seu governo e a consolidou no segundo turno.

Em 2008 o retorno de Fogaça ao PMDB não só atestou a importância das estruturas partidárias, como garantiu a construção de uma sólida coligação com o PDT e PTB. Se recordarmos a tradição do trabalhismo, veremos que essa articulação significou a garantia dos votos de centro, do próprio PMDB ampliado, de setores "brizolistas" reforçados pela presença de Fortunati como candidato a vice (ex-liderança do PT, migrou para o PDT), além do voto da máquina do PTB, ampliada na periferia, no controle do setor de saúde municipal e numa lógica clientelística com os movimentos populares. O PT optou por uma candidatura "puro-sangue", perdendo a substância da antiga Frente Popular, quando contava com o apoio do PSB e do PCdoB. Este último, embalado por seus últimos escores eleitorais devidos à deputada federal Manuela, lançou-a como candidata numa aliança incongruente ideologicamente (o PPS, no Rio Grande do Sul, é o braço à direita do PMDB), que usufruiu de uma inicial euforia nas pesquisas, mas que, em meados de setembro, já mostrava claramente suas limitações. A terceira força à esquerda construiu-se na aliança Psol/PV, que, apesar das bases partidárias extremamente frágeis, graças à candidata Luciana Genro teve um desempenho surpreendente, que posteriormente analisaremos, inaugurando presença na Câmara Municipal. A quarta candidata de esquerda, Vera Guasso (PSTU), manteve seu papel tribunício. Os representantes dos setores liberais, de centro-direita (DEM/PSDB), ficaram em sua tradicional marca de 10 ou 12%, que corresponde, há muito longa data, ao eleitorado identificado com os princípios que, no Rio

Grande do Sul, foram representados pelo Partido Libertador, pela UDN, por setores da Arena, pelo atual PP e pelo DEM.

Tabela 7. Resultados das eleições para a prefeitura de Porto Alegre: 2004 e 2008 (%)

		Eleição majoritária	
		1º turno	2º turno
2004	José Fogaça (PPS)	28,34	**53,32**
	Raul Pont (PT)	**37,62**	46,68
2008	José Fogaça (PMDB)	**43,85**	**58,95**
	Maria do Rosário (PT)	22,73	41,05

Fonte: Tribunal Regional Eleitoral (TRE-RS).

Como observamos anteriormente, o fator estrutura partidária foi um elemento importante nas escolhas dos eleitores, principalmente em 2008, quando Fogaça retorna ao PMDB. Porém, essa polarização do eleitorado não se esgota numa agenda de caráter ideológico ou de valores cívicos internalizados, por mais que esses traços sejam fundamentais. Uma dimensão explicativa interessante pode ser encontrada quando selecionamos os cinco bairros onde PT e PMDB fizeram sua maior votação no primeiro turno e analisamos alguns indicadores de renda e educação. Eles são diametralmente opostos. Os eleitores do PT estão em bairros com condições sanitárias piores, com escolaridade média menor, com maior número de analfabetos – em alguns bairros, de cada 100 pessoas nove são analfabetas –, sendo os responsáveis por domicílio, nos melhores índices, apenas 10% com mais de 11 anos de estudo. São bairros com menos idosos e mais crianças, com rendimento médio em torno de três salários mínimos. Alguns são bairros de periferia ou bairros antigos, não tocados pela modernização da cidade. Eles se repetem, em sua grande maioria, no segundo turno. As características dos bairros de maior votação do PMDB, no primeiro turno, vêm ao encontro da hipótese básica de tratar-se de um voto cujas variáveis renda e educação têm um peso significativo. Esse eleitor está em bairros cujos serviços básicos (água, coleta de lixo, rede de esgoto) estão contemplados. Se tomarmos os dados referentes aos responsáveis por domicílio, verificaremos que a escolaridade média é o dobro daquela verificada no eleitor do PT, o analfabetismo praticamente inexiste (0,3%) – contra 7,2% do eleitor petista – e aqueles que têm mais de 11 anos de estudo são nove vezes mais numerosos que nos redutos petistas. Se tomarmos um índice bastante lembrado, como indicador de qualidade de vida (população com mais de 60 anos), os bairros do PMDB têm praticamente três vezes mais idosos que os do PT, e têm, também, três vezes menos crianças, o que os aproxima das características de populações dos países de Primeiro Mundo. No que se refere à renda, os eleitores do PMDB percebem, na média, quase sete vezes mais do que os do PT, mantendo-se essa proporção mesmo quando discriminamos por homens ou mulheres responsáveis por domicílio. Os cinco bairros onde o PMDB venceu no segundo turno são os mesmos. A variável renda pode ser vista no gráfico 5, entre os vários partidos no primeiro turno, mostrando claramente seu peso para a definição do voto em Fogaça. Mesmo reconhecendo que o candidato fez uma votação média razoável em todos os bairros, o perfil de seu eleitor é inquestionável. Com exceção do Psol – cujo perfil é semelhante –, todos os partidos, mesmo os que podem ser identificados à direita do campo político, possuem um perfil descendente à medida que cresce a renda da população.

O que explicaria a quase ausência de votos no DEM e no PSDB nos bairros mais educados e ricos? Uma hipótese é que o espaço desses partidos, cujo espectro político se situa do centro para a direita, encontra-se, em Porto Alegre, ocupado pela agenda política do PMDB. Os eleitores do DEM e do PSDB, em 2008, estavam em regiões periféricas, carentes, com baixa oferta de serviços infraestruturais básicos e, portanto, sensíveis a uma plataforma de promessas centrada em políticas assistencialistas, como vale-creche, vale-remédio, transporte subsidiado, controle da violência local com maior policiamento, entre outras ofertas típicas de discursos populistas e clientelistas.

Entretanto, se a configuração do voto no PMDB e no PT, tomando como referência as características socioeconômicas dos bairros, leva à constatação de que renda e educação foram determinantes na escolha, e que o eleitor do DEM e do PSDB se localizou, basicamente, na periferia, quem é o eleitor – em torno de 25% – do Psol e do PCdoB? Se tomarmos alguns indicadores dos cinco bairros onde cada um desses partidos obteve maior votação, veremos que a comparação lembra, com as necessárias ressalvas, as diferenças entre eleitores do PMDB e do PT, aproximando os perfis do eleitor de Luciana Genro e de Fogaça. Os bairros em que ela teve maior votação possuem serviços básicos atendidos, a média dos responsáveis por domicílio tem duas vezes mais escolaridade que os de Manoela, e, para cada eleitor do PCdoB com mais de 11 anos de estudo, os de Luciana aumentam proporcionalmente 10 vezes. Os bairros do

Psol têm duas vezes mais idosos e duas vezes menos crianças. A renda média é quatro vezes superior à do eleitorado do PCdoB.

Gráfico 5. Votação média dos candidatos por bairros segundo a renda média, em salários mínimos, dos responsáveis por domicílios: 1º turno da eleição para a prefeitura de Porto Alegre (2008)

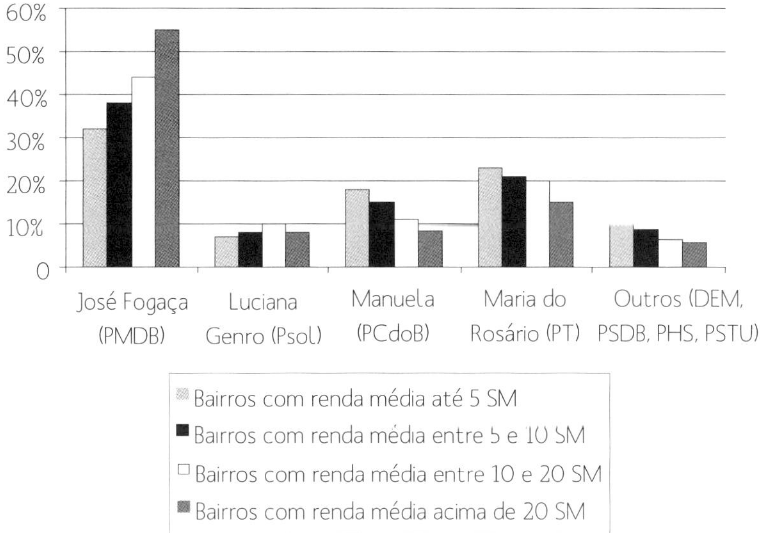

Fonte: Tribunal Regional Eleitoral (TRE-RS). Resultados das seções eleitorais em 2008.

Deixando de lado a análise por renda, educação e serviços de cada bairro, e tomando seu peso eleitoral no conjunto da cidade, veremos que 18 dos 82 bairros concentram 50% do eleitorado. Há uma concentração do voto no PMDB, de um lado, e uma dispersão do voto na esquerda (PT + Psol + PCdoB) que poderia se concentrar na candidata Maria do Rosário, no segundo turno. Para tanto, utilizamos, então, o expediente de somar esses votos – mesmo com a ressalva de que o Psol abriga uma alta dose de "antipetismo" e que o PCdoB coligou-se ao PPS – o que poderia significar a possibilidade de expansão de voto no PT, no segundo turno. Esta possibilidade não se realiza e a vitória do PMDB se repete na maioria dos bairros. A soma dos votos da esquerda no primeiro turno – superior em 12 dos 18 bairros de maior peso eleitoral – não equivale à votação da candidata do PT, o que nos conduz à conclusão de que se realizou o que as pesquisas de opinião já detectavam: os votos de Luciana Genro e de Manuela distribuíram-se entre Fogaça e Maria do Rosário. Isso se deveu, por um lado, provavelmente, ao que chamamos de um "antipetismo difuso" e, por outro, à capacidade de Fogaça em ocupar um espaço de centro com expansão à esquerda, que o favoreceu amplamente, embasado numa campanha eleitoral eficiente e numa base partidária sólida.

10. Manaus: quando o caso foge à regra

LUCIANA FERNANDES VEIGA

MALCO BRAGA CAMARGOS

SANDRA AVI DOS SANTOS

Vinte prefeitos de capitais se recandidataram em 2008; apenas um – Serafim Corrêa (PSB-AM) – não se reelegeu. A disputa em Manaus foi vencida pelo candidato oposicionista Amazonino Mendes (PTB) com 57,13% dos votos, 14,3 pontos percentuais acima do desempenho obtido por Serafim no segundo turno.[1] As perguntas que motivam a elaboração e a leitura deste capítulo são: Por que Serafim Corrêa não conseguiu vencer a eleição, como aconteceu com outros prefeitos de capitais que se recandidataram naquele ano? Por que a regra que predominou nas capitais de todo o país não foi seguida em Manaus?

Constata-se, desde logo, um paradoxo. Partindo da comparação com as demais capitais, o resultado do pleito municipal de Manaus, em 2008, fugiu à regra da reeleição do prefeito. No entanto, esse resultado corrobora a regra interna ao estado e à capital amazonense, que identifica a existência de um grupo hegemônico. A política no estado é fortemente marcada por um grupo que se iniciou sob a liderança do ex-governador Gilberto Mestrinho, ainda em 1982. Esse grupo ocupa o governo do estado há 28 anos, e a prefeitura de Manaus esteve submetida a um governo alternativo em apenas dois mandatos no referido período, como se verá no decorrer deste capítulo.

Este trabalho é um estudo de caso sobre uma eleição local e, portanto, para além das regras que explicam o voto, se faz necessário considerar vários aspectos particulares, contextuais. Por isso, dedicaremos atenção à análise do eleitorado, do jogo político e do cenário envolvidos naquele pleito. Na sequência, a intenção é abordar os argumentos das duas principais campanhas, veiculados em suas propagandas eleitorais. Para esta parte, serão analisados *spots* das campanhas de Serafim Corrêa (PSB) e Amazonino Mendes (PTB), além do debate televisivo

[1] Fonte: TSE. Disponível em: <www.tse.jus.br/internet/eleicoes>. Acesso em: jun. 2010.

promovido pela Rede Globo/TV Amazonas no dia 24 de outubro de 2008.[2] A seguir, buscar-se-á testar as três teorias clássicas do comportamento eleitoral: psicológica, sociológica e satisfacionista. Os testes serão baseados em pesquisas quantitativas realizadas e gentilmente cedidas pelos institutos Ipespe e Ibope.[3]

A disputa de 2008 em Manaus: os eleitores, os candidatos e o jogo político

Os eleitores de Manaus

Para entender a disputa municipal, começamos por identificar quem eram os eleitores de Manaus. Interessa-nos constatar se há alguma particularidade neste grupo que o distinga do eleitorado brasileiro e que possa ser considerada na análise da disputa. Constata-se que não há, no eleitorado do município, qualquer diferencial em relação ao restante do Brasil.

Um milhão cinquenta e quatro mil quatrocentos e sessenta – esse era o total de eleitores em Manaus, em 2008. Entre eles, 47,6% eram homens e 52,38%, mulheres. Números bastante semelhantes àqueles do eleitorado brasileiro, em que 51,8% são de mulheres. A distribuição entre eleitores mais jovens (16 a 34 anos) e aqueles mais velhos (com 35 anos ou mais) era quase simétrica: o primeiro grupo contava com 51,39% do eleitorado e o segundo, com 48,61%. Quanto à escolaridade, 57,33% possuíam o primeiro grau completo ou menos e 42,67% possuíam o segundo grau incompleto ou mais; no eleitorado brasileiro, este segundo grupo soma 36,29%. Assim, constata-se que o perfil do eleitor em Manaus é muito próximo do nacional, sendo apenas um pouco mais escolarizado, como pode se esperar de uma capital de estado (ver tabelas 1 e 2).[4]

---

[2] É importante dizer que os autores não contaram com as gravações dos programas veiculados no horário gratuito de propaganda eleitoral do candidato Serafim Corrêa, o que justifica a opção pelas análises dos *spots* e do debate televisivo.

[3] Gostaríamos de agradecer muito a cessão destes materiais ao Ipespe, representado pelo seu presidente, professor Antonio Lavareda, e ao Ibope, representado pela sua diretora Márcia Cavallari. A pesquisa Ipespe refere-se ao *survey* realizado junto a 600 eleitores na cidade de Manaus, entre os dias 12 e 14 de julho de 2008. As pesquisas Ibope referem-se a três rodadas de *surveys* realizadas na capital do Amazonas nas seguintes datas: 12 de agosto, 15 de setembro e 12 de outubro de 2008. O tamanho da amostra nas duas primeiras rodadas foi de 602 entrevistados e, na terceira rodada, de 805.

[4] Informações acessadas no site do TSE em 14 jun. 2010.

Tabela 1. Estatística do eleitorado de Manaus por sexo e faixa etária (out. 2008)

Faixa etária	Masculino (M)	% M/T	Feminino (F)	% F/T	Não informado (N)	% N/T	Total (T)	% T/TT
16	2.370	48,31	2.536	51,69	0	0	4.906	0,47
17	6.722	49,10	6.969	50,90	0	0	13.691	1,30
18 a 20	38.728	48,62	40.919	51,38	0	0	79.647	7,55
21 a 24	62.431	48,08	67.406	51,92	0	0	129.837	12,31
25 a 34	148.665	47,38	165.093	52,62	6	0	313.764	29,76
35 a 44	106.637	47,85	116.163	52,13	47	0,02	222.847	21,13
45 a 59	93.264	47,36	103.601	52,61	63	0,03	196.928	18,68
60 a 69	24.216	46,41	27.948	53,56	17	0,03	52.181	4,95
70 a 79	11.619	44,73	14.349	55,24	7	0,03	25.975	2,46
Superior a 79	7.280	49,59	7.390	50,34	9	0,06	14.679	1,39
Inválida	1	20	4	80	0	0	5	0
Total	**501.933**	**47,6**	**552.378**	**52,38**	**149**	**0,01**	**1.054.460**	

Fonte: TSE. Disponível em: <www.tse.jus.br/internet/eleicoes/distr_etaria_blank>. Acesso em: jun. 2010.

Notas: M/T: masculino, % total; F/T: feminino, % total; N/T: não informado, % total; T/TT: percentual total/total.

Sobre o comportamento do eleitor, podemos observar uma tendência governista, em relação ao poder estadual. Em apenas dois momentos, elegeram para prefeito de Manaus um político distinto do grupo do governador, como se verá a seguir. O primeiro momento aconteceu com a eleição de Arthur Virgílio Neto (PSDB) em 1988; o segundo, 16 anos mais tarde, com a vitória de Serafim Corrêa (PSB) em 2004.

Conforme a tabela 3, no que tange à preferência partidária, assim como no restante do Brasil, mais de 60% dos eleitores – especificamente 61,3% – afirmam que não possuem preferência partidária, sendo o PT a legenda que desperta maior simpatia entre os eleitores (19,4%). O PMDB, o segundo partido em simpatia do eleitorado, conta com a preferência de 3,5%.

Tabela 2. Estatística do eleitorado de Manaus por sexo e grau de instrução (out. 2008)

Grau de instrução	Masculino (M)	% M/T	Feminino (F)	% F/T	Não informado (N)	% N/T	Total (T)	% T/TT
Não informado	49	48,04	45	44,12	8	7,84	102	0,01
Analfabeto	9.021	44,26	11.354	55,71	5	0,02	20.380	1,93
Lê e escreve	48.161	47,99	52.174	51,99	23	0,02	100.358	9,52
1º grau incompleto	196.435	49,87	197.413	50,12	48	0,01	393.896	37,36
1º grau completo	45.389	50,58	44.320	49,39	25	0,03	89.734	8,51
2º grau incompleto	103.297	45,43	124.084	54,57	13	0,01	227.394	21,56
2º grau completo	75.557	44,05	95.929	55,93	25	0,01	171.511	16,27
Superior incompleto	11.796	46,89	13.360	53,11	1	0	25.157	2,39
Superior completo	12.228	47,16	13.699	52,83	1	0	25.928	2,46
Total(TT)	501.933	47,6	552.378	52,38	149	0,01	1.054.460	99,99

Fonte: TSE. Disponível em: <www.tse.jus.br/internet/eleicoes/distr_instr_blank.htm>. Acesso em: jun. 2010.
Notas: M/T: masculino, % total; F/T: feminino, % total; N/T: não informado, % total; T/TT: percentual total/total.

Tabela 3. Preferência partidária do eleitorado de Manaus

	Frequência	%
Não tem preferência ou simpatia	369	61,3
PT	117	19,4
PMDB	21	3,5
PTB	20	3,3
PSB	11	1,8
PSDB	6	1,0
PCdoB	6	1,0
PV	4	0,7
Outros	9	1,5
Não sabe/não respondeu	39	6,5
Total	602	100,0

Fonte: pesquisa Ipespe (12 a 14 jul. 2008).

Os candidatos

A disputa pelo poder municipal, em 2008, se deu entre seis candidatos: Amazonino Mendes (PTB), Serafim Corrêa (PSB), Omar Aziz (PMN), Francisco Praciano (PT), Luiz Manoel Navarro (PCB) e José Ricardo Bessa Freire (Psol). Ao final do primeiro turno, como nos mostra a tabela 4, Amazonino obteve 46,21% dos votos válidos e Serafim Corrêa, 23%, definindo assim os candidatos em disputa para o segundo turno. Expressivas também foram as votações de Omar Aziz (17,56%) e de Praciano (12,80%).[5]

Tabela 4. Resultado da eleição municipal em Manaus: 1º turno (2008)

Candidatos	Partido	Votos	% de votos válidos
Amazonino Armando Mendes	PTB	402.717	46,21
Serafim Fernandes Corrêa	PSB	200.423	23,00
Omar Jose Abdel Aziz	PMN	153.071	17,56
Francisco Ednaldo Praciano	PT	111.536	12,80
Luiz Manoel Navarro	PCB	2.051	0,24
Joao Ricardo Bessa Freire	Psol	1.730	0,20
Votos brancos		13.252	1,44
Votos nulos		34.128	3,71
Abstenção		137.369	13,01

Fonte: TSE. Disponível em: <www.tse.jus.br/internet/eleicoes>. Acesso em: jun. 2010.

A partir das curvas de intenção de voto nos principais candidatos é possível verificar que Serafim Corrêa (PSB) obteve um desempenho muito positivo no decorrer do primeiro turno, saindo do patamar de 8,3% de intenções de voto em 10 de agosto de 2008 para alcançar 23,1% dos votos válidos em 5 de outubro, superando o candidato Omar Aziz (PMN), que iniciara a competição eleitoral em segundo lugar nas intenções de voto. Serafim conseguiu, ainda, adiar para o segundo turno a decisão do pleito, que, no início de agosto, parecia que seria vencido no primeiro turno por Amazonino Mendes (PTB). O candidato petebista tinha 58% dos votos válidos em 14 de agosto, de acordo com pesquisa Ibope, e venceu a

5 Informações acessadas no site do TSE em 14 jun. 2010.

disputa no segundo turno com 57% dos votos. Nota-se, no entanto, uma queda de aproximadamente 12 pontos para Amazonino no decorrer do primeiro turno, que coincide com o momento de ascensão de Serafim Corrêa (gráfico 1). Alinhada com as tendências de intenção de voto, ainda ao longo do referido período, de acordo com as pesquisas Ipespe e Ibope, destaca-se a queda (de aproximadamente 50% para 30%) da avaliação negativa da administração do então prefeito.

Gráfico 1. Intenção de voto estimulada

Se a eleição para prefeito de Manaus fosse hoje e os candidatos fossem estes, em quem o(a) senhor(a) votaria?

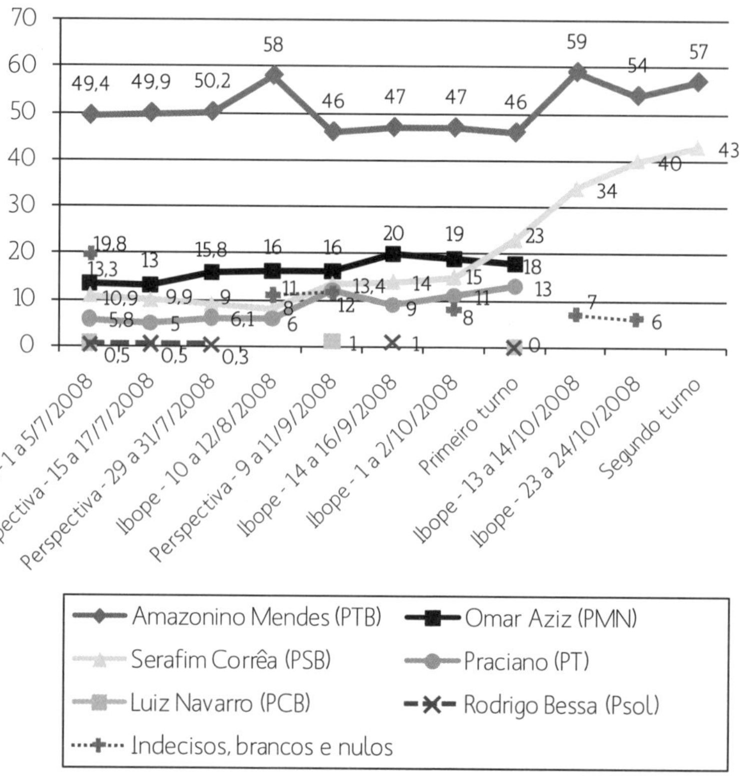

Fontes: pesquisas Perspectiva 2008 e Ibope 2008. Disponível em: <http://noticias.uol.com.br/fernandorodrigues/pesquisas/1turno/manaus.jhtm>. Acesso em: maio 2011.

A disputa apresentava três candidatos supostamente muito próximos do eleitorado: Amazonino Mendes (PTB), por duas vezes prefeito da capital e governador do estado, o então prefeito Serafim Corrêa (PSB) e o vice-governador

Omar Aziz (PMN). Amazonino Mendes (PTB) era o candidato mais conhecido entre os manauaras: 58% diziam conhecê-lo bem, enquanto 33,9% faziam essa afirmativa em relação a Serafim Corrêa (PSB) e 23,8% falavam o mesmo de Omar Aziz. Também era Amazonino o que despertava mais confiança entre os eleitores (69,6% argumentavam que confiavam nele), seguido por Omar Aziz (39,2%) e Serafim Corrêa, que despertava a credibilidade em apenas 18,8% dos eleitores da cidade. A falta de confiança no prefeito afetava a expectativa em relação ao seu desempenho futuro. Apenas 19,3% acreditavam que o mandatário seria um bom prefeito para Manaus caso continuasse no poder, 46,2% tinham tal expectativa em relação a Omar Aziz e 77,4% vislumbravam tal cenário positivo com uma futura administração de Amazonino (ver tabela 5).

Tabela 5. Conhecimento político + confiança em políticos + seria ou não um bom prefeito para Manaus (%)

	Serafim Corrêa	Amazonino Mendes	Omar Aziz
Conhecimento político			
Conhece bem	33,9	58,0	23,8
Conhece mais ou menos	39,9	29,7	32,2
Conhece só de ouvir falar	22,3	10,1	31,1
Não conhece	3,3	1,7	12,3
Não sabe/não respondeu	0,7	0,5	0,7
Total	100,0	100,0	100,0
Confiança em políticos			
Confia	18,8	69,6	39,2
Não confia	77,4	26,9	43,5
Não sabe/não respondeu	3,8	3,5	17,3
Total	100,0	100,0	100,0
Seria ou não um bom prefeito para Manaus			
Seria	19,3	77,4	46,2
Não seria	78,4	20,1	37,9
Não sabe/não respondeu	2,3	2,5	15,9
Total	100,0	100,0	100,0

Fonte: pesquisa Ipespe (12 a 14 jul. 2008).

A força da imagem de Amazonino Mendes em 2008 e a fragilidade da imagem do prefeito no momento inicial da disputa ajudam a explicar o resultado do pleito em Manaus. Para entender o desempenho do prefeito – como já mencionado, diferente do de outros prefeitos de capitais na disputa – é preciso não perder a dimensão da força de seu adversário em 2008. Veiga, Avi dos Santos e Neves (2010), ao estudarem o desempenho dos prefeitos naquele ano em nove capitais, chamam a atenção para a recorrência com que os mandatários – assim como aconteceu com Serafim – precisaram superar baixos índices de avaliação positiva de sua administração e alta taxa de rejeição de sua imagem no decorrer do primeiro turno. Os números referentes ao candidato-prefeito em Salvador, Luiz Henrique (PMDB), no que tange às variáveis acima, eram muito semelhantes aos de Serafim; no entanto, na capital da Bahia, o prefeito terminou por vencer a disputa. Entender o jogo político é essencial para explicar o caso.

O jogo político na capital amazonense

A CONSTRUÇÃO DO GRUPO HEGEMÔNICO: GILBERTO MESTRINHO, AMAZONINO MENDES, EDUARDO BRAGA, OMAR AZIZ

A imagem de Amazonino apresentada ao longo da disputa, em 2008, não pode ser entendida sem que se aborde a história política eleitoral de Manaus. Quem conhece um pouco a política do estado do Amazonas logo percebe que a eleição não poderia ter sido mesmo fácil para o então prefeito, na medida em que ele tinha como principal adversário um ícone do grupo político hegemônico no estado, criado a partir de 1982, sob a liderança de Gilberto Mestrinho (na ocasião, pertencente ao PMDB).

A história de Mestrinho começa antes da redemocratização. Mestrinho (PTB) já fora prefeito de Manaus entre os anos de 1956 e 1958, nomeado pelo então governador Plínio Coelho, e governador do estado do Amazonas de 1959 a 1963. Durante o período da ditadura militar não exerceu cargo eletivo, retornando, no entanto, em 1982, na primeira eleição para governador de estado após o regime, para vencer a disputa e deixar seu legado no Amazonas.

Com a indicação partidária e apoio do eleitorado de Gilberto Mestrinho, Amazonino Mendes (PMDB) venceu a disputa para o Executivo do Amazonas em 1986 e passou a revezar o cargo de governador de estado com seu antecessor, por 21 anos. De 1982 a 2003, Mestrinho foi governador por dois mandatos e Amazonino, por três.

Quadro 1. Forças políticas no Amazonas

<table>
<tr><th>Governo do estado do Amazonas</th><th>Prefeitura de Manaus</th></tr>
<tr><td>1959 a 1963 - Gilberto Mestrinho (PTB).</td><td>1956 a 1958 - Gilberto Mestrinho (PTB), nomeado pelo governador Plínio Coelho (PTB).</td></tr>
<tr><td>1983 a 1987 - Gilberto Mestrinho (PMDB).</td><td>1983 a 1986 - Amazonino Mendes (PMDB), nomeado pelo governador Gilberto Mestrinho (PMDB).</td></tr>
<tr><td rowspan="2">1987 a 1991 - Amazonino Mendes (PMDB). Ao ser indicado por Mestrinho (PMDB) para concorrer ao governo do estado do Amazonas, Amazonino acaba por deixar insatisfeito o núcleo duro do PMDB, destacando-se o descontentamento de Arthur Virgílio Neto (PMDB), que rompe com o partido, filia-se ao PSB e, logo após eleito, migra para o PSDB, partido do qual é um dos fundadores.</td><td>1986 a 1988 - Manoel H. Ribeiro (PMDB), ex-vice governador de Mestrinho em 1983.</td></tr>
<tr><td>1988 a 1988 - Alfredo Pereira do Nascimento (PR). Assumiu como interventor, indicado por Amazonino.</td></tr>
<tr><td rowspan="2">1991 a 1995 - Gilberto Mestrinho (PMDB).</td><td>1989 a 1992 - Arthur Virgílio Neto (PSB).</td></tr>
<tr><td>1993 a 1994 Amazonino Mendes (PPB). Afasta-se para sair candidato ao governo do estado e deixa o cargo para seu vice.</td></tr>
<tr><td>1995 a 2003 - Amazonino Mendes (PPB).</td><td>1995 a 1996 - Assume o vice de Amazonino, Carlos Eduardo Braga (PMDB), ex-vereador, deputado estadual, deputado federal e empresário.</td></tr>
<tr><td rowspan="3">2003 a 2010 - Carlos Eduardo Braga (PMDB).</td><td>1997 a 2004 - Alfredo Nascimento (PR). Eleito em 1996 e reeleito em 2002, renunciou ao cargo para concorrer à eleição de 2004.</td></tr>
<tr><td>2004 a 2004 - Luis Alberto Carijó (PP).</td></tr>
<tr><td>Amazonino versus Serafim (2004).
2005 a 2008 - Serafim Corrêa (PSB).</td></tr>
<tr><td>2010 - Omar Aziz (PMN) assume em 31 de março daquele ano, por ocasião do afastamento de Carlos Eduardo Braga para concorrer na eleição para o Senado. Na sequência Omar Aziz (PMN) se candidata ao governo do estado do Amazonas e é reeleito.</td><td>Amazonino versus Serafim (2008).
2009 - Amazonino (PTB).</td></tr>
</table>

Fonte: elaborado pelos autores a partir de informações consultadas em várias fontes, como <www.manaus.am.gov.br/prefeito/> e <http://portalamazonia.globo.com/pscript/amazoniadeaaz/artigoAZ.php?idAz=341>.

Foi Gilberto Mestrinho quem introduziu Amazonino Mendes na política, tal como este último reconheceu na ocasião de sua vitória, em 2008, pouco tempo após o falecimento do primeiro. Tem-se, assim, a prática tão recorrente na política, em que um mandatário experiente e bem-avaliado pela população indica um novo político, a quem repassa seu prestígio, a fim de que possa revezar e dividir seu poder.

Porém, na disputa de 2002, a relação entre os dois já tradicionais políticos do estado fica estremecida. Amazonino (PPB), em lugar de apoiar Mestrinho (PMDB) para a disputa estadual – e seguir a tendência de revezamento –, termina por apoiar Eduardo Braga (PPB), que acabou concorrendo e vencendo. No entanto, a despeito de suas fragmentações temporárias internas, o grupo se manteve no poder do estado, dominando o governo, ainda hoje, por 29 anos ininterruptos. Isso porque, em 2003, o governo do estado do Amazonas foi ocupado por Eduardo Braga, que permaneceu no cargo após sua reeleição em 2006. Em 2010, Eduardo Braga deixa o cargo para seu vice, Omar Aziz (PMN), para se candidatar a senador naquele mesmo ano.

A hegemonia do grupo no governo do Amazonas também se refletiu nas disputas para a prefeitura de Manaus.

A CONSTRUÇÃO DA RESISTÊNCIA: ARTHUR VIRGÍLIO NETO E SERAFIM CORRÊA

De 1982 aos dias atuais, em apenas dois momentos o prefeito eleito em Manaus não pertencia ao grupo identificado aqui como hegemônico. A primeira ocasião foi quando Arthur Virgílio Neto (PSB) venceu a eleição em 1988 e administrou a cidade de 1989 a 1993. A eleição de Arthur Virgílio Neto (PSB) para a prefeitura de Manaus refletiu a força de um movimento criado ainda na disputa para o governo do estado em 1986, quando o mesmo, enquanto candidato ao Executivo estadual, e Serafim Corrêa (PSB), então seu vice, buscavam apresentar à população amazonense um bloco político alternativo e mais à esquerda. Diante da forte tendência governista presente no eleitorado do estado do Amazonas, Arthur Virgílio Neto (PSDB) não conseguiu se eleger governador em 1986, mas chegou à prefeitura no pleito de 1988. Já em 1992, Amazonino Mendes (PPB) voltou a ocupar o Executivo municipal, evitando qualquer consolidação de grupo alternativo na capital.

A segunda ocasião foi em 2004, com a vitória de Serafim Corrêa (PSB) sobre Amazonino Mendes (PFL). Nesse momento, o grupo de Amazonino Mendes estava enfraquecido, sem a adesão de Gilberto Mestrinho (PMDB) em decorrência do desgaste causado entre ambos na disputa de 2002 para o governo do estado. E, ainda, o governador Eduardo Braga – que já herdara de Amazonino a prefeitura entre 1995 e 1996 e o governo do estado em 2002, mas que já tivera Serafim como candidato a vice na disputa para o Executivo estadual em 1998 – optou por não se engajar na disputa municipal. Também sem o apoio do governo federal, Amazonino contou apenas com a adesão do prefeito Alberto Carijó (PFL). Já Serafim Corrêa (PSB) contava com o apoio do presidente Lula e do senador Jefferson Peres (PDT), que agregavam seriedade à sua imagem. Ou seja, não se viu, naquele pleito, o desequilíbrio de forças – e da máquina estadual – a favor de Amazonino, como de costume.

No entanto, ainda assim, até o final do primeiro turno da disputa em 2004, os resultados de pesquisa Ibope realizada em 30 de setembro apontavam para a vitória de Amazonino Mendes (PFL) no primeiro turno, com 53% dos votos válidos, enquanto Serafim (PSB) contava com 23%. Nestas pesquisas não havia sinais de uma possível derrota de Amazonino em 2004. O prefeito Alberto Carijó (PFL) contava com baixa taxa de avaliação negativa de sua gestão.

Havia, no entanto, muitas denúncias permeando o ambiente eleitoral. A mais grave relacionava-se ao vice-governador Omar Aziz (PMN), denunciado em 2004 pelo crime de abuso e exploração sexual de crianças, na CPI da Exploração Sexual de Menores. A comissão mostrou relatórios que indicavam que Aziz era cliente de uma rede de prostituição de adolescentes. No entanto, na última sessão da CPI, os deputados e senadores resolveram – por oito votos a sete – excluir do relatório final o nome do vice-governador do Amazonas, Omar Aziz (Petry, 2004). O próprio candidato Amazonino respondia por denúncias de compra de voto em 1998. O grupo hegemônico aparecia dividido e enfraquecido pelas denúncias.

Na reta final da campanha, uma estratégia de comunicação baseada em uma acusação contra Serafim Corrêa (PSB), por ter sido percebida pelos eleitores como falsa, teria acabado por beneficiá-lo. Em um programa de televisão, um vereador eleito pelo então PFL apresentou uma médica acusando Serafim Corrêa de ser o pai de um filho seu, de recusar-se a reconhecer a paternidade e de ameaçá-la de morte. No entanto, a estratégia foi vista pela população como uma inverdade, na medida em que, tal como foi apurado, a médica já tivera feito a mesma acusação em relação a um ex-presidente do Tribunal de Justiça de Pernambuco, que a teria sequestrado e submetido a um aborto. Amigos e parentes da médica também não confirmaram a gravidez. Por fim, a estratégia foi creditada à volta de Egberto Baptista à campanha de Amazonino Mendes (PFL). Foi Egberto que, em 1989, apresentou ao Brasil o caso Lurian, sobre filha de Lula com Miriam Cordeiro. O candidato passou a ser visto como injustiçado e perseguido pelo grupo de Amazonino.

A eleição de 2004 foi, assim, uma eleição muito disputada, e Serafim terminou por vencê-la com uma diferença de apenas 25 mil votos sobre o eleitorado de Amazonino.

A partir do levantamento dos resultados de eleições no Amazonas e em Manaus, podemos concluir que o título deste capítulo apenas se aplica à comparação do desempenho de Serafim (PSB) com os demais prefeitos de capitais do país em 2008, mas não é compatível com a realidade da capital amazonense. Pois, com foco no histórico aqui apresentado, sua não reeleição em 2008 foi a regra predefinida pela presença do grupo hegemônico, e a exceção teria sido sua vitória em 2004.

A eleição em 2008 - Manaus: características gerais

As eleições de 2008 começam com todos os indicadores desfavoráveis a Serafim Corrêa (PSB). Pesquisa Ipespe demonstra um pequeno índice de avaliação positiva do prefeito Serafim em comparação com os mandatários dos governos estadual e federal e, ainda, com o desempenho de Amazonino Mendes em suas gestões anteriores, no momento que antecede à campanha (gráfico 2).

Gráfico 2. Avaliação de governantes

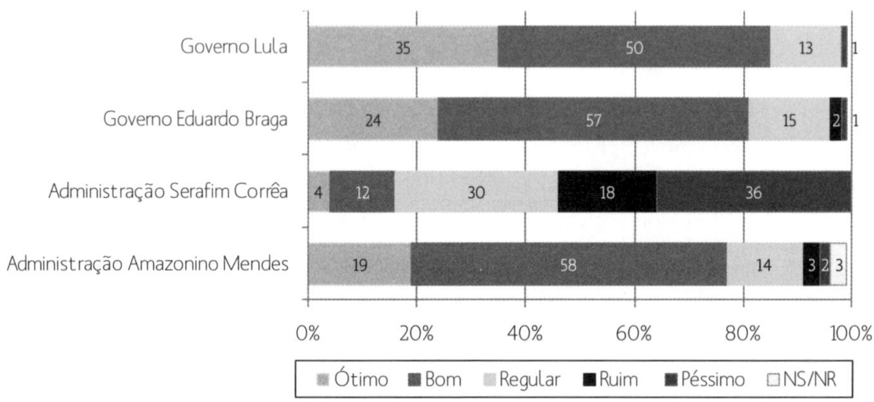

Fonte: pesquisa Ipespe (12 a 14 jul. 2008).

A mesma pesquisa (tabela 6) mostra que Serafim Corrêa era tido como o menos honesto, o menos experiente, o menos competente e preparado, o menos moderno e inovador, o menos preocupado com os pobres, entre outras debilidades, na comparação com os candidatos Amazonino Mendes (PTB) e Omar Aziz (PMN).

Tabela 6. Opinião comparativa sobre elementos da imagem de políticos (%)

	Serafim Corrêa	Amazonino Mendes	Omar Aziz	Não sabe/ NR
Mais honesto	11	29,6	12,3	37,7
Mais experiente	3,5	85,2	5,6	3,7
Mais competente e preparado	10,3	64,5	11,8	8,3
Mais corajoso	14,5	55,6	12,6	9,1
Mais moderno e inovador	11,6	44,9	25,4	11
Mais preocupado com os pobres	6,5	62,5	8,8	15,9
Melhor trânsito no meio político	5,1	69,6	15,3	6,6
Mais próximo de pessoas como o(a) senhor(a)	8,3	62,5	11	14,3
Mais firme e decidido	11,3	61,5	12,1	9,8
Que mais conhece os problemas de Manaus	8,1	70,9	9,3	8,5
Mais trabalhador e empreendedor	9,5	64,8	10,1	11
Melhor administrador	11,1	65,1	11,1	9
Tem mais condições de melhorar a vida dos manauaras	9,3	63,1	12,5	9,3

Fonte: pesquisa Ipespe.

A pergunta é: por que Serafim Corrêa chegou ao final de seu mandato com seu desempenho junto à prefeitura e sua imagem tão mal-avaliados? Entender o que aconteceu ao longo dos quatro anos de mandato do prefeito do PSB é fundamental para esclarecer sua derrota em 2008, dado que seu desempenho no período eleitoral não foi ruim. Afinal, ele conseguiu elevar a taxa de satisfação para com a prefeitura e reduzir de maneira significativa a rejeição à sua imagem, como será visto.

Serafim Corrêa contou desde o início de sua administração com uma forte oposição da opinião pública, como se pode imaginar em uma situação em que o político vence uma disputa majoritária, no segundo turno, com apenas 20 mil votos de vantagem sobre seu único adversário, em um reduto que reúne mais de 1 milhão de eleitores. Na Câmara Municipal a divisão de forças advinda das urnas também era desfavorável ao prefeito. Naquele pleito, a coligação encabeçada por Serafim Corrêa – PSB e PDT – elegeu apenas três das 37 cadeiras na Câmara de Vereadores. A coligação liderada por Amazonino – PP/PTB/PMDB/PSL/PTN/PSC/PPS/PFL/PAN/PSDC/PHS/PMN/PTC/PRP/Prona – elegeu 24 dos 37 legisladores municipais.

Serafim ainda enfrentou, ao longo dos quatro anos de sua administração, forte oposição da imprensa e, em particular, do programa *Canal Livre* (programa televisivo muito popular no Amazonas, voltado para a classe baixa), sob o comando dos irmãos Wallace Souza (PP), deputado estadual, e Carlos Souza (PP), deputado federal. As adversidades do jogo político ajudaram a explicar como Serafim chegou às vésperas da disputa de 2008 com baixa avaliação positiva e alta taxa de rejeição. Para exemplificar transcrevemos um trecho da entrevista concedida por Serafim Corrêa ao site do UOL em 25 de agosto de 2008, em que o candidato tenta explicar a taxa de rejeição de 65%, quando questionado pelo repórter:

> Dois fatos. Primeiro, eu tenho um adversário que historicamente tem 40% dos votos. Esse eleitorado a favor dele é contra mim. Segundo que, durante três anos e meio, fui vítima de programas populistas de televisão que me atacaram, me difamaram, enfim, lançaram sobre as costas do prefeito todas as dificuldades da cidade. Agora, que começou o horário eleitoral, é a hora de mostrarmos tudo o que fizemos e pedirmos a avaliação serena e tranquila do eleitorado [Serafim Corrêa, ao explicar a taxa de rejeição de 65%, em entrevista a UOL, 25 ago. 2008].[6]

A postura oposicionista do deputado Carlos Souza (PP) influenciou a gestão de Serafim e o processo eleitoral de 2008 para além do efeito direto sobre a população enquanto apresentador de televisão. Ao longo da gestão, o partido do deputado do PP contava com seis vereadores na Câmara Municipal de Manaus. Ainda em termos de capital político, Carlos Souza foi o deputado federal mais bem-votado na história do Amazonas, com 10,57% dos votos válidos em 2008. Por tudo isto Carlos Souza foi-se credenciando nos últimos anos como uma nova liderança política no estado e, em 2008, compôs a chapa de Amazonino (PTB) como candidato a vice-prefeito.

---

[6] Disponível em: <http://eleicoes.uol.com.br/2008/ultnot/manaus/2008/08/25/ult6017u46.jhtm>. Acesso em: maio 2011.

O pleito de 2008, no primeiro turno, ocorreu entre quatro grupos políticos que, posteriormente, passaram por um processo de afunilamento no qual dois grupos bem distintos concorreram no segundo turno. Inicialmente, o grupo original de Gilberto Mestrinho se dividiu entre a candidatura de Amazonino (PTB) – com a adesão de Carlos Souza (PP) e seu grupo político – e a de Omar Aziz (PMN), tendo esta última contado com o apoio do governador Eduardo Braga (PTB) e do ministro dos transportes Alfredo Nascimento. Já o grupo alternativo se dividiu entre as candidaturas de Praciano (PT) e do prefeito Serafim Corrêa (PSB), apoiado pelos senadores Arthur Virgílio Neto (PSDB) e Jefferson Peres (PDT). Ao final do primeiro turno, Amazonino liderou a disputa com 46% dos votos, seguido por Serafim com 23%, Omar Aziz com 18% e Praciano com 13%.

Já no segundo turno, o grupo original de Mestrinho voltou a se unir em torno da candidatura de Amazonino, estando o candidato Omar Aziz, o governador Eduardo Braga e o ministro Alfredo Nascimento juntos na campanha. Já a campanha de Serafim encontrou resistência na adesão de Praciano, pois o diretório municipal do PT mostrou-se favorável à adesão do partido à candidatura de Serafim, mas postura diferente foi apresentada pelo diretório estadual. Ainda assim, cabe mencionar o crescimento da candidatura do PSB, que subiu de 23% ao final do primeiro turno para 42,83% no segundo turno.

Tabela 7. Influência do apoio de políticos a um candidato a prefeito de Manaus (%)

	Aumenta	Não altera	Diminui	Não sabe/não respondeu	Total
Presidente Lula	49,2	46,3	3,0	1,5	100
Ex-ministro José Serra	7,0	75,9	12,8	4,3	100
Governador Eduardo Braga	43,9	51,3	3,2	1,7	100
Senador Arthur Virgílio Neto	12,1	68,8	16,3	2,8	100
Ex-deputado Pauderney Avelino	8,5	74,1	12,0	5,5	100
Ministro Alfredo Nascimento	22,8	65,4	9,0	2,8	100
Deputado Carlos Souza	37,4	52,8	7,1	2,7	100
Ex-senador Gilberto Mestrinho	17,4	69,4	10,0	3,2	100

Fonte: pesquisa Ipespe.

A força do grupo de Gilberto Mestrinho aparece na tabela 7. Despontam, ainda, o prestígio e a força crescente do deputado Carlos Souza (PP), vice de Amazonino Mendes.

A pergunta é se a distribuição dos grupos políticos se refletia no eleitorado. Para constatar a hipótese da existência de grupos também na percepção dos eleitores, analisaremos a correlação[7] das avaliações das lideranças a partir da nota entre zero e 10 atribuída pelos entrevistados na pesquisa realizada pelo Ipespe.

Como podemos verificar na tabela 8, de um lado estão aqueles que avaliam bem Amazonino Mendes. Estes também avaliam bem o deputado Carlos Souza, o ex-senador Gilberto Mestrinho, o ministro Alfredo Nascimento e o governador Eduardo Braga. As correlações são respectivamente 0,320; 0,203; 0,179; 0,143 – todas significantes ao nível de 0,01%. Os mesmos que avaliam bem o candidato Amazonino avaliam de maneira invertida (correlação com sinal negativo) Serafim Corrêa (–0,237) e Francisco Praciano (–0,104).

De outro lado estão aqueles que avaliam de maneira positiva o (então) prefeito Serafim Corrêa. Estes também avaliam de maneira positiva Francisco Praciano (0,176) e o senador Arthur Virgílio Neto (0,127), e fazem uma avaliação negativa de Amazonino Mendes (–0,237) e do deputado Carlos Souza (–0,127).

Já aqueles que avaliam de maneira positiva o candidato do PT, Francisco Praciano, avaliam também de maneira positiva Omar Aziz (0,215), o ministro Alfredo Nascimento (0,192), Serafim Corrêa (0,176) e o senador Arthur Virgílio Neto (0,147), e fazem uma avaliação negativa do candidato Amazonino Mendes (–0,104).

Em síntese, a análise da tabela 8 demonstra como o grupo hegemônico (Eduardo Braga, Alfredo Nascimento e Mestrinho) estava notoriamente mais associado a Amazonino Mendes do que a qualquer outro candidato. Além disso, revela uma associação positiva entre os opositores deste grupo (Serafim Corrêa, Francisco Praciano e o senador Arthur Virgílio Neto). As avaliações conformam um cenário no qual o grupo hegemônico constrói uma forte união em torno de Amazonino Mendes, enquanto o grupo de oposição estava fragmentado no pleito, com as candidaturas de Serafim Corrêa e Francisco Praciano.

---

[7] Correlação de Kendall's tau-b é uma análise bivariada que mede a força de associação entre duas variáveis. O valor do coeficiente de correlação varia entre 1 e –1. Quando o valor do coeficiente de correlação está em torno de ± 1, então pode-se dizer que temos uma associação perfeita entre as duas variáveis. Quanto mais próximo de 0, mais fraca será a relação entre as duas variáveis.

Tabela 8. Matriz de correlação bivariada

	Gov. Eduardo Braga	Serafim Corrêa	Amazonino Mendes	Omar Aziz	Francisco Praciano	Senador Arthur Virgílio Neto	Ministro Alfredo Nascimento	Deputado Carlos Souza	Ex-senador Gilberto Mestrinho
Gov. Eduardo Braga	1	-0,043	0,143**	0,288**	0,06	0,053	0,278**	0,229**	0,243**
Serafim Corrêa	-0,043	1	-0,237**	0,013	0,176**	0,127**	0,056	-0,127**	-0,027
Amazonino Mendes	0,143**	-0,237**	1	0,055	-0,104**	0,057	0,179**	0,320**	0,203**
Omar Aziz	0,288**	0,013	0,055	1	0,215**	0,079*	0,204**	0,217**	0,250**
Francisco Praciano	0,06	0,176**	-0,104**	0,215**	1	0,147**	0,192**	-0,025	0,086*
Senador Arthur Virgílio Neto	0,053	0,127**	0,057	0,079*	0,147**	1	0,277**	0,147**	0,271**
Ministro Alfredo Nascimento	0,278**	0,056	0,179**	0,204**	0,192**	0,277**	1	0,407**	0,371**
Deputado Carlos Souza	0,229**	-0,127**	0,320**	0,217**	-0,025	0,147**	0,407**	1	0,415**
Ex-senador Gilberto Mestrinho	0,243**	-0,027	0,203**	0,250**	0,086*	0,271**	0,371**	0,415**	1

Fonte: pesquisa Ipespe.
* correlação significante ao nível 0,05; ** correlação significante ao nível 0,01.

Determinantes da escolha eleitoral: clivagens, preferência partidária e o voto retrospectivo

Fazendo uma análise dos aspectos que caracterizam as bases sociais dos candidatos, podemos fazer comparações relevantes na tentativa de determinar aqueles que podem fazer diferença na escolha entre um e outro candidato.

Para esta análise, vamos nos basear na tabela 9, com uma matriz de cruzamentos de variáveis socioeconômicas, avaliação do governo atual, avaliação do governo de Amazonino Mendes e, também, preferência partidária pela intenção de voto estimulada. Na última coluna utilizamos o coeficiente de correlação Cramer's V. Este coeficiente é útil para determinar a força da associação quando o chi-quadrado tem significância. Seu uso supera o chi-quadrado, pois, além de mostrar a associação ou não entre as variáveis, o Cramer's V demonstra a força desta associação. Cramer's V varia entre 0 e 1, e perto de 0 indica uma fraca associação; quanto mais perto de 1, mais forte é a associação.

Uma primeira análise demonstra a não importância do fator gênero na disputa. Tanto homens quanto mulheres escolhem da mesma forma seus candidatos em Manaus.

Se quanto a gênero essa clivagem não se mostra relevante, o mesmo não pode ser dito em relação à faixa etária. A análise da tabela 9 nos mostra que aqueles mais jovens, mais distantes da última administração de Amazonino, são aqueles que mais votam para o retorno do ex-governador ao cargo de prefeito. Já Serafim Corrêa tem seu melhor desempenho entre aqueles com mais de 45 anos. Porém, como podemos ver pela estatística do Cramer's V, a associação não é significativa.

O grau de instrução e a renda exercem efeitos sobre o eleitorado na mesma direção. Quanto maior a renda e quanto maior a escolaridade, maior a preferência por Serafim Corrêa; quanto menor a renda e menor escolaridade, maior a preferência por Amazonino Mendes. A associação entre essas variáveis é significativa, porém de baixa intensidade.

A associação entre a direção do voto e as variáveis analisadas é mais forte quando tomamos aquelas duas que trazem aspectos retrospectivos do comportamento do eleitor. A estatística Cramer's V atinge seus resultados mais altos nos cruzamentos de intenção de voto por avaliação da administração de Serafim (0,495) e na avaliação da administração de Amazonino Mendes (0,334). Nos dois cruzamentos revela-se um eleitor agindo como um juiz, punindo ou premiando bons e maus governantes. Aqueles que avaliam positivamente o trabalho de Serafim votam nele e, por sua vez, aqueles que o avaliam negativamente votam em Amazonino Mendes. Da mesma maneira, aqueles que têm uma avaliação positiva do governo Amazonino votam no candidato do PTB e aqueles que têm uma avaliação negativa votam em Serafim Corrêa.

Por fim, a associação entre preferência partidária e voto também se revela significativa, porém a ênfase é na direção da escolha de Praciano (PT), que ficou em quarto lugar na disputa.

Tabela 9. Variáveis socioeconômicas, retrospectivas e preferências partidárias por voto estimulado

	Serafim Corrêa (PSB) %	Amazonino Mendes (PTB) %	Francisco Praciano (PT) %	Omar Aziz (PMN) %	Ricardo Bessa (Psol) %	Nenhum/ branco/nulo %	NS/NR %	Cramer's V
Sexo								
Masculino	12,3	57,5	7,4	15,4		2,5	4,9	0,080
Feminino	10,7	59,3	4,7	16,4	0,6	3,2	5,0	
Idade (anos)								
16-24	7,9	65,7	5,0	15,0		2,1	4,3	0,130
25-44	10,8	62,1	5,6	13,4	0,7	2,6	4,9	
45 ou +	16,0	44,9	7,7	21,8		3,8	5,8	
Instrução								
Até a 4ª série fundamental	9,4	60,4	4,5	13,4		4,5	7,9	0,156**
5ª a 8ª série fundamental	13,0	59,6	1,9	19,3	1,2	1,9	3,1	
Média e superior	12,1	56,1	10,0	15,9		2,1	3,8	
Renda familiar								
Até 2 SM***	7,5	62,6	4,0	16,8	0,3	3,1	5,6	
2 a 5 SM	14,2	55,3	7,1	16,2	0,5	1,5	5,1	0,143**
Mais de 5 SM	20,2	50,0	10,7	11,9		4,8	2,4	
Avaliação da administração Serafim								
Ótima/boa	59,6	19,2	5,1	10,1			6,1	0,495*
Regular/NS/NR	5,5	55,5	8,8	19,8		4,9	5,5	
Ruim/péssima		72,3	4,7	15,6	0,6	2,5	4,4	
Avaliação da administração Amazonino								
Ótima/boa	7,8	69,8	4,1	12,5		1,7	4,1	0,334*
Regular/NS/NR	20,4	26,2	9,7	29,1	1,0	4,9	8,7	
Ruim/péssima	34,0	2,9	20,0	22,9	2,9	11,4	5,7	
Preferência partidária								
PT	16,2	44,4	12,8	18,8		2,6	5,1	0,184*
Outros/NS/NR	10,3	61,9	4,3	15,3	0,4	2,9	4,9	

Fonte: pesquisa Ipespe.
* significante ao nível de 99%; ** significante ao nível de 95%; *** SM (salários mínimos).

As estratégias retóricas

A seguir tem-se a principal estrutura retórica das campanhas de Serafim Corrêa (PSB) e Amazonino Mendes (PTB). Para a construção das estratégias discursivas foram utilizados *spots*/inserções veiculados pelas campanhas dos dois candidatos no decorrer do período eleitoral, bem como o debate televisivo transmitido no segundo turno, na cidade de Manaus, pela TV Amazonas, afiliada da Rede Globo, no dia 24 de outubro de 2008.

No quadro 2, apresentamos as estratégias discursivas predominantes, tomando como norte para a análise o modelo proposto por Figueiredo e colaboradores (2000), para quem a estrutura de discurso de uma campanha tem quatro grandes eixos: descrição do mundo atual, do mundo futuro, das propostas de governo e, por fim, a apresentação de garantias. Os quatro tópicos sugeridos pelos autores serão desenvolvidos na sequência, com a inserção, ainda, de uma descrição do mundo passado, referindo-se aos governos do ex-mandatário e então principal desafiante de Serafim Corrêa, Amazonino Mendes.

De acordo com a estratégia discursiva de Amazonino Mendes (PTB), a administração de Serafim (PSB) era lenta e incompetente; por isso a situação de Manaus estava tão ruim e precisava de mudança urgente. O ex-prefeito e ex-governador criticava o candidato à reeleição por ter-se descuidado de áreas fundamentais, como o transporte público – o sistema se teria tornado obsoleto no decorrer dos quatro anos, com 21% da frota envelhecida – e o investimento na pavimentação das ruas. Tais insuficiências teriam repercutido no trânsito da cidade, tornando-o caótico devido aos grandes congestionamentos. Focava, ainda, no tema saúde, mais especificamente na saúde da mulher, alegando que Serafim Corrêa

> não fez; apenas concluiu uma maternidade que estava em andamento. E mais, fechou uma para abrir outra. Na maternidade que o ilustre prefeito disse que fez, o senhor apenas esqueceu de fazer o mais importante: a UTI materna [Amazonino Mendes, debate eleitoral da Rede Globo, bloco 1, resposta, 24 out. 2008].

> [...] é ridículo imaginar que uma maternidade onde as mulheres vão ter seus filhos dispense uma UTI. Não ter UTI é risco de vida [Amazonino Mendes, debate eleitoral da Rede Globo, bloco 1, tréplica, 24 out. 2008].

Serafim Corrêa, ao se defender, lembrava os eleitores de que herdara uma dívida de cerca de R$ 54 milhões e que, mesmo governando "engessado" pelo saldo negativo das contas públicas, a situação na prefeitura estava boa, pois muito havia sido feito ao longo de apenas quatro anos. Como uma marca de sua gestão, o prefeito apresentava a construção da Maternidade Moura Tapajós, tida por ele como um hospital-modelo para o Norte e Nordeste do país, com cerca de 450 partos realizados por mês. Quanto às críticas recebidas sobre a falta de UTI, replicava que

> o Moura Tapajós é uma obra importantíssima. São as mães que vão lá todos os dias e ganham seus bebês naquela maternidade. Não há necessidade de ter uma UTI materna lá. Isso é fato. Converse com qualquer médico, ele vai te dizer [Serafim Corrêa, debate eleitoral da Rede Globo, bloco 1, réplica, 24 out. 2008].

Chamou a atenção, ainda, para realizações, ao longo de seu mandato, como a primeira creche municipal de Manaus, o Passa Fácil, a Integração Temporal, o complexo André Araújo para crianças especiais, o parque dos Bilhares, o Prato Fácil, o CEO (centro odontológico gratuito), cursos profissionalizantes, Manaus Fácil, viaduto do Recife, duplicação da Maceió, 500 novas salas de aulas. Com o *slogan* "A cidade está assim de obra com Sarafa", não deixava o eleitor esquecer o fato de ser o primeiro prefeito a estar por concluir 11 reservatórios para resolver o problema da água para os manauaras.

Para o futuro, Serafim Corrêa assegurava que, com ele, os eleitores teriam uma Manaus ainda melhor, pois expandiria os projetos de sua gestão, com a construção de mais oito creches, ampliação do atendimento no Centro André Araujo e distribuição de bolsas de estudos nas universidades particulares da cidade. Já Amazonino Mendes dizia que o futuro só ficaria bom para os eleitores se ele voltasse para a prefeitura, uma vez que apenas ele representava a "volta da inovação". Para conquistar os eleitores, Amazonino priorizou, em suas propostas, o que teria sido negligenciado na gestão de Serafim. Para tanto, garantia que, se eleito, tornaria reais a farmácia popular nos bairros, a distribuição gratuita de medicamentos, os programas Saúde da Mulher e Saúde do Jovem; ofereceria uniformes ("fardamento") e material escolar de qualidade; levaria a efeito as operações faxina (retirada de lixo das ruas) e tapa-buracos; a merenda escolar teria mais vitaminas e nutrientes; promoveria a volta de mais segurança e da formação profissional etc.

Quadro 2. Estratégias discursivas: Serafim *versus* Amazonino

Serafim	Amazonino
Mundo atual Avaliado como positivo; afinal o prefeito teria conseguido entregar importantes realizações para a população a despeito de ter recebido, como herança do administrador anterior, uma dívida de R$ 54 milhões e contas de pagamento dos funcionários públicos atrasadas. Realizações nas áreas de: SAÚDE: construção da Maternidade Moura Tapajós e do primeiro centro odontológico gratuito (CEO); TRANSPORTE: projetos Passa Fácil e Integração Temporal; ASSISTÊNCIA SOCIAL: criação e investimento no complexo André Araújo para crianças especiais, Programa Prato Fácil, cursos profissionalizantes nos centros de referência da assistência social (Cras), primeira creche municipal, Manaus Fácil; EDUCAÇÃO: 500 novas salas de aulas; INFRAESTRUTURA: obras do parque dos Bilhares, viaduto do Recife, duplicação da avenida Maceió, conclusão de 11 reservatórios para resolver o problema da água, entre outras. *Jingle* da campanha: *A cidade está assim de obra com Sarafa.*	**Mundo atual** A situação em Manaus está muito ruim. Daí o lema: "Manaus urgente". No que se refere ao trânsito e ao transporte, os congestionamentos paralisariam Manaus, as vias estariam em péssimo estado de conservação.
Mundo passado Privatização da companhia de água, por Amazonino, sem adequada utilização dos recursos. Serafim Corrêa argumentava que Amazonino vendera a concessão da Companhia de Saneamento do Amazonas (Cosama) e não aplicara o dinheiro onde deveria.	**Mundo passado** As administrações de Amazonino teriam sido marcadas por mais realizações do que a gestão de Serafim. Entre elas: Pronto-Socorro João Lúcio; Pronto-Socorro Infantil Joãozinho; Pronto-Socorro Criança Zona Oeste; Pronto-Socorro Criança Zona Sul; Centro de Atenção à Melhor Idade; três hospitais, um pronto-socorro, UTI, quatro maternidades, 27 centros de saúde; criação de parques e urbanização de bairros.

Serafim	Amazonino
Mundo futuro Vai ficar ainda melhor, com a construção de mais oito creches, ampliação do atendimento no Centro André Araújo e distribuição de bolsas de estudos nas universidades particulares, entre outros.	**Mundo futuro** Voltará a ficar bom, com a criação de farmácia popular nos bairros, mais distribuição gratuita de medicamentos, implantação dos programas Saúde da Mulher e Saúde do Jovem, distribuição de uniformes ("fardamento") e material escolar de qualidade, operação faxina (retirada de lixo das ruas), mais vitamina e nutrientes na merenda escolar, operação tapa-buracos, volta de mais segurança, volta da formação profissional.
Garantias Suas realizações ao longo dos quatro anos frente à prefeitura de Manaus; seriedade.	**Garantias** As realizações de Amazonino enquanto prefeito de Manaus e governador do estado do Amazonas; o vice, Carlos Souza; o histórico de trabalho.

Fonte: HGPE, debates e *spots*: Amazonino Mendes e Serafim Corrêa.

No embate que se travou em Manaus, a comparação entre as realizações dos dois políticos em seus mandatos passados teve grande importância. Amazonino, tanto nos *spots* do horário eleitoral quanto no debate televisivo, usou a estratégia de agregar as realizações de seus quatro mandatos – entre ocupação dos governos estadual e municipal – à lista de seus feitos previstos para Manaus. Nos *spots* veiculados apresentava obras como: Pronto-Socorro João Lúcio, Pronto-Socorro Infantil Joãozinho, Pronto-Socorro Criança Zona Oeste, Pronto-Socorro Criança Zona Sul, Centro de Atenção à Melhor Idade, construção e reforma de três hospitais, mais um pronto-socorro e uma UTI, além de quatro maternidades, 27 centros de saúde, criação de parques, urbanização de bairros etc. Com essa estratégia, pretendia evidenciar, para o eleitor, a "lerdeza" – palavra usada por Amazonino – com que Serafim estaria administrando a cidade em seus quatro anos de gestão.

Na tentativa de neutralizar a estratégia adotada pela campanha de Amazonino Mendes, Serafim Corrêa atacava não apenas seu opositor, mas também o grupo político ao qual ele pertencia. Para tanto, afirmava que "Amazonino Mendes e seu grupo passaram 20 anos no poder e não resolveram o problema de abastecimento de água na cidade de Manaus" e que se hoje ele – Serafim – estava por concluir 11 reservatórios, era graças a um empréstimo "concedido pelo governo Lula", empréstimo esse a ser pago pela prefeitura, uma vez que "o governo federal não pode financiar serviços privatizados".

O tema abastecimento de água esteve presente em ambas as campanhas, não apenas nas inserções diárias da televisão, mas também no debate televisivo transmitido pela TV Amazonas em 24 de outubro de 2008.

No debate, ainda no primeiro bloco, no qual as questões eram livres, o candidato à reeleição, Serafim Corrêa, questionou Amazonino Mendes sobre infraestrutura e saneamento, interpelando-o sobre o que teria feito para resolver a questão do abastecimento de água de Manaus:

> Eu pergunto ao meu adversário: ele, enquanto prefeito, o que fez para resolver o problema de abastecimento de água em Manaus? [Serafim Corrêa, debate eleitoral da Rede Globo, bloco 1, pergunta, 24 out. 2008].

> Ele [Amazonino Mendes] conseguiu, enquanto governador, que a prefeitura autorizasse ele a vender a Cosama. Ele vendeu a concessão e não aplicou o dinheiro onde deveria [Serafim Corrêa, debate eleitoral da Rede Globo, bloco 1, réplica, 24 out. 2008].

Amazonino Mendes, por sua vez, alegava que, na época, a Cosama era da competência exclusiva do estado do Amazonas e, portanto, estava fora da jurisdição da prefeitura. Já sobre seu desempenho no tema enquanto governador, afirmava não ter vendido a Cosama, mas, sim, o direito de concessão, e que se não fosse tal privatização Manaus não teria, no presente, acesso a água abundante e limpa.

> Eu não vendi a Cosama, vendi a concessão. Não seja ingrato, Serafim. Você está colocando água em Manaus graças ao Amazonino, porque privatizou a concessão da água. Porque nunca iríamos ter isso. [...] Você vai ter água agora, graças àquela privatização que um homem teve a coragem de fazer [...] [Amazonino Mendes, debate eleitoral da Rede Globo, bloco 4, resposta, 24 out. 2008].

A garantia dada por Serafim Corrêa de que seus projetos seriam efetivamente implementados procurava se pautar na seriedade com que ele teria administrado a cidade nos últimos quatro anos. Seus programas sublinhavam a ética e a transparência com que administrava as contas públicas, e o fato de ele ter sido o primeiro prefeito de Manaus a pôr as contas da prefeitura à disposição da população, na internet. Já Amazonino Mendes apresentou como garantias a imagem e a experiência de bom prefeito e governador construída ao longo de 20 anos. Votar em Amazonino era apostar na "volta da inovação", de quem fez muito por Manaus e pelos mais pobres e que, por isso, era o único capaz de aproximar a prefeitura do cidadão, viabilizando, por exemplo, internet e saúde itinerantes nos bairros, dando assim mais oportunidades a quem mais precisa.

Para compreender a eficácia das estratégias retóricas das duas campanhas é importante considerar a dinâmica da competição nos meses que antecederam o primeiro e o segundo turnos das eleições em Manaus. Serafim Corrêa começa o pleito com poucas chances de chegar ao segundo turno, com baixa avaliação positiva de sua gestão e alta taxa de rejeição à sua imagem.

Tabela 10. Preferência por votar em um candidato de acordo com a forma de administrar

Forma de administrar	%
Totalmente diferente da que vem sendo adotada por Serafim Corrêa	50
Diferente, mas dando continuidade às principais ações desta administração	34
Que dê continuidade à forma como Manaus vem sendo administrada por Serafim Corrêa	12
Não sabe/não respondeu	4

Fonte: pesquisa Ipespe.

Com o passar do tempo, a estratégia de Serafim Corrêa atingiu parte de seus objetivos, ou seja, mostrar que a administração que findava naquele momento tinha realizado muito, principalmente tendo como pano de fundo o cenário herdado pelo atual prefeito.

A avaliação do governo, que em meados de julho era de 16% positiva e 54% negativa, ao final do primeiro turno chegou a 34% positiva e 33% negativa.

A melhora de sua avaliação foi suficiente para fazer com que a disputa chegasse ao segundo turno, superando Omar Aziz nos últimos dias de campanha, mas pouco interferiu na avaliação em relação a Amazonino Mendes, pois, como vimos no início deste capítulo, seu estoque de votos variou pouco durante as eleições.

Gráfico 3. Avaliação da administração de Serafim Corrêa: 1º turno (2008)

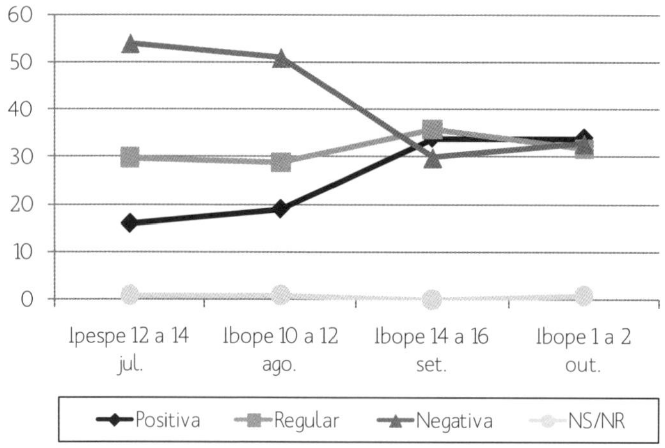

Fonte: pesquisa Ibope (2008) e Ipespe (2008).

Considerações finais

A primeira constatação que fazemos com este capítulo é que apenas no comparativo com as demais capitais podemos sugerir que a derrota de Serafim Corrêa foi uma quebra da regra. Da perspectiva interna, é a vitória de Serafim em 2004 que deve ser considerada uma exceção, na medida em que o governo do estado do Amazonas, há quase três décadas, vem sendo ocupado por um mesmo grupo político hegemônico, constituído pelos mesmos governantes que se revezam na prefeitura de Manaus, ao longo do mesmo período, com exceção de apenas dois mandatos municipais, assumidos por Arthur Virgílio Neto (1989-1993) e por Serafim Corrêa (2004-2008).

A história do grupo político hegemônico no estado e na capital e o peso dos determinantes sociais que apontavam para a decisão do voto a favor de Amazonino Mendes entre as classes mais baixas nos levam a sugerir que apenas a insatisfação com a gestão de Serafim Corrêa não é capaz de explicar o resultado do pleito. Sugerimos, ainda, que ela mesma – a avaliação da administração pelos eleitores – tenha sido fortemente determinada pelo jogo político no estado, tal como já fora mencionado ao dizer do peso da oposição do grupo hegemônico ao governo de Serafim Corrêa na Câmara Municipal e na imprensa local.

O que se constatou nesta pesquisa foi que as variáveis escolaridade, renda e satisfação com a gestão estavam correlacionadas com o voto, sendo os eleitores de Amazonino Mendes aqueles de menos escolaridade, menor renda e mais insatisfeitos com a gestão de Serafim; os eleitores do então prefeito eram aqueles com mais escolaridade, maior renda e satisfeitos com a administração municipal. Ademais, constata-se que, a despeito de a campanha eleitoral de Serafim Corrêa ter contribuído para a melhoria da percepção de sua gestão pelos eleitores, ainda assim ele não conseguiu vencer a disputa.

11. Da avaliação negativa à vitória nas urnas: voto e estratégias de campanha para prefeito de Belém

CARLOS AUGUSTO SOUZA
DOLORES SILVA
EDIR SIQUEIRA
PEDRO SANTOS MUNDIM

Em 2008 a eleição para prefeito de Belém teve como candidato vitorioso Duciomar Costa (PTB), que se reelegeu com cerca de 60% dos votos no segundo turno. Mas o resultado final das urnas engana aqueles que pensam que a disputa transcorreu de forma tranquila para o prefeito. No início da disputa, Duciomar tinha avaliações desfavoráveis à sua administração, algo que somente conseguiu reverter durante a campanha. Seus oponentes acreditavam na possibilidade de derrotá-lo em virtude de seu desempenho visto como ruim pelo eleitorado belenense e ao seu distanciamento das mais fortes legendas políticas do estado.

Três fortes competidores se apresentaram para disputar a prefeitura contra Duciomar: Valéria Pires Franco (DEM), Mário Cardoso (PT) e José Priante (PMDB). Por conta disso, o embate eleitoral não se apresentava como facilmente previsível no início da disputa, revelando, até o final do primeiro turno, possibilidades diferentes para o embate no segundo turno. Os baixos índices de aprovação do prefeito levaram seus principais concorrentes a escolher, como estratégia de campanha, desferir ataques à sua administração. Mas, ao adotarem tal estratégia, Valéria, Cardoso e Priante acabaram enfraquecendo a si mesmos diante do eleitor.

Com a análise das eleições de 2008 em Belém pretendemos demonstrar que a escolha do prefeito da capital do estado é um importante passo para a conquista de poder pelos diferentes partidos no Pará, o que pode levar a certa estadualização da disputa. Entretanto, a dimensão local não fica subsumida à lógica estadual, pois são os problemas que afetam o cotidiano dos cidadãos que norteiam os embates e que guiam a escolha do eleitor. As experiências passadas dos competidores no âmbito do estado são observadas, fundamentalmente, como parâmetros de avaliação de capacidade administrativa e veracidade de propósito dos competidores.

Acreditamos que a abordagem teórica que afirma que a escolha eleitoral se processa de forma racional, visando benefícios objetivos aos eleitores, consideradas as possibilidades que se apresentam no cenário eleitoral (Downs, 1999; Popkin et al., 1976), seja a perspectiva mais adequada para explicar o processo de escolha eleitoral e para esclarecer as especificidades dos embates políticos das eleições municipais de 2008 em Belém do Pará. A preferência final do eleitor nas eleições de 2008 não foi dada por atributos de identidade construída subjetivamente ou sociologicamente definida, mas se configura como predominantemente pragmática em direção da continuidade da administração já estabelecida, considerando-se a intenção expressa pelo prefeito de solucionar problemas tidos como prioritários pela população. Trata-se de uma racionalidade que possibilita tanto a mudança de preferência de um pleito para outro quanto a modificação de índices significativos de rejeição, a partir das iniciativas objetivas dos candidatos durante os embates nos períodos pré-eleitoral e eleitoral.

Como dados empíricos a esclarecer a preferência majoritária do eleitorado, utilizaremos informações disponíveis do Tribunal Regional Eleitoral (TRE) e do Tribunal Superior Eleitoral (TSE), relatórios de pesquisas realizadas pelo Ibope durante o período eleitoral e de mais três institutos de pesquisas locais – Veritate, DataUnama e Perspectiva –, todas realizadas no período pré-eleitoral e durante os dois turnos da eleição. Os dados disponíveis e aqui analisados traçam um perfil interessante do contexto, da natureza do embate eleitoral e da preferência dos eleitores no pleito de 2008.

As hipóteses que nortearão nossas observações estabelecem três determinantes fundamentais na escolha eleitoral das eleições municipais de 2008 em Belém: (i) a conjuntura política fragmentada da disputa, (ii) o controle da máquina pública pelo prefeito e (iii) as estratégias argumentativas da campanha.

A reeleição de Duciomar foi favorecida pela disputa entre os candidatos das principais forças partidárias do estado (PT, PSDB/DEM e PMDB) que confrontavam o prefeito e, no fim das contas, desgastaram a si mesmos, enquanto Duciomar mostrava, por meio de obras públicas, que sua administração mereceria ter continuidade. Durante a campanha, Valéria, inicialmente a mais forte adversária de Duciomar, ficou em desvantagem argumentativa ao destacar os pontos fracos de seu aliado de um passado recente. Já Cardoso sentiu o desgaste do governo de seu partido no estado. Quem passou para o segundo turno foi Priante, mas com chances reduzidas de superar uma perspectiva de reeleição já consolidada.

O capítulo está estruturado da seguinte maneira: na próxima seção mostraremos como se constituíram as principais forças políticas do período democrático no estado do Pará e, especificamente, em sua capital. Diante da ausência de análises sobre as eleições no município de Belém, faz-se necessário apresentar os principais atores que atuam na política local, o que nos ajuda a fundamentar a natureza dos embates que aconteceram durante o pleito de 2008. Uma subseção focalizará a distribuição de força entre os partidos e o posicionamento do partido do governo do estado – e de sua governadora Ana Júlia Carepa (PT) – na eleição municipal de 2008. Em seguida será apresentado o desempenho de Duciomar na prefeitura de Belém desde o período pré-eleitoral, segundo a avaliação dos eleitores expressa em pesquisas de opinião. Na terceira seção, mostraremos como se deu o embate político durante a eleição de 2008 em Belém, a evolução da preferência dos eleitores e a reconfiguração de forças no segundo turno. Uma subseção abordará os principais pontos de ataques durante a campanha, dando a ver as estratégias discursivas dos principais candidatos. Por último, será analisado o peso de algumas variáveis na decisão dos eleitores, onde focalizarcmos características demográficas, políticas e de avaliação dos governos municipal, estadual e federal sobre o voto do eleitor belenense.

As forças partidárias em Belém e no Pará como um todo e a importância do controle dos municípios

Desde o início do período democrático, em 1985, até meados da década de 1990, o domínio político do estado do Pará esteve nas mãos do PMDB. Segundo Petit (2003), em seus primeiros anos no poder esse partido representou a negação às práticas políticas identificadas com a extinta Arena, e seu discurso de oposição tinha como principal porta-voz Jader Barbalho, eleito governador do estado em 1983. Entretanto, disputas entre Jader e Hélio Gueiros, que desejavam a liderança do partido a fim de garantir a vaga de candidato a governador nas eleições de 1990, permitiram o fortalecimento de outras forças partidárias, ampliando o campo de competição política no estado. Jader saiu vitorioso na competição interna do PMDB, mas o desgaste do embate deu relevo à coligação de centro-esquerda Frente Popular Novo Pará (PSDB/PT/PSB/PDT/PCdoB/PCB), que lançou como candidato a governador o líder do PSDB, Almir Gabriel.

PT e PSDB se destacaram pela postura crítica a duas décadas de domínio do PMDB, partido cujo líder, Jader Barbalho, enriquecera a partir de seu acesso ao poder e passava a enfrentar problemas na Justiça por seu envolvimento em desvio de dinheiro público, sobretudo através de sua ingerência na Superintendência do Desenvolvimento da Amazônia (Sudam).

Contudo, a oposição ao PMDB só veio a obter êxito nas eleições de 1994 com a eleição de Almir Gabriel (PSDB) para governador. A união entre PT e PSDB, junto a outros partidos de oposição, era uma conveniência política que visava tirar o PMDB do domínio absoluto do estado. Por isso, logo esses dois partidos passaram a se confrontar na Assembleia Legislativa e na Câmara Municipal. Para a prefeitura de Belém o PT concorreu sozinho e elegeu Edmilson Rodrigues em 1996, em uma disputa que apontava a candidata do PMDB, Elcione Barbalho, como favorita.[1] A partir de então, PSDB e PT constituíram as principais forças polarizadoras presentes em todos os embates eleitorais que se sucederam.

Após oito anos de PT na prefeitura de Belém,[2] em 2004 Duciomar elegeu-se no segundo turno, com 58,3% dos votos, apoiado por uma ampla coalizão de centro-direita (PTB/PP/PSC/PFL/PRTB/PV/PRP/PSDB/Prona). Ele derrotou a candidata petista, então deputada federal, Ana Júlia Carepa, da coligação Frente Belém Popular, que conquistou 41,7% dos votos. Enquanto o PT sempre optou por apresentar candidatura própria em todos os pleitos, o PSDB contou invariavelmente com o apoio do DEM (ou PFL, como se chamava até 2007), em candidatura própria ou em alianças nas quais apoiaram candidato de outro partido, como no caso de Duciomar. A tabela 1 mostra os partidos que ocuparam a prefeitura de Belém a partir de meados da década de 1990.

Em 2002 Almir Gabriel (PSDB), em seu segundo mandato, conseguiu eleger, no segundo turno, seu secretário de Finanças, Simão Jatene, para governador do estado, com 51,7% dos votos, e a candidata do PT, Maria do Carmo, ficou em segundo lugar com 48,3% dos votos. Para o Senado concorreram 13 candidatos, tendo sido eleita a candidata do PT, Ana Júlia Carepa, o que demonstra a consolidação da força política do PSDB e do PT no estado do Pará. Após três governos do PSDB, o PT elegeu Ana Júlia Carepa governadora, em 2006.

---

[1] Disputaram o segundo turno os candidatos Ramiro Bentes (PDT) e Edmilson Rodrigues (PT).

[2] Nas eleições de 2000, Edmilson Rodrigues (42,9% de votos no primeiro turno) disputava com Duciomar Costa, do PSD (30% dos votos), e Zenaldo Coutinho, do PSDB (15% dos votos), que foram seus principais concorrentes. O candidato do PFL, Vic Pires Franco, só recebeu 6,7% dos votos, e o do PMDB, Augusto Resende, 4,2%.

Tabela 1. Prefeitos eleitos, partidos e competidores: Belém (1996-2008)

Eleição	Prefeito eleito	Partidos coligados	Principais competidores
1996	Edmilson Rodrigues (PT)	Sem coligação	Ramiro Bentes (PDT) Elcione Barbalho (PMDB)
2000	Edmilson Rodrigues (PT)	PT/PSB/PPS/PCdoB/PCB	Duciomar Costa (PSD) Zenaldo Coutinho (PSDB)
2004	Duciomar Costa (PTB)	PTB/PP/PSC/PFL/PRTB/PV/ PRP/PSDB/Prona	Ana Júlia Carepa (PT)
2008	Duciomar Costa (PTB)	PTB/PDT/PTC/PRP/ PTdoB/ PSC/PSDC/PR/ PRTB/PV	Valéria P. Franco (DEM) Jose Priante (PMDB) Mário Cardoso (PT)

Fonte: TSE.

Tabela 2. Governadores do Pará após a redemocratização (1982-2006)

Eleição	Governador eleito
1982	Jader Barbalho (PMDB)
1986	Helio Gueiros (PFL)
1990	Jader Barbalho (PMDB)
1994	Almir Gabriel (PSDB)
1998	Almir Gabriel (PSDB)
2002	Simão Jatene (PSDB)
2006	Ana Júlia Carepa (PT)

Fonte: TSE.

Nesse contexto de ampliação do campo de competição política, o PMDB, apesar de ficar fora da administração estadual e da capital, continuou como forte agremiação política no estado do Pará, controlando número significativo de prefeituras no interior do estado e permanecendo no papel de ator relevante no âmbito do Legislativo municipal e do estadual, como podemos ver na tabela 3.

O controle da administração municipal nas localidades do interior significa garantir o suporte fundamental para a conquista do poder pelos partidos, visto que nelas se instalam as estruturas que alimentarão as campanhas dos candidatos a governador, deputados e senadores, especialmente em um estado com larga extensão territorial, como é o caso do Pará. A partir de meados da década de 1990, PMDB e PSDB se destacam com o maior percentual das prefeituras do estado, distribuídas entre cerca de 19 partidos. Essa tendência é interrompida em 2006, com a eleição de Ana Júlia Carepa como governadora, e com o fortalecimento do PT nas prefeituras do estado no pleito de 2008.

Tabela 3. Partidos que elegeram prefeitos no estado do Pará (1996-2008)

Partido	1996	2000	2004	2008
PMDB	30	35	23	41
PSDB	35	46	47	13
DEM (PFL)	14	4	7	6
PT	2	6	18	25
PDT	11	12	5	9
PTB	8	14	18	13
PPS	1	1	3	3
PSB	5	4	2	4
Outros	37	21	19	28
Total	116	143	142	142

Fonte: TSE.

Os principais atores políticos e a posição do governo estadual na eleição de 2008

Na distribuição de poder entre os partidos no Pará, destaca-se a alta fragmentação partidária na Assembleia Legislativa e na Câmara Municipal de Belém, o que demonstra a complexidade da formação de apoio a governadores e prefeitos. Na Assembleia Legislativa, o número de partidos representados passou de nove em 1994 para 13 em 2006. O PMDB só ficou para trás em número de deputados em 2006, quando o PSDB teve nove representantes, seguido de PMDB e PT com seis deputados cada.

Com essa configuração há a necessidade de estabelecer coalizões governativas, nas quais o PMDB se coloca como um forte ator, considerando-se que PSDB e PT jogam em campos opostos e que a ligação do PMDB com grande número de prefeituras do interior é um forte incentivo para a retenção do apoio deste partido. Ter influência na Assembleia garante o fortalecimento do vínculo dos deputados com suas bases eleitorais, já que facilita a obtenção e o acesso aos recursos provenientes do estado.

Tabela 4. Deputados estaduais eleitos por partido no estado do Pará (1994-2006)

Partido	1994	1998	2002	2006
PMDB	13	8	8	6
PSDB	2	8	7	9
PT	4	4	5	6
PDT	3	3	2	2
PL	3	3	5	2
PTB	2	3	4	4
Outros	14	12	10	12
Total	41	41	41	41

Fonte: TSE.

Na Câmara Municipal de Belém, o PMDB, como um dos maiores partidos, é aliado importante nas atividades governativas do município. A capital do estado é a cidade mais importante, concentrando um eleitorado de 958.203 pessoas – 21,24% do total do eleitorado paraense, segundo os dados do TSE, em 2008. Por conseguinte, o controle de sua administração é importante para a conquista do poder no estado.

Tabela 5. Vereadores por partido: Câmara Municipal de Belém (1992-2008)

Partido	1992	1996	2000	2004	2008
PMDB	6	4	3	5	5
PFL/DEM	4	3	2	2	3
PT	2	4	7	5	5
PSDB	0	4	2	5	2
PTB	5	2	3	5	5
PDT	2	4	2	2	2
PSB	2	2	2	2	2
PPS	1	2	1	1	2
PL	3	3	3	2	0
Outros	8	5	8	6	9
Total	33	33	33	35	35

Fonte: TRE-PA.

Apesar de o PTB controlar número significativo de prefeituras no Pará, os atores partidários de maior visibilidade no estado são o PMDB, o PSDB e o PT, partidos que já obtiveram mandatos eletivos no governo do estado. No pleito municipal de 2008, em Belém, estes três partidos apresentaram candidatos (o PSDB em aliança com o DEM) para disputar com o candidato do PTB, Duciomar Costa, que concorria pela reeleição, o que desencadeou uma competição acirrada, levando a decisão para o segundo turno.

Essa oposição fragmentada, que também competia entre si, abriu espaço para que o prefeito fortalecesse sua candidatura, já que no início do período eleitoral a aprovação de seu governo não era alta. Diante desse desgaste e com o afastamento do PSDB e do DEM, seus aliados na eleição municipal de 2004, os eleitores ficaram divididos entre a reeleição do prefeito e as três possibilidades de candidatos de oposição: Valéria, Priante e Mário Cardoso.

O PT apostava na alta aprovação do governo Lula, muito embora, no plano estadual, a administração da governadora Ana Júlia apresentasse índices desfavoráveis de aprovação. Ainda assim poder-se-ia esperar que fosse vantajoso para Mário Cardoso ter o apoio da estrutura administrativa do governo do estado. No entanto, a candidatura petista se ressentiu da falta de apoio efetivo da governadora para enfrentar seus opositores. O repasse de recursos para a prefeitura asfaltar as ruas da cidade, durante o ano de 2008,[3] foi visto como uma estratégia de Ana Júlia Carepa para ajudar na reeleição do prefeito Duciomar, a fim de eliminar dificuldades a seus objetivos de sucessão estadual em 2010.

Na avaliação de seus críticos, a governadora considerou que, entre as principais alternativas em disputa (PTB, DEM/PSDB, PMDB e PT), Duciomar seria o candidato que menos problemas criaria para sua estratégia de reeleição. Mário Cardoso pertencia à tendência petista majoritária Unidade na Luta, e, uma vez prefeito, poderia vir a ser uma alternativa interna ao PT para a sucessão de 2010. No mínimo, a eventual eleição de Cardoso para a prefeitura de Belém contrabalançaria, dentro do partido, o peso da governadora e de sua tendência, a Democracia Socialista.

O PMDB também era visto como potencial problema para as estratégias da governadora do estado no que dizia respeito à sucessão de 2010. Pelas pro-

---

[3] A Coordenadoria de Comunicação Social da prefeitura (Comus), no site <www.belem.pa.gov.br/portal/new>, divulga notícia de que "Estado e PMB assinam convênio de R$ 21.500.000,00 (vinte e um milhões e quinhentos mil reais), dos quais R$ 18.000.000,00 (dezoito milhões) serão destinados à pavimentação asfáltica e R$ 3.500.000,00 (três milhões e quinhentos mil) serão destinados para o conjunto habitacional Vila da Barca, que é uma espécie de verticalização de uma área de favela às margens do rio na cidade de Belém".

jeções, o PMDB deveria sair como o partido com o maior número de prefeituras conquistadas nas eleições de 2008, previsões estas que se confirmaram. O partido já controlava a segunda maior cidade do estado (Ananindeua) e 30% dos cargos no governo estadual. Caso viesse a conquistar a capital do estado, desequilibraria a balança de poder tanto no governo do estado quanto na vindoura sucessão de 2010.

Já o DEM/PSDB representava a força polarizadora estadual e provavelmente seria o principal adversário da governadora em 2010, como de fato veio a acontecer, com a candidatura de Simão Jatene (PSDB).

O desempenho do prefeito Duciomar na prefeitura de Belém

No início de 2008 Duciomar estava bastante desgastado diante da opinião pública. Os belenenses não visualizavam resultados palpáveis da atuação do prefeito na forma de obras e embelezamento da cidade. Saúde e segurança eram considerados os maiores problemas enfrentados pela população. Os meios de comunicação[4] noticiavam diariamente a situação calamitosa do atendimento de saúde e a violência no município.

Uma das variáveis mais importantes a influenciar a decisão do eleitor é a avaliação do desempenho do governante em exercício (Downs, 1999; Key Jr., 1966; Fiorina, 1981), o que já foi demonstrado em eleições para presidente no Brasil (Camargos, 1999; Carreirão, 2002). Em se tratando de um caso de reeleição para prefeito essa avaliação também parece de especial relevância. Um dos focos que norteiam a escolha por parte do eleitor são os problemas locais, e a avaliação do desempenho do governante leva em conta sua capacidade de criar benefícios em questões que afetam o cotidiano dos cidadãos. Sem desconsiderar que a ligação com o governo pode ter alguma relevância do ponto de vista da preferência partidária, deve-se ressaltar, sobretudo, que o apoio do governo e de lideranças poderosas é levado em conta, na medida em que o eleitor avalia a possibilidade de o candidato se beneficiar dessas relações para realizar uma administração que atenda a seus interesses.

[4] Os principais veículos de comunicação do estado do Pará são ligados aos interesses do DEM/PSDB, por intermédio da televisão e do jornal *Liberal*, e a Jader Barbalho, por intermédio do jornal *Diário do Pará* e da emissora de televisão RBA.

O descontentamento da população com a administração Duciomar criou um cenário no mínimo desconfortável para sua pretensão de reeleição. Em março de 2008 ele era o mais rejeitado entre todas as alternativas apresentadas como possíveis candidatos, segundo dados do Instituto Veritate. Ao serem questionados sobre em quem "não votariam de jeito nenhum", 25% dos consultados afirmaram que não votariam em Duciomar, este seguido por Edmilson Rodrigues com 19%. Priante aparecia com meros 2%, Valéria com 4% e Mário Cardoso não fora incluído como uma alternativa.

Outro indicador de cenário desfavorável à reeleição de Duciomar era a avaliação da administração municipal, onde preponderavam os conceitos regular e negativo. Esses dados refletiam um clima claramente perceptível no cotidiano belenense do primeiro semestre de 2008, quando a população manifestava correntemente seu descontentamento com a atuação do prefeito e, não raro, o comparava desfavoravelmente com o prefeito anterior, Edmilson Rodrigues (PT). Nesse cenário, com início do embate entre os candidatos no período eleitoral, havia um alto grau de incerteza a respeito de quem seria vitorioso.

Gráfico 1. Evolução da avaliação do prefeito de Belém, Duciomar Costa (PTB): 1º semestre de 2008

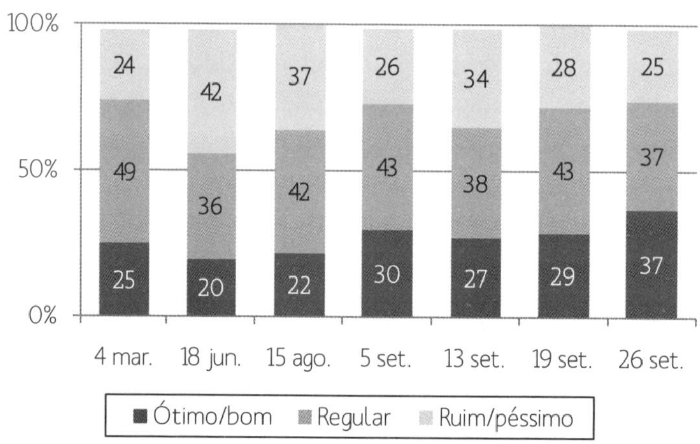

Fontes: Ibope, DataUnama, Veritate.

Mas o eleitor pode mudar de preferência se surgirem fatos novos que ponham em xeque ou relativizem sua avaliação da atuação do governo. Isso é perceptível no período eleitoral, quando começam os embates, especialmente pela propaganda televisiva, que aciona a avaliação retrospectiva do eleitor e a ponderação sobre o que está sendo feito e o que ainda pode ser realizado (Gelman e King, 1993; Holbrook, 1996; Borba, 2005; Figueiredo, 2007; Lavareda, 2009; Mundim, 2010).

Em meados de junho, quando está prestes a começar oficialmente o período de campanha e os meios de comunicação passam a comentar cotidianamente as opções para o próximo pleito, vemos que os índices positivos *versus* os negativos formam polos cuja direção se inverte com o período eleitoral. A partir de setembro, e após o início do HGPE (horário gratuito de propaganda eleitoral), a avaliação positiva de Duciomar vai, pouco a pouco, tornando-se mais forte do que a avaliação negativa, chegando a uma diferença de 11% na última pesquisa antes do primeiro turno.

O embate entre os candidatos nas eleições municipais de Belém em 2008

Eleito no segundo turno em 2004, com o apoio de uma coalizão de centro-direita formada por PTB/PSDB/DEM, Duciomar estava eleitoralmente isolado de seus parceiros ao iniciar o quarto ano de seu mandato. Seu fraco desempenho como prefeito de Belém fez com que seus aliados marchassem coligados em torno da ex-vice-governadora Valéria Pires Franco, guiando-se pelo cálculo estratégico objetivo em torno de vitórias ou derrotas que orienta os grandes atores partidários (Downs, 1999).

Valéria estreava na disputa eleitoral com uma estratégia bem-montada pelo DEM, que a elegeu presidente estadual e vice-presidente nacional do partido, o que lhe deu grande exposição na mídia no horário eleitoral gratuito, em nível tanto estadual quanto nacional. Como a candidatura do DEM/PSDB apresentava-se como uma possibilidade forte no embate, Duciomar e Valéria atraíram todos os ataques. A candidata do DEM foi apresentada aos eleitores, pelos seus concorrentes, como representante de uma elite que gostaria de retornar ao poder no estado, sendo a capital, Belém, um passo importante nessa empreitada política.

O PT buscava reconquistar a capital considerando várias possibilidades de candidatos mais conhecidos dos eleitores belenenses por seu perfil marcadamente parlamentar, visto que Edmilson Rodrigues, que esteve à frente da prefeitura por dois mandatos consecutivos, tinha deixado o partido e ingressado no Psol. Definindo-se pela candidatura Mário Cardoso, este candidato foi apresentado como proposta de sucesso ligada a um modelo petista de governar. Nas eleições de 2006 Mário havia conquistado a segunda votação para o Senado Federal em Belém, com 249.200 mil votos. Foi secretário de Administração do prefeito Edmilson Rodrigues em 1997 e foi escolhido para secretário de Educação do governo Ana Júlia, em 2007.

O PMDB buscava construir um capital eleitoral próprio, visando acumular força eleitoral para uma eventual negociação no segundo turno. Considerando a ligação entre PT e PMDB no Executivo nacional e a decisão do PMDB de apresentar candidato próprio na eleição municipal, a estratégia que esses dois partidos seguiram foi a de não se atacarem no primeiro turno, visando uma possível aliança caso um deles passasse à segunda etapa da disputa. Priante apostava na força do PMDB e na parcela de simpatia ainda nutrida por Jader Barbalho. O candidato da coligação PMDB/PP tinha boa visibilidade eleitoral. Priante tinha sido deputado federal por três legislaturas consecutivas e estava sem mandato porque tinha disputado o governo estadual em 2006, obtendo 12% de votos naquela disputa e tendo sido o fiel da balança para a derrota do PSDB nas eleições estaduais daquele ano. O candidato a vice-prefeito na chapa do PMDB era o engenheiro civil e ex-presidente da Câmara de Vereadores de Belém, Zeca Pirão, cargo esse que lhe dera boa visibilidade pública.

Tabela 6. Candidatos a prefeito por partido e coligação em Belém (2008)

Candidato	Partido	Coligação
Duciomar Costa	PTB	PTB/PDT/PTC/PRP/PV/PTdoB/PSC/PSDC/PR/PRTB
José Priante	PMDB	PMDB/PP/PRB
Mário Cardoso	PT	PT/PCdoB/PSB/PTN/PHS/PMN
Valéria Pires Franco	DEM	DEM/PSDB
Arnaldo Jordy	PPS	Sem coligação
Marinor Brito	Psol	Psol/PSTU/PCB
João Moraes	PSL	Sem coligação

Fonte: TRE-PA.

O PPS trouxe, como candidato, o deputado estadual Arnaldo Jordy, que participava de sua segunda disputa na cidade de Belém. Outros dois nomes menos cotados que fizeram parte desse pleito foram Marinor Brito (Psol) e João Moraes (PSL).

Duciomar e Valéria, que tinham boa visibilidade desde o primeiro semestre de 2008, sustentavam os maiores patamares de intenção de votos quando começou a corrida eleitoral. As pesquisas do Ibope mostram esses candidatos em empate técnico até meados de setembro, quando Valéria começou a cair. No mesmo período, Duciomar estabilizou sua campanha e conquistou a dianteira.

Gráfico 2. Intenção de voto para os principais candidatos a prefeito de Belém: 1º turno (2008)

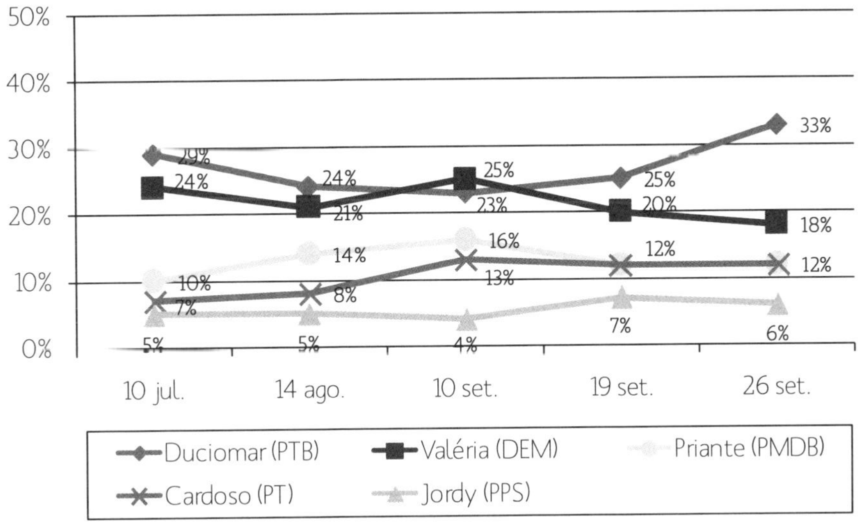

Fonte: Ibope.

A partir de meados de setembro a intenção de votar em branco/anular o voto caiu de 13% para 8%, mas os indecisos oscilavam, passando de 15% no início do mês para 8%, depois para 13% e voltando a 8% no final do mês.[5] Essa oscilação acompanha o crescimento de Priante e Mário até meados de setembro e, posteriormente, a queda de Priante e Valéria, que perdem votos na segunda quinzena do mês para Duciomar.

Com a consolidação de Duciomar na frente, configurou-se um segundo cenário em que se acirrou a disputa pela outra vaga no segundo turno. O PT, apoiado em pesquisas internas, tinha a avaliação de que Duciomar iria para o segundo turno e de que a disputa pela outra vaga seria entre Mário Cardoso

[5] Marinor Brito (Psol) sustentou patamar de 4% e João Moraes (PSL) permaneceu com cerca de 1%.

e Valéria. A estratégia petista supunha que a força da máquina municipal sustentaria a candidatura Duciomar rumo ao segundo turno, a despeito de seu significativo patamar de rejeição eleitoral naquele momento da disputa. Por isso, o candidato Mário Cardoso ataca o prefeito-candidato por um lado, e, por outro, adota a estratégia de ataque violento à candidata do PSDB/DEM. Priante, empatado com Mário Cardoso no terceiro lugar, beneficia-se da polarização PT *versus* DEM e segue relativamente protegido dos ataques do PT. Mas ele também desfere ataques contra Valéria e consegue passar para o segundo turno.

O desgaste de Valéria, provocado por ataques múltiplos e pela desconstrução de seu discurso de campanha, reflete-se em queda da preferência do eleitorado por seu nome a partir de meados de setembro. Desde o início desse mês cresce, também, a rejeição à sua candidatura. De modo semelhante, Mário Cardoso sofreu fortemente o impacto do embate e viu crescer a rejeição ao seu nome, enquanto Priante manteve-se estável em confortáveis 14% de rejeição. No final de setembro, com a diminuição da rejeição a Duciomar, ele, Mário Cardoso e Valéria tinham valores aproximados no que diz respeito a este aspecto.

Gráfico 3. Rejeição aos principais candidatos a prefeito de Belém (2008)

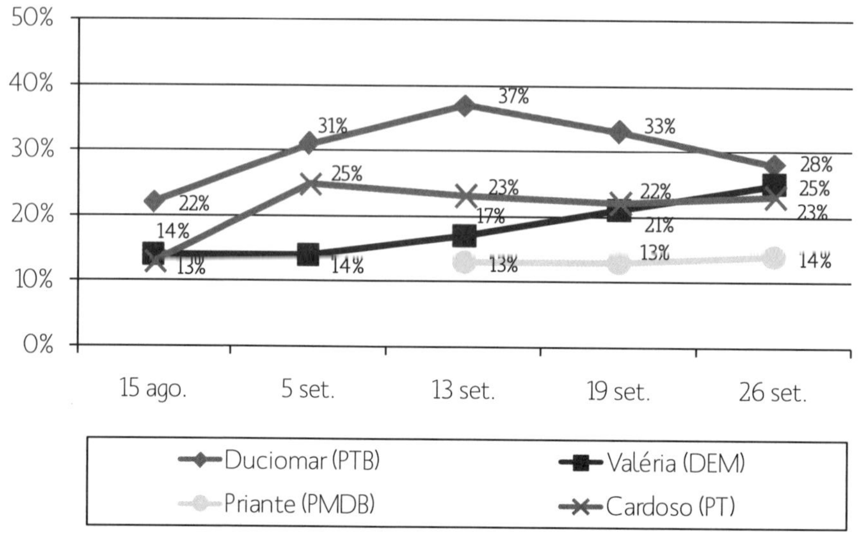

Fonte: Ibope.

Valéria, que iniciou a campanha como favorita para estar no segundo turno, foi a grande perdedora no embate do primeiro turno, que teve como resultado final Duciomar com 35,15% e Priante com 19,03%, um ponto à frente de Mário Cardoso. A pesquisa de boca de urna do Ibope no dia da eleição do primeiro turno mostrava a passagem de Duciomar Costa, e, empatados em segundo lugar, estavam Mário Cardoso e José Priante, ambos com 18% dos votos declarados. O PT acreditava que a militância na boca da urna derrotaria a candidatura do PMDB, mas errou nesse diagnóstico. Ao final das apurações, Priante derrotaria Mário Cardoso por 6 mil votos. O forte embate contra Valéria e Duciomar, embalado no desgaste do governo petista e na ligação oficial entre PT e PMDB, que inviabilizava críticas da candidatura Mário Cardoso ao passado deste partido no estado e a seu candidato, enfraqueceu o candidato petista, que foi derrotado no primeiro turno.

Gráfico 4. Resultado do 1º turno da eleição para prefeito de Belém (2008)

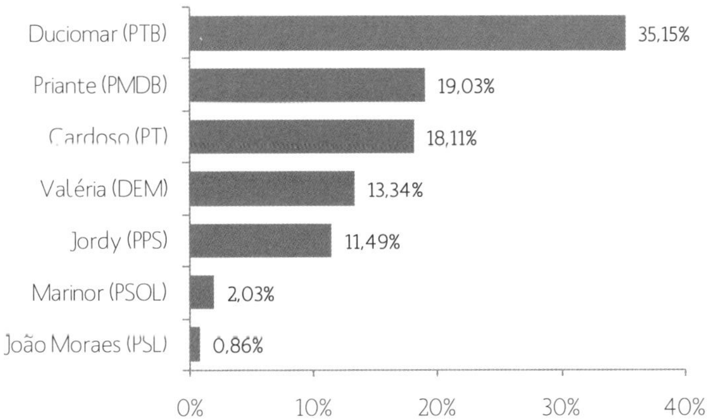

Fonte: TRE-PA.

No primeiro turno, uma candidatura ganharia notoriedade eleitoral: a do candidato do PPS Arnaldo Jordy, que conquistou 83.520 votos e chegou próximo da candidata Valéria, com apenas 2 pontos percentuais de diferença. Jordy, deputado estadual e candidato a prefeito nas eleições de 2004, centrou a estratégia de sua campanha na TV e no rádio em duas direções: por um lado, fez vigorosa denúncia da corrupção política e mostrou o abandono da cidade; por outro, apresentou uma plataforma política centrada em propostas para saúde, educação, cultura e saneamento básico.

No segundo turno a vantagem de Duciomar era segura, mantendo uma larga diferença de intenção de votos sobre seu opositor. Em meados de outubro, 81% dos eleitores já tinham definido sua opção de voto e a consideravam definitiva. Na nova reconfiguração de forças que ocorreu após o primeiro turno, Duciomar herdou o apoio do PSDB e Priante obteve o apoio do PT e do PPS. O Psol declarou voto nulo e o DEM não declarou apoio a nenhum dos candidatos.

Os eleitores de Mário Cardoso seguiram a recomendação do partido e aderiram fortemente à candidatura de Priante. Este candidato também atraiu a grande maioria dos votos de Marinor, aglutinando preferências da centro-esquerda do espectro político.[6] Já os de Jordy foram um pouco mais reticentes, e praticamente dividiram suas preferências entre os dois concorrentes que foram para o segundo turno. Embora o DEM se tenha abstido de declarar apoio a Duciomar, os eleitores de Valéria foram, em sua maioria, para o candidato do PTB.

Tabela 7. Intenção de voto no 2º turno em função do voto no 1º turno: Belém (2008)

Voto no 1º turno	Intenção de voto no 2º turno (%)		
	Duciomar (PTB)	Priante (PMDB)	Branco/nulo
Duciomar Costa (PTB)	96	4	0
José Priante (PMDB)	8	90	3
Mário Cardoso (PT)	18	76	6
Valéria Pires Franco (DEM)	66	27	7
Arnaldo Jordy (PPS)	42	38	20
João Moraes (PSL)	30	37	33
Marinor Brito (Psol)	30	54	16
Branco/nulo	26	16	59
N	1.232	794	169

Fonte: DataUnama (22 out. 2008).

Priante manteve uma campanha agressiva contra a reeleição do prefeito de Belém. A lembrança de que Duciomar já havia praticado o exercício ilegal da medicina a partir de um diploma falso, o caos da assistência em saúde e o

[6] Para o posicionamento dos eleitores na escala esquerda-direita e a respeito do peso da identificação ideológica dos eleitores sobre a direção do voto, ver Singer (2002) e Carreirão (2002).

abandono da periferia da cidade marcavam pontos na propaganda eleitoral diária desse candidato, no rádio e na TV.

No entanto, Priante era o opositor dos sonhos do prefeito Duciomar, pois poderia ser vinculado politicamente à história recente de seu tio, Jader Barbalho. Este é uma figura polêmica no Pará, devido a vários processos por corrupção na Justiça e à riqueza monumental adquirida durante sua vida política, que são motes em todas as campanhas majoritárias de que Jader participa. Além disso, a participação do PT no segundo turno da campanha de Priante era o ingrediente de que Duciomar precisava para se dirigir aos setores da classe média da capital que apostaram no governo do PT elegendo Edmilson Rodrigues em 1996, por conta do descontentamento com a experiência do PMDB no estado.

Duciomar tinha a maioria da preferência eleitoral em todas as faixas de renda, mas entre os 13% de eleitores que ganhavam a partir de três salários mínimos sua vantagem sobre Priante se intensificava.

Gráfico 5. Intenção de votos para o 2º turno por faixa de renda, em salários mínimos: Belém (2008)

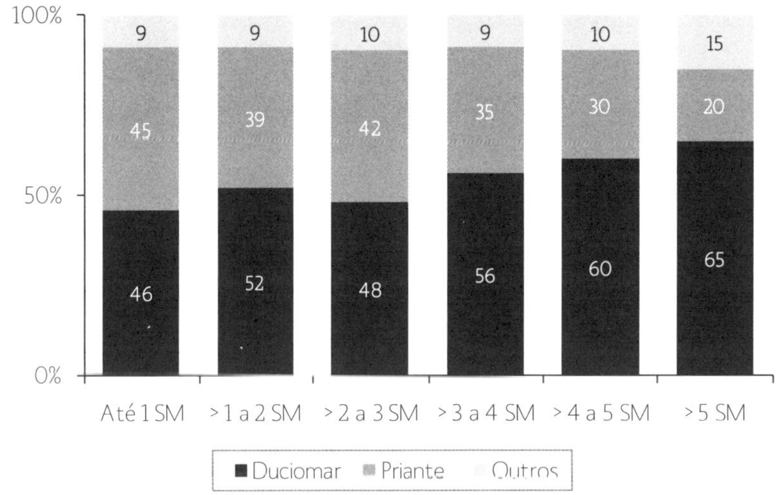

Fonte: Instituto de Pesquisa Perspectiva (23 out. 2008).

Ao final das eleições, o prefeito Duciomar Costa foi reeleito com 436.693 (59,6%) votos válidos, enquanto José Priante obteve 295.997 (40,4%). Brancos e nulos somaram, respectivamente, 5% e 14%.

A campanha: acionando a avaliação estratégica do eleitor

A campanha política nas eleições 2008, em Belém, evidencia argumentos estratégicos que mobilizaram a preferência dos eleitores, posicionando quatro candidatos como jogadores competitivos durante o primeiro turno. Mesmo com a vantagem de ser o incumbente, Duciomar enfrentava um índice elevado de rejeição, o que alimentou uma campanha muito disputada. O tempo de propaganda televisiva foi fundamental para o desenvolvimento de uma campanha acirrada entre os atores, visto que os quatro principais candidatos tinham espaço diário semelhante para divulgar seus argumentos.

Tabela 8. Tempo de televisão dos candidatos a prefeito de Belém (2008)

Coligação/partido	Candidato a prefeito	Tempo de televisão
Frente Belém Popular	Mário Cardoso	6'25"13
Melhor pra Belém	Valéria Pires Franco	6'32"14
Pra Belém ficar Pai D'égua	José Priante	6'32"14
União por Belém	Duciomar Costa	5'14"95
Frente de Esquerda	Marinor Brito	1'32"73
PPS	Arnaldo Jordy	2'17"17
PSL	João Moraes	1'25"71

Fonte: TRE-PA.

Os argumentos usados pelos principais concorrentes no horário eleitoral televisivo foram decisivos para definir as imagens que sustentaram a passagem de Duciomar e Priante para o segundo turno. O prefeito Duciomar Costa estreou nos comícios de rua e no palanque eletrônico tendo como principal competidora a ex-vice-governadora Valéria Pires Franco. Na liderança da corrida eleitoral, esses dois candidatos atraíram ataques de todos os demais competidores. Valéria viu despencar a preferência por seu nome e Duciomar pôde divulgar sua atuação como prefeito, justificando os problemas da cidade e afirmando suas iniciativas que precisariam ter continuidade.

Dois problemas centrais eram utilizados pelos discursos oposicionistas para criar rejeição a Duciomar: o caos no atendimento de emergência em saúde e a falta de obras e serviços com visibilidade pública. Ele, então, não teve dúvida em relação à estratégia de obras e marketing a priorizar. O prefeito de Belém intensificou a ação de asfaltamento e implantação de esgotos sanitários nas ruas da periferia da cidade, ao mesmo tempo que começou uma série de obras e ações no campo da saúde de emergência. Anunciou a compra de um hospital e a construção de mais de 100 leitos hospitalares nos prontos-socorros. Porém, a grande vitrine do candidato Duciomar para a classe média de Belém era o projeto Portal da Amazônia, que envolvia obras de macrodrenagem e desenvolvimento da orla da cidade, para o deleite de sua população.

A orientação de toda a estratégia de marketing de sua campanha foi centrada nestes três grandes eixos de promessas de realizações. As máquinas de asfaltamento funcionavam 24 horas por dia, e, segundo dados da própria prefeitura, teriam sido saneadas e asfaltadas 1.300 ruas nos últimos seis meses antes das eleições. Sob o lema "se o asfalto ainda não chegou à sua rua, aguarde que logo estará aí", as obras eleitoreiras do prefeito Duciomar mostraram-se eficazes para seus objetivos de reeleição. Inicialmente Duciomar ignorou os ataques da oposição e trabalhou a campanha eleitoral no palanque eletrônico em sentido propositivo. A proposta era continuar o que já havia iniciado durante seu mandato, apelando para que o eleitorado entendesse as dificuldades do enfrentamento dos problemas de Belém, que, no entanto, já estariam sendo tratados pelo prefeito em exercício.

O PT aproveitou o palanque eletrônico para tentar diminuir a rejeição à governadora do estado e, ao mesmo tempo, voltar sua artilharia para a candidata demo-tucana, creditando todas as mazelas presentes do estado à aliança PSDB/DEM, partidos que tinham comandado a coligação que governou o Pará entre 1994 e 2006. A campanha petista relacionou todas as denúncias de corrupção na Secretaria de Estado de Educação, que fora comandada pelo DEM entre 2002 e 2006, à candidata Valéria.

Mas o PT e Mário Cardoso herdaram o desgaste dos primeiros dois anos de gestão de Ana Júlia à frente do governo do estado do Pará, que detinha o título de pior governadora do Brasil, expresso em pesquisa nacional de opinião pública. Nas eleições de 2008, o candidato petista tinha índices de rejeição eleitoral que se assemelhavam à rejeição à governadora. Em uma avaliação prospectiva, os eleitores poderiam visualizar uma administração municipal tão ineficaz quanto a do estado.

No ataque à imagem de Valéria, a estratégia foi mostrá-la como a candidata dos ricos. Algumas peças de radionovela foram montadas, fundindo a imagem de Valéria à da boneca Barbie. Em um caso fazia-se a seguinte apresentação: "Esta é a boneca Barbie; ela fala, ri, promete, promete, promete...". Outra peça mostrava uma criança pobre que confundia Valéria com a boneca, pedia à sua mãe que lhe comprasse uma, mas recebia como resposta que "aquela" boneca era somente para os filhos de ricos e que o que a menina via era propaganda enganosa. No fim, os vídeos traziam a mensagem: "Governar Belém não é brincadeira".

Em pouco mais de quatro semanas de ataques, a candidata da coligação DEM/PSDB despencou nas pesquisas de opinião e a rejeição ao seu nome cresceu, passando a figurar na quarta colocação ao final do primeiro turno. A imagem política de Valéria foi ligada, de forma simples, a uma pessoa que enganava ao dizer que se preocupava com os mais necessitados. Carreirão (2002) observou que essa imagem focada no posicionamento político do candidato impacta mais fortemente nos eleitores de escolaridade mais baixa.

No primeiro turno Valéria não sofreu ataques apenas do PT. Ao perceber o crescimento inicial da candidatura DEM/PSDB, inclusive chegando a liderar as pesquisas de intenção de voto, a campanha de Duciomar desferiu ataques ferozes à candidata demo-tucana, acusando-a também de ser responsável pelos males do Pará nos últimos quatro anos em que esteve no governo estadual como vice-governadora. Os graves problemas de saúde da capital foram creditados ao governo PSDB/DEM de 2003-2007, no qual Valéria tinha indicado o secretário estadual de saúde, Fernando Dourado. Esta estratégia do candidato do PTB levou a candidata do DEM a se abster do segundo turno das eleições em Belém, não oferecendo apoio a nenhum candidato.

Valéria sentiu o impacto dos ataques e fez sua defesa na campanha televisiva: rejeitou a responsabilidade por 12 anos de governo do PSDB, afirmando que foi vice-governadora por apenas quatro anos. Também rejeitou a marca de "boneca Barbie, candidata dos ricos" que lhe fora atribuída, enfatizando sua atuação em favor dos pobres quando esteve na Secretaria de Ação Social do governo PSDB/DEM.

Após o início da queda da candidatura de Valéria, os programas de TV de Mário Cardoso passaram a atacar o prefeito de Belém. A candidatura petista mostrava o caos na saúde, a insatisfação salarial do funcionalismo municipal e as obras que considerava eleitoreiras.

O centro dos ataques da candidatura Priante também foi o prefeito de Belém. Os pontos fracos da gestão municipal em curso, expressos nas pesquisas de opinião, eram plenamente explorados no HGPE de rádio e televisão. Os problemas no atendimento em saúde e a falta de política urbana nas periferias eram o centro dos ataques do candidato do PMDB. Priante prometia transformar cada posto de saúde em uma central de urgência e implantar o funcionamento 24 horas das unidades básicas de saúde.

Duciomar dedicou-se a desmascarar as promessas de Priante. A avaliação era clara: o prefeito-candidato não poderia atacar ninguém, sob pena de ampliar sua rejeição. Foi baseado nesta lógica que Priante chegou ao segundo turno. Mas o candidato do PMDB tinha um ponto fraco que só seria explorado no segundo turno: o fato de ser da família do ex-governador Jader Barbalho.

Figueiredo e colaboradores (2000:152) afirmam que a argumentação retórica dos debates eleitorais é de natureza ficcional, no sentido de que "todos constroem um mundo atual possível, igual ou um pouco diferente do mundo atual real, e com base nele projetam um novo e bom mundo futuro possível". Enquanto o candidato da situação tem de sustentar um mundo bom e projetar um mundo melhor, a oposição tem de sustentar um mundo atual ruim e projetar um mundo bom. O quadro abaixo mostra como se estruturam as estratégias discursivas dos candidatos.

Quadro 1. Estratégias discursivas dos candidatos a prefeito de Belém (2008)*

	Situação	Oposição		
	Duciomar (PTB)	Valéria (DEM)	Mário Cardoso (PT)	Priante (PMDB)
Mundo atual	Ações na saúde de emergência, saneamento na periferia, obra Portal da Amazônia.	Incompetência administrativa.	Incompetência administrativa.	Incompetência administrativa.
Mundo futuro	Melhor condição de vida para os moradores da periferia, embelezamento da cidade.	Ações na área de saúde, cuidar das famílias.	Atuar em políticas que modifiquem as condições de vida em Belém.	Ações na área de saúde, investir na Guarda Municipal.
O que fazer	Continuidade administrativa.	Votar em uma mulher sensível aos problemas da população.	Eleger alguém como Lula, compromissado.	Mudar para um governante de iniciativa.
Garantia	Recursos próprios, recursos do governo federal.	Quando esteve no governo, trabalhou pelos mais carentes.	O legado do PT, apoio de Lula e do governo do estado.	Sua atuação como deputado e o apoio de Lula.

Fonte: HGPE dos principais candidatos em Belém (2008).

* Adaptado de Figueiredo et al. (2000).

No início da campanha, Duciomar não tinha condições de afirmar um mundo atual muito bom, e todos os seus opositores enfatizaram as fragilidades de sua administração. Mas o prefeito conseguiu convencer os eleitores, durante a campanha, que o mundo futuro desejável já estava em construção e que só a continuidade de seu governo poderia garanti-lo. Valéria não poderia ter êxito porque sua experiência anterior mostrava que o PSDB/DEM não construiu boas condições de saúde, deixando um legado negativo que ele, Duciomar, estava consertando. Mário Cardoso também não o poderia, porque seu partido não se mostrava competente no mundo atual, no âmbito do governo estadual. Priante era herdeiro de um grupo político que utilizou os benefícios do poder em causa própria, em detrimento dos cidadãos paraenses.

O voto dos eleitores belenenses

A cidade de Belém possui cerca de 1.437.600 habitantes, com um mercado eleitoral de 958.203 cidadãos, segundo dados do IBGE. Os principais problemas da cidade, apontados pelos eleitores durante a campanha, foram as condições de saúde (60%), segurança pública (53%), violência (46,%), educação (24%) e saneamento básico (23%) A maior parte do eleitorado (83%) tem um nível de escolaridade que vai do fundamental incompleto ao médio completo e afirma ser influenciada em sua escolha eleitoral principalmente pelas propostas do candidato (53%), seguidas da pessoa (32%) e do partido (21%).

Dois modelos de regressão multinomial, um para cada turno da eleição, foram estimados para analisarmos alguns dos fatores que interferiram no voto do eleitor na disputa pela prefeitura de Belém em 2008. Os dados são provenientes da pesquisa do Instituto DataUnama, realizada no dia 22 de outubro, com 2.395 eleitores. O intervalo de confiança adotado foi de 95%, com uma margem de erro de 2%. A tabela 9 apresenta os resultados do modelo multinomial para o primeiro turno.

Tabela 9. Resultados da regressão multinomial:
1º turno da eleição para prefeito de Belém (2008)

	Arnaldo Jordy (PPS)	José Priante (PMDB)	Mário Cardoso (PT)	Valéria Brito (DEM)	Outros	Não voto
Intercepto	-1,50**	-1,53**	-1,41**	-1,36**	-1,47**	-1,66**
Sexo (mulher)	-0,09	0,00	-0,09	0,44**	0,03	-0,11
Avaliação Ana Júlia (bom/ótimo)	0,29	0,22	0,64**	-0,18	0,51	-0,40
Avaliação Lula (bom/ótimo)	0,21	0,52**	1,03**	-0,14	-0,20	-0,30
Avaliação Duciomar (bom/ótimo)	-1,54**	-1,98**	-2,68**	-1,21**	-1,81**	-2,07**
Escolaridade						
Fundamental	-1,01**	0,42	-0,06	-0,10	-0,35	0,79**
Média	-0,35	-0,02	-0,10	0,01	-0,48	0,16
Idade						
16 a 34	1,08**	1,18**	0,69**	1,14**	0,88**	0,40
35 a 44	0,54*	0,85**	0,43*	0,75**	0,04	0,25
Renda familiar mensal						
Até 2 SM	-0,05	0,35	0,20	-0,59**	-0,08	0,33
2 a 5 SM	0,23	0,23	0,20	-0,35	-0,01	0,42
N: 1.779. Pseudo R^2 (Nagelkerke): 0,29. -2 Log Likelihood: 2.449,25.						

Fonte: pesquisa DataUnama para prefeito de Belém (22 out. 2008).
Nota: Duciomar Costa (PTB) é a categoria de referência.
* $p < 0,1$; ** $p < 0,05$.

Valéria

Como mostra o gráfico 2, entre o final de agosto e a primeira quinzena de setembro, justamente após o início do HGPE, a candidatura de Valéria perdeu força. Sua rejeição subiu cerca de 10%. É bastante provável que a campanha negativa em torno de sua candidatura, liderada principalmente por Mário Cardoso, tenha sido a causa desse declínio.

Ao compará-la com a boneca Barbie, os ataques à candidata do DEM buscavam enquadrá-la como uma pessoa pouco séria e despreparada para assumir a prefeitura de Belém, realçando-a como representante da elite da capital paraense. Um sinal claro de que essa estratégia funcionou pode ser visto nos resultados da tabela 10. Os eleitores de menor renda e que ganhavam, no máximo, até dois salários mínimos claramente rejeitaram Valéria em favor de Duciomar. Esse resultado é ainda mais significativo porque essa relação não foi observada em nenhum dos outros candidatos. Se o quesito renda pesou no primeiro turno, foi contra a candidata do DEM.

Jordy

Como já observado, Arnaldo Jordy fez vigorosa denúncia de corrupção, falando a um eleitorado cioso de ética na política. Infelizmente, os dados do DataUnama não trazem nenhuma pergunta que busque medir o nível de preocupação dos eleitores com a corrupção e o quanto isso poderia ter influenciado seus votos a favor do candidato do PPS.

Os resultados da tabela 10 mostram que os eleitores mais jovens tinham uma predileção por Jordy em relação a Duciomar. Mas o mesmo também aconteceu em relação aos demais candidatos. Nesse sentido, não é possível dizer que a idade tenha funcionado como um preditor exclusivamente a favor do candidato do PPS. Tudo indica que a idade dividiu os eleitores belenenses em suas preferências: os mais jovens apresentaram uma propensão a votar na oposição e os mais velhos revelaram uma inclinação a votar em Duciomar.

Ainda em relação a Jordy, os resultados também mostram uma associação no mínimo incômoda. Os eleitores de menor escolaridade preferiram votar em Duciomar e não em Jordy. Essa associação apareceu apenas em relação aos candidatos do PTB e do PPS, entre todos os principais candidatos da oposição. Se a plataforma de campanha de Jordy foi centrada na ética, isso seria uma indicação de que, ao menos em Belém, os eleitores de menor escolaridade dão pouca importância a essa questão? Acreditamos que não.

Como mostra a tabela 8, Jordy tinha apenas pouco mais do que dois minutos de tempo na televisão. Isso representava, em média, cerca de quatro minutos menos do que seus principais concorrentes, todos os dias em que foi veiculado o HGPE. É bastante provável, portanto, que a estratégia de campanha de Jordy tenha alcançado, de maneira substantiva, apenas os eleitores mais atentos e interessados em política e nas eleições, e que geralmente se dispõem, com maior frequência, a acompanhar os programas políticos dos candidatos. E esses se encontram, em grande medida, entre aqueles com maior escolaridade, como já mostraram vários estudos clássicos sobre o comportamento eleitoral (Lazarsfeld, Berelson e Gaudet, 1948; Berelson et al., 1954; Converse, 1962).

Priante e Cardoso

Críticos acusaram a governadora Ana Júlia Carepa de não se engajar na campanha de Cardoso e de favorecer a reeleição de Duciomar ao repassar recursos para a prefeitura asfaltar as ruas da cidade durante o ano de 2008. Tal atitude teria sido motivada por uma luta de poder interna do PT belenense. Uma vitória de Cardoso criaria uma segunda força política dentro do partido, o que poderia atrapalhar os planos de sucessão estadual da governadora em 2010. No entanto, se este foi mesmo o plano, ele parece não ter funcionado a contento, já que a aprovação de Ana Júlia claramente foi mais favorável a seu correligionário do que ao opositor, do PTB. Afinal, como mostram os resultados expostos, avaliar a governadora do Pará de maneira positiva aumentava as chances de o eleitor preferir Cardoso a Duciomar.

Em Belém, em 2008, PT e PMDB adotaram uma estratégia de não agressão no primeiro turno da eleição. Além de serem aliados no plano nacional, petistas e peemedebistas tinham em vista uma provável aliança no segundo turno. De positivo, essa política de boa vizinhança trouxe votos para os dois partidos, especialmente quando levamos em conta a influência da popularidade do presidente Lula para o voto em Priante e Cardoso. Como mostram os resultados apresentados na tabela 10, o fato de o eleitor avaliar o governo Lula de modo positivo aumentava as chances de votar nos candidatos do PT e do PMDB em lugar de votar em Duciomar. Como era de se esperar, no entanto, os valores dos coeficientes dessa variável indicam que a influência de Lula era praticamente duas vezes mais favorável ao candidato de seu partido.

Apesar desses apoios, Cardoso e Priante tinham um forte "inimigo" em comum: a avaliação positiva de Duciomar. Ela foi sempre um bom preditor de voto a favor do candidato do PTB em relação a todos os seus principais concorrentes e teve muito mais influência do que a avaliação de Lula e de Ana Júlia sobre o voto do eleitor.

Esses resultados apontam para questões importantes. Parece ter sido bem-sucedida a estratégia de buscar reverter o quadro de avaliação negativa em que se encontrava o governo de Duciomar no início da disputa. Como mostra o gráfico 1, durante a campanha do primeiro turno, o então prefeito conseguiu aumentar sua avaliação positiva em cerca de 14%. Esses números parecem ter ficado ainda melhores no segundo turno, provavelmente em função dos estímulos da campanha do candidato do PTB. Segundo os dados da pesquisa do DataUnama de 22 de outubro de 2008, 47% dos eleitores avaliavam o governo Duciomar de maneira positiva. Apenas o governo do presidente Lula, com 56% de avaliação boa ou excelente, encontrava-se em patamar mais elevado.

Os dados dessa mesma pesquisa também mostram que apenas 30% dos eleitores avaliavam Ana Júlia Carepa positivamente. Por mais que seu apoio fosse importante e trouxesse votos para o candidato do PT, tal percentual não fez da governadora um forte cabo eleitoral. Provavelmente o contrário também tenha acontecido: avaliar a governadora de modo regular ou negativo tirou votos de Cardoso.

Esse parece ser um fator importante para explicar por que Priante, e não o candidato do PT, passou para o segundo turno. O gráfico 3 mostra que a rejeição a Cardoso cresceu 10%, enquanto o candidato do PMDB permaneceu estável nesse aspecto. A campanha, nesse sentido, parece ter ativado, na mente do eleitor, a relação entre um governo mal-avaliado, como o de Ana Júlia, e o candidato de seu partido. Esse foi o principal foco de ataque a Cardoso pelos seus concorrentes, que mesmo a grande popularidade do presidente Lula não foi capaz de reverter.

A tabela 10 apresenta os resultados de um modelo multinomial para o segundo turno da eleição de 2008 em Belém.

Os resultados reforçam as análises feitas sobre o primeiro turno. A idade do eleitor continuou a ser um fator relevante para a decisão de voto em Belém. Os eleitores mais jovens preferiram votar na oposição a apoiar a continuidade do governo do então prefeito. O gráfico 5 já havia mostrado que o aumento da renda do eleitor fazia crescerem as chances de ele votar em Duciomar e não em Priante. Os resultados da tabela 10 confirmam essa percepção. Os números mostram que os eleitores com uma renda familiar mensal de até dois salários mínimos preferiam votar no candidato do PMDB. Mas essa associação perde força à medida que a renda cresce.

A avaliação positiva do presidente Lula e a da governadora Ana Júlia Carepa foram fatores importantes para o voto em Priante e não em Duciomar. Ao mesmo tempo, não conseguiram ser elementos fortes o suficiente para reverter o quadro favorável ao candidato do PTB. Mesmo que a avaliação do presidente da República e da governadora do estado tenham sido elementos importantes na dinâmica das disputas municipais, já que interferiram no voto do eleitor, ela não foi decisiva a ponto de mudar o resultado das urnas. Assim, em 2008, o eleitor de Belém votou com um olho no Palácio do Planalto, outro no Palácio dos Despachos, mas com os pés fincados e a mente voltada para o dia a dia da cidade de Belém, capital do estado do Pará.

Tabela 10. Resultados da regressão multinomial:
2º turno da eleição para prefeito de Belém (2008)

	José Priante (PMDB)	Branco e nulo
Intercepto	-1,14**	-1,01**
Sexo (mulher)	-0,02	-0,05
Avaliação Ana Júlia (bom/ótimo)	0,62**	0,04
Avaliação Lula (bom/ótimo)	0,79**	-0,63**
Avaliação Duciomar (bom/ótimo)	-2,51**	-2,34**
Escolaridade		
Fundamental	0,24	0,42
Médio	0,11	-0,11
Idade		
16 a 34	0,68**	0,89**
35 a 44	0,56**	0,28
Renda familiar mensal		
Até 2 SM	0,54**	-0,72**
2 a 5 SM	0,41*	-0,37
N = 1.723. Pseudo R^2 (Nagelkerke) = 0,35. -2 Log Likelihood = 960,64.		

Fonte: pesquisa DataUnama para prefeito de Belém (22 out. 2008).
Nota: Duciomar Costa (PTB) é a categoria de referência.
* p < 0,1; ** p < 0,05.

Conclusão

A eleição 2008, em Belém, foi bastante competitiva porque se deu em um contexto em que o desgaste do prefeito Duciomar abria a possibilidade de que o mesmo não fosse bem-sucedido em sua pretensão de reeleição. A avaliação retrospectiva dos eleitores foi acionada durante a campanha e foram-lhes oferecidos prospectos de futuro cujas alternativas punham em vantagem a continuidade da administração municipal. Enquanto Valéria deixava de ser avaliada como uma boa alternativa por parte do eleitorado, a preferência por Duciomar aumentava, tirando votos não só de Valéria mas também de Priante.

O êxito de Duciomar pode ser atribuído aos recursos disponíveis ao detentor do poder na administração municipal e à competição acirrada entre os três candidatos que disputavam uma vaga no segundo turno. Durante o período de campanha o eleitor modificou sua visão sobre a administração do prefeito, o que fez crescer sua avaliação positiva. O acirramento da disputa, na qual os ataques se dirigiam ao prefeito mas também se davam entre seus principais oponentes, atingiu principalmente Valéria, que teve sua imagem política afetada. Sua pretensão de competente defensora dos desprotegidos foi desqualificada ao ser apresentada como defensora dos ricos e demonstrada sua responsabilidade em governos passados em que DEM e PSDB haviam sido aliados.

Nossa análise mostrou que a maioria dos eleitores de Belém preferiu apostar na continuidade, não pela excelência da administração Duciomar, mas sim por uma escolha estratégica que otimizaria os benefícios dos eleitores se o reelegessem. Seria melhor o prefeito continuar o que estava fazendo do que trocá-lo por uma candidata que representaria o interesse da menor fatia do eleitorado – as elites ricas de Belém. Os que sofriam com o problema mais enfatizado na campanha eram as fatias da população de menor renda e escolaridade, que utilizam os serviços de saúde pública.

Mário não conseguiu atrair o voto do eleitorado devido à baixa aprovação do governo Ana Júlia naquele momento. Apesar de o contexto nacional pesar a favor deste candidato, com a alta avaliação do governo Lula, na eleição local o eleitor deu maior importância ao que estava observando em seu contexto imediato. Afinal, se não se via uma boa atuação do governo do PT no estado, por que acreditar que no município seria diferente?

Priante também não teve êxito devido à baixa credibilidade de uma candidatura apoiada por Jader Barbalho. Apesar de ligar sua imagem ao governo bem-sucedido do presidente Lula, não conseguiu atrair todo o apoio necessário à sua candidatura.

A pesquisa também mostrou que Jordy conseguiu se destacar no primeiro turno das eleições, ficando em empate técnico com Valéria. Mas seu discurso em favor da ética só teve peso entre os eleitores mais instruídos, devido aos poucos recursos de campanha que tinha. Ele concorreu sozinho pelo PPS, sem contar com apoio de fortes estruturas administrativas de poder e com pouco tempo de propaganda televisiva.

Por fim, nossa análise deixou claramente identificada a racionalidade do eleitor que avalia as alternativas de voto disponíveis, considerando as informações fornecidas durante a campanha. A escolaridade e a renda dos eleitores afetam esse cálculo, que considera a relação dos candidatos com a atuação dos grupos políticos constituídos no estado e a imagem política dos candidatos em termos de desempenho e credibilidade.

12. Crônica de uma vitória anunciada: a reeleição de Íris Rezende em Goiânia

DENISE PAIVA

PEDRO FLORIANO RIBEIRO

HELOISA DIAS BEZERRA

O resultado das urnas em 2008 não trouxe qualquer surpresa, pois, desde o início da campanha, a reeleição de Íris Rezende (PMDB) como prefeito de Goiânia era tida como garantida. Não se pode afirmar, portanto, que tenha sido uma eleição cercada de expectativas e reviravoltas: todas as pesquisas realizadas ao longo da campanha eleitoral mostravam o favoritismo do prefeito. Em nosso entendimento, a peça-chave para compreender esses dados é a avaliação bastante favorável da administração municipal. Por conseguinte, nossa principal hipótese explicativa para compreender a escolha eleitoral dos goianos em 2008 se alicerça no voto retrospectivo (Downs, 1999; Fiorina 1981; Catt, 1996; Carreirão, 2002). De acordo com esse modelo, o eleitor compara o desempenho governamental e o confronta com a plataforma de seus opositores. Caso a avaliação seja positiva, vota no candidato do governo; caso seja negativa, vota na oposição. Voltaremos a esse assunto adiante.

Nosso objetivo, neste capítulo, é analisar como ocorreu o fenômeno acima, no pleito realizado em 2008, e, mais especificamente, responder por que o eleitor reelegeu o prefeito de Goiânia. Para cumprir esse intento, em primeiro lugar apontaremos a evolução e os resultados das disputas para a prefeitura da capital de Goiás a partir de 1985, ano em que foram restabelecidas as eleições diretas para as capitais, até a reeleição de Íris Rezende. Na segunda seção analisaremos mais detidamente a dinâmica da campanha de 2008, para compreender as estratégias discursivas e políticas levadas a cabo pelos candidatos. Em seguida, examinaremos o papel das variáveis socioeconômicas e demográficas, bem como a satisfação com a gestão municipal na conformação da preferência do eleitorado. Outro item avaliado será a evolução da intenção do voto. Por fim, apontaremos qual das variáveis mencionadas produz uma resposta mais consistente para a pergunta central do capítulo.

As eleições para a prefeitura de Goiânia: atores e resultados

Desde 1985 as disputas para a prefeitura da capital goiana caracterizaram-se por uma polarização entre as principais forças políticas locais (Almeida et al., 2000; Paiva e Krause, 2002). Afinal, trata-se do maior colégio eleitoral e da cidade mais importante do estado. Ademais, na maioria das vezes o resultado desse pleito tem servido para balizar as disputas para o governo do estado em termos de articulação das principais forças políticas regionais e sua viabilidade eleitoral. O PMDB, no período analisado, foi a legenda que ocupou por mais tempo a prefeitura de Goiânia, seguido pelo PT, que elegeu dois prefeitos, como mostra a tabela 1. Houve, ainda, alguns percalços para os peemedebistas, uma vez que foram derrotados em três pleitos consecutivos, no período de 1992 a 2000, não obstante a expressiva votação obtida em outros níveis da competição eleitoral, quase se configurando como partido hegemônico em Goiás até o início dos anos 1990 (Paiva e Batista, 2004; Paiva, 2008).

Tabela 1. Prefeitos eleitos em Goiânia (1985-2004)

Eleição	Prefeito	Partido	% votos
1985	Daniel A. de Oliveira	PMDB	48,76
1988	Nion Albernaz	PMDB	36,71
1992	Darci Accorsi (2º turno)	PT	54,69
1996	Nion Albernaz (2º turno)	PSDB	55,71
2000	Pedro Wilson (2º turno)	PT	55,76
2004	Íris Rezende (2º turno)	PMDB	57,71

Fontes: TRE-GO; Paiva e Krause (2002).

Em 1985 o candidato do PMDB foi eleito com 48,7% da preferência do eleitorado e 5% a mais de votos que o candidato petista Darci Accorsi, que obteve 43,5%; os demais candidatos ficaram com, no máximo, 3% cada um. Em 1988, PT e PMDB polarizaram a eleição para prefeito e o candidato do PMDB venceu no primeiro turno, com diferença inferior a 4% dos votos.[1]

[1] A eleição em um único turno foi muito criticada por todos os candidatos, com exceção do peemedebista Nion Albernaz (Paiva e Krause, 2002). Os demais candidatos receberam a seguinte votação: Sandes Jr. (PFL) ficou com 20,5%, Luiz Bittencourt (PDC) obteve 10,5%, Luiz Okamoto (PDT), 5,1% e Vagner Vilela (PTR), 1,95% (Paiva e Krause, 2002).

Nas eleições seguintes, realizadas em 1992, o segundo turno foi disputado por petistas e peemedebistas: Darci Accorsi, do PT, foi eleito com 54,7% dos votos e Sandro Mabel ficou com 45,3%. Em 1996, o PSDB elegeu o prefeito de Goiânia pela primeira vez, e o escolhido foi Nion Albernaz, que já havia ocupado o cargo anteriormente, quando estava no PMDB (ver tabela 1). Albernaz foi sucedido, em 2000, por Pedro Wilson, do PT, eleito no segundo turno com 55,7% dos votos contra o ex-prefeito Darci Accorsi, que havia sido eleito pelo PT, mas, naquela eleição, concorria pelo PTB (Paiva e Krause, 2002).

Em 2004 a disputa se concentrou basicamente entre os candidatos Íris Rezende, do PMDB, e o prefeito petista Pedro Wilson, que buscava a reeleição e acabou derrotado no segundo turno. Íris Rezende foi eleito com 57,71% dos votos e Pedro Wilson obteve 43,3%.[2] Desta feita o êxito nas eleições de 2004 foi uma dupla vitória para o PMDB. Por um lado, significou o retorno do partido à prefeitura de Goiânia após três derrotas consecutivas. Por outro, possibilitou o resgate da imagem de seu líder, Íris Rezende, que havia sofrido dois reveses eleitorais, em 1998 e 2002, que o deixaram sem mandato pela primeira vez em 20 anos.

Para compreender melhor essa questão, faremos um retrospecto da longa trajetória de Íris Rezende na política goiana. Sua carreira política se iniciou no final dos anos 1950 – mais especificamente em 1958 –, quando disputou a eleição para vereador em Goiânia, pelo PTB. Naquela ocasião obteve a maior votação até então alcançada para o cargo, fato que se repetiu em 1962, ao se eleger deputado estadual pelo PSD, e, em seguida, presidente da Assembleia Legislativa. Em 1965, foi eleito prefeito de Goiânia pelo PSD, mas não pôde cumprir todo o mandato, pois foi cassado pelo regime autoritário em 1966. Após a cassação, dedicou-se à carreira de advogado e à preparação do retorno à política.

Com a restituição de seus direitos políticos propiciada pela anistia, Íris Rezende foi eleito governador em 1982, pelo PMDB. No entanto, não cumpriu todo o mandato e renunciou para exercer o cargo de ministro da Agricultura no governo de José Sarney (1985-1990). Em 1990 venceu novamente a eleição para governador e, em seguida, em 1994, elegeu-se senador. Em 1997 licenciou-se do Senado Federal para exercer o cargo de ministro da Justiça na primei-

[2] De acordo com os dados do TSE, no primeiro turno Íris Rezende e Pedro Wilson ficaram com 47,4% e 23% dos votos, respectivamente. Já os demais candidatos obtiveram o seguinte desempenho: Darci Accorsi (PTB) 4,5%; Sandes Jr. (PP) 18,7%; R. Donizetti (PSTU) 0,3%; Raquel Azeredo (PFL) 3,5%; Ranieri Lopes (PTC) 0,6%; e Izaura Lemos (PDT) 1,7%.

ra gestão de Fernando Henrique Cardoso (1995-1998). Em 1998 deixou o ministério para tentar a terceira eleição para o governo do estado, mas foi derrotado, no segundo turno, pelo então jovem deputado federal do PSDB, Marconi Perillo. Essa foi sua primeira derrota eleitoral, que foi logo seguida por outra, na disputa de uma cadeira no Senado, em 2002. A partir de então decidiu retirar-se da cena política, ainda que por pouco tempo, pois, em 2003, anunciou seu retorno. Naquele ano disputou a direção do diretório regional do PMDB, tendo sido eleito por aclamação e, em seguida, passou a articular sua candidatura para a prefeitura da capital.[3]

Após ser eleito em 2004, Íris Rezende pleiteou a reeleição e teve sua candidatura homologada no final de junho de 2008, em convenção partidária que reuniu antigos e ferrenhos adversários na política municipal: PMDB e PT. A decisão de se aliar ao PMDB foi tomada em uma reunião do PT realizada em 19 de abril de 2008, e teve 126 votos favoráveis, 19 contra e duas abstenções. A proposta teve forte resistência de alguns setores do partido, mas, ao final, as elites petistas conseguiram aprová-la. Íris Rezende ofereceu ao partido a vaga de vice e a possibilidade futura de o titular se candidatar ao cargo de governador em 2010, o que de fato ocorreu. O vice-prefeito indicado foi o médico e ex-deputado estadual pelo PT, Paulo Garcia.

A aliança entre PMDB e PT para reeleger Íris Rezende prefeito de Goiânia foi a grande novidade na política local em 2008, devido ao histórico de rivalidade entre ambos os partidos, conforme mostramos acima. O mote central para a celebração desse pacto foi o fato de peemedebistas integrarem a coalizão de partidos que apoiavam o presidente Lula da Silva, do Partido dos Trabalhadores, além da probabilidade de continuarem juntos em 2010 para eleger seu sucessor.

As afirmações do deputado federal Rubens Otoni (PT-GO) corroboram nosso argumento: "Quanto mais capazes formos de construir unidade em 2008, maiores as possibilidades de estarmos juntos em 2010". Ainda segundo Otoni, o partido decidiu trocar as tradicionais alianças com partidos de esquerda pelas siglas que apoiam o governo federal. Nesse sentido, ainda de acordo com Otoni, o PMDB, por ser o maior partido, está presente em mais municípios, o que explicaria um número mais significativo de coligações com aquela sigla.[4] Pode-se

[3] Jornal *O Popular*, 14 mar. 2010 e 11 nov. 2008. Disponível em: <www.opopular.com.br/>. Acesso em: 15 mar. 2010.

[4] Jornal *Opção*, n. 1.721, 29 maio/5 jun. 2008. Disponível em: <www.jornalopcao.com.br>. Acesso em: 26 mar. 2010.

concluir, portanto, que a estratégia adotada pelos petistas goianos não difere da tônica encampada pelo partido nos anos mais recentes, isto é, buscar um número maior e mais diversificado de alianças eleitorais. O objetivo dessa tática é maximizar as chances do partido no mercado eleitoral, conforme vários estudos sobre o tema têm apontado (Samuels, 2004, 2008; Hunter, 2009; Paiva e Ribeiro, 2009).

No entanto, outras variáveis, diretamente ligadas à dinâmica da política local, também contribuem para explicar a coligação entre PT e PMDB em 2008. Em primeiro lugar, a dificuldade dos petistas em lançar um candidato competitivo, isto é, com chances reais de se eleger prefeito de Goiânia. Já os pemedebistas uniram-se aos antigos adversários para aglutinar forças com vistas a enfrentar um adversário comum, o PSDB e seus principais aliados, DEM e PP, nas eleições de 2010.

Além de PMDB e PT, outros 10 partidos integraram a coligação capitaneada pela candidatura de Íris Rezende: PCdoB/PSDC/PDT/PMN/PTC/PSC/PR/PHS/PRT e PRB. Além do prefeito, outros três candidatos também se apresentaram para disputar o voto do eleitor goianiense: o deputado federal Sandes Jr. (PP), Gilvane Felipe (PPS) e Martiniano Cavalcante (Psol).

O deputado Sandes Jr., do Partido Progressista, já havia disputado, sem sucesso, as eleições para o Executivo municipal, em 1992, pelo PFL.[5] O candidato progressista desfruta de grande popularidade, resultante de sua atuação como radialista há mais de três décadas, o que lhe confere um capital político considerável. Portanto, é um nome bastante conhecido do eleitorado e está exercendo seu segundo mandato como deputado federal. Em 2008, Sandes Jr. liderou a coligação Goiânia da Gente, integrada pelos seguintes partidos: PSDB/DEM/PSB/PTB/PTdoB e PTN.

Merece destaque o fato de, não obstante o capital político mencionado, construído pela longa carreira como radialista, o deputado Sandes Jr. já haver disputado duas vezes a prefeitura de Goiânia, sem obter sucesso. Nas duas ocasiões sequer chegou ao segundo turno ou obteve votação expressiva. Portanto, seu apelo midiático tem um alcance limitado quando se trata de eleições majoritárias. Em outros estudos, caberia explorar um pouco mais as razões do que parece ser um paradoxo.

Em 2008, Sandes Jr. contou com o apoio do Executivo estadual, chefiado por Alcides Rodrigues, seu correligionário, e do senador tucano Marconi Perillo,

[5] O deputado obteve 20,47% dos votos e foi derrotado logo no primeiro turno. O segundo *round* das eleições foi disputado por Sandro Mabel, do PMDB, e Darci Accorsi, do PT, o segundo vitorioso com 54,9% dos votos (Paiva e Krause, 2002).

ex-governador. É oportuno mencionar que este último logrou derrotar Íris Rezende nas eleições para o governo do estado em 1998, e foi reeleito para um segundo mandato consecutivo em 2002. Ao deixar o cargo, elegeu seu sucessor, o então vice-governador Alcides Rodrigues. Desde o final dos anos 1990, Marconi Perillo e Íris Rezende têm polarizado a disputa política no âmbito regional. A coligação Goiânia da Gente aglutinou, assim, os partidos políticos que têm convergido na oposição a Íris Rezende, especificamente PSDB, DEM e PP.

Os demais postulantes ao cargo de prefeito – Gilvane Felipe, do PPS, e Martiniano Cavalcante, do Psol, não detinham mandato parlamentar, experiência no Poder Executivo, e tampouco eram muito conhecidos pelo eleitorado. Gilvane Felipe ocupou o cargo de presidente do Sebrae-GO no primeiro mandato de Marconi Perillo (1999-2003) e Martiniano Cavalcante já disputara a prefeitura de Goiânia pelo PSTU em 1996, entre outras eleições, como para o Senado, em 2002. Em relação às alianças eleitorais, os candidatos não aglutinaram muitos partidos em torno de suas propostas: Gilvane Felipe se aliou ao Partido Verde e Martiniano Cavalcante saiu em coligação com PCB e PSTU. Ambas as candidaturas não tinham vínculos com as duas forças políticas que polarizaram a eleição municipal e se instituíram como oposição ou alternativa às mesmas. Ademais, serviram para tornar os candidatos e seus partidos mais conhecidos, por conseguinte ampliando oportunidades de vitória em pleitos futuros, bem como contribuíram para tornar a disputa mais plural e competitiva ao oferecer mais alternativas ao eleitor.

Tabela 2. Resultado da eleição para prefeito de Goiânia em 2008

Candidato/partido	Votação (%)
Íris Rezende - PMDB (PT, PCdoB, PSDC, PDT, PMN, PTC, PSC, PR, PHS, PRT e PRB)	74,16
Sandes Jr. - PP (PSDB, DEM, PSB, PTB, PTdoB, PTN)	15,75
Gilvane Felipe - PPS (PV)	5,2
Martiniano Cavalcante - Psol (PCB, PSTU)	4,8
Brancos	2,64
Nulos	6,06
Votos válidos	91,30

Fonte: TRE-GO.

A tabela 2 mostra que o resultado final da competição foi amplamente favorável a Íris Rezende, que obteve, no primeiro turno, 74,16% dos votos, tornando-se o primeiro prefeito goianiense a se reeleger para o cargo. Para interpretar esse resultado passaremos, agora, a analisar a disputa pela prefeitura de Goiânia a partir da retórica da campanha eleitoral e estratégia adotada pelos competidores.

A campanha eleitoral: o pragmatismo do eleitor

No Brasil a propaganda eleitoral televisiva é apontada como a mais promissora, não apenas para a apresentação propositiva das candidaturas, mas, e principalmente, como meio privilegiado para a concretização de ataques contundentes aos adversários. Contudo, as pesquisas de opinião têm demonstrado, de forma contínua, que, em se tratando de ataque, nem todas as ações de marketing são recebidas positivamente, principalmente quando o eleitorado já foi bombardeado com o mesmo argumento em pleitos anteriores. Ou seja, acusações antigas, sem novidades, não costumam ser bem-recebidas, a não ser quando muito bem trabalhadas pelos estrategistas e pelo marketing político.

Na campanha protagonizada por Íris Rezende (PMDB), Sandes Jr. (PP), Gilvane Felipe (PPS) e Martiniano Cavalcante (Psol), a estratégia dos desafiantes manteve a lógica da campanha ofensiva, mas os ataques não apresentavam a coerência e contundência necessárias para induzir a maioria do eleitorado a refletir sobre a não reeleição do prefeito. Muitos dos ataques feitos a Íris Rezende não passavam de acusações requentadas, feitas em campanhas anteriores.

Nesse contexto, em 2008 o candidato à reeleição, Íris Rezende, navegou sozinho em "céu de brigadeiro", praticamente sem adversários, já que as demais candidaturas não conseguiram polarizar o debate de modo a construir possibilidades efetivas de contra-ataque à sua inequívoca hegemonia eleitoral e política. Em termos de tempo para realização da propaganda eleitoral gratuita no rádio e na televisão, a diferença entre a coligação do oposicionista Sandes Jr. e a do mandatário reeleito não foi significativa e poderia ter sido mais bem-utilizada, seja para atacar ou para construir um discurso proativo.

Para a presente análise tomamos como premissa que a estratégia discursiva dos candidatos é resultante de uma combinação de estratégias políticas que envolvem as candidaturas de modo mais amplo, por exemplo, circunstâncias históricas e pré-eleitorais, bem como o comportamento dos concorrentes decorrente, especificamente, do embate político-eleitoral em curso.

Tabela 3. Tempo de HGPE dos candidatos a prefeito de Goiânia (2008)

Candidato	Coligação	Tempo na TV
Íris Rezende (PMDB)	Goiânia em Primeiro Lugar (PMDB/PT/PCdoB/PSDC/PDT/ PMN/PSL/PTC/ PRP/PSC/PR/PHS/PRT/PRB)	12'19"
Sandes Jr. (PP)	Goiânia da Gente (PP/PSDB/PTB/PTdoB/PTN/DEM/PSB)	11'11"
Gilvane Felipe (PPS)	Goiânia em Movimento (PPS/PV)	3'51"
Martiniano Cavalcante (Psol)	Frente de Esquerda - O Poder em Suas Mãos (PCB/Psol/PSTU)	2'37"

Fonte: TRE-GO.

Para interpretar essas estratégias discursivas analisamos os programas eleitorais veiculados no HGPE (horário gratuito de propaganda eleitoral) no rádio e na televisão, tomando-os isoladamente como unidade de análise e destacando, no somatório, os principais elementos formadores do discurso de cada candidato. Nosso principal referencial metodológico é o artigo de Figueiredo e colaboradores (2000) repaginado, entre outros, por Bezerra e Borges (2009).[6] Do conjunto de variáveis propostas nos trabalhos anteriormente referidos, selecionamos, para este capítulo, aquelas que apresentaram melhor resultado analítico. Conforme poderá ser visto nas tabelas 4 a 8, o somatório dos índices percentuais não perfaz 100%, pois o trabalho de análise deve considerar que o conjunto de elementos verbais e não verbais utilizados na construção discursiva comporta apelos diferentes e não necessariamente antagônicos.

A campanha de Íris Rezende foi marcada por um discurso retrospectivo, com ênfase na trajetória político-administrativa e nas realizações de seu primeiro governo. Um detalhe interessante foi o uso intenso do chamado *Povo Fala*, programas quase integralmente dedicados à exposição de depoimentos populares sobre o passado do candidato e suas realizações à frente da gestão municipal. Para convencer o eleitorado, o candidato se valeu mais da proposição, de uma campanha proativa, mas não dispensou o discurso mais ingênuo e embalado pela tática do puro encantamento.

---

[6] Explicação detalhada sobre as categorias empregadas podem ser encontradas nos autores citados.

Tabela 4. Retórica dos candidatos a prefeito no HGPE: técnica empregada na persuasão do eleitorado (%)

	Íris Rezende	Sandes Jr.	Gilvane Felipe	Martiniano Cavalcante
Sedução	62,50	43,75	6,25	73,33
Proposição	93,75	50,00	100,00	26,66

Fonte: Bezerra e Borges (2009).

A propaganda de Íris Rezende denotou uma estratégia voltada para a consolidação de uma memória afetiva favorável, com uso equilibrado de apelos pragmáticos e emocionais. O passado era apenas uma referência para falar do presente e, principalmente, do futuro. Seus adversários usaram a mesma estratégia, mas, em função das trajetórias individuais, não tinham como lançar mão de um repositório de eventos e personagens suficientes para antagonizar com a história do prefeito.

Tabela 5. Apelo dos candidatos a prefeito no HGPE: principais elementos invocados na construção discursiva (%)

	Íris Rezende	Sandes Jr.	Gilvane Felipe	Martiniano Cavalcante
Pragmático	100,00	93,75	100,00	80,00
Emocional	75,00	87,5	60,00	80,00

Fonte: Bezerra e Borges (2009).

Essa memória afetiva reconstruída durante a campanha teve como suporte primordial, conforme referido, a palavra e o sentimento do povo, que dividiu com o candidato a ancoragem dos programas eleitorais. Isto permitiu um interessante entrelaçamento entre estratégia política e discursiva, visto que o candidato não fez grandes comícios, mas visitou ostensivamente as comunidades beneficiadas por suas ações administrativas. A fala do povo foi largamente usada, principalmente nos momentos em que Íris Rezende não estava presente às visitas, ou seja, a propaganda buscou demonstrar uma quase simbiose entre o candidato e a comunidade à qual vinha servindo desde o início de sua carreira política.

Neste caso, o conceito de democracia de público (Manin, 1995) pode ser aplicado em sua plenitude, tanto pela presença ostensiva do candidato como âncora dos programas e comerciais eleitorais quanto pela interação direta com o público, seguindo as novas tendências da comunicação de massa. Lembramos que, para este autor, uma das características marcantes das campanhas eleitorais da atualidade é a presença ostensiva do candidato como apresentador de sua própria campanha. Para compreender esta dimensão utilizamos a variável "orador dominante", ou seja, quais são os sujeitos que predominam na montagem dos programas eleitorais e que têm por função apresentar o candidato aos eleitores.

Tabela 6. Orador dominante:
figura principal na condução dos programas na TV (%)

	Íris Rezende	Sandes Jr.	Gilvane Felipe	Martiniano Cavalcante
Próprio candidato	93,75	43,75	100,00	93,33
Povo	87,5	31,25	6,25	6,66

Fonte: Bezerra e Borges (2009).

A trajetória político-administrativa dos candidatos é um dos elementos mais explorados pelo marketing eleitoral com o objetivo de trabalhar a confiança dos eleitores. A experiência sempre conta pontos, mas nos últimos anos o fato de ser um *outsider* na política também tem sido usado como fator positivo pelos candidatos. De modo geral, os *outsiders* são apontados como "limpos", ou seja, não envolvidos em escândalos de corrupção e potencialmente inovadores quanto a um estilo velho de fazer política.

Tabela 7. Referências do candidato a prefeito no HGPE:
elementos para a construção da candidatura (%)

	Íris Rezende	Sandes Jr.	Gilvane Felipe	Martiniano Cavalcante
Biografia administrativa	87,50	0	12,50	0
Biografia política	12,50	6,25	0	6,66

Fonte: Bezerra e Borges (2009).

A campanha eleitoral para a prefeitura de Goiânia em 2008 não fugiu a essa regra. Contudo, o estilo velho de Íris Rezende foi renovado pelas ferramentas do marketing político. Sua biografia e experiência administrativa foram largamente exploradas, com um detalhe importante: a presença constante de outros personagens como coadjuvantes privilegiados, ora na condição de testemunhas, ora como narradores daquela história de vida.

Imagem é tudo. Frase simples que poderia ser atribuída aos marqueteiros da política, mas que, em sua condição conceitual, foi lapidada por Maquiavel quando aconselhou o Príncipe a, antes de tudo, parecer possuir determinadas características, já que os "homens" julgam mais pelos olhos (Maquiavel, 2001). Com a crescente presença da internet no cotidiano de milhares de pessoas, além das outras mídias de massa, a imagem consolida-se como a principal preocupação da classe política. Ser mostrado de forma súbita e em condições desfavoráveis em *websites* como o YouTube (www.youtube.com) pode custar muito caro a uma candidatura. Ser pego em flagrante usando assessores para responder aos eleitores na rede social, por exemplo utilizando o Twitter (www.twitter.com), também pode causar prejuízos cuja dimensão ainda não pode ser medida, visto estarmos falando de mecanismos de interação novos e ainda não controlados com precisão pelos especialistas.

Tabela 8. Características pessoais destacadas no HGPE: elementos fundamentais na construção da imagem do candidato (%)

	Íris Rezende	Sandes Jr.	Gilvane Felipe	Martiniano Cavalcante
Competência/preparo	93,75	43,75	43,75	6,66
Desempenho/sucesso	62,50	18,75	6,25	0

Fonte: Bezerra e Borges (2009).

Para lidar com essa realidade os profissionais do marketing reforçam a utilização das pesquisas quantitativas e qualitativas feitas no período pré-eleitoral, com o objetivo primordial de selecionar os detalhes, os elementos positivos e negativos a serem trabalhados na propaganda. A imagem dos candidatos é cuidadosamente reembalada para o embate eleitoral, com edulcorantes palatáveis ao gosto do público. Um dos pilares dessa roupagem é construído com base na conjugação de características pessoais constitutivas do indivíduo com aquilo que se espera da performance do sujeito enquanto agente público.

Toda a estratégia discursiva (e política) da candidatura Íris Rezende foi orientada para o retrospecto da gestão municipal e das políticas implementadas naquele período. Os programas eleitorais traziam avalanches de informações sobre as realizações do prefeito no período 2004-2008, além de sua história político-administrativa como "tocador de obras" e o político que mais construiu praças, parques e outras benfeitorias, principalmente moradias populares. Íris Rezende ficou nacionalmente conhecido como o prefeito dos mutirões, o gestor que acordava às quatro horas da manhã para "bater laje", "virar massa", junto com a população, realizando um dos mais conhecidos programas de moradia popular do Brasil quando foi eleito governador pela primeira vez, em 1982.

Em Goiânia existem bairros, avenidas, praças e outros logradouros batizados como "Mutirão", fato que se tornou um *case* da política regional. A propaganda eleitoral feita na televisão foi utilizada pelo candidato mandatário como uma ferramenta para sedimentar, no imaginário do eleitor, as avaliações positivas que vinham sendo feitas pela população goianiense. Na contramão do sucesso, os adversários não conseguiram construir uma estratégia discursiva (e política) capaz de contrapor o discurso de felicidade continuada oferecido por Íris, e acabaram por sucumbir diante do poder de sedução de uma história bem-construída.

Dados e variáveis de análise: intenção de voto e avaliação da gestão municipal

Desde o início da campanha, Íris Rezende gozou de folgada posição de liderança nas pesquisas. Sua grande força eleitoral, a elevada aprovação de seu governo e a falta de concorrentes à altura (em termos de projeção e intenção de voto) geraram um cenário de amplo domínio por parte do prefeito-candidato. Nem mesmo a posição de alvo único dos ataques dos demais concorrentes abalaria essa condição. À diferença de outros caciques da política nacional, com décadas de atuação na vida pública, Íris Rezende ostenta níveis bastante baixos de rejeição junto à população. Nas duas pesquisas realizadas pelo Ibope em setembro de 2008[7] sua taxa de rejeição não passou dos 14%, bastante inferior ao índice dos demais candidatos – todos bem mais novos e menos conhecidos. Sandes Jr. e Gilvane Felipe eram rejeitados por um terço do eleitorado, enquanto o

[7] A primeira pesquisa foi realizada pelo Ibope entre 2 e 4 de setembro; a segunda, entre os dias 15 e 17. Em cada uma, 602 pessoas foram entrevistadas.

candidato do Psol, Martiniano Cavalcante, tinha uma rejeição de quase 40% (o entrevistado podia indicar até três nomes).

Como mostra o gráfico abaixo, a intenção de voto em Íris Rezende oscilou ao redor dos 70% nas duas rodadas de pesquisa. Prova da solidez dessa base eleitoral, a intenção de voto espontânea ficou em torno dos 60% em ambas as pesquisas, enquanto Sandes Jr. não passou dos 12%. Numa eleição morna e definida de antemão, 90% dos entrevistados davam como certa a reeleição de Íris Rezende (também segundo o Ibope).

Gráfico 1. Intenção de voto para prefeito de Goiânia em 2008 (%)

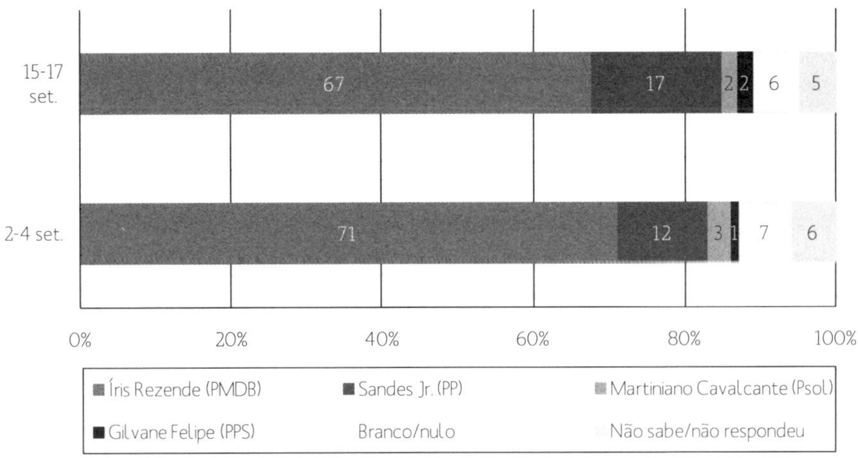

Fonte: Ibope. Resposta estimulada e única.

Aliada à histórica e sólida base eleitoral na capital goiana, a candidatura de Íris Rezende também foi impulsionada pelos elevados índices de aprovação de sua gestão: mais de 70% de ótimo/bom nas duas baterias de entrevistas. O gráfico 1 traz os dados da primeira rodada de entrevistas (não houve alteração significativa na segunda). Como podemos verificar, a aprovação ao governo se distribuía homogeneamente, em termos tanto de renda quanto de escolaridade – se levarmos em conta os blocos de aprovação (soma de ótimo e bom) e reprovação (soma de ruim e péssimo) da gestão.[8]

[8] A segmentação segundo as variáveis idade e sexo tampouco apontou para uma diferenciação significativa em termos dos índices de avaliação do governo.

Tabela 9. Avaliação do governo Íris, segundo renda e escolaridade (%)

Avaliação	Total	Escolaridade				Renda familiar (sal. mínimos)		
		Até 4ª série fundam.	5ª a 8ª série fundam.	Ensino médio	Superior	Até 2	Mais de 2 até 5	Mais de 5
Ótimo	25	30	31	24	18	24	26	26
Bom	49	47	48	50	49	47	51	47
Regular	21	21	12	22	27	19	20	22
Ruim	1	0	2	1	2	1	1	2
Péssimo	3	1	5	3	4	6	2	2
Não sabe/ não respondeu	1	1	2	0	1	2	1	1

Fonte: Ibope. Pesquisa realizada entre 2 e 4 de setembro de 2008.

Além da avaliação das administrações local, estadual e federal, as pesquisas de intenção de voto realizadas pelo Ibope também avaliaram (i) a satisfação do eleitor em relação à vida pessoal, (ii) a rejeição em relação aos candidatos e (iii) as áreas que mais preocupavam no município (educação, saúde, calçamento das ruas etc.). Utilizamos essas variáveis na análise, além das sociodemográficas, como sexo, idade, renda e escolaridade. O Ibope não questionou o eleitor sobre sua preferência partidária, nem sobre a avaliação da propaganda no HGPE; portanto não dispomos dessas informações.

É razoável esperar que um candidato com cerca de 70% de intenção de voto, à frente de uma administração que ostentava níveis similares de aprovação, e que acabaria reeleito com 74% dos votos válidos tivesse uma ampla inserção eleitoral em todos os estratos da população goianiense.

Essa hipótese se confirmou: a análise dos dados não permitiu delinear um perfil nítido da base irista em termos de especificidades e padrões sociodemográficos. Os testes estatísticos de associação não apontaram correlações significativas entre intenção de voto, de um lado, e sexo, escolaridade, idade e renda, de outro.[9] O eleitorado oposicionista, que confluiu, sobretudo, para a candidatura de Sandes Jr., também estava homogeneamente distribuído entre as camadas sociais – como mostra a tabela 10, que traz os dados da segunda pesquisa.

[9] Testes gama e de chi-quadrado.

Tabela 10. Intenção de voto segundo renda e escolaridade (%)

Candidatos	Total	Escolaridade				Renda familiar (em sal. mínimos)		
		Até 4ª série fundam.	5ª a 8ª série fundam.	Ensino médio	Superior	Até 2	Mais de 2 até 5	Mais de 5
Íris Rezende	67	69	73	66	63	64	71	66
Sandes Jr.	17	19	16	16	19	19	17	15
Martiniano Cavalcante	2	2	2	1	6	2	2	3
Gilvane Felipe	2	1	0	3	3	1	2	2
Branco/nulo	6	4	5	9	5	5	5	8
Não sabe/ não respondeu	5	5	5	6	5	9	3	5

Fonte: Ibope. Pesquisa realizada entre 15 e 17 de setembro de 2008.

Em resumo: as clivagens sociodemográficas não se traduziram em divisões eleitorais na eleição de Goiânia. Assim, o comportamento do eleitor goianiense deve ser apreendido a partir de outra chave explicativa.

Nesse sentido procurou-se avaliar se o apoio do presidente Lula à reeleição de Íris Rezende teve algum peso na escolha do eleitor de Goiânia. Os testes de correlação não apontaram uma associação estatisticamente significativa entre o voto no prefeito e a avaliação do governo Lula. No entanto, os números a seguir mostram que havia uma tendência de queda no apoio ao prefeito conforme piorava a avaliação do governo Lula. Comparando os eleitores que avaliavam o governo federal como ótimo com aqueles que o avaliavam como péssimo, havia 62% a mais de eleitores não iristas no segundo grupo. Da mesma forma, tomando apenas os eleitores que avaliavam o governo Lula como ruim, havia o dobro de chances de encontrar um eleitor não irista quando comparado ao grupo que avaliava a gestão federal como boa.[10]

[10] Na primeira pesquisa, o governo Lula obteve 47% de ótimo/bom, 32% de regular e 19% de ruim ou péssimo. Na segunda, esses números melhoraram: 55% de ótimo/bom, 29% de regular e 15% de ruim/péssimo.

Tabela 11. Intenção de voto segundo avaliação do governo Lula (%)

	Avaliação do governo Lula					
	Ótimo	Bom	Regular	Ruim	Péssimo	Total
Íris Rezende	73,6	74,9	70,8	50	57,6	67
Gilvane Felipe	-	2,3	3,1	-	1,7	2
Martiniano Cavalcante	3,8	3	1,2	-	5,1	2
Sandes Jr.	22,6	15,6	18	30,8	18,6	17
Branco/nulo	-	4,2	6,8	19,2	16,9	6
Total	100	100	100	100	100	100

Fonte: Ibope. Pesquisa realizada entre 15 e 17 de setembro de 2008.

Como prova da incapacidade do governador Alcides Rodrigues em polarizar a eleição com Íris Rezende, não se notou uma correlação inversa entre as avaliações dos governos estadual e local, nem entre a avaliação do governo Alcides Rodrigues e o voto em Íris Rezende. O papel insignificante desempenhado pelo governador do estado na eleição também se evidencia na falta de associação entre a votação em Sandes Jr. e a avaliação da administração estadual. Entre os cidadãos que avaliavam o governo Alcides Rodrigues como ótimo/bom, apenas 12% manifestaram apoio ao candidato do governador na primeira pesquisa, enquanto 76% declararam voto em Íris Rezende. Na segunda pesquisa Ibope, quando a vinculação entre Sandes Jr. e Alcides Rodrigues já era mais clara para o eleitorado, esses valores foram respectivamente de 21% e 66%, ainda insuficientes para ameaçar a reeleição do prefeito. Pesaram nessa fraca interferência os baixos índices de aprovação da gestão estadual em Goiânia: a soma de ótimo e bom não passou dos 27% nas pesquisas, enquanto cerca de um terço considerava a administração Alcides regular e 38% a avaliavam como ruim ou péssima.

A hipótese que apresentou mais rendimento na explicação do comportamento do eleitor goianiense foi a do voto retrospectivo: o eleitor que aprovava a gestão ratificou a permanência de Íris Rezende no cargo. As tabelas 12 e13 deixam evidente essa relação.

Tabela 12. Intenção de voto segundo avaliação do governo Íris: 1ª pesquisa (%)

	Avaliação do governo Íris					
	Ótimo	Bom	Regular	Ruim	Péssimo	Total
Íris Rezende	95,9	83,8	47,3	16,7	-	76,3
Gilvane Felipe	0,7	0,4	3,6	-	-	1,1
Martiniano Cavalcante	-	2,5	5,4	16,7	11,1	2,9
Sandes Jr.	2,7	9,7	27,7	33,3	38,9	12,7
Branco/nulo	0,7	3,6	16,1	33,3	50,0	7,1
Total	100	100	100	100	100	100

Fonte: Ibope. Pesquisa realizada entre 2 e 4 de setembro de 2008.

Na primeira pesquisa Ibope a intenção de voto em Íris Rezende atingia quase 96% entre os eleitores que consideravam ótima sua administração. De modo inverso, a grande maioria do eleitorado que avaliava a gestão municipal como ruim ou péssima não pretendia votar no prefeito – a intenção de voto em Sandes Jr. ultrapassava um terço dentro desse contingente. Vale destacar, ainda, a grande quantidade de votos brancos e nulos entre os cidadãos descontentes, sintoma de que a oposição ainda não conseguira, naquele momento, capitalizar totalmente essa (pequena) insatisfação. O coeficiente de contingência dessa tabela é significativo: 0,50. A influência de uma variável sobre o comportamento da outra também foi apontada pelo teste do chi-quadrado, que retornou o valor de 184,7, com significância de 0,000.[11]

A segunda pesquisa Ibope mostra um panorama mais consolidado, em que a oposição já conseguia atrair praticamente todos os votos dos eleitores insatisfeitos. Sandes Jr. atingia 57% entre o eleitorado que avaliava o governo como ruim e 68% entre os que o julgavam péssimo. O coeficiente de contingência em 0,49 confirma uma associação relevante entre as variáveis, assim como o teste do chi-quadrado, que apontou o valor de 178,7 (significância em 0,000). Como seria de se esperar, também se encontrou uma associação, inversa, entre a avaliação do governo Íris e a taxa de rejeição a seu nome.[12]

---

[11] Teste operacionalizado (para esta tabela e também para a seguinte), considerando voto em Íris e "não voto em Íris", que abarcava as demais situações possíveis.

[12] Na segunda pesquisa, por exemplo, 85% dos eleitores que avaliavam a gestão Íris como ruim ou péssima rejeitavam o nome do prefeito. Nesse caso, o coeficiente de contingência foi de 0,51, e o teste do chi-quadrado apontou uma associação significativa.

Tabela 13. Intenção de voto segundo avaliação do governo Íris: 2ª pesquisa (%)

	Avaliação do governo Íris					
	Ótimo	Bom	Regular	Ruim	Péssimo	Total
Íris Rezende	96,6	78,6	39,7	14,3	5,3	71,1
Gilvane Felipe	-	1,3	3,4	14,3	10,5	1,9
Martiniano Cavalcante	0,9	1,0	6,9	14,3	10,5	2,6
Sandes Jr.	2,6	14,3	31,9	57,1	68,4	17,8
Branco/nulo	-	4,9	18,1	-	5,3	6,5
Total	100	100	100	100	100	100

Fonte: Ibope. Pesquisa realizada entre 15 e 17 de setembro de 2008.

Os resultados acima confirmam a tese do voto retrospectivo: a avaliação da gestão Íris Rezende foi o fator que, sozinho, mais pesou no comportamento do eleitor de Goiânia em 2008. Não se trata de uma novidade nas eleições da cidade: em 2004, os baixos índices de aprovação do governo Pedro Wilson (PT) contribuíram decisivamente para sua não reeleição. Quanto a Íris Rezende, trata-se de um caso raro na política nacional. Um nome conhecido por praticamente todo o eleitorado e uma imagem altamente sedimentada não geram, em seu caso, tetos rígidos de votação, como costuma ocorrer com outros políticos da "velha guarda", como José Sarney, Jarbas Vasconcelos, Paulo Maluf ou Orestes Quércia, por exemplo. A boa aceitação de seu nome é um grande trunfo político, ponto de partida ideal para qualquer disputa majoritária. A soma desse capital a uma gestão amplamente aprovada pela população fez do prefeito um candidato imbatível na última eleição municipal.

Por que Íris Rezende foi reeleito? O resultado das eleições e a política regional

Para responder à pergunta acima, é importante lembrar, em primeiro lugar, que a análise da dinâmica da campanha eleitoral mostrou como se articulou bem-sucedida a estratégia de Íris Rezende no sentido de resgatar sua trajetória pessoal na política local; em segundo lugar, enfatizar sua experiência e capacidade administrativa e os resultados de sua gestão, esta última avaliada de forma bastante positiva pelo eleitor (como mostraram os dados). Em relação ao primeiro aspecto, foi trazida para o debate eleitoral não só a discussão sobre quais políticas públicas deveriam ser implementadas, mas, fundamentalmente, a capacidade e a experiência do incumbente em levá-las a cabo. Em suma, o apelo da imagem, os atributos pessoais e a capacidade de Íris Rezende estiveram no cerne de sua tática político-eleitoral, corroborando as análises realizadas em alguns estudos sobre o tema, que chamam a atenção para a centralidade dos candidatos nas campanhas eleitorais (Wattenberg, 1991).

Outro elemento fundamental foi o voto retrospectivo. Nesse modelo, ao definir seu voto o eleitor avalia, de forma retrospectiva, o desempenho do governo ou candidatos. Caso a avaliação seja positiva, o eleitor tenderá a votar (ou reeleger) no candidato ou partido do governo. Por outro lado, se julgar que seu desempenho não é satisfatório, votará na oposição.[13] Ainda de acordo com alguns autores que se dedicam ao tema, a avaliação retrospectiva serve como uma sondagem para o voto prospectivo, pois os eleitores utilizam o passado como forma de antecipar o futuro. Dito de outra forma, o eleitor vota para punir ou recompensar o partido ou candidato, de acordo com seu julgamento acerca do desempenho governamental e suas expectativas futuras (Downs, 1999; Fiorina, 1981; Wattenberg, 1991; Catt, 1996; Carreirão, 2002). Podemos, portanto, considerar que os altos índices de avaliação da gestão de Íris Rezende nos diferentes estratos sociais e demográficos, mostrados anteriormente, são fundamentais para explicar os resultados das eleições municipais de 2008 em Goiânia.

No cenário da disputa eleitoral em 2010 aconteceu a manutenção da aliança entre PT e PMDB, agora buscando eleger Íris Rezende governador do estado em troca do apoio à candidata petista à presidência da República. Ao PT coube, ainda, a recompensa de retornar à prefeitura após a desincompatibilização de Íris Rezende em abril do mesmo ano. Outro fato a ser destacado é a reedição da disputa entre as duas principais lideranças políticas regionais: de um lado Íris Rezende, do PMDB, que liderou a coligação Goiás Rumo ao Futuro e que contou com a participaçao do PT e PCdoB; de outro, Marconi Perillo, do PSDB, numa ampla coligação denominada Goiás quer Mais, capitaneada por seu partido e integrada por DEM, PTB, PPS, PSL, PRTB, PHS, PMN, PTC e PTdoB. Ao final da disputa, Perillo venceu Íris Rezende no segundo turno,

13 É importante mencionar que o voto retrospectivo foi criado para explicar o voto em sistemas bipartidários. No entanto, a avaliação retrospectiva pode ser pensada como o ponto inicial do processo decisório do eleitor. Carreirão (2002) chama a atenção para essa questão.

com 53% dos votos.[14] Assim, o capital político acumulado por Íris Rezende, que lhe assegurou a vitória em 2008, não foi suficiente para garantir êxito em sua nova tentativa de se eleger mais uma vez governador, em 2010. Desta feita, o eleito foi seu principal adversário na política estadual.

[14] Além dos candidatos mencionados, concorreram ao cargo de governador: Vanderlan Cardoso (PP), candidato apoiado pelo governador Alcides Rodrigues, que obteve 15,09% dos votos e teve como aliados: PDT/PTN/PSC/PR/PSDC/PSB/PV e PRP; Marta Jane (PCB), que ficou com 0,45% dos votos. Por fim, Washington Fraga, da coligação Psol/PSTU, com 0, 16% dos votos.

13. A eleição para prefeito em Florianópolis: recompensando a administração do mandatário

JULIAN BORBA

YAN DE SOUZA CARREIRÃO

Este capítulo objetiva analisar a eleição para prefeito de Florianópolis em 2008. Em estudos anteriores (Borba et al., 2009; Carreirão, 2009) tivemos a oportunidade de realizar análises envolvendo esta mesma eleição, com a diferença de que, nesses estudos, estávamos nos baseando fundamentalmente nos resultados eleitorais e em dados agregados de pesquisas de opinião. No presente estudo, com a disponibilização integral de algumas bases de dados do Ibope,[1] tivemos a oportunidade de testar, no plano desagregado, algumas variáveis comumente utilizadas na literatura sobre comportamento eleitoral.

Nossa principal hipótese de trabalho é orientada pelo livro de Fiorina (1981), que sustenta que, embora o eleitor seja prospectivo (voltado para o futuro), a avaliação (retrospectiva) de desempenho do governo é uma das informações mais relevantes e confiáveis para prever o futuro, sendo determinante na explicação do comportamento eleitoral. A expectativa, portanto, era a de que eleitores que avaliavam positivamente o governo do prefeito Dário Berger (PMDB) tendessem, majoritariamente, a votar nele (como candidato à reeleição) e eleitores que avaliavam o desempenho de seu governo como ruim tendessem, da mesma forma, a votar na oposição.

O capítulo está dividido em três partes: na primeira situamos a evolução histórica do sistema político local. Na segunda apresentamos a contextualização da eleição de 2008: as candidaturas e uma análise da campanha e dos resultados eleitorais. Na terceira seção é feita a análise das pesquisas de opinião realizadas no ano de 2008, visando verificar as possíveis influências de variáveis socioeconômicas e políticas (entre elas a avaliação de desempenho

[1] Agradecemos ao Ibope, por tornar disponíveis as bases de dados das pesquisas aqui utilizadas, e a Marcus Figueiredo, por obtê-las naquele instituto e encaminhá-las a nós.

do governo em exercício) na decisão de voto. Ao final são apresentadas as principais conclusões.

Antecedentes da política florianopolitana: predomínio da direita[2]

A estruturação do sistema partidário em Santa Catarina se deu por meio de um forte domínio oligárquico (Auras, 1991; Carreirão, 2006a). Destaque para o papel das famílias Ramos (cuja base eleitoral era o planalto Serrano) e os Konder Bornhausen (vale do Itajaí).

Com a redemocratização do país, o sistema partidário regional pluraliza-se (Carreirão, 2006a; Sell e Borba, 2006). São indicadores dessa pluralização "o aumento do número de partidos nominais e efetivos no Legislativo estadual e na Câmara dos Deputados,[3] o desempenho eleitoral dos vários blocos ideológicos nas eleições para governador, bem como nas eleições municipais"[4] (Borba et al., 2009:83-84).

Com relação a Florianópolis, analisando as eleições para prefeito no período que vai da primeira eleição posterior à abertura democrática (eleição de 1985) até a eleição de 2004, percebe-se um melhor desempenho do atual PP (ex-PDS, PPR e PPB), que elegeu Esperidião Amin (1988) e duas vezes Ângela Amin (1996 e 2000). Além disso, em outras duas oportunidades (1985 e 2004), ficou em segundo lugar na disputa. Apenas em 1992 um candidato do partido ficou em terceiro lugar. O PMDB, embora tenha elegido um prefeito (Edson Andrino, em 1985), foi, com exceção do momento de crescimento entre as eleições de 1988 e 1992, um partido cuja força eleitoral declinava na capital catarinense. Tem, entretanto, sido o principal opositor do PP quando

---

2 Esta seção retoma, em boa parte, análises realizadas em Borba e colaboradores (2009) e Carreirão (2009).

3 O número de partidos nominais (com representação) na Assembleia Legislativa foi o seguinte: 2 em 1982; 6 em 1986; 10 em 1990 e 7 nas eleições seguintes. Na Câmara Federal foi: 2 em 1982; 3 em 1986; 6 em 1990, 5 em 1994; 6 em 1998 e 5 em 2002. Já o número de partidos efetivos (cálculo que leva em conta a proporção de cadeiras obtidas pelos partidos) foi o seguinte na Assembleia Legislativa: 2 em 1982; 2,9 em 1986; 5,3 em 1990; 4,4 em 1994; 5 em 1998; 5,2 em 2002. Na Câmara Federal, 2 em 1982; 2,4 em 1986; 4,1 em 1990; 4,4 em 1994; 5,1 em 1998 e 4,3 em 2002 (Carreirão, 2006a:43).

4 Para consultar o desempenho dos partidos e dos blocos ideológicos nas eleições para governador, prefeito e vereador, ver Carreirão (2006a:39-42).

este exerce o governo municipal.[5] O PFL lançou candidato próprio a prefeito apenas em duas ocasiões (1985 e 1996), alcançando o terceiro e quarto lugares, respectivamente, nessas eleições. Nas demais, por falta de uma liderança popular forte, apoiou candidatos de outros partidos. O PSDB só lançou candidato próprio à prefeitura em 2004, quando venceu com Dário Berger, que, no entanto, havia entrado no partido apenas no ano anterior. O PPS teve um bom desempenho no período: além de eleger o prefeito em 1992, ficou em segundo em outras duas eleições (1988 e 2000) e em terceiro lugar em 2004. Mas tal desempenho decorre menos de força partidária sólida do que de uma liderança (Sérgio Grando) com forte apelo eleitoral até recentemente. O PT conseguiu eleger apenas um vice-prefeito (em 1992), Afrânio Boppré, que obteve um segundo lugar em 1996 (e já há alguns anos migrou para o Psol). Nas demais eleições, inclusive em 2004, com Lula na presidência da República, o PT não teve candidatos competitivos (ficando no máximo em quarto lugar na disputa).

Nas eleições para vereador é claro o predomínio dos partidos à direita do espectro ideológico (ver tabela 1): em conjunto elegeram 58,7% dos vereadores entre 1982 e 2004 (contra 26,4% eleitos por partidos de centro e 14,9% por partidos de esquerda). Destacam-se o PP, que elegeu 31,5% dos vereadores do município no conjunto do período, e o PFL, com 18,2%. O PMDB também elegeu 18,2% do total, mas numa tendência de declínio ao longo do período. O PSDB, nas eleições para vereador, foi crescendo aos poucos, de 4,8% da bancada em 1988 para 18,8% em 2004. Quanto ao PT, não tem alcançado bons resultados também na Câmara Municipal, tendo elegido apenas 7,4% do total dos vereadores do período.

Em suma, o quadro até 2004 revelava, tanto nas eleições para prefeito quanto nas eleições para vereador, um predomínio dos partidos mais à direita (em especial o PP), seguidos dos partidos de centro. Entre estes o PMDB é mais forte do que o PSDB, mas vinha numa trajetória de declínio. O PSDB, antes da entrada de Dário Berger (em 2003), tinha muito pouco peso eleitoral, e depois de sua saída (em 2007) volta a não ter grande dimensão na capital. Por fim, os partidos de esquerda apresentavam menor força: o PPS dependia apenas de sua principal liderança, Sérgio Grando, cuja força eleitoral já vinha declinando entre 2000 e 2004. O PT, embora com uma militância significativa,

---

5 As votações dos candidatos peemedebistas para o cargo de prefeito foram: 1985: 46,8%; 1988: 13,8%; 1992: 23,8%; 1996: 20,5%; 2000: 19,1%. Em 2004, pela primeira vez o PMDB não lança candidato próprio, apoiando o candidato do PPS. A mesma tendência de queda (embora com alguma oscilação) ocorre nas eleições para vereador, em que o PMDB parte de um patamar de 38,1% dos votos em 1982, para chegar a 6,3% em 2004.

pelo menos até o início do governo Lula, não conseguiu bons resultados, com exceção do período 1992-1996.

No conjunto das eleições mencionadas verifica-se que somente o PP lançou candidatos em todas as eleições (com três prefeitos eleitos e candidatos competitivos nas eleições que não venceu). Os demais partidos apresentaram desempenhos extremamente voláteis.[6] Como destacado por Borba e colaboradores (2009), tal quadro revela a fragilidade das lealdades partidárias no município (com exceção do PP, que contou sempre com pelo menos 20% dos votos na eleição para prefeito e elegeu pelo menos 15% dos vereadores). Analisando-se, porém, o desempenho dos blocos ideológicos, a situação é de maior estabilidade.[7]

Fenômeno importante relativo às eleições realizadas entre 1985 e 1996 é que nenhum prefeito conseguiu eleger seu sucessor.[8] Somente em 2000 tal tradição de vitória oposicionista é rompida, com a reeleição de Ângela Amin (PP), ainda no primeiro turno (52,1%).

Uma análise mais detalhada da eleição de 2004 é importante para a compreensão do quadro em 2008, já que foi o momento em que Dário Berger entrou na política florianopolitana e se tornou prefeito. Naquela eleição, foram oito os candidatos: o PT (aliança PT/PL/PCdoB) lançou Afrânio Boppré (vice-prefeito no mandato de Sérgio Grando); o PPS lançou Sérgio Grando (aliança PPS/PMDB/PDT/PSB/PTB) e o PP (PP/PFL/PSL/PSC/PRTB/PAN) lançou Francisco de Assis.[9] Todos já haviam sido candidatos ao Executivo de

---

6 Conforme Borba e colaboradores (2009:88), "o PP tem votações entre 25% e 52% nas eleições analisadas. O PFL (DEM) lançou três candidatos em sete disputadas (não elegeu nenhum) e fez entre 7% e 16% dos votos. O PMDB lançou candidatos em seis das sete eleições. Elegeu dois prefeitos e obteve votações entre 10% e 46%. O PSDB lançou candidato apenas em 2004, onde obteve 33,2% dos votos no primeiro turno. O PT lançou candidato em seis das sete eleições, obtendo votações entre 3% e 24%. O PPS (antigo PCB) lançou cinco candidaturas, obtendo votações entre 2,5% e 30,5%".

7 Uma análise do desempenho dos partidos por bloco ideológico encontra-se em Carreirão (2006b).

8 "Em 1985, Edson Andrino (PMDB) foi eleito com 46,8% dos votos válidos contra 34,9% de Francisco de Assis (PDS). Francisco de Assis representava a continuidade administrativa dos prefeitos nomeados pelo regime militar. Em 1988, Esperidião Amin (PDS) elege-se facilmente com 48% dos votos e o PDS volta ao poder. O segundo colocado, Sérgio Grando (PCB), obteve apenas 17,8%. Nas eleições de 1992, novamente um candidato de oposição sai vitorioso. Sérgio Grando (PPS) obteve 30,5% dos votos contra 23,8% de Edson Andrino (PMDB) e 21,7% de Francisco de Assis (PP). A tradição de vitória da oposição confirma-se em 1996, com a eleição de Ângela Amin (30,9% no primeiro turno e 51,3% no segundo turno)" (Borba et al., 2009:87).

9 Francisco de Assis já havia sido vereador eleito pela Arena em 1976 e ocupado vários cargos de natureza administrativa em âmbito municipal e estadual, além de ter disputado a prefeitura

Florianópolis antes; um deles havia sido prefeito e outro vice-prefeito. A grande novidade na eleição foi o candidato do PSDB, Dário Berger. Ex-prefeito da cidade vizinha, São José, Berger era filiado ao PFL até 2003. Desejando ser candidato em Florianópolis e vendo que o PFL dificilmente lhe daria legenda (preferindo coligar-se com o PP, que teria candidato), resolve passar para o PSDB, além de mudar de domicílio eleitoral (de São José para Florianópolis) no ano anterior à eleição. Empresário bem-sucedido, Dário Berger, após um mandato de vereador, havia sido eleito em 1996 para a prefeitura de São José. Com um grande conjunto de realizações, termina seu primeiro mandato naquela cidade com uma taxa altíssima de aprovação, sendo reeleito em 2000 com o voto de 79% dos votantes (85% dos votos válidos). Berger sai desta segunda gestão também com altos índices de popularidade. É com esse cacife que ele se apresenta como candidato pelo PSDB, coligado com o PMN.

O resultado do primeiro turno foi a vitória de Dário Berger (com 33,2% de votos) e Francisco de Assis (25,2%) em segundo. O terceiro colocado foi Sérgio Grando (16,3%), com Afrânio Broppé (14,6%) em quarto. No segundo turno, Dário Berger elegeu-se com 52,3% dos votos (Assis teve 37,2%).

O resultado final da eleição revelou-se uma surpresa para muitos observadores, já que Dário Berger era um candidato *outsider* em Florianópolis, tendo mudado de domicílio eleitoral pouco mais de um ano antes da eleição, sem nenhuma tradição política no município. Além disso, concorria pelo PSDB, um partido com força relativamente pequena no estado e na capital, em coligação apenas com o inexpressivo PMN, enquanto seus adversários tinham apoios bem mais consistentes organizacional e eleitoralmente: Francisco de Assis era apoiado pela coligação PP/PFL, envolvendo, portanto, os maiores "caciques políticos" da capital: Esperidião e Ângela Amin, Jorge e Paulinho Bornhausen. Grando, apesar de ser do PPS, tinha o apoio formal do PMDB (incluindo aí o governador do estado) e Boppré tinha, a seu favor, o PT, partido que agora estava instalado no governo federal. Ou seja, Dário Berger, apoiado por partidos com pouca força eleitoral na capital e no estado, sem ter disputado antes nenhuma outra eleição em Florianópolis, derrotou os candidatos oficialmente apoiados pela prefeita em exercício, pelo governador do estado e pelo presidente da República, candidatos, além disso, com grande tradição na política local.

em duas outras ocasiões (1985 e 1992), sem sucesso. Sua candidatura foi construída ao longo da gestão de Ângela Amin: ocupando cargo fundamental, participou da realização das principais obras realizadas no município durante esse período.

Como explicar este resultado? Vários fatores parecem ter contado: a divisão dos partidos de esquerda, que reduziu suas chances de chegar ao segundo turno; o pouco apoio recebido da máquina federal pelo candidato petista (que pertencia a uma tendência minoritária e crítica ao governo Lula), num momento em que a militância petista já havia sido substituída pelas campanhas profissionalizadas; o desgaste da avaliação da prefeita Ângela Amin, ao final de seu mandato – desgaste que teve como um de seus elementos centrais a política de transportes urbanos (especialmente com a construção de novos terminais) e que atingiu diretamente o candidato da prefeita, Francisco de Assis, identificado com essa política. Mas, sobretudo, a identificação, por grande parte do eleitorado, de Dário Berger como um candidato com potencial de grandes realizações. O que parece ter acontecido naquela eleição é que uma parcela maior do eleitorado, desde o momento da definição das candidaturas, avaliava o ex-prefeito de São José, Dário Berger, como o candidato mais competente para realizar uma boa administração municipal. A proximidade e a forte ligação (do ponto de vista do fluxo contínuo de pessoas) entre São José e Florianópolis fizeram com que a fama de bom administrador de Berger, em seus dois mandatos naquela cidade, tivesse se enraizado também em parte considerável da população florianopolitana antes mesmo de começar a campanha, já que, desde as primeiras pesquisas eleitorais feitas em 2004, definidos os candidatos, Berger esteve na frente da disputa. As críticas e denúncias de corrupção feitas em relação ao candidato não sensibilizaram gente suficiente para que aquela avaliação positiva deixasse de prevalecer.

A eleição de 2008: contexto, candidaturas, campanha e resultados

O contexto

O quadro político em que ocorreram as eleições de 2008 foi marcado, no plano nacional, pelas altíssimas taxas de aprovação do presidente Lula. Quanto ao estado de Santa Catarina, foi governado de 2003 a 2010 pelo PMDB (Luiz Henrique da Silveira), a partir de uma ampla coalizão cujos principais partidos são DEM, PSDB e PDT.[10]

[10] O governo Luiz Henrique tinha índices relativamente baixos de popularidade em Florianópolis (em outubro, 32% avaliavam o governo de Luiz Henrique como ótimo ou bom, 34% como regular e 28% como ruim ou péssimo) (Borba et al., 2009:98).

Com relação ao contexto local, o governo de Dário Berger tentou imprimir uma agenda desenvolvimentista para a cidade, porém enfrentou dificuldades desde a constituição de uma base parlamentar na Câmara Municipal (o PSDB elegeu apenas três vereadores em 2004) até as denúncias que envolveram empresários, vereadores da base e o próprio prefeito, originárias de uma operação policial denominada Moeda Verde.[11] Dário Berger mudou de partido ao longo de seu mandato, trocando o PSDB pelo PMDB. Ao final de seu governo, o prefeito conseguiu executar boa parte de sua agenda de governo, principalmente o asfaltamento de centenas de ruas (mediante um programa denominado Operação Tapete Preto) e das obras de construção de unidades de educação e de saúde.

As candidaturas

O quadro de candidatos lançados na eleição para prefeito em 2008 revela divisões importantes entre partidos que se mantinham aliados, seja em âmbito estadual, seja em âmbito federal. PMDB, PSDB e DEM, os partidos que compunham o núcleo duro da coalizão que apoiava o governador Luiz Henrique da Silveira, se dividiram: enquanto o PMDB, em coligação com sete pequenos partidos, lançava o prefeito em exercício, Dário Berger, o DEM e o PSDB, coligados ainda com o PPS (que historicamente se alinhava com partidos mais à esquerda), lançaram o deputado estadual César Souza Jr. (DEM), candidato jovem, mas já herdeiro de certo capital político vindo de seu pai, o apresentador de televisão César Souza. Como se verá, apesar deste histórico de cooperação entre os três partidos (que mantiveram apoio ao governo municipal durante a campanha), esta candidatura teve uma forte marca de oposição ao prefeito em exercício. De outro lado, PT e PCdoB, que têm sido aliados em praticamente todo o período em que vige o atual sistema partidário, não repetiram as coligações das eleições anteriores,[12] lançando candidatos próprios: Nildomar Freire, o "Nildão" (PT) e Ângela Albino (PCdoB). O PP, em coligação com o PTB, lança Esperidião Amin. Além disso, dois outros pequenos partidos de esquerda,

---

[11] Nome de uma investigação da Polícia Federal relativa à concessão de licenças ambientais em Florianópolis. A operação foi desencadeada em maio de 2007 e indiciou 24 pessoas, entre elas o prefeito. Sobre o tema, ver <www1.folha.uol.com.br/folha/brasil/ult96u336961.shtml>. Para uma análise da cobertura da mídia, consultar <www.observatoriodaimprensa.com.br/artigos.asp?cod=433DAC003>. Acesso em: maio 2011.

[12] Apenas na eleição de 2000 os dois partidos apoiaram formalmente candidatos diferentes na eleição para prefeito em Florianópolis.

Psol e PSTU, lançaram seus próprios candidatos: Afrânio Bopprê e Joaninha Johnson, respectivamente.

No que concerne a Esperidião Amin, vale destacar a força eleitoral que tem tido há décadas em Florianópolis, assim como sua esposa, Ângela Amin, desde o início dos anos 1990. A presença de Esperidião Amin na política local se iniciou com o mandato de prefeito nomeado (1975-1978), tendo sido eleito para outro mandato de prefeito em 1988 (ao qual renunciou no final de 1990, quando se elegeu para o Senado).[13] Ângela Amin foi vereadora (1989-1990, quando renuncia para assumir o cargo de deputada federal) e prefeita por dois mandatos consecutivos (1997-2004).[14] Apesar das recentes derrotas políticas de Esperidião Amin,[15] sua força eleitoral na capital era incontestável;[16] ele foi lançado pelo PP, conseguindo o apoio apenas do PTB, partido de pequeno porte no estado e na capital.

Quanto a Dário Berger, tinha, em 2008, uma estrutura partidária muito mais sólida do que em 2004, quando fora lançado pela coligação PSDB/PMN (sendo o PSDB da capital um partido relativamente pequeno). Agora, Berger, além de apoiado por outros sete pequenos partidos, era lançado por um dos dois grandes da capital, o PMDB, partido do governador do estado. Mesmo assim, não conseguiu o apoio de toda a coalizão em torno do governador. Na realidade, já era esperado que o PSDB não apoiasse o prefeito em exercício, Dário Berger, na medida em que ele, depois de eleito pela sigla, em 2004, acabou migrando para o PMDB, levando consigo parte dos correligionários do PSDB na capital. Vale notar que, dentro do PMDB, a candidatura de Dário Berger não teve o apoio da maior liderança histórica do partido em Florianópolis, Edson Andrino (prefeito eleito pela legenda em 1985 e candidato em 1992 e 1996). Essa resistência teve origem na forma como Dário Berger "embarcou" na sigla, junto com os integrantes de seu grupo político, em outubro de 2007. À época,

---

[13] Além da presença na política local, Esperidião foi governador do estado por dois mandatos (1983-1986 e 1999-2002), senador da República (1991-1999) e candidato a presidente da República em 1994.

[14] Ângela Amin foi também eleita deputada federal por duas vezes (1990 e 2006), tendo sido a mais votada na capital e em todo o estado, nas duas vezes. Em 1994, como candidata a governadora, ficou em segundo lugar.

[15] Ângela Amin não conseguiu fazer seu sucessor na prefeitura da capital em 2004, e Esperidião Amin perdeu para Luiz Henrique da Silveira (PMDB) em 2002, voltando a perder, em 2006. No entanto, deve-se destacar que, em Florianópolis, Amin foi mais votado do que seu adversário, com boa diferença nos dois turnos, em 2002 e 2006.

[16] Vale notar que, em 2008, João Amin, filho do casal, foi eleito vereador com a segunda maior votação na capital.

Andrino era o presidente municipal do partido e não teria sido avisado. Falando de sua resistência a apoiar Berger, já em 2008, Andrino afirmou: "Não foi pelo fato de ser o Dário. O ruim é ser o presidente do partido e só saber um dia depois, pela imprensa, que ele e um monte de gente se filiou ao partido. Ninguém sequer me avisou. Fui tratorado".[17]

Mais surpreendente foi o lançamento de candidato próprio pelo DEM (César Souza Jr.), que parece ter sido a resposta a um anseio do partido no sentido de não ficar apenas a reboque dos demais partidos das coalizões governistas (em âmbito estadual e, também, em âmbito municipal).

A divisão entre PT e PCdoB deveu-se, em boa parte, ao fato de que o segundo tinha uma candidata mais competitiva, e o PT não abriu mão de candidatura própria, como já havia acontecido nas duas últimas eleições (2000 e 2004). Ângela Albino (PCdoB) era, então, vereadora com atuação destacada, tendo um nome bem mais conhecido e uma taxa de rejeição menor do que a do candidato petista, que havia sido vereador em legislatura anterior mas não ocupava nenhum cargo eletivo no período da eleição. O Psol e o PSTU, seguindo o que parece ser uma estratégia de consolidação das respectivas siglas, lançaram candidatos próprios, sem se coligar.

A campanha e os resultados

Conforme destacado em Borba e colaboradores (2009), diante da conjuntura de desgaste do governo Berger (especialmente quanto ao escândalo da operação Moeda Verde) e da divisão do bloco governista e de esquerda, o cenário parecia jogar a favor de Amin. Conforme demonstra a tabela 1, a primeira pesquisa eleitoral realizada antes do HGPE (horário gratuito de propaganda eleitoral) confirmava esse quadro, no qual Amin aparecia na frente de Dário, com 29% das intenções de voto contra 22% do candidato do PMDB.

Com o início do HGPE, em 19 de agosto, as estratégias dos candidatos se desenvolveram nas direções que passamos a expor. Dário Berger procurou apresentar suas realizações administrativas ao longo dos anos de governo.[18] Além do

---

[17] "Sigla está à espera de Andrino". *Diário Catarinense*, 1 jun. 2008. Disponível em: <www.clicrbs.com.br/diariocatarinense/jsp/default2.jsp?uf=2&local=18&source=a1918369.xml&template=3898.dwt&edition=9964&section=134>. Acesso em: 1 jun. 2008.

[18] Como não obtivemos as gravações do HGPE, nossa análise sobre a campanha busca apenas delinear as principais diretrizes que nortearam os programas dos principais candidatos. Uma análise mais detalhada dos conteúdos e formas dos programas eleitorais, incluindo a mensuração do tempo destinado a cada tema, não foi possível devido a essa lacuna.

asfaltamento de centenas de ruas, o programa enfatizava a realização de algumas grandes obras públicas, com destaque para dois elevados em locais de grande circulação (numa cidade em que o problema do trânsito é considerado um dos mais graves). A área da saúde foi uma das mais centrais em sua campanha, com destaque para a ampliação do número de equipes do programa Saúde da Família e, em especial, para a implantação de várias policlínicas e postos de saúde, além da ampliação dos horários de atendimento e a contratação de mais profissionais.

Já no campo da oposição, Esperidião Amin, além de desferir ataques ao prefeito em exercício, concentrou-se em projetos futuros, explorando, em especial, o tema da saúde. Quanto a César Souza Jr. (DEM), o mais surpreendente foi o fato de este candidato (cujo partido estava aliado ao do prefeito, tanto na capital quanto no governo do estado) ter sido o mais duro crítico do prefeito na campanha do primeiro turno, tanto no HGPE quanto nos debates. No rumo da campanha, de críticas acerbas ao prefeito, parece ter pesado o posicionamento pessoal do candidato democrata e o do presidente municipal do partido, Paulo Bornhausen, já que a relação do prefeito com o partido como um todo não "azedou". Tanto que, no segundo turno, o DEM (majoritariamente) apoia Dário Berger e, passada a eleição, o DEM volta a fazer parte da coalizão do segundo mandato do prefeito reeleito. Além das críticas ao prefeito, César Souza Jr. enfatizou projetos futuros focados principalmente no trânsito e na modernização das práticas de gestão da cidade.

Nildomar Freire também escolheu o tema transporte, propondo novas formas de mobilidade para a cidade, como o teleférico e o transporte marítimo. Buscou também associar seu nome ao de Lula, seguindo a estratégia nacional do PT para suas candidaturas. Afrânio Boppré (Psol) optou por um discurso que privilegiava a crítica aos grupos dominantes de Florianópolis e as consequências sociais e ambientais nefastas de tal processo. Por fim, Ângela Albino (PCdoB) iniciou a campanha com um discurso de mudança, da necessidade de construção de um novo projeto para a cidade. A candidata também explorou sua condição de mulher e um conjunto de características pessoais e políticas que a tornariam diferente dos demais, os quais estariam presos à "velha política" e, portanto, impossibilitados de realizar as mudanças de que a cidade necessitaria.

A divulgação, em 15 de setembro, da segunda pesquisa após o início do HGPE, já apontava Dário na frente de Amin, o que provocou a mudança da estratégia dos demais candidatos, principalmente Ângela Albino e César Souza Jr., que passaram a criticar duramente o governo de Dário, em função dos fatos já comentados acima e de acusações mais antigas ao prefeito, relativas a suas gestões no município vizinho de São José.

Apesar disso, Berger continuava a crescer e Amin a cair (tabela 1). Ao que tudo indica, os eleitores se convenceram dos argumentos centrais da campanha de Berger, de que ele havia feito por Florianópolis em pouco mais de três anos o que Amin não havia feito em suas gestões como prefeito e governador.

Tabela 1. Evolução das intenções de voto para os candidatos Dário e Amin no 1º turno: 2008 (%)

Intenção de voto	8 ago.	15 set.	30 set.	4 out.
Amin (PP)	29	22	20	18
Dário Berger (PMDB)	22	27	36	39
César Souza (DEM)	14	16	13	12
Ângela Albino (PCdoB)	7	7	11	10
Nildão (PT)	3	3	4	5
Outros	4	3	2	2
Brancos/nulos	12	7	5	6
Não sabe/não respondeu	8	15	9	8

Fonte: Ibope. Pesquisas: 1373-1 (8 ago. 2008); 1373-2 (15 set. 2008); 1373-3 (30 set. 2008); 1373-4 (4 out. 2008).

César Souza Jr. oscila pouco ao longo da campanha, em torno de 15% das intenções de voto, enquanto Ângela Albino, do PCdoB, cresce de 7% para 11%, entre a primeira e a última pesquisas do primeiro turno. A candidatura petista não decola, em parte pelo fato de uma das propostas centrais de "Nildão", criar um sistema de transporte via teleféricos, ter caído no descrédito; a estratégia de tentar "colar" o candidato ao governo Lula não obtém sucesso. Os pequenos partidos mais radicais, de esquerda, não conseguem expandir seu eleitorado significativamente. Mesmo tendo como candidato Afrânio Boppré, que tinha uma trajetória política já conhecida na capital, o Psol não consegue chegar a 2% dos votos depositados nas urnas. A candidata do PSTU (Joaninha), também já conhecida do eleitorado por ter participado de muitas eleições, não chega a 0,5%. Era a candidata com maior taxa de rejeição (32%) na última pesquisa Ibope antes do primeiro turno.

Ao final, Berger vence com uma boa margem de diferença (cerca de 34 mil votos) sobre seu principal adversário (Amin). César Souza Jr. e Ângela Albino conseguem votações acima de 10%, mas ficam bem abaixo de Amin (tabela 2).

No segundo turno, embora Amin tente argumentar que agora era necessária a agregação de todas as forças políticas e de todos os eleitores que "votaram contra a continuidade" da administração de Berger, na realidade o que ocorre é que muitos partidos vão apoiar, majoritariamente, o prefeito em exercício. É o caso do PSDB, do DEM, do PDT, do PPS (reconstituindo a "polialiança" no âmbito do município) e de outros pequenos partidos. Amin vai receber apoio de Ângela Albino (PCdoB), da maioria do PTB e de alguns descontentes do PDT.[19] O PT opta pela neutralidade.

Tabela 2. Resultado da eleição para prefeito de Florianópolis: 1º turno (2008)

Candidato	Partido/coligação	Nº de votos	%
Dário Berger	PMDB/PR/PRB/PSC/PRTB/PSB/PHS/PRP	94.077	37,0
Esperidião Amin	PP/ PTB	59.858	23,5
César Souza Jr.	DEM/PSDB/PPS	30.834	12,1
Ângela Albino	PCdoB/PDT	29.537	11,6
Nildomar Santos	PT/PV	16.172	6,4
Afrânio Boppré	Psol	4.772	1,9
Joaninha Johnson	PSTU	1.100	0,43
Brancos		5.876	2,3
Nulos		12.090	4,8
Total		254.316	100

Fonte: TRE-SC.
Nota: eleitorado total = 301.967; abstenções = 47.651 (15,8%); alienação eleitoral (abstenções + brancos + nulos) = 70.734 eleitores (23,4% do eleitorado).

Quanto ao DEM, havia certa divergência interna sobre o que fazer no segundo turno. Além de o candidato César Souza Jr. ter feito uma campanha dura contra Berger (apontando a existência de corrupção na prefeitura da capital e defendendo a necessidade de "renovação"), o presidente municipal do partido (Paulo Bornhausen) defendia a liberação dos dirigentes e militantes do partido, sem apoiar Berger ou Amin. Acabou prevalecendo a posição do líder maior do

[19] *Diário Catarinense*, 20 out. 2008, p. 3 (coluna Moacir Pereira); *Diário Catarinense*, 22 out. 2008, p. 7 (coluna Roberto Azevedo).

partido, Jorge Bornhausen (pai do presidente municipal, Paulo Bornhausen), e o DEM passou a apoiar claramente Berger. O afastamento do candidato César Souza Jr. durante a campanha do segundo turno (permanecendo em viagem com sua esposa em "local não revelado") serviu para dificultar questionamentos quanto à mudança repentina da posição do partido em relação ao prefeito.

No que se refere ao PSDB, o jogo foi pesado, já que havia forte resistência de setores do partido a apoiar Berger, devido ao episódio de sua migração do PSDB para o PMDB. Segundo os meios de comunicação (por exemplo, blog de Moacir Pereira em 7 de outubro de 2008), os dirigentes do PSDB teriam recebido um *ultimatum* do governador em relação ao segundo turno em Florianópolis: ou apoiariam Dário Berger ou teriam de "desembarcar" do governo.

O HGPE do segundo turno foi marcado por duas estratégias distintas. Dário, além de apresentar seus projetos para o segundo mandato, continuou buscando a comparação entre os feitos de seu governo em seu primeiro mandato e a ação de seu adversário quando ocupou cargos eletivos (como prefeito ou governador). Amin também buscou apresentar suas realizações de quando prefeito e governador, bem como as realizações de Ângela Amin quando prefeita. A outra estratégia foram os ataques políticos e pessoais. Amin criticou as relações entre as empresas de Berger e o governo do estado[20] e destacou as denúncias de corrupção contra Dário nas prefeituras de Florianópolis e de São José (entre 1997 e 2004, quando Berger havia sido prefeito), bem como o fato de ter sido um dos prefeitos na "lista suja", divulgada pela Associação dos Magistrados Brasileiros (AMB).[21] Dário também revidou os ataques, porém com menor intensidade.

Um movimento importante foi feito por Jorge Bornhausen (DEM), ao emitir uma "nota oficial" descredenciando Amin no mais importante aspecto em jogo na campanha: a comparação das realizações dos dois candidatos em suas gestões anteriores.[22]

---

[20] Amin aludia ao fato de a empresa de segurança dos irmãos Berger prestar serviços ao governo do estado, o que teria como consequência a não independência do prefeito em relação ao governador (já que ele estaria na "folha de pagamento do governador"); além disso, faria com que fosse vantajoso para o prefeito o aumento da violência, já que sua empresa dependeria disso para lucrar.

[21] A principal denúncia vinculava-se a uma decisão do Tribunal de Contas da União, no mês de agosto, condenando o prefeito e seu irmão, Djalma Berger, por irregularidades na construção da Beira-Mar de São José (referentes ao período em que Dário Berger era prefeito de São José e seu irmão era secretário de Obras).

[22] A nota "esclarecia" informações sobre a paternidade de importantes obras feitas na capital (e mesmo em outras cidades do estado), que apareciam na campanha de Amin como tendo sido realizadas pelo candidato em gestões anteriores. Bornhausen desmente tais informações ao afirmar que essas obras, em grande parte, teriam sido feitas em seu próprio governo (no qual Amin havia ocupado uma secretaria) e no de Antônio Carlos Konder Reis.

A tabela 3 mostra a evolução das intenções de voto nos candidatos nas três pesquisas realizadas durante o segundo turno, indicando uma pequena queda de Berger e uma insignificante oscilação de Amin.

Tabela 3. Evolução das intenções de voto do eleitorado no 2º turno: 2008 (%)

Intenção de voto	13 out.	20 out.	25 out.
Dário Berger	56	50	51
Esperidião Amin	32	33	33

Fonte: Ibope. Pesquisas: 1373-6 (13 out. 2008); 1373-7 (20 out. 2008); 1373-8 (25 out. 2008).

O resultado final (tabela 4) foi a vitória de Dário, com 52,4% dos votos (57,7% dos votos válidos), contra 38,5% de Amin (42,3% dos votos válidos).

Tabela 4. Resultado da eleição para prefeito de Florianópolis: 2º turno (2008)

Candidato	Partido/coligação	Nº de votos	%
Dário Berger	PMDB/PR/PRB/PSC/PRTB/PSB/PHS/PRP	129.969	52,4
Esperidião Amin	PP/PTB	95.369	38,5
Brancos		5.888	2,4
Nulos		16.827	6,8
Total		248.053	100

Fonte: TRE-SC.
Nota: eleitorado total = 301.967; abstenções = 53.914 (17,8%); alienação eleitoral (abstenções + brancos + nulos) = 76.629 eleitores (25,4% do eleitorado).

Que razões explicariam a reeleição de Dário e a derrota de Amin, considerando o quadro inicial (pré-campanha) aparentemente favorável ao candidato do PP? Comecemos por arrolar alguns aspectos relativos à estrutura da campanha.

A divisão de tempo do HGPE é mostrada na tabela 5.

Tabela 5. Tempo de propaganda eleitoral gratuita dos candidatos na TV: 1º turno (2008)

Candidato	Partido/coligação	Tempo de cada programa
Dário Berger	PMDB/PR/PRB/PSC/PRTB/PSB/PHS/PRP	7'28"
César Souza Jr.	DEM/PSDB/PPS	7'20"
Nildão	PT/PV	5'13"
Amin	PP/PTB	3'57"
Ângela Albino	PCdoB/PDT	2'53"
Afrânio Boppré	Psol	1'32"
Joaninha	PSTU	1'25"

Fonte: TRE-SC.

Como se vê, Berger tinha uma grande vantagem em relação a Amin no que concerne ao tempo de televisão para propaganda eleitoral. Além disso, seus programas eram de nível igual ou superior aos de seu principal adversário. É certo que o maior tempo de César Souza Jr. e Nildão não fez com que estes candidatos superassem Amin. No caso do candidato petista, em especial, fica muito clara a dissociação entre o bom tempo no HGPE e a fraca votação obtida. Porém, no caso de dois candidatos de grande peso eleitoral, uma vantagem no tempo de propaganda pode ser importante. Para o candidato Dário Berger, que estava em segundo lugar no início do HGPE, este maior tempo foi fundamental para que pudesse apresentar adequadamente suas realizações e suas propostas para o próximo mandato.

No que tange ao financiamento da campanha, Dário Berger também demonstrou grande vantagem, como mostra a tabela 6: gastou acima de 70% a mais do que seu principal adversário, Espiridião Amin, cujos gastos também foram superados pelos de César Souza Jr. Os demais candidatos, com exceção de Ângela Albino, apresentaram orçamentos muito baixos.[23]

[23] Sendo de estranhar o orçamento apresentado pelo candidato petista: R$ 500,00.

Tabela 6. Gastos de campanha de candidatos a prefeito de Florianópolis (2008)

Candidato	Partido/coligação	Gasto (em R$ mil)
Dário Berger	PMDB/PR/PRB/PSC/PRTB/PSB/PHS/PRP	1.534
César Souza Jr.	DEM/PSDB/PPS	1.072
Amin	PP/PTB	893
Ângela Albino	PCdoB/PDT	128

Fonte: TSE.

A seguir buscaremos testar algumas outras variáveis que possam ser úteis na compreensão dos resultados eleitorais do município.

A influência das variáveis socioeconômicas e políticas sobre o voto

Nesta seção, a partir de um conjunto de pesquisas realizadas pelo Ibope (ver Apêndice metodológico), serão realizados, no que se refere ao primeiro turno, cruzamentos entre diversas variáveis socioeconômicas e políticas e o voto, agregando os candidatos segundo o posicionamento ideológico dos partidos a que pertencem. O objetivo principal é verificar em que medida ocorrem clivagens entre os partidos, no que se refere a suas bases sociais, considerando a especificidade da cidade, em que, pelo menos até 2000, havia um predomínio dos partidos de direita (especialmente o PP) nas eleições municipais. Para o segundo turno apresentaremos um modelo de "explicação" do voto com base numa análise de regressão logística. Cabe ressalvar que os dados disponíveis não permitem uma análise com o nível de profundidade que seria desejável.[24] De toda forma, foi feito aqui um esforço de analisar possíveis associações entre as intenções de voto dos eleitores e um conjunto significativo de variáveis de natureza socioeconômica (sexo, idade, escolaridade e renda) e política (avaliação de desempenho dos governantes em

[24] O fato de não termos nenhuma pesquisa realizada em âmbito acadêmico limita muito a análise, na medida em que os institutos de pesquisa, mesmo prestando um grande serviço à investigação acadêmica (ao tornar disponíveis seus dados), têm objetivos que diferem, em parte, dos interesses dos pesquisadores acadêmicos. Disso resulta, na maioria das vezes, a formulação de questionários que não englobam todas as variáveis que deveriam ser introduzidas (por exemplo, preferência partidária e identificação ideológica dos eleitores, além de questões sobre valores e opiniões dos eleitores), de forma a testar modelos mais complexos de decisão de voto.

âmbito federal, estadual e municipal). As análises são feitas utilizando a pesquisa disponível mais próxima da data de cada turno da eleição. A transferência de votos entre o primeiro e o segundo turnos também é investigada.

Primeiro turno

VARIÁVEIS DEMOGRÁFICAS E SOCIOECONÔMICAS

Uma primeira observação a fazer é que as variáveis sexo e idade apresentaram baixa associação com o voto. Há apenas uma pequena tendência de os candidatos ligados a partidos de esquerda serem mais bem-votados entre os mais jovens do que entre os mais velhos, enquanto o inverso ocorre entre os candidatos vinculados a partidos de direita. Para cada candidato, individualmente, estas diferenças são pequenas; quando os agrupamos segundo os campos ideológicos a que pertencem seus partidos, vemos que, enquanto os candidatos mais à direita (em conjunto) vencem aqueles mais à esquerda (também em conjunto) por uma diferença de 10% entre os eleitores mais jovens (16 a 29 anos), essa diferença aumenta para 25% entre os mais velhos (50 anos ou mais).

No que se refere ao grau de escolaridade dos eleitores, as intenções de voto para cada grupo de candidatos, segundo o campo ideológico em que se situam os partidos a que pertencem, podem ser vistas na tabela 7.[25]

Tabela 7. Intenção de voto (%) por posição ideológica dos candidatos, segundo escolaridade dos eleitores: 1º turno (2008)

Posição ideológica dos candidatos	Escolaridade			Total
	Até o ginásio	Colegial	Superior (completo ou incompleto)	
Esquerda	11	15	33	20
Centro	48	46	33	42
Direita	41	39	35	38
Total (n)	(199)	(238)	(255)	(692)

Fonte: Ibope. Pesquisa 1373-3 (23 a 25 set. 2008) (n = 805).
Nota: o coeficiente de correlação (gama de Goodman e Kruskal) entre voto (agregando os candidatos segundo o campo ideológico a que pertencem) e a escolaridade dos eleitores é de -0,203 (sign.: 0,000).

25 Para estas análises recodificamos as intenções de voto em: esquerda: Afrânio (Psol), Ângela (PCdoB), Nildão (PT) e Joaninha (PSTU); centro: Dário (PMDB); direita: Amin (PP) e César Souza Jr. (DEM).

Embora haja exceções, podemos apontar as seguintes tendências:

- a intenção de voto nos candidatos de esquerda (em conjunto) crescia com o aumento da escolaridade dos eleitores. Esta tendência é mais nítida para Afrânio e Ângela;
- a intenção de voto em Dário (único candidato vinculado a partido considerado no centro do espectro ideológico) era maior entre os eleitores das categorias intermediárias de escolaridade;
- a variação da intenção de voto nos candidatos à direita não teve um sentido único, mas é entre os menos escolarizados que eles (em conjunto) foram mais votados. Na realidade, esta tendência é válida para César Souza Jr, já que a votação de Amin variava pouco com a escolaridade dos eleitores.

As tendências são semelhantes a estas quando se considera a renda familiar dos eleitores (tabela 8).

Tabela 8. Intenção de voto (%) por posição ideológica, segundo renda familiar: 1º turno (2008)

Posição ideológica dos candidatos	Renda familiar				Total
	Até 1 SM	2 a 5 SM	5 a 10 SM	+ de 10 SM	
Esquerda	15	16	24	33	20
Centro	42	47	39	29	42
Direita	44	37	37	37	38
Total (n)	(115)	(295)	(168)	(102)	(680)

Fonte: Ibope. Pesquisa 1373-3 (23 a 25 set. 2008) (n = 805).

Nota: o coeficiente de correlação entre voto e a renda dos eleitores é de -0,120 (sign.: 0,021).

Embora com certas exceções, pode-se dizer que:

- a intenção de voto nos candidatos de esquerda (em conjunto) crescia com o aumento da renda dos eleitores. Esta tendência é mais nítida para Afrânio (PT) e Ângela (PCdoB);
- a intenção de voto em Dário (centro) era melhor entre os eleitores das duas categorias de menor renda;

- entre os eleitores de menor renda os candidatos de direita (em conjunto) foram mais votados. No entanto, esta tendência é válida para César Souza Jr; a votação de Amin, na realidade, aumentava com a renda dos eleitores.

Avaliação de desempenho do governo

Um segundo elemento a ser explorado é a avaliação de desempenho no governo. No caso da eleição de 2008, em Florianópolis, este elemento parece novamente ter-se mostrado fundamental para a vitória do candidato à reeleição, Dário Berger. A tabela 9 apresenta a evolução da intenção de voto em Dário e Amin durante o primeiro e o segundo turnos, juntamente com os índices de avaliação de governo. Veja-se que na primeira pesquisa, no início de agosto, Amin era o primeiro colocado (29%), enquanto Dário, com 22% das intenções de voto, possuía uma avaliação positiva (ótimo ou bom), em torno de 35%. Com o início do horário eleitoral e o consequente aumento da exposição dos candidatos ao eleitorado, as intenções de voto em Dário cresceram, da mesma forma que cresceu a avaliação positiva do governo. Na primeira pesquisa de setembro Dário já estava com 27% nas intenções de voto, e sua administração era avaliada positivamente por mais de 40% dos eleitores. Da mesma forma, a intenção de voto em Amin caiu quase na mesma proporção da queda na avaliação negativa do governo Dário. A avaliação de Dário continuou crescendo até a pesquisa imediatamente anterior ao primeiro turno (quando atingiu 51% de ótimo e bom), assim como as intenções de voto no candidato (39%). Inversamente, as intenções de voto em Amin declinaram, chegando a 18% nesta última pesquisa.

Tabela 9. Evolução (%) das intenções de voto e da avaliação da administração Dário Berger (2008)

Variáveis	1º turno				2º turno		
	5 a 7 ago.	2 a 4 set.	23 a 25 set.	2 e 3 out.	9 e 10 out.	16 e 17 out.	23 e 24 out.
Avaliação Dário (% ótimo/bom)	35	42	50	51	ND*	ND*	54
Voto Dário (%)	22	27	36	39	56	50	51
Voto Amin (%)	29	22	20	18	32	33	33

Fonte: pesquisa Ibope.

* ND = não há dados de avaliação do governo nestas pesquisas.

Em outubro, a avaliação positiva da administração Berger ainda cresce um pouco, chegando a 54% às vésperas do segundo turno. Entretanto, a intenção de voto nele sofre uma ligeira queda entre a primeira e a última pesquisas realizadas no intervalo entre os dois turnos da eleição (de 56% para 51%). Amin, porém, não cresce, oscilando entre 32% e 33%.

Se esta é a tendência evolutiva das duas variáveis (avaliação de governo e intenção de voto) em termos agregados, a tabela 10 mostra o cruzamento entre as duas variáveis no plano individual, na última pesquisa antes do primeiro turno.

Tabela 10. Avaliação do prefeito (Dário Berger) e intenção de voto no 1º turno

Intenção de voto no 1º turno	Avaliação prefeito Dário Berger			Total
	Ótimo/bom	Regular	Ruim/péssimo	
Dário Berger (PMDB)	58	19	4	36
Amin (PP)	14	24	30	20
César Souza Jr. (DEM)	11	14	17	13
Ângela Albino (PCdoB)	6	14	19	10
Nildão (PT)	2	7	7	4
Afrânio Boppré (Psol)	0	3	6	2
Joaninha (PSTU)	0	1	0	0,3
(N)	(408)	(247)	(136)	(791)

Fonte: Ibope. Pesquisa 1373-3 (23 a 25 set. 2008) (n = 805).

Nota: não aparecem na tabela os eleitores indecisos e os que pretendiam votar em branco ou nulo. Operacionalizando a variável intenção de voto como: governo (Dário); branco e nulo; oposição (demais candidatos), a correlação (gama) entre esta variável e a avaliação de governo é de 0,69 (sign. 0,000).

Como esperado, aumentam muito as intenções de voto no prefeito Dário à medida que passamos dos eleitores que avaliavam sua gestão como ruim ou péssima (apenas 4% dos eleitores nesta condição pretendiam votar nele) para aqueles que a avaliavam como boa ou ótima (entre os quais o prefeito tinha 58% das intenções de voto). Para todos os demais candidatos (de oposição), ocorre o inverso: quanto pior a avaliação do prefeito em exercício, maiores as intenções de voto nestes candidatos (a exceção é Joaninha, do PSTU, cuja votação é desprezível). É importante destacar o papel que parece ter tido a campanha, ao permitir ao prefeito em exercício apresentar suas realizações para o conjunto do eleitorado, que muitas vezes conhece melhor apenas as obras e os programas mais visíveis nas localidades onde mora ou por onde trafega. Houve um grande crescimento da avaliação positiva do prefeito ao longo da campanha; o contraste com as realizações de seu principal adversário foi uma das forças de sua campanha, resultando na principal motivação de voto em Dário Berger.

Considerando que havia candidatos claramente apoiados pelo (ou vinculados ao) governador Luiz Henrique da Silveira (Dário, do PMDB) e ao presidente Lula (Nildão, do PT), é relevante verificar se esses vínculos tiveram alguma influência nas intenções de voto para prefeito de Florianópolis em 2008. A tabela 11 apresenta a associação entre a avaliação do governador – que apoiava o prefeito, seu correligionário – e o voto para prefeito da capital.

As tendências são semelhantes às da tabela 10: aumento do voto em Dário Berger à medida que passamos dos eleitores que avaliavam a gestão do governador Luiz Henrique como ruim ou péssima para aqueles que a avaliavam como boa ou ótima. Para alguns dos candidatos de oposição, em especial Amin, ocorre o inverso, embora as variações sejam menos nítidas, em todos os casos, quando comparadas às apresentadas na tabela 10. De toda forma, vale a pena destacar que, enquanto Dário vencia Amin por uma diferença de 38% entre os que avaliavam Luiz Henrique positivamente, Amin vencia Dário por 8% de diferença entre os que avaliavam mal o governador.

Tabela 11. Avaliação do governador Luiz Henrique e intenção de voto no 1º turno

Intenção de voto no 1º turno	Avaliação do governador Luiz Henrique			Total
	Ótimo/bom	Regular	Ruim/péssimo	
Dário Berger (PMDB)	53	35	20	36
Amin (PP)	15	18	28	20
César Souza Jr. (DEM)	13	11	14	13
Ângela Albino (PCdoB)	6	14	12	11
Nildão (PT)	3	4	7	5
Afrânio Boppré (Psol)	1	2	3	2
Joaninha (PSTU)	0	1	0	0,3
(N)	(245)	(267)	(243)	(755)

Fonte: Ibope. Pesquisa 1373-3 (23 a 25 set. 2008) (n = 805).
Nota: operacionalizando a variável intenção de voto como: candidato apoiado pelo governador (Dário); branco e nulo; demais candidatos, a correlação (gama) entre esta variável e a avaliação de governo é de 0,41 (sign.: 0,000).

No que se refere à associação entre avaliação do governo Lula e o voto para prefeito (tabela 12), o candidato petista tinha uma votação, entre os que avaliavam bem o governo do presidente Lula, que correspondia a três vezes a votação entre os que avaliavam mal aquele governo. No entanto, mesmo entre os que avaliavam o presidente positivamente (cerca de 54% dos eleitores florianopolitanos, no momento da pesquisa), apenas 6% dos eleitores pretendiam votar em Nildão.

Tabela 12. Avaliação do presidente Lula e intenção de voto para prefeito no 1º turno

Intenção de voto no 1º turno	Avaliação do presidente Lula			
	Ótimo/bom	Regular	Ruim/péssimo	Total
Dário Berger (PMDB)	36	39	35	36
Amin (PP)	20	18	23	20
César Souza Jr. (DEM)	15	8	14	12
Ângela Albino (PCdoB)	10	14	10	11
Nildão (PT)	6	3	2	5
Afrânio Boppré (Psol)	1	3	2	2
Joaninha (PSTU)	0	0	1	0,3
(N)	(425)	(232)	(127)	(784)

Fonte: Ibope. Pesquisa 1373-3 (23 a 25 set. 2008) (n = 805).
Nota: operacionalizando a variável intenção de voto como: candidato vinculado ao partido do presidente (Nildão); branco e nulo; demais candidatos, a correlação (gama) entre esta variável e a avaliação de governo é de -0,02 (sign.: 0,886).

Entre os demais candidatos, as variações nas intenções de voto não têm sentido unívoco à medida que varia a avaliação do governo Lula. Não houve, portanto, influência significativa da boa popularidade do presidente no primeiro turno da eleição na capital catarinense, em 2008.

Segundo turno

Na análise dos dados do segundo turno, apresentamos os resultados de uma análise de regressão logística binomial, com base na última pesquisa do Ibope feita antes da votação (com exceção da pesquisa de boca de urna, que tem poucas variáveis).

A variável dependente foi assim operacionalizada: 0 = votos em Amin, mais brancos e nulos; 1 = votos em Dário.[26] As variáveis dependentes são: sexo (masculino; feminino); idade (16 a 24 anos; 25 a 59 anos; 60 anos ou mais); escola (até primário; ginásio; colegial; superior); renda (até 2 SM; + 2 a 5 SM; + 5 a 10 SM; + 10 SM); satisfação com a vida (insatisfeito ou muito insatisfeito; satisfeito ou muito satisfeito); avaliações de governo (Dário, Luiz Henrique, Lula) (ruim ou péssimo; regular; ótimo ou bom). A tabela 13 apresenta os dados relativos a esta análise. O modelo parece bem razoável, na medida em que apresenta um R^2 de Nagelkerke de 0,52[27] e percentual de 81% de votos preditos.

As variáveis estatisticamente significativas (nível 0,05) foram: idade, avaliação do governo Dário e avaliação do governo Luiz Henrique da Silveira. O voto em Dário diminuía com a idade dos eleitores: a chance de votar em Dário entre os eleitores com 25 a 59 anos representava apenas 58% da chance de voto no candidato entre os eleitores mais jovens (16 a 24 anos); a chance entre os mais velhos (60 anos ou mais) era ainda menor: 21% da chance existente entre os eleitores mais jovens.

Quanto à avaliação do governo Luiz Henrique da Silveira, as chances de eleitores que avaliavam o governo como regular, ótimo ou bom votarem em Dário eram cerca de duas vezes a chance entre os eleitores que avaliavam aquele governo como ruim ou péssimo. A avaliação do governo Dário, porém, foi a variável mais relevante. Tomando como referência a chance de voto em Dário entre os eleitores que o avaliavam como ruim ou péssimo, a chance de voto neste candidato entre os eleitores que avaliavam seu governo como regular era cerca de 10 vezes maior que aquela e, entre os eleitores que avaliavam seu governo como ótimo ou bom, mais de 100 vezes maior. As demais variáveis foram estatisticamente não significativas.

Fazendo este mesmo tipo de análise, mas modelando a variável dependente como 0 = Dário mais brancos e nulos e 1 = Amin, as tendências encontradas antes para idade e avaliação do governo Dário se confirmam (agora com sinal invertido, pois este modelo é para analisar o voto em Amin): Amin é mais votado entre os mais velhos e entre os que avaliam o governo Dário como ruim ou péssimo. Ocorre que a avaliação do governo Luiz Henrique

[26] Foi rodado, também, outro modelo em que a variável dependente foi assim operacionalizada: 0 = votos em Dário Berger mais brancos e nulos; 1 = votos em Amin. Como as conclusões para os dois modelos são basicamente as mesmas, pode-se concluir que os votos brancos e nulos não tiveram influência significativa na análise.

[27] O R^2 de Nagelkerke é um indicador de ajuste do modelo de regressão, ou seja, da capacidade de as variáveis independentes explicarem a variável dependente.

torna-se uma variável estatisticamente não significativa no modelo. As demais variáveis também são estatisticamente não significativas, como no modelo para o voto em Dário.

Tabela 13. Modelo: intenção de voto em Dário no 2º turno (2008)

Variáveis	B	S.E.	Wald	Sig.	Exp(B)
Sexo (1)	-0,168	0,208	0,650	0,420	0,846
Escola			7,427	0,059	
Escola (1)	0,014	0,411	0,001	0,974	1,014
Escola (2)	-0,711	0,375	3,601	0,058	0,491
Escola (3)	-0,696	0,408	2,915	0,088	0,499
Renda			5,202	0,158	
Renda (1)	0,294	0,276	1,137	0,286	1,342
Renda (2)	0,281	0,333	0,711	0,399	1,324
Renda (3)	-0,388	0,401	0,938	0,333	0,678
Idade			14,892	**0,001**	
Idade (1)	-0,550	0,269	4,194	**0,041**	**0,577**
Idade (2)	-1,548	0,401	14,862	**0,000**	**0,213**
Satisfação c/ vida (1)	-0,144	0,277	0,270	0,603	0,866
Avaliação Dário			139,923	**0,000**	
Avaliação Dário (1)	2,382	0,626	14,468	**0,000**	**10,823**
Avaliação Dário (2)	4,808	0,619	60,306	**0,000**	**122,473**
Avaliação Luiz Henrique			7,129	**0,028**	
Avaliação Luiz Henrique (1)	0,689	0,278	6,158	**0,013**	1,991
Avaliação Luiz Henrique (2)	0,670	0,294	5,202	**0,023**	1,955
Avaliação Lula			0,419	0,811	
Avaliação Lula (1)	-0,026	0,338	0,006	0,939	0,975
Avaliação Lula (2)	-0,157	0,314	0,250	0,617	0,855
Constante	-2,595	0,804	10,424	0,001	0,075

Fonte: Ibope. Pesquisa 1373-8 (23 e 24 out. 2008).

Notas: regressão logística: variável dependente: voto no 2º turno [0 = Amin + B/N; 1 = Dário]; adequação do modelo: Nagelkerke R Square = 0,52; porcentagens de votos preditos: Dário = 85%; outros = 76%; total: 81%.

Quanto às avaliações de governo, parece ter havido um alinhamento, tanto no primeiro quanto no segundo turno, no seguinte sentido: boa parte dos eleitores que avaliavam positivamente o governo Luiz Henrique também avaliava positivamente o governo Berger; boa parte dos que avaliavam negativamente o governador também avaliava negativamente o prefeito-candidato. A ausência de dados sobre preferência partidária, identificação ideológica dos eleitores (posicionamento numa escala esquerda-direita) ou sobre opiniões políticas a respeito de temas específicos impede um teste mais adequado da hipótese postulada a seguir, mas o alto coeficiente de correlação (0,66; significância estatística a 0,00) entre as duas variáveis (avaliação de Luiz Henrique e avaliação de Berger) – bem maior do que as correlações entre as avaliações de Lula e de Luiz Henrique ou entre as avaliações de Lula e de Dário Berger – parece indicar que as avaliações de desempenho dos governos estadual e municipal eram parcialmente influenciadas por posicionamentos políticos prévios.[28]

Pode-se pensar que o posicionamento ideológico dos eleitores (ou seja, considerar-se mais à esquerda ou mais à direita, ter certas opiniões a respeito de temas que dividem os eleitores mais "progressistas" dos mais "conservadores") ou suas preferências partidárias – de maior ou menor proximidade com o PMDB (Luiz Henrique, Berger) ou com o PP (Amin) – sejam em parte responsáveis pela avaliação que os eleitores fazem de seus governantes e, por consequência, de seu voto. Certamente esta avaliação não depende só destes alinhamentos políticos prévios, sendo feita também com base em aspectos mais "técnicos", relativos a desempenho em áreas (saúde, educação etc.) que são importantes para todos os eleitores, qualquer que seja seu posicionamento político. Se não fosse assim, o coeficiente de correlação entre as avaliações do prefeito e do governador seria 1, ou seja, associação perfeita. E, como foi visto, no momento da eleição a avaliação do prefeito era bem melhor do que a do governador. Além disso, a avaliação do prefeito não teria mudado tanto durante a campanha se dependesse apenas dos alinhamentos político-ideológicos prévios, que, supõe-se, não seriam tão voláteis.

Concluindo este ponto: os dados parecem mostrar que a forte associação entre a avaliação do governo municipal e o voto não resultou apenas de uma relação de causalidade simples, em que o eleitor primeiro avaliava de forma "neutra" e "técnica" o desempenho do prefeito em exercício e, a partir daí, decidia

---

28 No primeiro turno (pesquisa Ibope de 23 a 25 set. 2008), a correlação entre as avaliações dos governos estadual e municipal foi de 0,60 – bem maior do que a correlação entre as avaliações dos governos federal e estadual ou entre as avaliações dos governos federal e municipal.

seu voto, premiando ou punindo sua administração ao votar a favor ou contra a continuidade dela. Parte da avaliação (embora não toda), ao que parece, já era influenciada pelos alinhamentos políticos e ideológicos prévios, pelo menos para uma parte significativa do eleitorado. A ausência de dados sobre variáveis de natureza político-ideológica, porém, impede uma mensuração mais precisa destas influências.[29]

A tabela 14 apresenta os dados referentes à transferência de votos entre o primeiro e o segundo turnos da eleição. As principais tendências foram as seguintes:

- a reversão de voto foi maior de Amin para Berger (9% dos eleitores), entre o primeiro e o segundo turnos, do que no sentido contrário (4%);
- os eleitores de César Souza Jr. (DEM) e Boppré (Psol) se dividiram no segundo turno, com leve vantagem para Dário. A grande divisão ocorrida entre os eleitores que votaram no candidato do DEM no primeiro turno era esperada, já que havia elementos objetivos para esta divisão: de um lado, DEM e PMDB integravam as coalizões de governo na capital e no governo do estado; de outro, em Florianópolis o vínculo entre DEM (PFL) e PP historicamente sempre foi mais forte do que aquele entre DEM (PFL) e PMDB. Em 2004 PFL e PP haviam-se coligado em apoio a Francisco de Assis (PP) contra Berger (ainda no PSDB, na ocasião). Além disso, o fato de o candidato democrata ter feito uma campanha dura contra Berger no primeiro turno deve ter pesado na decisão de parte dos eleitores de César Souza Jr. no sentido de não votarem no candidato peemedebista;
- os eleitores de Ângela Albino (PCdoB) e Nildão (PT) se dividiram no segundo turno, com alguma vantagem para Amin. Ângela Albino fez uma forte campanha contra Berger desde o primeiro turno e se aproximou de Amin no segundo, levando parte de seus eleitores com ela;
- os poucos eleitores de Joaninha (PSTU) dividiram-se, no segundo turno, entre votar branco e nulo (50% dos eleitores da candidata) ou votar em um dos candidatos (25% para cada).

Como já visto no início deste texto, a diferença pró-Berger foi de pouco mais de 34 mil votos no primeiro turno. A soma de votos em candidatos que não foram para o segundo turno, mais os votos brancos e nulos, alcançava 100 mil. A virada era muito difícil, mas não impossível. No segundo turno, porém,

---

[29] Para uma discussão sobre as relações entre avaliação de desempenho, posicionamento partidário-ideológico e o voto, com base em dados mais adequados, ver Carreirão (2002:167-174).

a diferença entre os dois candidatos foi de mesmo tamanho (pouco mais de 34 mil votos), como resultado destas transferências, apresentadas na tabela 12. Considerando o conjunto dos candidatos que não chegaram ao segundo turno, 35% de seus votos no primeiro turno transferiram-se para Berger no segundo turno e 37% para Amin. Esta diminuta vantagem pró-Amin na transferência de votos foi compensada pela maior reversão de votos de Amin para Berger entre um turno e o seguinte, comparada à reversão em sentido contrário. Tudo isso impossibilitou uma virada de Amin.

Tabela 14. Transferência de votos para candidato a prefeito entre 1º e 2º turnos: Florianópolis (2008)

Voto no 2º turno	Voto no 1º turno							Total
	Dário Berger (PMDB)	Amin (PP)	César Souza Jr. (DEM)	Ângela Albino (PCdoB)	Nildão (PT)	Afrânio Boppré (Psol)	Joaninha (PSTU)	
Dário	92	9	41	24	36	38	25	55
Amin	4	87	36	36	47	33	25	30
Outros*	4	4	23	40	17	29	50	15
(N)	(364)	(158)	(100)	(62)	(36)	(21)	(12)	(806)

Fonte: Ibope. Pesquisa 1373-8 (23 e 24 out. 2008 (n = 805).
* Branco/nulo/NS/NR.

E, como se pôde ver, não houve consistência ideológica na transferência de votos entre os dois turnos, especialmente entre os eleitores de Ângela Albino e Nildão. As circunstâncias locais tiveram mais relevância nesta transferência do que a proximidade ideológica dos partidos.[30]

Considerações finais

Buscaremos aqui sistematizar algumas questões que consideramos relevantes na explicação dos resultados eleitorais para prefeito de Florianópolis em 2008.

[30] Tomando como referência a classificação mais recorrente do posicionamento ideológico dos partidos na literatura brasileira.

Em primeiro lugar, conforme apontado em Borba e colaboradores (2009:114), acreditamos que não seja possível entender os resultados eleitorais de 2008 sem levar em conta *o contexto favorável às reeleições* que marcou o pleito em questão. A situação econômica positiva vivenciada pelo país impactou positivamente a arrecadação municipal, viabilizando a realização de obras e projetos pelos administradores públicos, o que se reverteu em votos no momento eleitoral.

Em segundo lugar, é preciso considerar a *estrutura de campanha disponível para cada candidato*. Amin contava com o apoio do PP, que tem sido um dos partidos mais fortes na capital, mas Berger contava com o apoio do PMDB e, principalmente, do governador do estado. No que diz respeito aos gastos de campanha, Berger realizou despesas cerca de 70% superiores às de seu principal adversário. Da mesma forma, dispôs de quase o dobro do tempo de propaganda eleitoral gratuita de que dispunha Amin. Além disso, seus programas tinham qualidade igual ou superior ao de seu adversário. Tudo isso deve ter contribuído para convencer (e mobilizar) uma parcela do eleitorado de que Berger fazia uma boa gestão e merecia ser (re)eleito.

Como terceiro ponto, destacamos um aspecto que só ficou claro à medida que a campanha se desenrolou: *a força, apenas aparente, da candidatura de Esperidião Amin*. Apesar de ser a maior liderança do PP no estado, Amin não disputava uma eleição municipal desde 1988, de modo que suas obras e realizações como prefeito poderiam, quando muito, ser de conhecimento dos eleitores de maior idade (Borba et al., 2009:114).[31] Quando tentou apresentar suas realizações em favor da capital como governador ou prefeito, teve sua credibilidade questionada pelo ex-aliado Jorge Bornhausen. Tudo isso pesou negativamente na comparação com o conjunto de intervenções que o prefeito Dário Berger fez ao longo de seus anos de governo.

Em quarto lugar, e mais importante, destacamos a *avaliação do governo Dário*. O prefeito conseguiu executar parte de sua agenda desenvolvimentista para a cidade e, ao final, a maior parte do eleitorado deu mais importância às realizações do candidato do que às acusações que pesavam contra ele.

A principal explicação aqui proposta para a reeleição do prefeito Dário Berger segue, do ponto de vista teórico, a tese de Fiorina (1981), de que, embora o eleitor seja prospectivo (voltado para o futuro), a *avaliação de desempenho passado* é uma das informações mais relevantes e confiáveis para prever o

[31] Tal fato, de alguma maneira, explica os resultados da análise de regressão para o segundo turno, em que a intenção de voto em Amin aumenta de acordo com a idade do eleitor.

futuro. Assim, a vitória de Berger se deve, em grande parte, a que a maioria dos eleitores avaliou melhor sua administração do que as administrações anteriores realizadas por seu principal adversário, Esperidião Amin. Esta maioria poderia esperar mais, portanto, da continuidade da gestão Berger, do que da volta de Amin à prefeitura.

Em quinto e último lugar, o resultado da eleição representa uma redução do predomínio dos partidos de direita. Foi a primeira vez que o PP perdeu duas eleições seguidas para prefeito, desde 1985. Além disso, foi o pior desempenho destes partidos (em conjunto) nas eleições para a Câmara Municipal: elegeram 43,8% dos vereadores, quando o pior resultado anterior havia sido em 1996, com 52,3%. Esse resultado representa, também, um enfraquecimento da liderança de Esperidião Amin, derrotado nas urnas pela terceira vez seguida (em 2002 e 2006 fora derrotado nas eleições para governador). Isso não significa que sua carreira esteja encerrada; trata-se de uma liderança ainda muito forte no estado. Entretanto, esta nova derrota fragilizou suas eventuais pretensões, por exemplo, à volta ao cargo de governador em 2010. De outro lado, o resultado da eleição de 2008 consolida a trajetória ascendente de Dário Berger em seu atual partido (o PMDB) e na política catarinense como um todo (embora a ameaça de ter seu mandato cassado como "prefeito itinerante" – por ter mudado de domicílio eleitoral e vencido em outro município logo depois de ter governado em município vizinho por oito anos – possa vir a representar uma inflexão negativa nesta trajetória).

Conclusões: as lógicas do voto para prefeito

ANTONIO LAVAREDA

HELCIMARA DE SOUZA TELLES

Uma questão pouco debatida na literatura brasileira é o uso pelo eleitor de padrões diferenciados para votar em cada uma das esferas eleitorais. Seja porque sua identidade com partidos, embora suficientemente intensa para um nível, não faz sentido em outro, seja porque questões conjunturais podem ser mais consideradas para o cálculo do voto em um plano político ou, ainda, porque, apesar da sofisticação, ideologia e racionalidade, o eleitor seria motivado a utilizar distintas informações para alimentar sua decisão em cada um dos níveis das eleições: local, estadual e nacional.

Os casos analisados nesta edição contemplam capitais com características que as distinguem política e economicamente, o que nos permite realizar algumas inferências sobre as lógicas que orientam a escolha do prefeito. Estas eleições se realizaram sob o signo do continuísmo e das parcerias. Mas, mantidas fixas estas condições para todas as capitais, nota-se que o eleitor reagiu de modo distinto em cada uma das disputas.

Em alguns dos casos analisados, a conexão entre o governador e o prefeito parece não se impor sobre o eleitor. Nota-se esta dissociação, por exemplo, em Curitiba, capital em que o candidato apoiado pelo governador não obteve desempenho significativo. Em Goiânia também pôde ser observado o predomínio dos elementos locais sobre os nacionais. De modo similar ao caso curitibano, naquela capital, a despeito da intervenção do governador na disputa política, ele não obteve sucesso para eleger seu candidato, e o prefeito foi reeleito.

Esta dissociação entre os planos municipal e estadual pode estar relacionada não somente aos aspectos políticos, mas igualmente aos socioeconômicos, em que cidades situadas em regiões mais ricas e desenvolvidas apresentaram candidatos a prefeito menos dependentes dos recursos dos governos estaduais.

Nestes casos as realizações mais efetivas dos prefeitos dominaram a agenda. Nesta situação terá valido a pena para o eleitor investir no voto retrospectivo, levando em conta o julgamento que possuía sobre o incumbente e sua administração, independentemente do alinhamento deste com o poder estadual.

Padrão distinto encontrado foi aquele no qual as agendas das campanhas e das estratégias partidárias são atravessadas pelo cenário nacional. Este parece ter sido o caso das eleições municipais em Belo Horizonte e em São Paulo. Nestas cidades o fato de ambos os governadores serem quadros do PSDB e de o petismo e o antipetismo serem componentes importantes marcou as articulações das elites políticas, ainda no processo de seleção dos candidatos, com vistas às eleições nacionais que seriam realizadas em 2010. Mas, se estas eleições municipais ocorreram sob influência da federalização dos debates, tal marca não implicou campanhas mais ideológicas que as demais. Nas campanhas também estavam presentes retóricas personalistas, concentradas sobre os atributos funcionais ou simbólicos dos candidatos vitoriosos que foram apoiados pelos governadores de seus respectivos estados.

Contrapondo-se ao localismo, as ideologias também estiveram presentes em algumas capitais. Ainda que o eleitor não conheça as distinções substantivas entre direita e esquerda, observa-se em algumas cidades, como São Paulo, Belo Horizonte e Florianópolis, que blocos partidários identificados com algumas destas políticas permaneceram controlando a prefeitura por longo tempo, o que lhes permitiu criar vínculos com o eleitor. Nestas situações as disposições político-ideológicas podem afetar a escolha do prefeito, ainda que combinadas com os atributos funcionais e pessoais dos candidatos.

Lugar-comum na literatura é a afirmativa de que os partidos políticos não importam na decisão do voto. Se isso pode ser aferido para as eleições presidenciais, não pode ser generalizado nas eleições para prefeito. Partidos recrutam, selecionam as elites e criam vínculos com os eleitores, como o caso de Recife, onde foi eleito um candidato sem expressiva presença política, mas filiado a um partido que detinha significativa preferência do eleitorado. O prefeito, do mesmo partido, conseguiu agregar ao seu sucessor o prestígio da legenda ao fazer um apelo pragmático no sentido de que suas realizações seriam mantidas se o mesmo partido continuasse no poder. Com outra variação, o mesmo ocorreu em São Paulo, em direção oposta, em que o antipetismo foi um dos componentes para explicar a vitória do prefeito da capital paulista. Deste modo, o voto partidário não pode ser simplesmente descartado das análises, pois, ainda que não seja sempre a variável preditora, fez diferença em algumas das capitais.

A avaliação retrospectiva foi um padrão encontrado em vários dos casos analisados, como em Fortaleza. Em muitas cidades, ela foi o fator mais decisivo. O eleitor levou em conta o passado do candidato, por meio de seu desempenho na administração. Deste modo, além do voto ideológico, encontrado em outras cidades, observa-se também um comportamento mais pragmático, baseado no exame da gestão. Todavia, as análises ainda não fornecem elementos mais precisos para indicar quais fatores – se os políticos, ideológicos ou afetivos – são utilizados para realizar a avaliação dos gestores. Novos estudos devem ser feitos no sentido de averiguar quais mecanismos e disposições são acionados para o eleitor proceder tal julgamento.

Em relação ao apoio e articulações políticas que são realizadas para a seleção de um candidato, vale lembrar que criam os ambientes para as disputas. Todavia, mais do que o prestígio dos apoiadores, nota-se que é o candidato a prefeito que deve ser o principal agente para estabelecer o vínculo com o eleitor. A transferência do prestígio dos apoiadores para o candidato a prefeito não foi consensual; poucos foram os prefeitos eleitos que tiveram seus votos determinados pela exclusiva avaliação positiva, ou mesmo negativa, de seus apoiadores; sobretudo, não se encontrou a associação entre o apoio do presidente e o resultado das urnas. O prestígio político não foi transferido integralmente para os candidatos.

Um argumento que se tornou aceito foi o de que prefeitos mal-avaliados não possuem chances de reeleição. Com base no estudo das capitais, esta afirmativa não pode ser generalizada. Se a avaliação é componente importante para o voto, pode sofrer variação durante as campanhas. Notou-se, sobretudo em Salvador e Porto Alegre, que prefeitos mal-avaliados conseguiram, durante as campanhas, construir interpretações mais positivas de seus mandatos e, desta forma, se reposicionaram na disputa, obtendo a reeleição – o que nos remete a importante fator, ainda escassamente analisado pela literatura no país: os efeitos das campanhas na decisão de voto.

Assim, a construção do candidato e de suas estratégias retóricas foi outro tema tratado, mostrando-se que as campanhas de fato importam. Elas podem ser interpretadas mais como um momento de diálogo entre o eleitor e os candidatos do que como elemento para a manipulação de uma opinião pública que, supostamente, votaria a partir exclusivamente de imagens desconectadas. Em muitos casos as campanhas tiveram a capacidade de afetar a avaliação dos mandatários, o que, por seu turno, aumentou ou mesmo reduziu suas chances de voto.

Também é verdade que a retórica das campanhas é imbuída de conteúdo político e, portanto, depende das articulações da elite política, da distribuição do tempo no rádio e na televisão, dos recursos financeiros dos candidatos e é retroalimentada pela avaliação que o eleitor faz da própria campanha. Antes de ser um depósito passivo de informações, o cidadão usa suas lentes para interpretar e sentir as mensagens enunciadas pelos concorrentes. As campanhas ativam as preferências e disposições prévias, mas, ao mesmo tempo, são um dos principais instrumentos para a oferta de informações utilizadas para os eleitores balizarem sua decisão.

Por fim, vale salientar que, a despeito da abrangência das análises contidas neste volume, restam lacunas a serem preenchidas, para melhor elucidar o comportamento eleitoral:

- o relativo descaso com o papel exercido pela mídia e pelas campanhas políticas e seus efeitos sobre a decisão do voto;
- uma perspectiva bastante presente nos estudos, segundo a qual somente um eleitor sofisticado, educado e bem-informado é capaz de produzir escolhas racionais e, consequentemente, boas democracias;
- algumas variáveis são sistematicamente selecionadas para os testes das hipóteses acerca do comportamento eleitoral, ao passo que outras são previamente descartadas pelos pesquisadores, sem maiores avaliações, sobretudo a ideologia;
- as metodologias, com pouco aprofundamento dos instrumentos quantitativos e o escasso uso de técnicas qualitativas capazes de explorar os resultados das ações e de detectar os sentidos das condutas políticas. Ainda neste campo, a carência de diálogo com outras áreas do conhecimento, sobretudo com a antropologia e a história, que têm trazido importantes contribuições ao estudo das redes políticas – estudos da memória, biografias, reconstrução da própria história política – a partir de novas fontes;
- finalmente, mas não menos importante, a escassez de estudos comparativos com a realidade latino-americana, cujos sistemas partidários e história política são mais similares à brasileira do que aos padrões norte-americanos.

Como se constatou ao longo da leitura dos capítulos deste volume, a compreensão da escolha eleitoral nas disputas municipais é uma tarefa bem mais difícil que a prevista pelo uso de um único marco teórico, porque responde a causas múltiplas. Por isso, ao articular escolas teóricas distintas, se puderam identificar facetas até então pouco conhecidas, a exemplo dos três padrões encontrados nessas eleições – dependência dos candidatos a prefeito em relação ao capital político do governador, agenda localista e federalização –, que contextualizam as campanhas.

Estes achados devem ser aprofundados por metodologias que incorporem estatísticas mais robustas, e com mais e melhores pesquisas qualitativas. E, sobretudo, acreditamos ser importante agregar ao estudo do comportamento eleitoral as análises mais recentes sobre o papel das emoções e sentimentos nas estratégias de comunicação que repercutem na decisão de voto. Assim, de um lado, com a introdução de novos conceitos, e, de outro, adotando-se uma perspectiva interdisciplinar, com a adição dos enfoques antropológico e psicológico, poderemos decifrar melhor o complexo fenômeno do voto.

Referências

ABRUCIO, F. L. Os barões da Federação. *Lua Nova*, n. 33, p. 165-184, 1998.

ALBUQUERQUE, Afonso de. *Aqui você vê a verdade na tevê*: a propaganda política na televisão. Niterói: MCII (publicações do Mestrado em Comunicação, Imagem e Informação), 1999.

ALDÉ, Alessandra. *A construção da política*: democracia, cidadania e meios de comunicação de massa. Rio de Janeiro: FGV, 2004.

ALMEIDA, Alberto C. *A cabeça do eleitor*: estratégia de campanha, pesquisa e vitória eleitoral. Rio de Janeiro: Record, 2008.

ALMEIDA, R. de S. et al. A definição das candidaturas à prefeitura de Goiânia. *Boletim de Análise de Conjuntura*, Belo Horizonte, v. 25, n. 1, 2000.

AMARAL FILHO, Otacílio. Belém do Pará: a festa imodesta da democracia. In: SILVEIRA, Flávio Eduardo (Org.). *Estratégia, mídia e voto*: a disputa eleitoral em 2000. Porto Alegre: EdiPUCRS, 2002. p. 295-239.

ANDRADE, Demétrio; BRUNO, Artur; FARIAS, Airton. *Os pecados capitais do Cambeba*. Fortaleza: Expressão Gráfica, 2002.

AURAS, Marli. *Poder oligárquico catarinense*: da guerra aos "fanáticos" do Contestado à "opção pelos pequenos". Tese (doutorado em educação) – Faculdade de Educação, PUC-SP, São Paulo, 1991.

BAQUERO, Marcello; CREMONESE, Dejalma (Orgs.). *Eleições municipais 2008*: uma análise do comportamento eleitoral brasileiro. Ijuí: Unijuí, 2009.

BELSLEY, David; KUH, Edwin; WELSCH, Roy. *Regression diagnostics*: identifying influential data and sources of collinearity. New York: Wiley Inter-Science, 1980.

BENOIT, William L. *Seeing spots*: a functional analisys of presidential television advertisements 1952-1996. London: Praeger, 1999.

BERELSON, Bernard R. et al. *Voting*. Chicago: The University of Chicago Press, 1954.

BEZERRA, H. D.; BORGES, U. C. C. A estratégia de comunicação dos candidatos à prefeitura de Goiânia, pleito 2008: nota de pesquisa. *Sociedade e Cultura*, Goiânia v. 12, n. 1, p. 161-178, jan./jun. 2009.

BORBA, Felipe Moraes. *Razões para a escolha eleitoral*: a influência da campanha política na decisão do voto em Lula durante as eleições presidenciais de 2002. Dissertação (mestrado em ciência política) – Iuperj, Ucam, Rio de Janeiro, 2005.

BORBA, Julian et al. A eleição de 2008 para prefeito em Florianópolis. In: BAQUERO, Marcello; CREMONESE, Dejalma (Orgs.). *Eleições municipais 2008*: uma análise do comportamento eleitoral brasileiro. Ijuí: Unijuí, 2009. p. 83-118.

BORGES, T. Esquerda e direita e o eleitor da região metropolitana de São Paulo. In: KINZO, Maria D'Alva; BRAGA, Maria do Socorro. (Orgs.). *Eleitores e representação partidária no Brasil*. São Paulo: Humanitas, 2007. p. 115-138.

CAMARGOS, Malco Braga. *Do bolso para as urnas*: a influência da economia na escolha entre Fernando Henrique e Lula nas eleições de 1998. Dissertação (mestrado em ciência política) – Iuperj, Ucam, Rio de Janeiro, 1999.

_____. Belo Horizonte: a manutenção do *status quo*. In: SILVEIRA, Flávio Eduardo (Org.). *Estratégia, mídia e voto*: a disputa eleitoral em 2000. Porto Alegre: EdiPUCRS, 2002. p. 91-120.

CAMPBELL, A. et al. *The American voter*. New York: John Wiley & Sons, 1960.

CAREY, John; SHUGART, Matthew. Incentives to cultivate a personal vote: a rank ordering of electoral formulas. *Electoral Studies*, Washington, v. 14, n. 4, p. 417-439, Dec. 1995.

CARREIRÃO, Yan de Souza. *A decisão de voto nas eleições presidenciais brasileiras*. Rio de Janeiro: FGV; Florianópolis: EdUFSC, 2002.

_____. O sistema partidário catarinense (1980-2005): histórico e evolução. In: CARREIRÃO, Yan de Souza; BORBA, Julian. *Os partidos na política catarinense*: eleições, processo legislativo e políticas públicas. Florianópolis: Insular, 2006a. p. 19-48.

_____. Eleições e sistema partidário em Florianópolis. *Revista de Ciências Humanas*, Florianópolis, v. 40, p. 385-401, 2006b.

_____. As eleições para prefeito em Florianópolis: contribuição para uma história eleitoral. *Perspectivas*, São Paulo, v. 35, p. 35-62, jan./jun. 2009.

CARVALHO, Orlando M. Ensaios de sociologia eleitoral. *Revista Brasileira de Estudos Políticos*, Belo Horizonte, 1958.

CASTRO, M. M. Sujeito e estrutura no comportamento eleitoral. *Revista Brasileira de Ciências Sociais*, n. 20, 1992.

CASTRO, Mônica. *Determinantes do comportamento eleitoral*: a centralidade da sofisticação política. Tese (doutorado em ciência política) – Iuperj, Ucam, Rio de Janeiro, 1994.

CATT, H. *Voting behavior*: a radical critique. London: Leicester University Press, 1996.

CERVI, Emerson U. Os processos de institucionalização partidária no sistema político subnacional: o PDT do Paraná entre 1987 e 2002. In: NAZZARI, Rosana K. (Org.). *Partidos e comportamento político no Brasil*. Cascavel: Edunioeste, 2006. p. 155-193.

_____. Eleições municipais de 2008 em Curitiba: uma vitória histórica e a reafirmação de uma nova hegemonia político-partidária na capital paranaense. In: BAQUERO, Marcello; CREMONESE, Dejalma (Orgs.). *Eleições municipais 2008*: uma análise do comportamento eleitoral brasileiro. Ijuí: Unijuí, 2009. p. 119-140.

CHEIBUB, José A.; PRZEWORSKI, Adam. Democracia, eleições e responsabilidade política. *Revista Brasileira de Ciências Sociais*, São Paulo, v. 12, n. 35, fev. 1997.

CODATO, Adriano N.; CERVI, Emerson U. Institucionalização partidária: uma discussão empírica a partir do caso do PFL do Paraná. In: CODATO, Adriano N.; SANTOS, Fernando J. (Orgs.). *Partidos e eleições no Paraná*: uma abordagem histórica. Curitiba: TRE-PR, 2006. p. 267-291.

CONFEDERAÇÃO NACIONAL DE MUNICÍPIOS. Estudo sobre os determinantes na reeleição de prefeitos: pleitos de 2000 e 2004. Brasília: CNM, 2008. Disponível em: <http://portal.cnm.org.br/sites/9000/9070/Estudos/PoliticaeEleicoes/Set08DeterminantesnaReeleicaode2000e2004.pdf>. Acesso em: abr. 2011.

CONVERSE, Phillip E. Information flow and the stability of partisan attitudes. *Public Opinion Quarterly*, Oxford, v. 26, n. 4, p. 578-599, 1962.

COX, George W.; KATZ, Jonathan. N. Why did the incumbency advantage in U.S. house elections grow? *American Journal of Political Science*, Chicago, v. 40, n. 2, p. 478-497, May 1996.

DALTON, Russell J. Cognitive mobilization and partisan dealignment in advanced industrial democracies. *Journal of Politics*, n. 46, p. 264-268, 1984.

DANTAS NETO, Paulo Fábio. Carlismo e oposição na Bahia pós-carlista. *Fundação Joaquim Nabuco*, Salvador, jan. 2003a. Disponível em: <www.fundaj.gov.br/observanordeste/obed003j.html>. Acesso em: 20 ago. 2010.

_____. Surf nas ondas do tempo: do carlismo histórico ao carlismo pós-carlista. *Cadernos do CRH*, Salvador, UFBA, v. 16, n. 39, p. 213-255, jul./dez. 2003b.

DIAS, Marcia Ribeiro. *Sob o signo da vontade popular*: o orçamento participativo e o dilema da Câmara Municipal de Porto Alegre. Belo Horizonte: UFMG, 2002.

_____. Projeção da imagem partidária nas estratégias de campanha na televisão: uma análise do HGPE 2002. *Dados*, Rio de Janeiro, v. 48, n. 1, p. 147-183, jan./mar. 2005.

_____. Desejo de mudança: das motivações e razões que levaram à derrota do PT em Porto Alegre nas eleições de 2004. *Civitas*, Porto Alegre, v. 8, n. 2, p. 237-257, maio/ago. 2008a.

_____. *Entre a República aristocrática e a democrática*: o confronto entre os argumentos técnico e político nas campanhas de Alckmin e Lula no HGPE 2006. In: BRASA CONGRESS, 9, 2008, New Orleans. *Proceedings*... New Orleans: Brasa Congress, 2008b. Disponível em: <http://sitemason.vanderbilt.edu/files/llmglo/Dias%20 Marcia%20Ribeiro.pdf>. Acesso em: 28 ago. 2010.

DOWNS, Anthony. *Uma teoria econômica da democracia*. São Paulo: Edusp, 1999.

ELSTER, Jon. *Peças e engrenagens das ciências sociais*. Rio de Janeiro: Relume-Dumará, 1994.

FERRAZ, Francisco. *Manual completo da campanha eleitoral*. Porto Alegre: L&PM, 2003.

FIGUEIREDO, Marcus. O eleitor, a preferência e o voto. *Insight Inteligência*, São Paulo, v. 2, n. 30, p. 64-71, 2005.

_____. Intenção de voto e propaganda política: efeitos da propaganda eleitoral. *Logos, mídia e democracia*, Rio de Janeiro, v. 14, n. 27, p. 9-20, jul./dez. 2007.

_____. *A decisão do voto*: democracia e racionalidade. Belo Horizonte: UFMG, 2008.

_____; ALDÉ, Alessandra. Intenção de voto e propaganda política: efeitos e gramáticas da propaganda eleitoral. In: ENCONTRO ANUAL DA COMPÓS, 12, 2003, Recife. *Anais*... Recife: UFPE, 2003. p. 1-21.

_____ et al. Estratégias de persuasão em eleições majoritárias: uma proposta metodológica para o estudo da propaganda eleitoral. In: FIGUEIREDO, Rubens (Org.). *Marketing político e persuasão eleitoral*. São Paulo: Fundação Konrad Adenauer, 2000. p. 147-203.

_____; VEIGA, Luciana F.; ALDÉ, Alessandra. Rio de Janeiro: César *versus* Conde e a nova política carioca. In: SILVEIRA, Flávio Eduardo (Org.). *Estratégia, mídia e voto*: a disputa eleitoral em 2000. Porto Alegre: EdiPUCRS, 2002. p. 49-90.

FIORINA, Morris P. *Retrospective voting in American national elections*. New Haven: Yale University Press, 1981.

FUKS, Mario. Curitiba: a disputa plebiscitária. In: SILVEIRA, Flávio Eduardo (Org.). *Estratégia, mídia e voto*: a disputa eleitoral em 2000. Porto Alegre: EdiPUCRS, 2002. p. 263-295.

_____; CERVI, Emerson U. A cobertura da mídia impressa nas eleições municipais de Curitiba 2000. In: CARVALHO, Rejane (Org.). *A produção da política em campanhas eleitorais*: eleições municipais de 2000. Fortaleza: Pontes, 2003. p. 39-68.

GELMAN, Andrew; KING, Gary. Why are American presidential election campaign polls so variable when votes are so predictable? *British Journal of Political Science*, Colchester, v. 23, n. 4, p. 409-451, 1993.

GONDIM, Linda Maria de Pontes. *Clientelismo e modernidade nas políticas públicas*: os "governos das mudanças" no Ceará (1987-94). Ijuí: Unijuí, 1998.

HAUSMAN, Jerry; MCFADDEN, Daniel. Specification tests for the multinomial Logit model. *Econometrica*, v. 52, n. 5, p. 1219-1240, 1984.

HOLBROOK, Thomas M. *Do campaigns matter?* London: Sage, 1996.

HOLZHACKER, Denilde Oliveira; BALBACHEVSKY, Elizabeth. Classe, ideologia e política: uma interpretação dos resultados das eleições de 2002 e 2006. *Opinião Pública*, Campinas, v. 13, n. 2, p. 294-296, nov. 2007.

HUNTER, W. The normalization of an anomaly: the Workers' Party in Brazil. *World Politics*, v. 59, n. 3, p. 440-475, 2009.

INGLEHART, Ronald. Values. Ideology and cognitive mobilization in new social movements. In: DALTON, R.; KUECKLER, M. *Challenging the political order*: new social and political movements in western democracies. Cambridge: Polity, 1990.

JENSEN, M. C.; MECKLING, W. H. Theory of the firm: managerial behavior, agency costs and ownership structure. *Journal of Financial Economics*, n. 3, p. 305-360, 1976.

JORNAL VALOR ECONÔMICO. Política, p. 10, 9 fev. 2008.

KELMER, M.; TRETER, J. A questão da governança corporativa nas organizações cooperativas. In: ENCONTRO NACIONAL DE ENGENHARIA DE PRODUÇÃO, 24; INTERNATIONAL CONFERENCE ON INDUSTRIAL ENGINEERING MANAGEMENT, 10, 2004, Florianópolis. *Anais*... Florianópolis: Encontro Nacional de Engenharia de Produçao, 2004. p. 305-360.

KEY JR., V. O. *The responsible electorate*: rationality in presidential voting 1936-1960. Cambridge: Harvard University Press, 1966.

KING, G; TOMZ, M; WITTENBERG. J. Making the most of statistical analyses: improving interpretation and presentation. *American Journal of Political Science*, n. 44, p. 341-355, 2000. Disponível em: <http://gking.harvard.edu/files/abs/making-abs.shtml>. Acesso em: maio 2011.

KINZO, Maria D'Alva G. Os partidos no eleitorado: percepções públicas e laços partidários no Brasil. *Revista Brasileira de Ciências Sociais*, São Paulo, v. 20, n. 57, p. 65-81, 2005.

KRUEGER, Richard; CASEY, Mary-Ann. *Focus groups*: a practical guide for applied research. Thousand Oaks: Sage, 2000.

LAAKSO, Markku; TAAGEPERA, Rein. The effective number of parties: a measure with application to West Europe. *Comparative Political Studies*, v. 12, n. 1, 1973.

LAVAREDA, Antonio. *A democracia nas urnas*: o processo partidário eleitoral brasileiro. Rio de Janeiro: Iuperj, 1991.

_____. *A democracia nas urnas*. 2. ed. Rio de Janeiro: Revan, 1998.

_____. *Emoções ocultas e estratégias eleitorais*. Rio de Janeiro: Objetiva, 2009.

LAZARSFELD, Paul F. The election is over. *Public Opinion Quarterly*, Oxford, v. 8, n. 3, p. 317-330, 1944.

_____; BERELSON, Bernard; GAUDET, Hanzel. *The people's choice*. New York: Columbia University Press, 1948.

_____; _____; MCPHEE, William. *Voting*: a study of opinion formation in a presidential campaign. Chicago: The University of Chicago Press, 1954.

LEMENHE, Maria Auxiliadora. *Família, tradição e poder*. São Paulo: Anablume/UFC, 1995.

LIJPHART, Arendt. *Modelos de democracia*. Rio de Janeiro: Civilização Brasileira, 2003.

LIMONGI, Fernando; MESQUITA, Laura. As eleições municipais em São Paulo entre 1985 e 2004. *Novos Estudos Cebrap*, n. 81, p. 49-67, 2008.

LOURENÇO, Luis C. *Abrindo a caixa preta*: da indecisão à escolha: a eleição presidencial de 2002. Tese (doutorado em ciência política) – Iuperj, Ucam, Rio de Janeiro, 2007.

MACHADO, Marília N. M. *Entrevista de pesquisa*: a interação entrevistador/entrevistado. Belo Horizonte: C/Arte, 2002.

MANIN, Bernard. As metamorfoses do governo representativo. *Revista Brasileira de Ciências Sociais*, São Paulo, v. 29, ano 10, p. 5-34, 1995.

MAQUIAVEL, N. *O príncipe*. São Paulo: Martins Fontes, 2001.

MARCUS, G.; MACKUEN, M.; NEUMAN, W. R. *Affective intelligence and political judgment*. Chicago: The University of Chicago Press, 2000.

MARTIN, Isabella. *Os empresários no poder*. Fortaleza: Secretaria da Cultura e Desporto do Estado do Ceará, 1993.

MARTINEZ, Manuela. PT anuncia candidatura própria em Salvador e irrita PMDB. *UOL Noticias*, Salvador, 7 abr. 2008. Disponível em: <http://noticias.uol.com.br/ultnot/2008/04/07/ult23u1768.jhtm>. Acesso em: 4 mar. 2010.

MIGUEL, Luis Felipe. Discursos cruzados: telenoticiários, HGPE e a construção da agenda eleitoral. *Sociologias*, Porto Alegre, n. 11, p. 238-258, jan./jun. 2004.

MINAYO, Maria C. S. *O desafio do conhecimento*: pesquisa qualitativa em saúde. São Paulo: Hucitec, 1999.

MORAES, Filomeno. *As eleições de 2004 em Fortaleza*. Fortaleza, [s.d.]. Disponível em: <www.fundaj.gov.br/geral/observanordeste/fortaleza1.pdf>. Acesso em: jun. 2010.

MORENO, Alejandro. *El votante mexicano*: democracia, actitudes politicas y conducta electoral. São Paulo: FCE, 2003.

MORO, Eduardo J. A teoria da escolha racional e a explicação do voto. *Intratextos*, Rio de Janeiro, v. 1, n. 1, p. 6-21, 2009.

MUNDIM, Pedro Santos. *Imprensa e voto nas eleições presidenciais brasileiras de 2002 e 2006*. Tese (doutorado em ciência política) – Iuperj, Ucam, Rio de Janeiro, 2010.

NOLL, Maria Izabel; PASSOS, Manoel Caetano de Araújo. Eleições municipais em Porto Alegre (1947-1992). *Cadernos de Ciência Política*, n. 4, 1996.

_____; TRINDADE, Hélgio. Estatísticas eleitorais do Rio Grande da América do Sul (1823-2002). Porto Alegre: UFRGS, 2004.

OLIVEIRA, Flávio L. *Planejamento de campanha de ACM Neto para prefeito de Salvador (2008)*. Monografia (especialização em marketing político: mídia, comportamento eleitoral e opinião pública) – Ucsal, Salvador, 2007.

OLIVEIRA, Luiz Ademir. *As estratégias retóricas na construção dos mundos de natureza ficcional da política*: um estudo comparativo das campanhas de Belo Horizonte e Salvador na eleição municipal de 2000. Tese (doutorado em ciência política) – Iuperj, Ucam. Rio de Janeiro, 2004.

_____. A construção do cenário político da disputa pela prefeitura de Belo Horizonte na eleição de 2008, pelo jornal *Estado de Minas*. Belo Horizonte: UNI-BH/Doxa, 2008. Pesquisa.

_____; FERNANDES, A. B.; PALMERSTON, V. A imprensa na construção do cenário político da eleição à Prefeitura Municipal de Belo Horizonte em 2008. *Revista Científica do Departamento de Ciências da Comunicação do Uni-BH (E-COM)*, v. 2, p. 1-18, 2008.

OS COFRES estão cheios. *Exame*, São Paulo, ano 24, n. 7, abr. 2008.

PAIVA, Denise. Volatilidade eleitoral e desenvolvimento do sistema partidário em Goiás (1982-2008). In: _____; BEZERRA, H. D. (Orgs.). *Panorama da política em Goiás*. Goiânia: PUC-GO, 2008.

_____; BATISTA, Carlos M. Sistema partidário e volatilidade eleitoral no Centro-Oeste (1982-2002). In: ENCONTRO DA ASSOCIAÇÃO BRASILEIRA DE CIÊNCIA POLÍTICA, 4. *Anais*... Rio de Janeiro: PUC, 2004.

_____; KRAUSE, Silvana. A vitória petista em Goiânia: um voto partidário ou um voto pela ética na política. In: SILVEIRA, Flávio Eduardo (Org.). *Estratégia, mídia e voto*: a disputa eleitoral em 2000. Porto Alegre: EdiPUCRS, 2002. p. 227-262.

_____; RIBEIRO, Pedro. O voto e a máquina: as trajetórias de implantação local de PT e (P)MDB em perspectiva comparada. In: BAQUERO, M.; CREMONESE, D. (Orgs.). *Eleições municipais 2008*: uma análise do comportamento eleitoral brasileiro. Ijuí: Unijuí, 2009. p. 127-148.

PARENTE, Francisco J. Camelo. *A fé e a razão na política*. Fortaleza: UFC/UVA, 2000.

PARKER, Ashley. Spending on campaign TV ads expected to break record. *The Caucus*: the politics and government blog of *The Times*, New York, Oct. 6, 2010.

PEREIRA, Silvio. Eleições: PT mantém trajetória de crescimento. *Teoria e Debate*, n. 60, nov./dez. 2004. Disponível em: <www.fpabramo.org.br/conteudo/eleicoes-pt--mantem-trajetoria-de-crescimento>. Acesso em: 20 ago. 2010.

PETIT, Pere. *Chão de promessas*: elites políticas e transformações econômicas no estado do Pará pós-1964. Belém: Paka-Tatu, 2003.

PETRY, André. Coluna do André Petry. *Veja*, São Paulo, 21 jul. 2004.

PIERUCCI, F. A direita mora do outro lado da cidade. In: ENCONTRO ANUAL DA ANPOCS, 12, 1988, Águas de São Pedro. *Anais*... Águas de São Pedro: Anpocs, 1988.

_____; LIMA, C. A direita que flutua: o voto conservador na eleição de 1990 em São Paulo. *Novos Estudos Cebrap*, São Paulo, n. 29, p. 10-27, 1991.

PIMENTEL JR., Jairo T. P. *Razão e emoção no voto*: o caso da eleição presidencial de 2006. Dissertação (mestrado em ciência política) – FFLCH, USP, São Paulo, 2007. Disponível em: <www.teses.usp.br/teses/disponiveis/8/8131/tde-07022008-111606/>. Acesso em: 10 set. 2010.

PIRES, Terezinha Maria de Carvalho. Populista não, popular! Imagens político-eleitorais em disputa no You Tube e na TV. *Revista da Associação Nacional de Pós-Graduação em Comunicação E-Compós*, Brasília, v. 12, n. 3, p. 1-19, 2009. Disponível em: <www.compos.org.br/seer/index.php/e-compos/article/viewFile/439/390>. Acesso em: maio 2011.

POMPEU, Carmen. Luizianne Lins é reeleita em Fortaleza. *Estadão.com.br*, 5 out. 2008. Disponível em: <www.estadao.com.br/nacional/eleicoes2008/not_cid254107,0.shtm>. Acesso em: 15 set. 2010.

POPKIN, Samuel L. *The reasoning voter*: communication and persuasion in presidential campaigns. Chicago: University Of Chicago Press, 1996.

_____ et al. Comment: what have you done for me lately? Toward an investment theory of voting. *American Political Science Review*, Los Angeles, v. 70, n. 3, p. 779-805, 1976.

PRZEWORSKI, Adam; SPRAGUE, John. *Paper stones*: a history of electoral socialism. Chicago: The University of Chicago Press, 1986.

_____; STOKES, Susan; MANIN, Bernard. *Democracy, accountability and representation*. Cambridge: Cambridge University Press, 1999.

RAHN, W. Affect as information: the role of public mood in political reasoning. In: LUPIA, A.; MCCUBBINS, M.; POPKIN, S. *Elements of reason*: cognition, choice, and the bounds of rationality. Cambridge: Cambridge University Press, 2000. p. 130-152.

REIS, Fábio Wanderley (Org.). *Os partidos e o regime*: a lógica do processo eleitoral brasileiro. São Paulo: Símbolo, 1978.

_____. *Mercado e utopia*: teoria política e sociedade brasileira. São Paulo: Edusp, 2000.

RESENDE FILHO, Moisés A. Aplicações e implicações do modelo principal-agente à luz de sua formulação linear-normal-exponencial. *Revista de Economia e Agronegócio*, Viçosa, v. 6, n. 2, p. 177-194, 2008.

ROCHA, Enivaldo C.; SANTOS, Manoel L. Os determinantes do voto na eleição para prefeito do Recife em 2008. *Política Hoje*, Recife, v. 17, n. 1, p. 17-37, 2008.

ROCHA NETO, Fenelon Martins. *La profesionalización de las campañas electorales en Brasil (1989-2006)*. Tesis (doctorado en procesos políticos contemporáneos) – Facultad de Derecho, Universidad de Salamanca, Salamanca, 2007.

ROMÃO, Maurício. *A dinâmica eleitoral no Brasil*: fórmulas, competição e pesquisas. Recife: Ed. do Autor, 2010.

RUBIM, Antônio A. Salvador: a permanência da hegemonia carlista. In: SILVEIRA, Flávio Eduardo (Org.). *Estratégia, mídia e voto*: a disputa eleitoral em 2000. Porto Alegre: EdiPUCRS, 2002. p. 173-226.

SAMUELS, David. From socialism to social democracy? The evolution of the Workers' Party in Brazil. *Comparative Political Studies*, v. 37, n. 9, p. 999-1024, 2004.

_____. A evolução do petismo. *Opinião Pública*, Campinas, v. 14, n. 2, p. 302-318, 2008.

SANTOS, Manoel L. Voto, (des)informação e democracia: déficit de *accountability* e baixa responsividade no município do Recife. *Política Hoje*, Recife, v. 17, n. 1, 2008.

SANTOS, Wanderley G. *Horizonte do desejo*: instabilidade, fracasso coletivo e inércia social. 2. ed. Rio de Janeiro: FGV, 2007.

SELL, Carlos; BORBA, Julian. Eleições municipais e sistema partidário em Santa Catarina (1996-2004): uma análise a partir dos resultados eleitorais. In: CARREIRÃO, Yan; BORBA, Julian. *Os partidos na política catarinense*: eleições, processo legislativo e políticas públicas. Florianópolis: Insular, 2006. p. 49-66.

SILVEIRA, Flávio E. Escolha intuitiva: nova modalidade de decisão do voto: *Opinião Pública*, n. 2, p. 61-72, 1994.

_____. *A decisão do voto no Brasil*. Porto Alegre: EdiPUCRS, 1998.

SINGER, André. *Esquerda e direita no eleitorado brasileiro*: a identificação ideológica em disputas presidenciais de 1989 e 1994. São Paulo: Edusp, 2002.

_____. Raízes sociais e ideológicas do lulismo. *Novos Estudos*, São Paulo, n. 85, p. 83-102, nov. 2009.

SOARES, Gláucio A. D. *Sociedade e politica no Brasil*. Sao Paulo: Difel, 1973.

SOUZA, C. A. de Silva. Opinião: a influência da eleição municipal no pleito de 2010. *Jornal da Universidade Federal do Pará*, ano XXIV, jan. 2011.

TELLES, Helcimara de S. El desempeño de los partidos políticos en las elecciones para la Cámara de Diputados en Brasil. *América Latina Hoy*, Salamanca, v. 45, p. 141-169, 2007.

_____ Eleitor volátil, eleitor petista: que samba isso dá em Beagá? In: ENCONTRO NACIONAL DA ASSOCIAÇÃO BRASILEIRA DE CIÊNCIA POLÍTICA, 6, 2008, Campinas. *Anais*... Campinas: ABCP, 2008. p. 1-45. Disponível em: <www.opiniaopublica.ufmg.br/biblioteca/Artigo_ABCP _Helcimara_Telles.pdf>. Acesso em: 25 ago. 2010.

_____. Estrategias de campaña política: eslogan y retóricas en elecciones para alcalde. *América Latina Hoy*, Salamanca, v. 51, p. 141-168, 2009.

_____. O eleitor e a lógica do voto: a (des)articulação entre o local e o nacional. In: ENCONTRO DA ASSOCIAÇÃO BRASILEIRA DE CIÊNCIA POLÍTICA, 7, 2010, Recife. *Anais*... Recife: ABCP, 2010. p. 1-25. Disponível em: <http://cienciapolitica.servicos.ws/abcp2010/arquivos/21_7_2010_1_47_16.pdf>. Acesso em: 4 jun. 2010.

_____; LOURENÇO, Luiz. C.; STORNI, Tiago P. L. Partidos, campanhas e voto: como o eleitor decide nas municipais. *Sociedade e Cultura*, Goiânia, v. 12, n. 1, p. 91-116, jan./jun. 2009.

_____; LUCAS, João Ignácio. *Das ruas às urnas*: partidos e eleições no Brasil contemporâneo. Caxias do Sul: Educs, 2003.

_____; SILVA, Érica A. B.; RIBEIRO, Carina da F. B. Os comunistas são vermelhos? Campanha e estratégias discursivas do PCdoB para a prefeitura de Belo Horizonte. In: ENCONTRO NACIONAL DA ASSOCIAÇÃO NACIONAL DE PÓS-GRADUAÇÃO EM CIÊNCIAS SOCIAIS, 34, 2010, Caxambu. *Anais*... Caxambu: Anpocs, 2010. p. 1-26. Disponível em: <www.anpocs.org.br/portal/index.php?option=com_wrapper&Itemid=90>. Acesso em: 20 dez. 2010. Disponível também em: <www.opiniaopublica.ufmg.br/biblioteca/HTelles.pdf>. Acesso em: 28 maio 2011.

_____; STORNI, Tiago P. L. Ideologias, atitudes e decisão de voto em eleitores de direita e de esquerda. *Revista Latinoamericana de Opinión Pública*, Buenos Aires, n. 1, p. 87-147, 2011. Disponível em: <http://editorialteseo.com/archives/3686>.

TITIUNIK, Rócio. Incumbency advantage in Brazil: evidence from municipal mayor elections. *Working paper*, p. 1-30, Mar. 2009. Disponível em: <www-personal.umich.edu/~titiunik/papers/Titiunik_IABrazil.pdf>. Acesso em: 20 mar. 2010.

TORANGEAU, R.; RIPS, L.; RASINSKI, K. *The psychology of survey response*. New York: Cambridge University Press, 2000.

TRINDADE, Helgio. Padrões e tendências do comportamento eleitoral no Rio Grande do Sul (1950-1974). In: LAMOUNIER, Bolívar; CARDOSO, Fernando Henrique (Orgs.). *Os partidos e as eleições no Brasil*. Rio de Janeiro: Paz e Terra, 1978. p. 159-242.

_____. Eleições e partidos no Rio Grande do Sul: do sistema multipartidário à crise do bipartidarismo (1950-1976). In: FLEISCHER, David (Org.). *Os partidos políticos no Brasil*. Brasília: UnB, 1981. p. 190-235.

VASCONCELLOS, Fábio. Eleições 2008: pragmatismo e desejo na disputa pela prefeitura do Rio de Janeiro. In: CONGRESSO DA ASSOCIAÇÃO BRASILEIRA DE PESQUISADORES EM COMUNICAÇÃO E POLÍTICA – COMPOLÍTICA, 3, 2009, São Paulo. *Anais*... São Paulo: PUC-SP, dez. 2009.

VEIGA, Gláucio; REIS, Palhares Moreira; RODRIGUES, Paulo de Souza; OLIVEIRA, Luiz Gonzaga. Uma pesquisa de sociologia eleitoral. *Revista Pernambucana de Sociologia*, Recife, v. 2, n. 2, 1955.

VEIGA, Luciana F. *Em busca de razões para o voto*: o uso que o homem comum faz do horário eleitoral. Tese (doutorado em ciência política) – Iuperj, Ucam, Rio de Janeiro, 2001.

_____; AVI DOS SANTOS, Sandra A.; NEVES, Daniela. Prefeito bem-avaliado, prefeito reeleito? Sobre o peso da satisfação com a administração na eleição. In: ENCON-

TRO DA ASSOCIAÇÃO BRASILEIRA DE CIÊNCIA POLÍTICA, 7, 2010, Recife. *Anais*... Recife: ABCP, 2010. p. 1-29.

WATTEMBERG, M. P. *The rise of candidate centered politics*. Harvard: Harvard University Press, 1991.

WEISBERG, Herbert F.; GREENE, Steven H. The political psychology of party identification. In: RABINOWITZ, George; MACKUEN, Michael (Eds.). *Electoral democracy*. Ann Arbor: University of Michigan Press, 2003. p. 83-124.

XAUSA, Leônidas; FERRAZ, Francisco. O surgimento do bipartidarismo no Rio Grande do Sul nas eleições de 1966. In: FLEISCHER, David (Org.). *Os partidos políticos no Brasil*. Brasília: UnB, 1981. v. II, p. 145-189.

ZALLER, John R. *The nature and origins of mass opinion*. New York: Cambridge University Press, 1992.

Anexo metodológico

São Paulo

Metodologias das pesquisas utilizadas no capítulo de São Paulo

Instituto	Data do campo	Margem de erro (pontos percentuais)	Amostra
DCP-USP	Fevereiro de 2002	3	916
Datafolha	14 de fevereiro de 2008	3	1.092
Datafolha	25 a 26 de março de 2008	3	1.090
APPM	Maio de 2008	2	5.000
Datafolha	15 de maio de 2008	3	1.087
Datafolha	3 e 4 de julho de 2008	3	1.085
Datafolha	23 e 24 de julho de 2008	3	1.099
Datafolha	21 e 22 de agosto de 2008	3	1.093
Datafolha	29 de agosto de 2008	3	1.082
Datafolha	4 e 5 de setembro de 2008	3	1.091
Datafolha	11 e 12 de setembro de 2008	3	1.099
Datafolha	17 e 18 de setembro de 2008	2	1.666
Datafolha	25 e 26 de setembro de 2008	2	1.658
Datafolha	29 e 30 de setembro de 2008	2	1.954
Datafolha	3 e 4 de outubro de 2008	2	5.153
Datafolha	7 e 8 de outubro de 2008	2	1.906
Datafolha	16 e 17 de outubro de 2008	2	1.979
Datafolha	21 e 22 de outubro de 2008	2	1.919
Datafolha	24 e 25 de outubro de 2008	2	5.086

Rio de Janeiro

Percentuais válidos de intenção de voto para prefeito do Rio de Janeiro: 1º turno (2008)

Instituto	Data	Eduardo Paes	Fernando Gabeira	Outros
Datafolha	26 e 27 de março de 2008	13	12	75
Datafolha	3 e 4 de julho de 2008	12	9	79
Ibope	15 a 17 de julho de 2008	12	12	76
Datafolha	23 e 24 de julho de 2008	18	10	73
Ibope	12 a 14 de agosto de 2008	17	6	77
Datafolha	21 e 22 de agosto de 2008	22	11	67
Ibope	26 a 28 de agosto de 2008	28	7	65
Datafolha	4 e 5 de setembro de 2008	30	10	60
Ibope	9 a 11 de setembro de 2008	36	8	57
Datafolha	17 e 18 de setembro de 2008	31	13	56
Ibope	23 a 25 de setembro de 2008	36	12	51
Datafolha	25 e 26 de setembro de 2008	33	17	51
Datafolha	29 e 30 de setembro de 2008	33	19	48
Ibope	2 a 4 de outubro de 2008	35	19	46
Datafolha	3 e 4 de outubro de 2008	34	20	45
Ibope	5 de outubro de 2008	33	23	44
TRE-RJ - 1º turno	**5 de outubro de 2008**	**31,98**	**25,61**	**42,41**

Fontes: institutos de pesquisa e TRE; organização dos autores.

Percentuais válidos de intenção de voto para prefeito do Rio de Janeiro: 2º turno (2008)

Instituto	Data	Eduardo Paes	Fernando Gabeira
Datafolha	7 e 8 de outubro de 2008	49	51
Ibope	13 e 14 de outubro de 2008	48	52
Datafolha	16 e 17 de outubro de 2008	49	51
Datafolha	21 e 22 de outubro de 2008	52	48
Ibope	21 e 22 de outubro de 2008	50	50
Datafolha	24 e 25 de outubro de 2008	51	49
Ibope	24 e 25 de outubro de 2008	51	49
Ibope	26 de outubro de 2008	51	49
TRE - 2º turno	**27 de outubro de 2008**	**50,83**	**49,17**

Fontes: institutos de pesquisa e TRE; organização dos autores.

Belo Horizonte

Metodologias das pesquisas utilizadas no capítulo referente a Belo Horizonte

Instituto	Data de campo	Erro (pontos percentuais)	Intervalo de confiança (%)	Amostra
Vox Populi	7 e 9 de junho de 2008	3	95	1.050
CP2/DataTempo	21 e 23 de junho de 2008	3,6	95	769
Datafolha	23 e 24 de julho de 2008	3	95	829
Datafolha	21 e 22 de agosto de 2008	3	95	829
Datafolha	17 e 18 de setembro de 2008	3	95	829
Ipespe/DCP-UFMG	23 a 27 de setembro de 2008	3,1	95	800
Ipespe/DCP-UFMG	19 a 22 de outubro de 2008	3,1	95	800

Descrição das variáveis incluídas na regressão multinomial de Belo Horizonte

Análise de satisfação individual e avaliação econômica do país, Belo Horizonte: 1º turno (%)

<table>
<tr><th colspan="2">Grau de satisfação com a própria vida</th><th colspan="2">Avaliação da situação econômica atual do país</th></tr>
<tr><td rowspan="2">Nada satisfeito</td><td rowspan="2">3</td><td>Péssima</td><td>7</td></tr>
<tr><td>Ruim</td><td>13</td></tr>
<tr><td>Pouco satisfeito</td><td>10</td><td>Regular</td><td>48</td></tr>
<tr><td>Mais ou menos satisfeito</td><td>36</td><td>Boa</td><td>29</td></tr>
<tr><td>Muito satisfeito</td><td>51</td><td>Ótima</td><td>3</td></tr>
<tr><td>N = 797</td><td>100</td><td>N = 798</td><td>100</td></tr>
</table>

Fonte: DCP/UFMG/Ipespe.

Escala esquerda-direita em Belo Horizonte

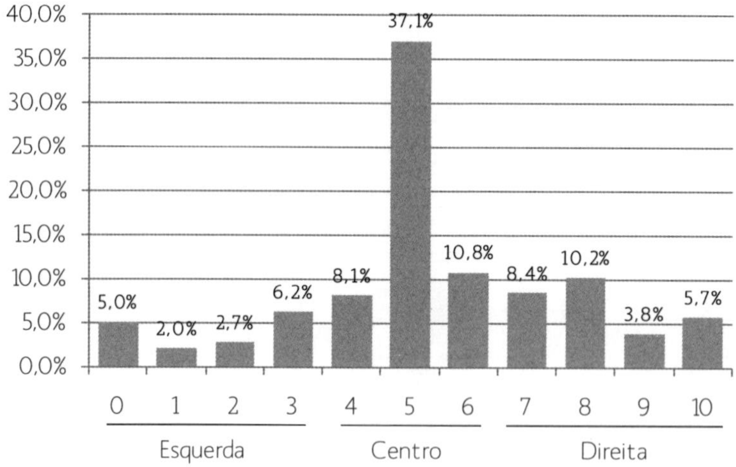

N = 714.
Fonte: DCP/UFMG/Ipespe.
Obs.: (i) As posições na escala de 0 a 10 foram assim agrupadas: esquerda: 0 a 3; centro: 4 a 6; direita: 7 a 10. (ii) Não foram aqui considerados os eleitores que não se posicionaram na escala ou não sabiam ou não responderam à pergunta sobre o autoposicionamento ideológico (11% da amostra).

Preferência partidária em Belo Horizonte

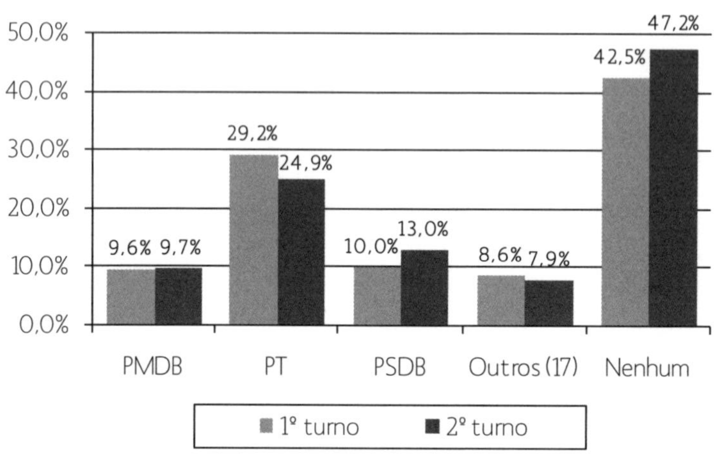

N = 800.
Fonte: DCP/UFMG/Ipespe.

Exposição ao HGPE em Belo Horizonte

	1º turno	2º turno
Todo dia	90 (11%)	121 (15%)
Às vezes	249 (31%)	304 (38%)
Raramente	263 (33%)	198 (25%)
Nunca	191 (24%)	177 (22%)
Total	**793**	**800**

Fonte: DCP/UFMG/Ipespe.

Avaliação do HGPE em Belo Horizonte

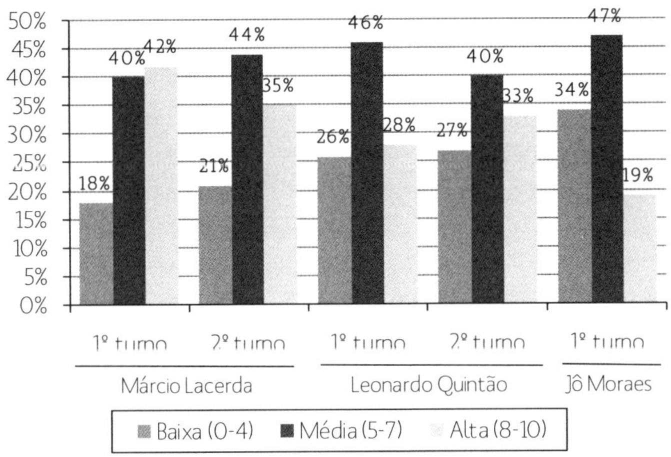

Fonte: DCP/UFMG/Ipespe.

Obs.: números de observações analisados, 1º e 2º turnos, respectivamente: Lacerda: n = 592, n= 617; L. Quintão: n = 585, n = 615; Jô Moraes: n = 720. Não considerados "não respondeu" e "não se aplica" (nunca assistiu ao HGPE).

Salvador

Metodologias das pesquisas utilizadas no capítulo referente a Salvador

Instituto	Data	Margem de erro (pontos percentuais)	Intervalo de confiança (%)	Amostra
Datafolha	4 e 5 de setembro de 2008	3	95	879
Datafolha	25 e 26 de setembro de 2008	3	95	1.008
Datafolha	21 e 22 de outubro de 2008	3	95	972

Curitiba

Percentuais válidos de intenção de voto para prefeito referente a Curitiba (2008)

Instituto	Data	Beto Richa	Gleisi Hoffmann	Outros
Datafolha	23 e 24 de julho de 2008	80,90	12,77	6,34
Vox Populi	8 a 11 de agosto de 2008	86,05	10,99	2,96
Ibope	8 a 10 de agosto de 2008	80,90	13,83	5,27
Datafolha	21 e 22 de agosto de 2008	79,78	15,96	4,27
Ibope	26 a 28 de agosto de 2008	76,92	16,84	6,23
Vox Populi	28 a 31 de agosto de 2008	79,12	16,33	4,55
Datafolha	4 e 5 de setembro de 2008	78,89	15,96	5,15
Ibope	7 a 9 de setembro de 2008	83,15	14,13	2,72
Vox Populi	16 a 18 de setembro de 2008	79,78	15,96	4,27
Datafolha	17 e 18 de setembro de 2008	78,89	15,79	5,32
Ibope	22 a 24 de setembro de 2008	80,22	16,84	2,94
Vox Populi	23 a 25 de setembro de 2008	79,78	14,89	5,33
Datafolha	29 e 30 de setembro de 2008	73,12	20,83	6,05
Ibope	4 de outubro de 2008	79,35	16,67	3,99
TRE - 1º turno	**5 de outubro de 2008**	**77,27**	**18,17**	**4,56**

Fontes: institutos de pesquisa e TRE; organização dos autores.

Série histórica de pesquisas de aprovação do governo e intenção de voto

Tipo de pesquisa	Instituto	Data da realização	%
Avaliação de governo (Taniguchi)	Datafolha	11 de dezembro de 2002	43
	Datafolha	12 de dezembro de 2003	40
Intenção de voto (Beto Richa)	Ibope	6 de maio de 2004	21
	Ibope	14 de agosto de 2004	22
	Ibope	27 de setembro de 2004	27
	TRE-PR (1º turno)	3 de outubro de 2004	37
	TRE-PR (2º turno)	31 de outubro de 2004	58
Avaliação de governo (Beto Richa)	Datafolha	10 de dezembro de 2007	75
	Ibope	11 de agosto de 2008	77
Intenção de voto (Beto Richa)	Datafolha	23 de julho de 2008	72
	Ibope	26 de agosto de 2008	70
	Ibope	22 de setembro de 2008	73
	TRE-PR (1º turno)	5 de outubro de 2008	77,2
Avaliação de governo (Beto Richa)	Ibope	23 de dezembro de 2009	84

Fontes: institutos de pesquisa e TRE; organização dos autores.

Recife

Metodologias das pesquisas utilizadas no capítulo referente a Recife

Instituto	Data da realização	Erro (pontos percentuais)	Intervalo de confiança(%)	Amostra
Ipespe/Barômetro 5	9 e 10 de maio de 2008	3,20	95,5	1.000
Ibope	14 a 16 de julho de 2008	2,47	95	805
Datafolha	23 e 24 de julho de 2008	2,47	95	831
Ipespe/Barômetro 6	26 e 28 de julho de 2008	3,20	95,5	1.000
Ibope	11 a 13 de agosto de 2008	2,47	95	805
Datafolha	21 e 22 de agosto de 2008	2,43	95	830
Ibope	26 a 28 de agosto de 2008	2,47	95	805
Ipespe/Barômetro 7	30 e 31 de agosto de 2008	3,20	95,5	1.000
Datafolha	4 e 5 de setembro de 2008	2,45	95	816
Ibope	8 a 10 de setembro de 2008	2,47	95	805
Datafolha	17 e 18 de setembro de 2008	2,43	95	832
Ibope	22 a 24 de setembro de 2008	2,10	95	1.106
Datafolha	29 e 30 de setembro de 2008	2,17	95	1.040
Datafolha	3 e 4 de outubro de 2008	1,63	95	1.836

Fontes: Ipespe/Ibope/Datafolha.

Porto Alegre

Metodologias das pesquisas utilizadas no capítulo referente a Porto Alegre

Instituto	Data	Erro (pontos percentuais)	Intervalo de confiança (%)	Amostra
Datafolha	23 e 24 de julho de 2008	3	95	830
Datafolha	21 e 22 de agosto de 2008	3	95	832
Datafolha	4 e 5 de setembro de 2008	3	95	829
Datafolha	17 e 18 de setembro de 2008	3	95	848
Datafolha	25 e 26 de setembro de 2008	3	95	1.035
Datafolha	29 e 30 de setembro de 2008	3	95	1.024
Datafolha	3 e 4 de outubro de 2008	3	95	1.024
Datafolha	21 e 22 de outubro de 2008	3	95	992

Manaus

Metodologias das pesquisas utilizadas no capítulo referente a Manaus

Instituto	Data	Erro (pontos percentuais)	Intervalo de confiança (%)	Amostra
Ipespe	12 a 14 de julho de 2008	4	95	600
Perspectiva	15 a 17 de julho de 2008	3,9	95	625
Perspectiva	1 a 5 de julho de 2008	3,9	95	625
Perspectiva	29 a 31 de julho de 2008	3,9	95	625
Ibope	5 a 7 de agosto de 2008	4	95	602
Perspectiva	9 a 11 de setembro de 2008	3,9	95	625
Ibope	14 a 16 de setembro de 2008	4	95	602
Ibope	1 e 2 de outubro de 2008	3	95	805
Ibope	13 e 14 de outubro de 2008	3	95	805
Ibope	23 e 24 de outubro de 2008	3	95	805

Belém

Metodologias das pesquisas utilizadas no capítulo referente a Belém

Instituto	Data	Erro (pontos percentuais)	Intervalo de confiança (%)	Amostra
Veritate	1 a 4 de março de 2008	4	96	603
Ibope	7 a 10 de julho de 2008	4	95	602
Ibope	12 a 14 de agosto de 2008	4	95	602
DataUnama	25 a 30 de agosto de 2008	2	95	2.385
Ibope	8 a 10 de setembro de 2008	4	95	602
Ibope	16 a 19 de setembro de 2008	4	95	602
Perspectiva	18 a 23 de setembro de 2008	3	97	800
Ibope	23 a 26 de setembro de 2008	4	95	602
Ibope	9 e 10 de outubro de 2008	4	95	602
Perspectiva	16 e 17 de outubro de 2008	3,5	96,5	800
DataUnama	20 a 22 de outubro de 2008	2	95	2.395
Ibope	24 e 25 de outubro de 2008	4	95	602

Descrição das variáveis incluídas na regressão multinomial

Voto no 1º turno	Arnaldo Jordy (6%), Duciomar Costa (42%), José Priante (19%), Mário Cardoso (12%), Valéria Brito (9%), outros (5%), não voto (7%)
Voto no 2º turno	Branco/nulo (8%), Duciomar Costa (56%), José Priante (36%)
Sexo	Homem (46%), mulher (54%)
Avaliação da governadora Ana Júlia Carepa	Outras (70%), bom/excelente (30%)
Avaliação do presidente Lula	Outras (45%), bom/excelente (56%)
Avaliação do prefeito Duciomar Costa	Outras (53%), bom/excelente (47%)
Escolaridade	Fundamental (34%), médio (52%), superior (14%)
Grupo de idade	16 a 34 (41%), 35 a 44 (21%), acima de 45 (38%)
Renda familiar mensal	Até 2 SM (51%), 2 a 5 SM (35%), acima de 5 SM (14%)

Fonte: Pesquisa DataUnama para prefeito de Belém (22 out. 2008).

Goiânia

O modelo de amostragem utilizado nas pesquisas foi o de conglomerados em dois estágios. No primeiro, os municípios são selecionados probabilisticamente por meio do método PPT (probabilidade proporcional ao tamanho) sistemático, com base na população de 16 anos ou mais em cada município. No segundo, são selecionados os conglomerados (setores censitários), com PPT sistemático. A medida de tamanho é a população de 16 anos ou mais residente nos setores. Finalmente, no terceiro estágio é selecionado, em cada conglomerado, um número fixo da população segundo cotas das seguintes variáveis: sexo, faixa etária, instrução, atividade.

Metodologias das pesquisas utilizadas no capítulo referente a Goiânia

Instituto	Data	Erro (pontos percentuais)	Intervalo de confiança (%)	Amostra
Ibope	2 a 4 de setembro de 2008	4	95	602
Ibope	15 a 17 de setembro de 2008	4	95	602

Florianópolis

Todas as amostras foram por conglomerados em dois estágios. No primeiro, foram selecionados probabilisticamente os conglomerados (setores censitários) pelo método PPT (probabilidade proporcional ao tamanho); no segundo, foi selecionado, em cada conglomerado, um número fixo de eleitores segundo cotas das variáveis sexo, grupo de idade, instrução e atividade.

Metodologias das pesquisas utilizadas no capítulo referente a Florianópolis

Instituto	Data	Erro (pontos percentuais)	Intervalo de confiança (%)	Amostra
Ibope	5 a 7 de agosto de 2008	4	95	602
Ibope	2 a 4 de setembro de 2008	3	95	805
Ibope	23 a 25 de setembro de 2008	3	95	805
Ibope	2 e 3 de outubro de 2008	3	95	805
Ibope	9 e 10 de outubro de 2008	3	95	805
Ibope	16 e 17 de outubro de 2008	3	95	805
Ibope	23 e 24 de outubro de 2008	3	95	805

Número de vereadores eleitos, segundo partido e posição ideológica: Florianópolis (1982-2008)

Posição ideológica	Partido	1982	1988	1992	1996	2000	2004	2008	Total
Direita	PP*	13	6	5	3	7	4	3	41
	PFL (DEM)	-	5	6	5	3	3	3	25
	Outros (1)	-	1	1	3	3	3	1	12
	Total	**13**	**12**	**12**	**11**	**13**	**10**	**7**	**78**
Centro	PMDB	8	3	4	4	2	1	4	26
	PSDB	-	1	1	2	3	3	-	10
	Total	**8**	**4**	**5**	**6**	**5**	**4**	**4**	**36**
Esquerda	PT	-	1	2	3	2	1	1	10
	PDT	-	1	2	-	-	-	-	3
	PCdoB	-	1	-	1	1	1	1	5
	Outros (2)	-	2	-	-	-	-	3	5
	Total	**-**	**5**	**4**	**4**	**3**	**2**	**5**	**23**

Fonte: TRE-SC.

Obs.: nas eleições de 1982 a 2000, Florianópolis tinha 21 vereadores, número que foi reduzido a 16 a partir de 2004.

* atual PP = antigos PDS, PPR, PPB.

(1) 1988: PRN = 1; 1992: PRN = 1; 1996 e 2000: PSL = 3; 2004: PTB = 2; PL = 1; 2008: PR = 1.

(2) 1988: PCB (atual PPS) = 1; PV = 1; 2008: PSB = 2 e PPS = 1.

Autores

Antonio Lavareda (org.) é doutor em ciência política pelo Iuperj e mestre em sociologia pela UFPE. Foi professor e coordenador da Pós-Graduação em Ciência Política da UFPE e pesquisador visitante na Universidade da Califórnia. Atualmente é diretor-presidente da MCI Estratégia; no Instituto de Pesquisas Sociais, Políticas e Econômicas (Ipespe), é presidente do Conselho Científico e membro do Conselho Diretor do NeuroLab; na FGV Projetos, é membro do Núcleo Estratégico do Laboratório de Neuromarketing e do Núcleo de Planejamento e de Avaliação de Políticas Públicas. É autor, entre outros, de *Emoções ocultas e estratégias eleitorais* (Objetiva).

Helcimara de Souza Telles (org.) é doutora em ciência política pela USP, com pós-doutorado na Universidad Complutense de Madrid. Foi professora visitante na Universidad de Salamanca e na Universidad de Santiago de Chile. Coordena o grupo de pesquisa Opinião Pública, Marketing Político e Comportamento Eleitoral, o periódico eletrônico *Em Debate* e o curso de pós-graduação em marketing político da UFMG, onde é professora.

Aquiles Magide Bizarro é doutor em *ciencias políticas y de la administración pública* pela Universidad de Salamanca e advogado.

Arthur Leandro Alves da Silva é mestre e doutorando em ciência política pela Universidade Federal de Pernambuco.

Carlos Augusto Souza é doutor em ciência política pelo Iuperj. Atualmente é professor da Universidade Federal do Pará e da Universidade da Amazônia.

Claudio Luis de Camargo Penteado é doutor em ciências sociais pela Pontifícia Universidade Católica de São Paulo. Atualmente é professor da Universidade Federal do ABC.

Cloves Luiz Pereira Oliveira é doutor em ciência política pelo Iuperj. Atualmente é professor da Universidade Federal da Bahia.

Dalmir Francisco é doutor em comunicação pela Universidade Federal do Rio de Janeiro. Atualmente é professor associado da Universidade Federal de Minas Gerais.

Demétrio Andrade é mestre em sociologia pela Universidade Federal do Ceará. Atualmente é coordenador de jornalismo e publicidade da Prefeitura Municipal de Fortaleza.

Denise Paiva é doutora em ciência política pela Universidade de São Paulo, com pós-doutorado no Kellog Institute for International Studies, University of Notre Dame. Atualmente é professora associada da Universidade Federal de Goiás.

Dolores Silva é doutora em ciência política pelo Iuperj. Atualmente é professora da Universidade Federal do Pará.

Edir Siqueira é doutor em ciência política pelo Iuperj. Atualmente é professor da Universidade Federal do Pará.

Emerson Urizzi Cervi é doutor em ciência política pelo Iuperj. Atualmente é professor da Universidade Federal do Paraná e da Universidade Estadual de Ponta Grossa.

Enivaldo C. Rocha é doutor em engenharia de produção pela Universidade Federal do Rio de Janeiro. Atualmente é professor da Universidade Federal de Pernambuco.

Fábio Vasconcellos é mestre em comunicação social pela Universidade do Estado do Rio de Janeiro e doutorando em ciência política pelo Instituto de Estudos Sociais e Políticos (Iesp-Uerj).

Gustavo Venturi é doutor em ciência política pela Universidade de São Paulo. Foi diretor dos institutos Datafolha e Criterium e coordenador do Núcleo de Opinião Pública da Fundação Perseu Abramo. Atualmente é professor do Departamento de Sociologia da Faculdade de Filosofia, Letras e Ciências Humanas (FFLCH-USP).

Heloisa Dias Bezerra é doutora em ciência política pelo Iuperj. Atualmente é professora da Universidade Federal de Goiás.

Jairo Pimentel Jr. é mestre e doutorando em ciência política pela Universidade de São Paulo.

Julian Borba é doutor em ciência política pela Universidade Federal do Rio Grande do Sul. Atualmente é professor da Universidade Federal de Santa Catarina.

Luciana Fernandes Veiga é doutora em ciência política e sociologia pelo Iuperj. Atualmente é professora da Universidade Federal do Paraná.

Luiz Cláudio Lourenço é doutor em ciência política e sociologia pelo Iuperj. Atualmente é professor da Universidade Federal da Bahia.

Malco Braga Camargos é doutor em ciência política pelo Iuperj. Atualmente é diretor do Instituto Ver e professor da Pontifícia Universidade Católica de Minas Gerais.

Marcia Ribeiro Dias é doutora em ciência política pelo Iuperj, com pós-doutorado na Universidade de Oxford. Atualmente é professora da Pontifícia Universidade Católica do Rio Grande do Sul.

Marcus Figueiredo é doutor em ciência política pela Universidade de São Paulo. Atualmente é professor adjunto do Instituto de Estudos Sociais e Políticos (Iesp-Uerj), coordenador do Laboratório de Pesquisa em Comunicação Política e Opinião Pública (Doxa-Iesp), presidente do conselho superior do Centro de Estudos de Opinião Pública (Cesop-Unicamp) e membro do conselho de redação da *Brazilian Political Science Review*.

Maria Izabel Noll é doutora em ciência política pela École des Hautes Etudes en Sciences Sociales de Paris. Atualmente é professora da Universidade Federal do Rio Grande do Sul e membro da diretoria da Associação Brasileira de Ciência Política.

Mathieu Turgeon é doutor em ciência política pela University of Texas at Austin. Atualmente é professor do Instituto de Ciência Política da Universidade de Brasília.

Pedro Floriano Ribeiro é doutor em ciência política pela Universidade Federal de São Carlos, com doutorado-sanduíche na Universidad de Salamanca. Atualmente é professor da Universidade Federal de São Carlos.

Pedro Santos Mundim é doutor em ciência política pelo Iuperj com pós-doutorado em comunicação social na Universidade Federal de Minas Gerais. Atualmente é professor da Universidade Federal de Goiás.

Sandra Avi dos Santos é mestre em ciência política pela Universidade Federal do Paraná. Atualmente é professora do curso de especialização em comunicação política e imagem da Universidade Federal do Paraná.

Silvana Krause é doutora em ciência política pela Katholische Universität Eichstätt – Ingolstadt, Alemanha. Atualmente é professora da Universidade Federal do Rio Grande do Sul.

Tiago Prata L. Storni é mestre em economia aplicada no Centro de Desenvolvimento e Planejamento Regional da Universidade Federal de Minas Gerais.

Yan de Souza Carreirão é doutor em ciência política pela Universidade de São Paulo. Atualmente é professor associado da Universidade Federal de Santa Catarina e editor da revista *Política & Sociedade*.

Esta obra foi produzida nas
oficinas da Imos Gráfica e Editora na
cidade do Rio de Janeiro